壹卷
YE BOOK

让思想流动起来

让思想流动起来

论世衡史

— 丛书 —

宋辽金元史论

李涵 著

四川人民出版社

目 录

八十回顾（代序）[①]

我自幼身体单薄，母亲常担心我享年不永，没想到光阴荏苒，脚步匆匆，转瞬就跨进了八十高龄的门槛。是到了回过头来，审视一下自己走过的道路、留下的足迹之时了。

我生于一九二二年农历正月初二，原名缪希相，父亲缪秋杰先生在民国盐务界颇有影响：他从事盐务三十六年，坚持改革腐败混乱的旧盐政，为此不屈不挠地奋斗了一生，终于废除了已实行数百年之久的封建专商引岸制度，为促进中国盐务的近代化作出了不可磨灭的贡献；在抗战最艰苦的阶段，他受命主持全国盐务，率领全体爱国盐务职工，排除万难，艰苦奋斗，竭力增产、抢运、济销，既保证了军需民食，又增加了国税收入，为支持抗战的最后胜利，发挥了重要作用。

由于全家随父亲宦游四方，我们姊妹常常转学，读的小学和中

① 本文写作于2001年8月，作者时年八十岁。其时黄人二先生筹划出版李涵教授的《宋辽金元史论集暨师友杂忆》，李涵老师亲自编集了文集，选择确定《师友杂忆》的篇目，交由黄人二先生，于2002年在台湾高文出版社出版。本次出版李老师的文集，将《宋辽金元史论集》与《师友杂忆》别为二种，分别印行。为保持李老师编集文集的初意，我们保留了这篇代序，未做调整。—编者。

学比别人多。一九三五年，我从偏僻的淮北灌云县板浦小学毕业后，被送回北平念中学。最初上的市立女一中，“七七事变”后，又转入私立贝满女中。在沦陷的北平过了两年多，深知什么叫“亡国奴”的滋味，我的民族意识和爱国主义感情也由此而生。一九三九年十一月离开北平，间关来到大后方的四川，在自贡市蜀光中学高中毕业后，被保送到在成都复校的燕京大学读书，这期间逐渐对国民党的贪污腐化，对内压制民主、打击进步势力，对外消极抗日的政治不满，对中国共产党的积极抗战，提倡抗日民族统一战线产生景仰之情。在亲友的启发影响下，积极地参加共产党领导的学生民主运动。抗战胜利，燕京复员到北平，学运把矛头指向了反内战、反迫害、反美军暴行，成为解放战争的另一条战线。一九四八年，国民党政府搞“八一九”大逮捕，我的丈夫刘适被点名拘捕，把我们“逼上梁山”，去了解放区。我在去解放区后改名李涵，刘适改名石泉。为时不久，北平和平解放，我们又重返古城，分别参加了接管工作。他在教育部门，我在文化部门，并在文物局做了五年行政工作。一九五四年初，因石泉从高教部调到武汉大学历史系任教，我这个学历史的才因此得以“归队”，在胜任教学任务的同时，开始涉足研究领域。这时国内虽是和平环境，但各种运动连绵不断，起起伏伏，我虽也写了几篇东西，但现在看起来自己也不能满意。接踵而来的“文化大革命”，我失掉父母和妹妹三位亲人，也看尽人间百相。由于是个二十来年的老讲师，目标太小，不够资格挨批，后被下放沙洋分校去“修理地球”。幸运的是我的小家庭尚称完整。

终于等来了拨乱反正后科学的春天。我们重新回到了教学岗位。这时，民间各种学术团体十分活跃，我参加了中国宋史研究会、蒙古史学会、元史研究会、辽金及契丹女真史研究会等，得到广泛接触学术界前辈和朋友的机会，并在学会的推动下，写了一些学术论文。同时，在恢复高考后最优秀的七七、七八级两届学生中找到与我合作的学生，并从七八级中招收了硕士研究生。从收录在这个集子中的论文也可以看出，多是在八十年代以后发表的。虽说春天对我来得晚了点，只有十年时间我就离休了，但对我这个屡经惊涛骇浪而未遭没顶的人来说，仍然是幸运的，应该知足了。

这本集子按内容分为上、下两编，上编收录了我治史的大部分论文，名为问学篇。大体按写作的年代先后排列，多数是我自己单独写的，有几篇是与人合撰的，除了与前辈学者唐长孺先生合写的一篇外，其余都是与我的学生合写的。题目多半是我拟定，由他们先动笔写出后，我再加以修改补充，我觉得这是指导学生的一种好方法，与我合作的不完全是我的研究生，但必须是勤于思考、文笔流畅的好学生。后来我写《范仲淹传》和《缪秋杰与民国盐务》两本专著时，也是采取这种合作的方法。教学相长，在写作过程中，可以互相切磋，集思广益，我也从年轻人那里得到不少启发和教益。

我的学术论文，大致可分为两大类，一是宋史研究，二是辽金蒙元史研究，又侧重于官制的变化和民族关系问题。

宋史方面，除了《论范仲淹在御夏战争中的贡献》一文是为我后来撰写《范仲淹传》一书作准备外，主要是从不同角度探讨宋代政治的，重在探讨宋代加强君主专制集权以来所表现出的君权与相权的矛盾与冲突及其消极影响。《试论宋朝的检正与都司》是从宰属的变化看相权的扩大，加上《从曾布根究市易务违法案的纷争看新党内部的矛盾与问题》，两文都涉及王安石变法的问题。而《论章献刘皇后擅政与寇准之死》与《从寇准的遭际看北宋前期君权与相权的矛盾》两篇可以说是姊妹篇，后一篇写得最晚，但也最鲜明地表达了我在这个问题上的观点。研究宋史着重探讨宋代君权与相权的矛盾，这是受大学老师聂崇岐先生的影响。聂先生当年是颇有成就的宋史专家，又开设过历代官制史的专题课，当年指导我写的毕业论文题目就是范仲淹传。

我对民族史的兴趣，最早来自翁独健师的熏陶。读大学时听过他讲授的蒙古史的课，后来参加蒙古史、元史以及民族关系史的学术讨论会，不乏亲聆音旨的机会。在具体写作有关论文时，则直接受到唐长孺先生的启发、诱导。例如，我最早写的《蒙古前期的断事官、必阇赤、中书省和燕京行省》，就是在他《蒙古前期汉文人进用之途径及其中枢组织》一文的基础上，进一步加以发挥、探索而成的。唐先生的论文写于抗战时期，我这篇则写于解放后，力图用马克思主义的观点加以阐释。我反复研读恩格斯《家庭、私有制和国家的起源》一书，发现恩格斯在研究人类社会发展史时，所根据的大量历史材料，主要是以古希腊、罗马、日耳曼等作为范例，但是，他所概括出来的发展规律，即家庭、私有制的发展，阶级的产生，必然要破坏原有的氏族制度，产生代表剥削阶级利益的暴力机关—国家。尽管恩格斯并没有接触过中国境内的诸如契丹、女真、蒙古等民族的资料，但他所总结出来的规律对它们同样适用，证明人类社会的发展有共同的规律。我国是一个统一多民族国家，经历了许多民族长期杂居、互相融合的过程，辽、金、元是其中重要阶段。我最感兴趣的问题就是，当少数民族入主中原时，他们的政治制度发生了哪些变化？既要保持原来的旧俗，又不能不适应汉族较先进社会新的形势，关键在于如何与当地的汉族（这里的汉族是广义的，包括已经汉化的其他少数民族）武装合作，如何依靠汉族文士为之出谋划策进行统治。我所写的《蒙古前期的断事官、必阇赤、中书省和燕京行省》《金初汉地枢密院试析》《也论郝经》等文，都是在进行这方面的探索。《蒙古前期的断事官、必阇赤、中书省和燕京行省》一文研究蒙古前期为统治汉地在机构上有哪些变化；《金初汉地枢密院试析》一文则探讨女真军队进入汉地以后至金熙宗全面改革中央官制前，这一时期金朝建立的汉地统治机构的情况；而《金元之际汉地七万户》目的在于探索蒙古统治者与汉族地主武装结合的过程；《也论郝经》则选择郝经作为久在少数族统治下的汉族地主知识分子的代表（其中含已汉化的契丹、女真人），郝经认为不论是哪个民族，只要“能用士而能行中国之道则中国之主也”，被南宋拘留十六年之久，始终不改对忽必烈的忠诚。他的这种态度和观点在中州士大夫中是有代表性的。我发现金初和蒙古前期的中央机构是在原有习俗基础上建立的，而对汉地则采用汉法，建立另一套行政系统，类似于辽的南北面官制度。但随着统治重心南移到汉族地区，中央政府也随之改革为汉官制度，这种双轨制也就为单轨制所取代，成为一种规律性的现象。另有《略论奚族在辽代的发展》和《金代奚族的演变》等文，则以古代北方民族之一的奚族作为对象，研究它在辽、金两代如何通过民族迁徙、杂居，原有的氏族部落组织逐渐被破坏，与契丹、女真、汉族等互相影响，逐步融合的过程，到元代以后，这个活跃在历史舞台上近千年的民族，就不见踪影了。

我的治史方向对我的研究生有一定的影响，如杨果、张星久研究宋代官制，并分别与我合撰《元枢密院制度述略》《金代奚族的演变》；吴怀连研究史弥远与相权的问题；鲁西奇发表过《金初行台尚书省与汉地统治政策演变》，高申东发表过《契丹夷离堇考述》。从他们的论著中，可以窥见一些薪火传递之迹。

从数量上说，我的研究成果不多，这既有客观原因，也有主观原因，但我的研究态度是认真的、诚实的，每篇必提出我的一得之见，绝不人云亦云，唯此差可自慰。

下编是怀旧篇，多为晚年之作，由于精力日衰，不再从事史学研究，桑榆之年追忆自己的家世、经历、在成长过程中得到师长的教诲与帮助，其中包括我的父亲缪秋杰、挚友沈祖棻先生，也有在史学界“平生风义兼师友”的前辈学者，所写的有已辞世的，有尚健在的。我写这些，无非借此表达我的怀念与钦仰之情，但我写出来的只是少数，有不少我应该写而没有写的，例如邓广铭先生，生前对我提掖关怀，无所不至；还有翁独健师、同辈学者贾敬颜先生，都对我有过许多帮助，都是我敬佩而又感激的学者，他们去世之后，我都没来得及写出悼念文章，这是我所欠下的感情债，每一思及，就深感歉疚。

作为一个教师，看到我的学生们或事业有成，或在学术界已崭露头角，青出于蓝而胜于蓝，我感到无比快慰！

此次将旧作重新出版，既望扩大交流范围，得到海峡彼岸学术同行的批评指正，也想借此赠送师长亲友和学生，留作纪念，表达我一点微薄的心意。

李涵　写于珞珈山武汉大学寓所 二〇〇一年八月

蒙古前期的
断事官、必阇赤、中书省和燕京行省*

对于蒙古前期的政治制度，《元朝秘史》记载了成吉思汗建国时的大略情况，《元史·百官志》所述大都是忽必烈中统以后的制度，至于成吉思汗建国以后到忽必烈改制以前，这五十余年中，蒙古的政治制度究竟发生了什么变化？怎样从前者过渡到后者？史籍缺乏系统明确的记述。我们知道这段时间，正是蒙古汗国迅速扩大，征服了许多先进的民族，国内社会经济制度、阶级关系都发生急剧变化的时期。在这种情况下，蒙古的国家机构发生了什么相应的变化？为什么会发生这些变化？解决这些问题，对于理解元朝政治制度的特点，对于探讨上层建筑与经济基础的关系，揭露国家的阶级实质，都会是很有意义的。不过解决上述问题，不是短时间所能做到的，本文只能先就这个时期中蒙古国家的部分机构，进行一些初步的探讨。

关于这方面的研究成果不多，唐长孺先生早年所作《蒙古前期

* 本文原载《武汉大学学报》（人文社会科学版）1963年第3期。后被南京大学历史系元史研究室编入《元史论集》（人民出版社1984年版），收入时有修订。

汉文人进用之途径及其中枢组织》一文，曾对蒙古前期中书省和燕京行尚书省的职掌、官称进行考订，提出了自己的见解。唐先生认为："太宗时，虽有两省之名，实为汉人习惯上之称谓，中书为治汉回文书之机构，其省官正称应是必阇赤。尚书省为治汉地财赋及刑政之机构，其省官正称应是札鲁火赤。而必阇赤与札鲁火赤皆怯薛执事官也。"[①]唐先生这篇论文给我很大的启发，由于中书省和燕京行省是在蒙古征服中原的过程中建立的新机构，它们代表着蒙古政治制度发展的趋向，所以本文打算根据唐先生所提出的线索对这两个机构的来龙去脉，地位、作用作进一步探讨。特别想联系当时经济制度、阶级关系的变化，寻求它们产生和发展的原因。由于中书省是从必阇赤分化出来的，燕京行省是从断事官分化出来的，而且断事官反映着蒙古早期国家的特点，所以必须对断事官与必阇赤进行一些考察和说明。由于个人理论水平和知识水平的限制，所提出的一些看法还很不成熟，甚至有误解之处。希望能得到唐先生及其他史学界前辈们、同志们的指正。

一、蒙古前期的断事官

断事官蒙古话叫作札鲁忽赤，是蒙古国家最早设置的政务官，在前期政府中有着重要的地位。所以本文准备先就这个官职进行考察。

---

① 唐长孺：《蒙古前期汉文人进用之途径及其中枢组织》，初刊《学原》（学原社编辑，上海商务印书馆总经售——编者）1948年第7期（编者按：当为第二卷第七期，1948年11月出版）。（后收入其《山居存稿》，中华书局1989年版，第524–581页——编者按）。本文所引唐先生的论点均出于此文，不再注。

十二世纪后期，蒙古的氏族制度正在瓦解，阶级正在形成，但蒙古的奴隶制并没有发展成为占主导地位的生产关系。从当时奴隶的地位看，他们在战时往往充当“那可儿”（即亲兵,《元秘史》译作“伴当”），在生产上的作用，反而比较次要，仅属于辅助地位。他们在主人的门下可以娶妻生子，并有一点私有财产，主奴之间甚至兄弟相称，带有家族关系的色彩。所以这种奴隶制仍未超出原始社会末期家长奴隶制的范畴。另一方面，封建制的因素却在不断增长，新兴的军事贵族扩大了依附人口，增加了财富并逐渐加强了对自由牧民的控制，封建领主和依附牧民阶级正在形成①。私有财产的发展，阶级的分化，使氏族社会的纠纷加多了，因此在国家正式形成以前，就已出现了审问斗殴、“盗贼”的札鲁忽赤。当成吉思汗还是蒙古部落首领时，就曾任命其异母弟别勒古台担任过这个职务。《元朝秘史》卷五称，因别勒古台泄露了亲族会议的机密，致遭到塔塔儿部的顽抗。因此，成吉思汗说：

> 自家一族里商量大事，因别勒古台泄漏了，所以军马被伤，死者甚多。今后议大事，不许别勒古台入来，只教他在外整治斗殴盗贼等事。②

又《元史》卷一一七本传称：

---

① 关于十二世纪蒙古社会性质问题，史学家是有争论的，我个人倾向于认为蒙古没有经过奴隶制社会，而是直接过渡到封建社会的，因非本文的主题，故不详论。

② 佚名:《元朝秘史》卷五，清光绪浙西村舍本（编者按：李文田注，光绪二十二年浙西村舍刻本），第一页。

宗王别里古台者，……太祖之季弟也。……尝立为国相，又长扎鲁火赤，别授之印。[①]

断事官的职权，可能是由仲裁氏族成员间纠纷的氏族长老的职能中分化出来的，但此时这个职务已经是出自最高军事首领的任命，说明它正从氏族机关向着国家机关转化。到了成吉思汗统一蒙古后，断事官遂成为新建立的国家机构中的重要组成部分。《元史》卷八五《百官志》称：

元太祖起自朔土，统有其众，部落野处，非有城郭之制，国俗淳厚，非有庶事之繁，惟以万户统军旅，以断事官治政刑，任用者不过一二亲贵重臣耳。[②]

恩格斯说过："国家底主要特征，便是脱离人民大众的公共权力。"这种公共权力首先体现在特殊的武装队伍上，但"它不仅是由武装的人组成的，而且是由实体的附属物，如监狱及各种强制机关——这些都是氏族社会所没有的——组成的"。[③]断事官的法庭，正是这样的强制机关，它成为封建贵族手里的公共权力。从断事官所执行的法律的内容，可以看出断事官的性质和作用。当时蒙古的

---

① 《元史》卷一一七《别里古台传》，北京：中华书局，1976年，第2905页。编者按：李涵老师当年写文章中，大都未详注版本页码。我们在核校引文时，尽可能标注了页码。为方便读者，现在保留了这些页码。

② 《元史》卷八五《百官志》一，第2119页。

③ 恩格斯：《家庭私有制和国家的起源》，北京：人民出版社，1955年，第113、164页。

法典称为大札撒，大札撒包括蒙古过去的习惯法，但主要的是记录下来的成吉思汗的命令。这部法典的全部内容今天已经看不到了，但从保留下来的片段看来，也可窥知一二。如《多桑蒙古史》所引《史集》的材料：

> 汗曾云：先是窃盗奸通之事甚多，子不从父教，弟不从兄教，夫疑其妻，妻忤其夫，富不济贫，下不敬上，而盗贼无罚；然至我统一此种民族于我治下以后，我首先着手之事，则在使之有秩序及正义。①

这段材料说明：私有财产的发展，贫富的分化，社会地位的不平等，使蒙古社会中各种矛盾都发展起来，在家庭里有父子、兄弟、夫妻间的矛盾，社会上有贫人与富人，上层与下层之间的对立。而成吉思汗要求子弟、妻子服从父家长的权威，贫苦的下层人民服从富有的上层阶级的统治。对于侵犯私有财产的盗贼，更须严加惩罚。这就是成吉思汗所要建立的社会秩序，而法律则成为维护这种秩序的强力工具。

成吉思汗建国以后，把全体牧民都编入十进制的军事行政组织，使他们处于各级那颜的严格控制之下，这样就加强了牧民对那颜的封建隶属关系。为了防止牧民们摆脱这种控制，札撒规定：人们只能留在指定的百户、千户或十户内，不得转移到另一单位去，也不得到别的地方寻求庇护。违反此令，迁移者要当着军士被

---

① ［瑞典］多桑：《多桑蒙古史》上册，冯承钧译，北京：中华书局，1962年，第157页。

处死，收容者也要受严惩[1]。这说明国家法律极力巩固这种隶属关系，为封建生产关系的发展，扫除障碍。

断事官的最主要的职务，就是执行封建国家的法律，惩罚一切敢于违犯统治秩序的人，对于维护新兴的封建阶级的利益有着重要作用，因此他成为与万户并列的重要的官职。在开始阶段，他的管辖范围是相当广泛的，不限于掌管刑狱。蒙古建国以后，首任大断事官的是失吉·忽秃忽。《元朝秘史》卷八记载成吉思汗曾这样交代他：

> 你曾做我第六的弟，依我诸弟一般分分子。九次犯罪不要罚。如今初定了普百姓，你与我做耳目。但凡你的言语，任谁不许违了。如有盗贼诈伪的事，你惩戒着，可杀的杀，可罚的罚。百姓每分家财的事，你科断着。凡断了的事，写在青册上，已后不许诸人更改。[2]

又亦邻真同志曾把这段原文重译作：

> 成吉思汗降旨失吉·忽秃忽说："当（我）被长生天佑护着，使天下百姓入轨就范的时候，你要作（我的）耳目，把毡帐、板门里的百姓分成份子，作为领民分配给母亲、我们、弟弟们和诸子侄，任何人不得违背你的话……"又说："你把

① ［伊朗］志费尼：《世界征服者史》上册，何高济译，呼和浩特：内蒙古人民出版社，1980年，第34页。

② 《元朝秘史》卷八，第四页。

一切领民的分配和诉讼事宜都造青册，写在上面。（凡是）失吉·忽秃忽向我建议而写在青册白纸上的（规定），直到子孙万代不得更改。更改的人要治罪。”①

亦邻真的译文，对忽秃忽的职务交代得比较详细。按这个译文看，失吉·忽秃忽除审理词讼外，还担负着分配领民、记录法令及作大汗耳目的重要任务。《元史》卷八七《百官志》大宗正府条下云：

国初未有官制，首置断事官，曰札鲁忽赤，会决庶务。②

按“会决庶务”这四个字，通常是用来形容丞相的职务的，所包含的内容很广泛。

不仅中央有断事官，凡是有分地的诸王、功臣，也都有自己的断事官，以治理分地之人民。《元史》卷一二一《博罗欢传》称：“时诸侯王及十功臣各有断事官，博罗欢年十六，为本部断事官。”③如宪宗未即位以前任用断事官忙哥撒儿，“使治藩邸之分民，间出游猎，则长其军士，动如纪律。虽太后及诸嫔御小有过失，知无不言，以故邸中人咸敬惮之”。④断事官的权力很大，罪得专杀，如忙

① 亦邻真：《成吉思汗与蒙古民族共同体的形成》，《内蒙古大学学报》（社会科学）1962年第1期。

② 《元史》卷八七《百官志》三，第2187页。

③ 《元史》卷一二一《博罗欢传》，第2988页。

④ 《元史》卷一二四《忙哥撒儿传》，第3055页。从这段材料看，忙哥撒儿既治藩邸之分民，又兼长军士，并负有监察之责。

哥撒儿在宪宗即位以后，即从藩邸之断事官升任朝廷大断事官。《元史·忙哥撒儿传》称："帝（宪宗）以其奉法不阿，委任益专。有当刑者，辄以法刑之，乃入奏，帝无不报可。"[①]忙哥撒儿能有这么大的权力，并不仅仅由于他特受宪宗亲信的缘故，因为断事官得专生杀，在当时是很普通的现象。《元史》卷一二五《布鲁海牙传》称：

> 辛卯，拜燕南诸路廉访使，…… 未几，授断事官，使职如故。时断事官得专生杀，多倚势作威。而布鲁海牙小心谨密，慎于用刑。[②]

一般断事官都有此权力，中央的断事官更不必说。

正由于大断事官地位很高，权力很大，故后来人往往以丞相目之。如曾担任札鲁忽赤的别里古台，在《元史》本传中有"尝立为国相"之说。又《元史》卷八五《百官志》在中书省断事官下面有这样的话：

> 断事官，秩（正）三品，掌刑政之属。国初，尝以相臣任之，其名甚重。[③]

虽然蒙古前期并没有正式设立过丞相，但这种说法，正反映了断事官在前期政府中的重要地位。

---

① 《元史》卷一二四《忙哥撒儿传》，第3056页。
② 《元史》卷一二五《布鲁海牙传》，第3070页。
③ 《元史》卷八五《百官志》一，第2124页。

下面再谈谈断事官和怯薛执事的关系。

唐先生认为断事官也是怯薛执事官之一。理由是《元史》卷八五《百官志》中书省断事官下有这样几句话："其人则皆御位下及中宫、东宫、诸王各投下怯薛丹等人为之。"[①]说断事官多数是从怯薛中选任是不错的。如《元朝秘史》卷十一有：

> 太祖再说，宿卫的内，教人与失吉·忽秃忽一同断事者。[②]

不过中央的大断事官（或称断事官之长）往往是以宗王或亲贵大臣充当的，如别勒古台、失吉·忽秃忽即属于此类。又同书卷八七《百官志》大宗正府条称：

> 以诸王为府长，余悉御位下及诸王之有国封者。又有怯薛人员，奉旨署事，别无颁受宣命。[③]

我认为断事官虽然多半是从怯薛人员中选任的，但这个官职究竟不同一般怯薛执事官。为了说明这个问题，有必要先谈谈怯薛执事官的组织。

怯薛执事官的来源很早，当成吉思汗被推为蒙古部落的合罕时，他就建立了自己的怯薛组织，并选拔了一批亲信，命他们分别

---

① 《元史》卷八五《百官志》一，第2124页。
② 《元朝秘史》卷十一，第三页。
③ 《元史》卷八七《百官志》三，第2187页。

管理营帐内的各种事务，其中有管理家内人口的，管理饮膳的，管牧马的，管牧羊的，管修造车辆的各种执事之人[①]。及至他做了全蒙古的大汗以后，又重新宣布各种执事官的职责和分工，而所有执事官都是由怯薛担任的[②]。《元史》卷九九《兵志》宿卫云：

> 怯薛者，犹言番直宿卫也。凡宿卫，每三日而一更。……其它预怯薛之职而居禁近者，分冠服、弓矢、食饮、文史、车马、庐帐、府库、医药、卜祝之事，悉世守之。虽以才能受任，使服官政，贵盛之极，然一日归至内庭，则执其事如故，至于子孙无改，非甚亲信不得预也。其怯薛执事之名：则主弓矢、鹰隼之事者，曰火儿赤、昔宝赤、怯怜赤。书写圣旨，曰扎里赤。为天子主文史者，曰必阇赤。……其名类盖不一，然皆天子左右服劳侍从执事之人，其分番更直，亦如四怯薛之制，而领于怯薛之长。[③]

以《兵志》所载的怯薛执事官和《元朝秘史》所载者相比较，可以发现，其中大多数职务是相同的，不过《兵志》所载的分工更为细致而已。但也有几种职务是《秘史》所未提到的，即文史、医药与卜祝等官。这几种执事官大约是后来增设的，后面讲必阇赤时还要提到。元人郑介夫在《金镜太平策》中曾谈到怯薛执事官之职

① 《元朝秘史》卷三。
② 《元朝秘史》卷十。
③ 《元史》卷九九《兵志》二，第2524–2525页。

掌[1]，可以补充《兵志》之不足，但上三种材料都没有将札鲁忽赤列入怯薛执事官。唐先生认为《兵志》没有列入此职系出于遗漏。我认为也可能是由于断事官本不属于执事官系统。因为绝大多数的执事官所执掌的都是宫廷内的事务，因此必须居禁近，"皆天子左右服劳，侍从执事之人"，并且要在怯薛长统领下"分番更直，亦如四怯薛之制"。而断事官所掌管的是国家的政刑，其地位与一般侍从不同，恐不需受怯薛长的领导而分番更值，所以《元史·百官志》把它称作最早的官职，而与万户、千户制并列。当然从断事官的出身来看，多数是从怯薛人员中选拔的，在这一点上，他和执事官有相似之处（其实蒙古将相从怯薛出身的很多，所以有人把怯薛组织视作文武官吏的养成所）。但是从组织系统上看，断事官恐怕是单独的机构。

忽必烈改订官制以后，中书省成为最高的行政中心，原有的断事官机构则改成大宗正府[2]。这时断事官的品秩虽然不低[3]，但实权已大为削减。《元史》卷八七《百官志》称：

---

① 黄淮、杨士奇编著：《历代名臣奏议》卷六七，台北：学生书局，1964年，第525页。

② 《元史·世祖纪》云，中统元年立中书省，大宗正府之设立，恐在至元九年，同书至元九年二月辛卯诏："札鲁忽赤乃太祖开创之始所置，位百司右。其赐银印，立左右司。"《元史》卷七《世祖纪》四，第140页。又《元朝名臣事略》卷十《宣慰使张公》载：张德辉于至元五年"乞立宗正府，以正皇族外戚，得以纠弹……上良久曰：可徐行之。"可见在至元五年时尚未设宗正府。北京：中华书局，1962年，影印元刊本。

③ 据《元典章》卷七《吏部一·职品》，中书右丞相、左丞相、枢密院使俱为从一品，与札鲁花赤同级。元刻本，第二页（编者按：李涵老师当年所使用的《元典章》为何种版本，不能确知。今据中国广播电视出版社1998年影印元刊本《大元圣政国朝典章》校对，下同）。

大宗正府，秩从一品。国初未有官制，首置断事官曰札鲁忽赤，会决庶务。凡诸王驸马投下蒙古色目人等，应犯一切公事，及汉人奸盗诈伪、蛊毒厌魅、诱掠逃驱、轻重罪囚，及边远出征官吏、每岁从驾分司上都存留住冬诸事，悉掌之。至元二年，置十员。三年，置八员。九年，降从一品银印，止理蒙古公事。①

我认为这里所说的"会决庶务"是指过去大断事官的职掌，"凡诸王驸马投下蒙古色目人等应犯一切公事，及汉人奸盗诈伪、蛊毒厌魅、诱掠逃驱、轻重罪囚"等，才是指宗正府的职掌。可见大断事官的职权，已从掌管全国的刑政，缩小到只是治理诸王驸马分地内的词讼。至于分地及上都、大都以外路府州县的刑狱，大都划归中书省所属的刑部处理了。当然，大断事官权力的缩小，也有个逐步变化的过程，并不是在宗正府成立以后，马上就做到的。如同书"大宗正府"条续称：

皇庆元年……以汉人刑名归刑部。泰定元年，复命兼理。……致和元年，以上都、大都所属蒙古人并怯薛、军、站、色目与汉人相犯者，归宗正府处断，其余路府州县汉人、蒙古、色目词讼，悉归有司刑部掌管。②

不管怎么样，从世祖以后，大断事官在政府中的地位与权力的逐渐削弱，则是发展的必然趋势。

---

① 《元史》卷八七《百官志》三，第2187页。
② 《元史》卷八七《百官志》三，第2187–2188页。

二、成吉思汗时的必阇赤

必阇赤，或译作必彻彻，彭大雅《黑鞑事略》称："必彻彻者，汉语令史也，使之主行文书耳。"[①]必阇赤由于为天子管文书，因而得以参与国家政务，其地位日益重要，最后并发展为早期的中书省。由于必阇赤是中书省的前身，所以在讲中书省以前，必须先对这个官职的设立进行考察。《元朝秘史》在两次叙述怯薛执事官时，都没有提到过必阇赤这个职务。结合蒙古当时的文化水平看，很可能在成吉思汗刚刚建国时，还没有马上设立这样一个官职。但从什么时候起，才增设了必阇赤一职呢？要解决这样一个问题，必须了解蒙古使用文字的情况。

据《元史》卷一二四《塔塔统阿传》，成吉思汗在得到了为乃蛮部塔阳可汗掌印的畏兀人塔塔统阿以后，"遂命教太子诸王以畏兀字书国言"[②]。这是蒙古创立文字的开始，时间大约在一二〇四年以后（按成吉思汗灭乃蛮部在统一蒙古前夕）。但从创设文字到使用文字还有一段相当的距离，当时蒙古草原上各部的文化发展是不平衡的，其中乃蛮部、怯烈部大约已采用畏兀字，但大多数蒙古部落还是不识文字的，塔塔统阿所创立的畏兀字母拼写的蒙古文，只是"太子诸王"等极少数贵族在开始学习，尚未推广。

---

① 彭大雅撰：《黑鞑事略》，徐霆疏证，王国维笺证，见《蒙古史料校注四种》，北京：清华国学研究院印行，1926年。编者按：今据谢维扬等主编《王国维全集》（杭州、广州：浙江教育出版社、广东教育出版社，2010年）第十一卷所收《黑鞑事略笺证》校对（下同）。

② 《元史》卷一二四《塔塔统阿传》，第3048页。

所以开初的几十年中，在蒙古各部还是很少使用文书的。赵珙在《蒙鞑备录》中说道：

今鞑之始起，并无文书，凡发命令，遣使往来，止是刻指（《说郛》本“指”作“止”）以记之，为使者虽一字不敢增损，彼国俗也。[①]

又说：

起兵数十万，略无文书，自元帅至千户、百户、牌子头，传令而行。[②]

按赵珙之出使蒙古军前在太祖十六年（1221）。这种情形到太宗窝阔台时并未改变，在太宗七年、八年间（1235–1236）出使蒙古的徐霆也说：

霆尝考之：鞑人本无字书，然今之所用则有三种：行于鞑人本国者，则只用小木，长三四寸，刻之四角，且如差十马，则刻十刻，大率只刻其数也。其俗淳而心专，故言语不差。其法，说谎者死，故莫敢诈伪；虽无字书，自可立国。此小木即古木契也。行于回回者，则用回回字，镇海主之。……行于汉

① 赵珙撰：《蒙鞑备录》，王国维笺证，《蒙古史料校注四种》，北京：清华国学研究院印行，1926年，第二页。编者按：今据谢维扬等主编《王国维全集》第十一卷所收《蒙鞑备录笺证》校对（下同）。

② 赵珙撰：《蒙鞑备录》，王国维笺证，《蒙古史料校注四种》，第四页。

人、契丹、女真诸亡国者，只用汉字，移剌楚材主之。[1]

在蒙古本土既然很少用文书，所以发布命令，传递消息，只能依靠使者口头传达。为了传达的正确，第一，使者必须有极强的记忆力，即“其俗淳而心专，故言语不差”，刻木为契，只能帮助记数而已。第二，使者必须十分忠诚，即所谓“其法，说谎者死，故莫敢诈伪”、“虽一字不敢增损”。这种十分原始的传达方法，对于“国俗淳厚”的蒙古人，还可以适用。但对于文化较高，社会情况远为复杂的回回、汉人、女真、契丹等人，显然是不适用的。因此蒙古统治者不能不借用他族文字来对新征服的地区发布文书。《蒙鞑备录》称：

其俗既朴，则有回鹘为邻，每于两（《说郛》本作“西”）河博易，贩卖于其国，迄今文书中自用于他国者，皆用回鹘字，如中国笛谱字也。今二年以来，因金国叛亡降附之臣，无地容身，愿为彼用，始教之文书，于金国往来，却用汉字。[2]

元人程钜夫亦云：

太祖时，国字未立。凡诏诰典祀，军国期会，皆袭用畏兀

① 彭大雅：《黑鞑事略》，徐霆疏，王国维校注，第四页。按在成吉思汗西征以前主要是使用畏兀儿文和汉文，西征以后才用回回文（波斯文）对回回各地发布文书。

② 赵珙撰：《蒙鞑备录》，王国维笺证，《蒙古史料校注四种》，第二至三页。

儿书。[①]

《蒙鞑备录》所反映的情况是正确的，回鹘即是畏兀儿，早在蒙古统一以前，畏兀儿商人即与蒙古游牧民有着贸易关系，带来了畏兀儿的文化。乃蛮部的首领任用畏兀儿人塔塔统阿掌管金印，说明在乃蛮部中已使用畏兀儿字文书，否则就没有用印章的必要，因此成吉思汗时首先采用畏兀儿字发布文书是十分自然的。

当时担任必阇赤的蒙古人有怯烈部的昔剌斡忽勒。《元史》卷一三四《也先不花传》称：

> 也先不花，蒙古怯烈氏。祖曰昔剌斡忽勒，……后兄弟四人皆率部属来归。太祖以旧好，遇之特异他族，命为必阇赤长，朝会燕飨，使居上列。[②]

既名为必阇赤长，可见下面还有若干其他必阇赤，昔剌斡忽勒之能任此职，我猜想也是由于懂畏兀儿文的缘故。因怯烈部与乃蛮毗邻，也是草原上一个文化较高的大部。

赵珙说："今二年以来……于金国往来，却用汉字。"按当时住在中原的契丹人、女真人早已经采用汉族文字，所以蒙古人与金国来往的文书，均用汉字。赵珙出使在一二二一年，据他所说，蒙古使用汉字文书，不过是近两年的事。但《元史》卷一四六《粘合重山传》称：

① 程钜夫：《雪楼集》卷七《武都忠简王神道碑》，《湖北先正遗书》本，湖北沔阳：沔阳卢氏影印文津阁四库全书本，第四页。

② 《元史》卷一三四《也先不花传》，第3266页。

粘合重山，金源贵族也。国初为质子，知金将亡，逐委质焉。太祖赐畜马四百匹，使为宿卫官必阇赤。[①]

粘合重山在太宗时为中书省长官之一，据《黑鞑事略》所载，他的职务乃是与耶律楚材“共理汉事”。他担任必阇赤后，所管理的必然也是汉文文书。本传中并未交代他降蒙古的具体年代。但据唐先生的考证，他是金中都留守粘合合打之孙。《金史》卷一三《卫绍王纪》大安三年（1211）四月载：“我大元太祖法天启运圣武皇帝来征。遣西北路招讨使粘合合打乞和。”[②]因此粘合重山的作为质子，可能即在此时。假如这个推测不错的话，那么蒙古在一二一一年以后，就已经有掌管汉文文书的必阇赤了。而管理畏兀儿文书的必阇赤，设立的时间还要早一些。

成吉思汗的必阇赤，除上述两人外，还有契丹人耶律楚材[③]，唐兀人僧吉陀和谷则斡儿朵人曷思麦里等[④]。

当时不仅大汗设有必阇赤，诸王也大多有自己的必阇赤，如成吉思汗之弟斡真（即《秘史》中的斡惕赤斤）的以畏兀人撒吉思为必阇赤[⑤]。

---

① 《元史》卷一四六《粘合重山传》，第3465–3466页。

② 《金史》卷十三《卫绍王纪》，北京：中华书局，1975年，第293页。

③ 据唐长孺先生考证，神道碑、《元史·本传》虽不言楚材曾为怯薛执事官，但《黑鞑事略》徐霆疏云：“移刺及镇海自号为中书相公，总理国事。……鞑人无相之称，即只称之曰必彻彻。必彻彻者，汉语令史也。使之主行文书耳。”（第一页）《蒙鞑备录》云：“燕京现有移刺晋卿者，契丹人，登第，见为内翰掌文书”，可见其在成吉思汗时实为必阇赤。

④ 见《元史》卷一三三《暗伯传》，第3237页；《元史》卷一二〇《曷思麦里传》，第3969–3970页。

⑤ 《元史》卷一三四《撒吉思传》，第3243页。

从当时必阇赤的民族成分来看，除昔剌斡忽勒是蒙古人以外，其他几乎都是外族人。既然蒙古汗国初期所行的文书，主要是用畏兀儿文和汉文写的，那么出现这种情况也是不足为奇的。正如日耳曼人在征服罗马以后，法兰克王很快地用罗马人即罗马化的高卢人来补充他的廷臣一样。因为“这种罗马人的书写技能，教育程度，和罗马话、拉丁文言以及地方法律的知识对他都是必要的。”[①]

从上述情况可知，蒙古统治者之采用文书，主要为对已归附蒙古的西夏、畏兀儿等发布命令及与金国交涉往来之用。有了文书，自然要有主管文书的人，因此而有必阇赤的设立，并且吸收了许多外族人担任此职［当时主要是畏兀儿、女真、契丹和唐兀（即党项）族的知识分子］。不妨这样说，必阇赤的出现，乃是蒙古向外扩充，征服了一批先进民族的初步结果。

三、太宗宪宗时期的中书省

中书省设于太宗三年（1231）辛卯。《圣武亲征录》称：

> 辛卯……八月二十四日，上至西京，执事之人各执名位，兀都撒罕中书令、粘合重山右丞相，镇海左丞相。[②]

---

① 恩格斯：《家庭私有制和国家的起源》，北京：人民出版社，1955年，第147页。

② 《圣武亲征录》，王国维校注：《蒙古史料校注四种》，北京：清华国学研究院印行，1926年。编者按：今据谢维扬等主编《王国维全集》第十一卷所收《圣武亲征录校注》校对（下同）。

《元史》卷二《太宗纪》：

三年辛卯秋八月，幸云中，始立中书省，改侍从官名。以耶律楚材为中书令，粘合重山为左丞相，镇海为右丞相。①

唐先生指出：太宗时但有一中书省之机关，省官并无一定之称号，故《太宗纪》《亲征录》《元史·粘合重山传》与《黑鞑事略》等书中，关于上述诸人之官称，记载很不一致。对于楚材，忽称中书令，忽称丞相，忽称侍郎，对粘合重山则忽称右丞相，忽称左丞相，其实都是楚材等自称与别人之权称，无所谓是非。并引《黑鞑事略》徐霆疏曰：

移剌及镇海自号为中书相公，总理国事。镇海不止理回回也。鞑人无相之称，即只称之曰必彻彻。必彻彻者，汉语令史也，使之主行文书耳。

又云：

鞑人初未尝有除授及请俸，鞑主亦不晓官称之义为何也。②

因此，唐先生说：

---

① 《元史》卷二《太宗纪》，第31页。
② 彭大雅：《黑鞑事略》，徐霆疏，王国维笺证，第一页。

然则太宗时之中书省官，在汉人视之，固俨然为出纳王命，宰相之任，若自蒙古人视之，实止一怯薛执事官之必阇赤耳。中书既不过为必阇赤之任，故其职权唯掌文书及宣布命令之印章而已。

唐文指出中书省和怯薛执事官必阇赤的关系，这一点是十分重要的。的确，中书省是在必阇赤的基础上发展起来的。从最早被任为省官的三个人看，耶律楚材和粘合重山在中书省设立以前的职务都是必阇赤，《元史》卷一四六《粘合重山传》更明确地说道：

太祖，……使为宿卫官必阇赤。……立中书省，以重山有积勋，授左丞相。[①]

故前引《亲征录》中有"执事之人，各执名位"的话，《太宗纪》有"改侍从官名"的话。我认为这里所说的执事之人和侍从，就是指的怯薛执事官必阇赤[②]。可见中书省是从必阇赤转化而来的。唐文指出，由于蒙古人不了解汉族的官称，所以对中书省的长官，并未授予中书令、丞相等固定的官号，在他们眼中，省官仍然是主管文史的必阇赤。上述看法，我是很同意的。但唐文认为在太宗时期中书省仍然是怯薛执事官之一，宪宗时期，"既不复用汉人专治汉地文书，则中书之号，亦随之而消灭。至于世祖即位，乃真有中书省

① 《元史》卷一四六《粘合重山传》，第3465–3466页。
② 《元史》中的"近侍"、"侍从"多数可以解作怯薛人员，这一点，箭内亘在《元朝怯薛考》中已经指出过。参看箭内亘：《元朝怯薛及斡耳朵考》，陈捷、陈清泉译，上海：商务印书馆，1933年，第55页。

之建立”。换言之，唐文认为直到世祖时，中书省才从怯薛执事官中分化出来，成为独立的机构。我认为：从太宗设立中书之日起中书省就已经开始从怯薛执事官中分化中来，发展成为一个独立的政务机构。当然，太宗时期的中书省和世祖时的中书省还是有区别的，这中间还有一个发展的过程。

中书省之所以能从怯薛执事官中分立出来，关键在于：它在治汉回文书之外，又承担了征收赋税的新任务。为了说明这一点，必须追溯中书省成立的背景与经过。

成吉思汗建国以后，把主要力量都放在开拓疆土上了，到他逝世时，黄河以北的中原地区和新疆、中亚等地，基本上都已纳入蒙古汗国的版图。成吉思汗虽征服了广大的地区，但是并没有解决如何统治新征服地区的问题，即所谓“开创伊始，制度未遑”。这个任务落到他的继承者太宗窝阔台身上。

窝阔台于一二二九年继任大汗，当时被征服地区仍是十分混乱的。以经济文化最发达的汉地而论，金政权局促于河南一隅之地，黄河以北，除陕西尚在争夺中外，河北、山东、山西都已落入蒙古掌握之中。但是这些地方，由于长期战争的破坏，社会经济凋敝，“兵荒之余，骸骨蔽野”[①]，“民废农耕，所在人相食”[②]。战争虽已大体结束了，社会秩序并未恢复，关键在于政治上的分散与混乱。当时担任地方长官的除蒙古将领外，绝大部分是金国的降官和地方上的豪霸地主，他们或以帮助蒙古军攻城夺地和镇压红袄军立

① 《元史》卷一五一《赵迪传》，第3569页。
② 《元史》卷一五一《王义传》，第3565页。

功，或以纳土迎降受奖，摇身一变而成为新朝的官吏[1]。这批人在当时拥有极大的权力，兼领军民钱谷，而且官职是父子兄弟世袭的[2]。因此在地方上横行不法，贪暴异常。《元史》卷一四六《耶律楚材传》称：

> 帝（成吉思汗）自经营西土，未暇定制，州郡长吏，生杀任情，至孥人妻女，取货财，兼土田。燕蓟留后长官石抹咸得卜，尤贪暴，杀人盈市。[3]

在蒙古征服北方的过程中，为了反对蒙古军队及地主武装的杀掠破坏，以红袄军为代表的北方人民，曾进行过激烈的抵抗。红袄军失败以后，武装斗争虽然减少了，但人民处在这种贪暴的统治下，不能不断续采用逃亡的方式来进行反抗。这种情况，使蒙古的统治难于巩固。反映在财政方面，则是蒙古国家尚未建立一套赋税制度，国家的收入只依靠战争中的虏获和各种临时性的征发。地方官吏可以擅自征税派差，收入大部分进入私囊，以致形成“官吏多聚敛自私，资至钜万，而官无储偫”的局面[4]。

究竟用什么方式来统治被征服地区，有效地剥削人民？这是太宗即位以后面临的首要问题。对于如何统治的问题，在蒙古朝廷中

---

① 姚燧：《牧庵集》卷二五《磁州滏阳高氏坟道碑》云：“太祖徇地，北人能以州县下者，即以为守令，僚属听自置，罪得专杀。”《四部丛刊初编》，景印武英殿聚珍本，第466页。

② 姚燧：《牧庵集》卷二四《谭公神道碑》云：“国初为制，皆世其官，父死子继，兄终弟及，或父兄存，将传子弟者亦惟命。”第447页。

③ 《元史》卷一四六《耶律楚材传》，第3456页。

④ 《元史》卷一四六《耶律楚材传》，第3458页。

是有争论的。《耶律公神道碑》称：

自太祖西征之后，仓廪府库，无斗粟尺帛，而中使别迭等佥言："虽得汉人，亦无所用，不若尽去之，使草木畅茂，以为牧地。"公即前曰："夫以天下之广，四海之富，何求而不得？但不为耳，何名无用哉？"因奏地税、商税、酒、醋、盐、铁、山泽之利，周岁可得银五十万两，绢八万匹，粟四十万石。上曰："诚如卿言，则国用有余矣，卿试为之。乃奏立十路课税所，设使副二员，皆以儒者为之。"[1]

据《元史》卷二《太宗纪》，始置十路征收课税使在庚寅年（1230）十一月[2]，则楚材与别迭之争论，大约比这个时候稍早一些。但要等到第二年秋天，各路课税使把征来的大量钱帛米谷摆在太宗的面前时，这场争论才告结束。《神道碑》续称：

辛卯（1231）秋八月，上至云中，诸路所贡课额银币及仓廪米谷簿籍，具陈于前，悉符元奏之数。上笑曰："卿不离朕左右，何以能使银谷流入如此，不审南国复有卿比者否？"……即日授中书省印，俾领其事，事无巨细，一以委之。[3]

事实证明，只有采用适应于汉地经济状况的传统赋税制度，

---

① 宋子贞：《中书令耶律公神道碑》，《元文类》卷五七，北京：商务印书馆，1958年，第832页。
② 《元史》卷二《太宗纪》，第30页。
③ 宋子贞：《中书令耶律公神道碑》，《元文类》卷五七，第832–833页。

才能搜刮到更多的财富。这是蒙古朝廷中汉化派和保守派公开斗争的第一个回合，也是汉化派所取得的第一个重大的胜利。耶律楚材正是依靠理财的技能而受到蒙古君主的信任与重用的，中书省的设立，乃是蒙古统治者决定采用汉地赋税制度的结果。如果仅仅为治理汉回文书，则原有之必阇赤足以应付，不需要马上成立中书省。

《圣武亲征录》云：

> 己丑年（1229）八月，……命河北先附汉民赋调，命兀都撒罕主之；西域赋调，命牙鲁瓦赤主之。[①]

主管西域赋调之牙鲁瓦赤，《元朝秘史》说他是花剌子模人，父子二人在成吉思汗西征时前来归附，成吉思汗命其子马思忽惕与镇守官一同管理不合儿、兀笼格赤等城，而将牙鲁瓦赤携回。彭大雅在《黑鞑事略》中谈到他在壬辰年（1232）所见蒙古任相的情况，只提到楚材与粘合重山共理汉事，镇海专理回回国事，而没有提到牙鲁瓦赤其人，或许他当时的地位不高，并非中书省长官，因而不为外人所知。

当时直接隶属中书省的机构，是十路征收课税所。据《元史·太

---

① 按：兀都撒罕即耶律楚材。此处所说楚材受命主汉民赋调在己丑年八月，《元朝名臣事略》卷十三也说楚材于己丑年十一月，就已提出设立十路课税使的建议。但《元史·太宗纪》称十路课税使的设置在庚寅年（1230年）十一月。两种说法有分歧，我认为后一说较为可信。理由是：己丑年八月太宗刚刚即位，解决汉地赋税问题恐怕没有那么迅速，如果当时已任命楚材主汉地赋调，那么就不应再发生后来楚材与别迭的那场争论，十路课税使是在发生争论以后不久设立的，是太宗命楚材试行按汉法征税的结果。设立课税使与楚材主汉民赋调是密切相关的，所以我认为楚材受命主汉民赋调在庚寅年较为合理。

宗纪》这十路是：燕京、宣德、西京、太原、平阳、真定、东平、北京、平州和济南。十路课税使“凡长贰悉用士人，如陈时可、赵昉等……参佐皆用省部旧人”[1]。这些人都是出自楚材的荐引。甲午灭金以后，又设了河南路征收课税所，戊戌年（1238）任命杨奂为河南路课税所的长官，也是出于楚材的奏荐[2]。各路课税所的主要任务虽是征收赋税，但同时也负有监察地方行政的责任。据杨奂称：

> 岁在己酉十有一月，中书耶律公以军国大计，举近世转运司例，经理十路课税，易［司］（使）为所，黜使称长，相丰歉，察盈耗，以平岁入，奏可。一听中书省总之。开创伊始，制度未遑，天下郡县，犹以财赋自赡，不重其权，则无以划其弊。故官吏污滥，得廉纠之，刑赋舛错，得厘正之，至于风俗之疵美，盗贼之有无，楮货之低昂，皆得季奏之。凡佐吏，许自辟以从，被选者以为荣。[3]

这段材料说明，课税所是依照宋朝转运使司设立的，目的在保证地方的赋税能够上缴中央。为了划除地方长官把持财赋的积弊，不能不加重课税使的权力，凡是地方官吏的贪污、刑赋舛错、地方治安以至物价高低都在他们的监察弹劾范围之内。这是中央派驻在地方上的第一批钦差大臣，对于加强中央的权力，有着不可忽视的作用。

总之，管理财赋的新任务，使中书省从怯薛执事官中分离出

---

① 《元史》卷一四六《耶律楚材传》，第3458页。
② 《元史》卷一五三《杨奂传》，第3621页。
③ 据《元朝名臣事略》卷十三《廉访使杨文宪公》所引《远山集》。

来，其地位与作用日益提高，并且有了自己的直属机构，比之过去专管文书的必阇赤，有了很大的发展。但是另一方面，我们也要看到，这时期的中书省和忽必烈时的中书省还是有所不同的，它还没有成为中央政府的行政中枢。《元史》卷八五《百官志》所载中书令的职掌是“典领百官，会决庶务”①；左、右丞相的职掌是：“统六官，率百司，居令之次。令缺，则总省事，佐天子，理万机。”②这主要指的中统以后的情况，在此以前的中书省，还没有那么高的地位与权力。

第一，从中书省在中央政府中的地位看，它当时还不是参决军国重事的机关。《黑鞑事略》云：

事无巨细，须伪酋自决。楚材、重山、镇海同握鞑柄，凡四方之事，或未有鞑主之命，而生杀予夺之权，已移于弄印者之手。

但徐霆在这条下面解释道：

霆尝考之：只是见之文书者，则楚材、镇海得以行其私意，盖鞑主不识字也。若行师用军等大事，只鞑主自断，又却与其亲骨肉谋之，汉儿及他人不与也。每呼鞑人为自家骨头。③

---

① 《元史》卷八五《百官志》一，第2120页。
② 《元史》卷八五《百官志》一，第2121页。
③ 彭大雅：《黑鞑事略》，徐霆疏，王国维笺证，第四至五页。

徐霆说得很清楚，楚材、镇海等中书省官并没有参与行军用师等大事的决策权力。他们仅能利用掌管文书印信的机会和鞑主不识字的弱点，“得以行其私意”而已。大汗召集亲族商议军国大事，这是蒙古军事民主制传统的残余。这种传统使蒙古贵族在国家政治生活中享有很大的权力，军事大权只能掌握在蒙古诸王大臣之手，而当时的省臣，多半是所谓“汉儿”（包括契丹、女真等族人），自然没有参与的权力。

其次，当时最高的司法权，是掌握在大断事官的手里，担任这个职务的绝大多数都是蒙古人。据我看，当时断事官的地位尚在中书省之上，如宪宗时期，最受亲信，权力最大的大臣是大断事官忙哥撒儿，其次才轮到中书省长官孛鲁欢。

第二，从中书省和地方长官的关系看，地方长官奏事，不一定非经过中书不可。《耶律公神道碑》称：

> 宣德路长官太傅秃花，失陷官粮万余石，恃其勋旧，密奏求免。上问中书知否，对曰不知。上取鸣镝，欲射者再，良久叱出，使白中书偿之。仍敕今后凡事先白中书，然后闻奏。[①]

从这件事看，似乎地方长官凡事必须经过中书才能奏闻了。但是应该注意到，秃花所密奏的是失陷官粮的事，正属中书省直接管辖的范围。而且当时太宗方倚任楚材为其整顿税收，有必要纠正勋臣轻视中书的现象，提高中书省的威信，故而有此命令。再有一

---

① 宋子贞：《中书令耶律公神道碑》，《元文类》卷五七，第833页。

件事，可以反映东平行省长官严实和中书省的关系。《元朝名臣事略》卷十引《宋子贞墓志》云：

> 先是，行台请事于朝，多经由近侍奏决，至与丞相耶律公有违言。公劝行台致礼通情好，每事咨禀，示不敢专。耶律公喜，亦深相接纳，中外交欢，诸镇推重，行台因是益倚信公。[①]

由此可知，地方长官奏事，并不一定要经过中书，严实后来的凡奏请必先咨禀，是为了和楚材搞好关系，并非制度上有此规定；再者当时行省称行尚书省，而不称行中书省，也说明它并不是中书省的派出机构。

第三，忽必烈时的中书省官都有固定的职称，可是在此以前，省官并无正式的职称，所以楚材、重山等人的官号，在各种记载中，非常分歧，此点唐先生已经论证过，故不赘。

尽管当时中书省的地位还不能与后来相比，但是由于客观形势的需要，这一机构在定宗、宪宗时始终存在，并有所发展。

太宗末年，粘合重山去世，镇海出领弘州工匠，初年的三个省官，只耶律楚材仍在中书。太宗死后，乃马真后称制，宠信回鹘人奥都剌合蛮，楚材不久忧死，当时主持中书者为杨惟中。定宗即位后又起用镇海，《元史》卷一二〇本传称："定宗即位，以镇海为先朝旧臣，仍拜中书右丞相。"[②]定宗在位时间不长，宪宗朝用事者为

---

① 《元朝名臣事略》一〇，《平章宋公》下引《宋子贞墓志》。编者按：此条据《丛书集成初编》本校对，据聚珍版丛书本排印，第3358册，第164页。

② 《元史》卷一二〇《镇海传》，第2964页。

蒙古人忙哥撒儿、阿蓝答儿、孛鲁合等，当时主持中书省的是孛鲁合。《元史》卷三《宪宗纪》元年六月书：

以忙哥撒儿为断事官，以孛鲁合掌宣发号令、朝觐贡献及内外闻奏诸事。[①]

二年十二月又书：

孛鲁合掌必阇赤，写发宣诏及诸色目官职。[②]

从这两段材料所记述的孛鲁合的职务看，实际上就是中书省的职务，但并没有提到中书省的名称，只称之为掌必阇赤。因此唐先生认为：由于孛鲁合是蒙古人，宪宗“不复用汉人专治汉地文书，则中书之号亦随之而消灭”。我对此稍有不同的看法。《元史》卷一三四《也先不花传》云：

昔剌斡忽勒早世，其子孛鲁欢，幼事睿宗，入宿卫。宪宗即位，与蒙哥撒儿，密赞谋议，拜中书右丞相，遂专国政。……至元元年以党附阿里不哥论罪伏诛。子四人，长曰也先不花，……初世其职，为必阇赤长。[③]

---

① 《元史》卷三《宪宗纪》，第44–45页。
② 《元史》卷三《宪宗纪》，第46页。
③ 《元史》卷一三四《也先不花传》，第3266–3267页。

按孛鲁欢即孛鲁合，他的父亲昔剌斡忽勒是成吉思汗时的必阇赤长，他本人在至元元年虽以党附阿里不哥伏诛，但世祖仍用他的儿子也先不花为必阇赤长[①]，可见必阇赤长是他们的“世职”。《也先不花传》中说他在宪宗时是“中书右丞相”，《宪宗纪》则称他为“必阇赤”，实际上是一个职务的不同称呼。这说明，直到宪宗时蒙古人仍习惯于把中书省官叫作必阇赤。但中书省的名称，恐怕仍然存在的。

中书省的机构在宪宗时似乎又有所扩大。《多桑蒙古史》称：

> 蒙哥即位后，任命诸大臣及国中诸要职，以那颜忙哥撒儿为大断事官。以聂思脱里派之基督教徒孛勒海掌文书省及财政内政两部事。分文书省为数局，设波斯、畏吾儿、汉地、西番、唐兀等令史，使主来往文书。[②]

这段材料说明，宪宗时中书省在治文书之外，仍然担任着财政工作，只不过是分工更加细密了。文书省专治文书，而财政、内政两部则负责赋税民政等事。过去只有汉、回两种文书，现在则有主管各种

① 《元史·世祖纪》中统二年书“以不花为中书右丞相”，不知是否即指也先不花。

② ［瑞典］多桑：《多桑蒙古史》上册，冯承钧译，第253页。志费尼《世界征服者史》称：“他下诏叫异密忙哥撒儿那颜以及一群其他有经验的异密，掌管一切有关案件调查和百姓诉讼的事，他们应这样去巩固法治的基础。因卓有旧劳而拥有权势的孛鲁合阿合，被任命为书记们的首长和领袖，当他们的宰丞。像一个总管，他要通报每个请愿者的诉状并要处理它；宣写诏旨和敕令的也正是他。……至于底万的事务，诸如赋税的征收，官职的授予，这些是异密孛鲁合及其他一两个人份内的事”。呼和浩特：内蒙古人民出版社，1980年，第721页。编者按：此条据何高济译本校对（北京：商务印书馆，2004年，第675-676页）。

文字的令史，这些都说明中书省内僚属的增加和组织的扩大。

总而言之，中书省是太宗初年，为了加强对新征服地区的统治而建立起来的机构，它的主要任务是征收赋税和治理汉回文书，虽然当时的地位还不很高，但却是个有前途的机构。在中国政治制度史上，为天子掌文书的地位较低的官职，最终发展为实际的宰相，是屡见不鲜的事，如汉代的尚书令，明代的内阁学士，都属于此类。因为这样做，有利于君主权力的集中。但是蒙古中书省的发展，不仅仅是有利于削弱蒙古贵族的权力，提高君权，而且意味着对于先进的汉族封建制度的进一步接受。正由于它代表着进步的倾向，所以到忽必烈时，终于发展成政府最高行政中枢。

四、太宗宪宗时期的燕京行尚书省

燕京行省的名称，由来已久，从燕京被攻占以后，蒙古大汗即以石抹明安父子世守其地，行省燕京。《元史》卷一五〇《石抹明安传》：

> 中都既下（事在1215年5月——引者），加太傅、邵国公，兼管蒙古汉军兵马都元帅。丙子（1216），以疾卒于燕城。……子二人：长咸得不，袭职为燕京行省。次忽笃华，太宗时为金紫光禄大夫、燕京等处行尚书省事，兼蒙古汉军兵马都元帅。[①]

① 《元史》卷一五〇《石抹明安传》，第3557页。

按石抹明安系辽人[①]，原为金将，一二一二年降于蒙古。在攻下燕京以后，就受命为蒙古汉军兵马都元帅，留守燕京。唐文指出：石抹明安、咸得不之称行省，不过沿袭金人之旧而假以自称，至于忽笃华则实有专职。我同意这个看法，现再补充一些论据。

蒙古进入中原以后，吸收了大批金的降官和地方豪强，可是蒙古原来的官职十分简单，不足以安插，因此往往沿用金国的官号。《经世大典序录》“制官”条称：

> 既取中原，定四方，豪杰之来归者，或因其旧而命官，若行省、领省、大元帅、副元帅之属者也。或以上旨命之，或诸王大臣总兵政者，承制以命之。若郡县兵民赋税之事，外诸侯亦得自辟用，盖随事创立，未有定制。[②]

蒙古初期的行省，大都是这种情形。如严实原是金东平行省下面的一个百户，乘金政权南迁以后的混乱局势，“分兵四出，所至无不下，于是太行之东，皆受实节制”。后“挈所部彰德、大名、磁、洺、恩、博、滑、濬等州户三十万来归，木华黎承制拜实金紫光禄大夫、行尚书省事。”[③]又如李全：“举山东州郡归附，太师、国王孛鲁承制，拜全山东淮南楚州行省。……太宗三年，全攻宋扬

---

① 《元史》卷一五〇《石抹也先传》：“石抹也先者，辽人也。其先，尝从萧后举族入突厥，及后还而族留。至辽为述律氏，号称后族。辽亡，改述律氏为石抹氏。”可见石抹氏即辽之述律氏。第3541页。

② 《元文类》卷四〇《经世大典序录·治典总叙》，“制官”，第531页。

③ 《元史》卷一四八《严实传》，第3505页。

州，败死。璮遂袭为益都行省，仍得专制其地。”[①]燕京行省也是金之旧称。《耶律公神道碑》称：“贞祐甲戌（1214），宣宗南渡，丞相完颜承晖，留守燕京，行尚书省事。”[②]

蒙古初期虽有行省之名，但其实际内容还和金的行省制度有所不同。为了说明这个问题，需要简单地谈谈金代行省制的演变。金代最早有行台尚书省的名称，始于熙宗天会十五年（1137）。《金史》卷五五《百官志》称：

> 行台之制，熙宗天会十五年，罢刘豫，置行台尚书省于汴。天眷元年，以河南地与宋，遂改燕京枢密为行台尚书省，天眷三年，复移置于汴京。[③]

同书卷七八《韩企先传》云：

> 初，太祖定燕京，始用汉官宰相赏左企弓等，置中书省、枢密院于广宁府，而朝廷宰相自用女直官号。太宗初年，无所更改。及张敦固伏诛，移置中书、枢密于平州。蔡靖以燕山降，移置燕京。凡汉地选授，调发租税，皆承制行之。[④]

行台尚书省是从燕京枢密院转变而来的，而燕京枢密院是专门治行政赋税的机关，最初设于广宁，随着金国占领区的扩展而一

① 《元史》卷二〇六《李璮传》，第4591页。
② 宋子贞：《中书令耶律公神道碑》，《元文类》卷五七，第831页。
③ 《金史》卷五五《百官志》一，北京：中华书局，1975年，第1219页。
④ 《金史》卷七八《韩企先传》，第1777页。

再南移，从广宁而平州而燕京。金国开始时期，仿照辽的南北面官制，在中央用女真官制，在汉地用汉官制度，因此燕京枢密院的地位相当于辽的南院。太宗天会四年以后，中央政府中也逐渐采用汉官制度，到熙宗天眷元年实行官制改革，把南北两套并行的官制改为统一的汉族官制。当时中央的行政中枢是尚书省，因此把燕京枢密院改称行台尚书省，表示它是尚书省的派出机关。不久金重新占领河南，而当时金的首都还在上京会宁府，远处关外，鞭长莫及，因此又将行台尚书省移置于汴京，使它成为统治中原新占领区的最高政务机关。完颜亮迁都燕京前，即撤销了这一机构。世宗大定以后，虽然也有行尚书省（简称行省或行台）的设置，但都是为应付地方上紧急的军事需要，临时派尚书省的长官出去建立的，行省代表中央掌握一路或数路之军政大权，事毕即行撤销，并非地方上常设的机构。卫绍王大安三年蒙古入侵以后，行省的设置又多了起来，特别在金政权南迁以后，凡是中央不能直接控制的地方，几乎都设置了行省。但由于黄河以北处于混战状态，所以行省的辖区与名称都很不稳定，废置无常，这是金国灭亡前夕行省的状况。

蒙古前期虽有行尚书省之名，但在忽必烈以前，中央并没有名为尚书省的机构，所以行省并非中央的派出机关，所谓东平行省、益都行省和燕京行省者，实际上都不过是辖区较大的路府而已。因此，东平行省后来改称东平路行军万户府[1]。燕京行省长官咸得

---

① 《元朝名臣事略》卷十二《尚书李公（昶）事略》："金亡，公奉亲还东平，严武惠公一见，待遇加礼，授行台都事…… 行台罢，改行军万户府知事"。《遗山文集》卷二六《东平行台严公神道碑》载太宗五年授实东平路行军万户。《四部丛刊》本，第514页。

不，在《元史·耶律楚材传》中称之为“燕蓟留后长官”[①]，《耶律公神道碑》中称之为“燕京路长官”，可见他所管辖的也不过是燕京及其周围地区而已。到了一二三四年正月金朝灭亡以后，情况才有了变化。《元史·太宗纪》六年甲午七月书：

以胡土虎那颜为中州断事官。[②]

《圣武亲征录》同年书：

又遣忽都忽主治汉民。

唐文指出：忽笃华、胡土虎[③]、忽都忽、忽睹虎、胡都虎并为一名之异译。“忽笃华之任行省，实有专职”。为什么会发生这个变化呢？本文试图结合当时的背景作一些解释。

自从一二三〇年设立十路征收课税使以来，虽然建立了征税

---

① 《元史》卷一四六《耶律楚材传》，第3456页。

② 《元史》卷二《太宗纪》，第34页。

③ 太宗时之中州断事官胡土虎究系何人，我原来也认为是《元史·石抹明安传》中所说的明安次子忽笃华。后承陈得芝同志指出：此人应是成吉思汗时代断事官失吉·忽秃忽，《黑鞑事略》所谓胡丞相，《佛祖历代通载》中的忽都护大官人，《大元马政记》中的札鲁花赤胡都虎均指此人。我重新查阅了有关史料，对于乙未大料汉民与丙申分封城邑的主持者，或称为那颜、大官人，或称为大臣、贵臣、勋旧，足证蒙古统治者对此事的重视，故必选派有地位的大臣担任此职。失吉·忽秃忽曾主持过蒙古民户的分封，其资历威望远在忽笃华之上；《圣武亲征录》云：“又遣忽都忽主治汉民。”《黑鞑事略》云：“霆在燕京见差胡丞相来。”可见胡土虎系由蒙古本土派往汉地的，不似因世袭而任此职，因此任命失吉·忽秃忽任中州断事官的可能性更大些，今从此说。惟《石抹明安传》所记其父子官职承袭又甚为具体，《元史》何以有此歧异之记载，一时尚难作出解释，记此备考。

的机构，规定了课税的总额，但当时的赋税制度还是十分粗疏混乱的。一二三二年出使蒙古的彭大雅在《黑鞑事略》中说：

汉民除工匠外，不以男女，岁课城市丁丝二十五两，牛羊丝五十两；乡农身丝百两，米则不以耕稼广狭，岁户四石。漕运银纲，合诸道岁二万锭；旁蹊曲径而科敷者，不可胜言。①

丁课不分贫富男女，一律按人征收；粮食不管土地多少及肥瘠情况，一律按户征收。这种不分等级的税制脱离了财产不均的实际状况。更严重的是，当时根本没有统一的户籍可稽，诸王大臣以及将校们，不仅在征战的过程中，俘虏了大量的人民作为奴隶，而且隐占了大批降民，作为私属，这样就减少了农户的数目，直接影响到国家的赋税收入。《耶律公神道碑》称：

甲午，诏括户口，以大臣忽覩虎领之。国初，方事进取，所降下者，因以与之，自一社一民，各有所主，不相统属。至是，始隶州县。……时诸王大臣及诸将校所得驱口，往往寄留诸郡，几居天下之半。公因奏括户口，皆籍为编民。②

甲午灭金以后，河南、陕西归入版图，全部中原州郡均为蒙古所有，于是在这个基础上，进行了第一次大规模的户口清查与登记。这次“括户”的目的，首先是掌握确实的户口数字，作为征兵

① 彭大雅：《黑鞑事略》，徐霆疏，王国维笺证，第五页，

② 宋子贞：《中书令耶律公神道碑》，《元文类》卷五七，第834页。

定赋的根据。《耶律公神道碑》称：

> 丙申（1236），……其秋七月，忽覩虎以户口来上，……是岁始定天下赋税等：二户出丝一斤，以供官用；五户出丝一斤，以与所赐之家。上田每亩税三升半，中田三升，下田二升，水田五升。商税三十分之一，盐每银一两四十斤已上。①

按忽秃忽之受命为中州断事官在太宗六年（1234）甲午七月，进行括户在七年乙未（1235），到八年丙申括户工作告一段落，才把户籍带到中央来。在议定赋税等第的同时，又在中原普遍佥军。《元史》卷九八《兵志》称：

> （太宗）八年七月，诏："燕京路保州等处，每二十户签军一名，……真定、河间、邢州、大名、太原等路，除先签军人外，于断事官忽都虎新籍民户三十七万二千九百七十二人数内，每二十丁起军一名。"②

这次括户的最主要目的，自然是为的进一步控制和剥削中原人民，但同时也有调整统治阶级内部关系的目的。这表现在：一方面要清查王公贵族、将校等隐占的降民，和他们争夺纳税人口；另方面又要照顾他们的权益，分封部分州郡给诸王功臣，作为分地。《元典章》至元八年"户口条画"云：

---

① 宋子贞：《中书令耶律公神道碑》，《元文类》卷五七，第834页。
② 《元史》卷九八《兵志》一，第2510页。

照得甲午年钦奉合罕皇帝圣旨：不论达达、回回、契丹、女真、汉儿人等，如是军前虏到人口，在家住坐做驱口，因而在外住坐，于随处附籍，便系是皇帝民户，应当随处差发，主人见更不得识认。[①]

合罕皇帝即是太宗窝阔台。根据上引甲午年的圣旨，规定划分良、驱的标准是：凡是军前掳到人口，并与主人同居的，算作驱口；在外另住，并有单独户籍的，就应该算作皇帝民户，要承担国家的赋役。《耶律公神道碑》说这次括户把所有驱口“皆籍为编民”，自然有些夸大其词，但这次括户，的确释放了不少奴隶。如《元史》卷一四七《史天祥传》称：

乙未括户，纵其奴千余口，俾为民。[②]

乙未户籍并成为后来判断良民与驱奴的根据。《中书左丞张公（文谦）神道碑》称：

（至元）三年还朝，诸势家告有户数千，当役属为私奴，朝议久不决。公言：奴与良，法当以乙未户帐为断。若已籍为

① 见《元典章》卷十七《户部》三“户口条画”中“蒙古牌甲户驱”条。另“五投下户”条下云：“五投下户计，仰差官与各投下头目、各州县管民官，勾集元主并駈户一同对证得，委系各人出军时马后梢将来底人口，达达数目里有呵，吩咐本投下者，于当差额内除豁。如对证，委系好投拜人户，及在后投属，或本投下招收到底人户，作民当差。”可见自动降附的好投拜户，依法是不能作为驱户的。

② 《元史》卷一四七《史天祥传》，第3488–3489页。

奴，或奴之而未占籍者，归势家可也。自余皆国家良民，必无为奴之理。其议遂定，至今守以为法。[①]

可见这次括户目的在于保证封建国家的赋税收入，但在客观上，起了打击奴隶制残余和保障封建生产关系的积极作用。

另方面，太宗在籍民以后，实行了分封制度。《耶律公神道碑》称：

丙申，……其秋七月，忽睹虎以户口来上，议割裂诸州郡，分赐诸王贵族以为汤沐邑。公曰：尾大不掉，易以生隙，不如多与金帛，足以为恩。上曰：业已许之。复曰：若树置官吏，必自朝命，除恒赋外，不令擅自征敛，差可久矣。[②]

裂土分民，原是蒙古汗国的传统，成吉思汗时分配领民给万户、千户，实际上就是分封制度，太宗也难于一下扭转。耶律楚材所建议的"树置官吏，必自朝命，除恒赋外，不令擅自征敛"的补救办法，虽未能彻底实行，但毕竟对分封之家给以一定的限制，保持了朝廷对分地的干预权力。

中原是蒙古汗国中经济最发达的地区，随着形势的发展，蒙古朝廷逐步加强了对这个地区的控制。但是当时统治中心远在和林，仅仅依靠中书省所领导的十路课税所来监督课税和地方行政，已不能满足需要。有必要在汉地设立一个权力更为集中的机构，代表中

① 李谦：《中书左丞张公神道碑》，《元文类》卷五八，第845页。
② 宋子贞：《中书令耶律公神道碑》，《元文类》卷五七，第834页。

央实行对地方各级政府的监督，燕京行省就是适应这样的需要而发展起来的。

燕京行省的管辖范围，从忽秃忽时起就从燕京路扩大为整个中原地区。从忽秃忽所担任的括户、定赋税、分城邑以封功臣等任务来看，无一不是以整个中原地区为对象的。因此《太宗纪》称之为“中州断事官”，《圣武亲征录》称其“主治汉民”。从太宗末年起就担任燕京行省长官的刘敏，在其《神道碑》中有这样的话：

> 明圣继统，万国连[绍]（诏）。勋旧大臣行尚书省事于汉境，节制所及，凡二十余道，分陕之命，公实膺之。[1]

这种情况直到宪宗时，并未改变。宪宗即位以后，虽有皇弟忽必烈领治“漠南汉地军国重事”之命，实际上忽必烈所负责的主要是军事，汉地的民刑、财政仍属燕京行省管辖。《元史》卷一五八《姚枢传》云：

> 宪宗即位，诏凡军民在赤老温山南者，听世祖总之。……（姚枢）对曰：“今天下土地之广，人民之殷，财赋之阜，有加汉地者乎？军民吾尽有之，天子何为？异时廷臣间之，必悔而见夺。不若惟持兵权，供亿之需，取之有司，则势顺理安。”世祖曰：“虑所不及者。”乃以闻，宪宗从之。[2]

---

① 元好问：《遗山先生文集》卷二八《大丞相刘氏先茔神道碑》，《四部丛刊》本，第557页。编者按：此条据姚奠中主编《元好问全集》卷二八校对（太原：山西古籍出版社，2004年，第592页）。

② 《元史》卷一五八《姚枢传》，第3712页。

因此，当忽必烈要在河南设经略司时，必须先请命于朝，不令燕京行省有所钤制才成。据《史天泽行状》：

上（世祖）在潜邸，壬子（1252）春，行幕驻岭上，极知汉地不治，河南、陕西尤甚。宪宗方倚任于牙鲁瓦赤，乃因朝觐，请分河外所属而试治之，乞不令牙鲁瓦赤有所钤制，诏许之。……上举公与赵公璧，立经略司于汴而代治焉。[①]

牙鲁瓦赤当时是燕京行省的长官，这件事说明了河南也是属于燕京行省管辖范围之内的。

燕京行省不仅掌管汉地财赋，同时还治理汉地刑政。唐文已指出：当时燕京行省长官的正称为札鲁忽赤或断事官。如忽秃忽在《太宗纪》中之称“中州断事官”。又如《元史》于《宪宗纪》元年辛亥书：

以牙剌瓦赤、不只儿、斡鲁不、睹答儿等充燕京等处行尚书省事。[②]

而同书《世祖纪》书：

岁壬子，帝驻桓、抚间。宪宗令断事官牙鲁瓦赤与不只儿等总天下财赋于燕，视事一日，杀二十八人。其一人盗马者，

① 《元朝名臣事略》卷七《丞相史忠武王》，引西溪王公撰《行状》。
② 《元史》卷三《宪宗纪》，第45页。

杖而释之矣，偶有献环刀者，遂追还所杖者，手试刀斩之。帝责之曰："凡死罪，必详谳而后行刑，今一日杀二十八人，必多非辜。既杖复斩，此何刑也？"不只儿错愕不能对。[①]

同书卷一二三《布智儿传》称宪宗以布智儿为大都行天下诸路也可札鲁忽赤，所以唐先生说燕京行尚书省、断事官与札鲁忽赤都是一官之异称，而燕京行省"自蒙古人视之，仅为札鲁火赤之外任"。为什么派出断事官来主持燕京行省呢？我认为这主要是为了镇压中原人民的反抗，《元史》卷一二四《岳璘帖穆尔传》云：

太祖（疑为太宗之误）即位，以中原多盗，选充大断事官，从斡真出镇顺天等路。[②]

《黑鞑事略》徐霆疏说由于汉地赋敛十分沉重，"诸亡国之人，甚以为苦，怨愤彻天"，[③]可见中原阶级矛盾的尖锐。

《世祖纪》所载不只儿断狱一日杀二十八人的事，充分暴露了断事官的横暴与残忍。可见燕京行省不仅是掠夺人民的财政机关，同时也是镇压人民的司法机关，是蒙古朝廷统治汉地人民的代理人。

燕京行省长官在初期并兼掌军权，宪宗时既令忽必烈领治漠南汉地军事，可能分出了兵权，但燕京行省仍是掌汉地民政、财政、

① 《元史》卷四《世祖纪》，第58页。
② 《元史》卷一二四《岳璘帖穆尔传》，第3050页。
③ 彭大雅：《黑鞑事略》，徐霆疏，王国维笺证，第五页。

司法的最高机关。

燕京行省和中书省的关系如何呢？从机构名称上看，燕京行省称为行尚书省，而非行中书省，行省长官称札鲁忽赤或断事官，可见它并非中书省的派出机关。但在忽秃忽行省时期，汉地之赋税仍须受中书省钤制，当时诸路课税所仍归中书省管辖，便是证明。如一二三八年任命杨奂为河南课税所长官，即出于耶律楚材的推荐，杨奂之理财方针，亦须先征得楚材之同意。[①]太宗晚年信用回鹘人奥都剌合蛮。《元史·太宗纪》十二年正月书：

以奥都剌合蛮充提领诸路课税所官。[②]

《圣武亲征录》亦于同年正月书：

庚子春正月，命暗都剌合蛮主汉民财赋。[③]

统领诸路课税所之权既为奥都剌合蛮所夺，于是中书干预汉地赋税之权大为削减。据《元史》卷一五三《刘敏传》，奥都剌合蛮在定宗初年为燕京行省长官，可能诸路课税所即于此时改成行省的隶属机关了。

燕京行省在太宗末年权力日增，组织机构亦渐庞大。太宗十三年辛丑年，刘敏、牙鲁瓦赤先后受命为行省长官。《刘敏传》云：

---

① 事见《元朝名臣事略》卷十三《廉访使杨文宪公》。
② 《元史》卷二《太宗纪》，第36页。
③ 王国维校注：《圣武亲征录校注》，《王国维全集》第十一卷，第530页。

辛丑春，授行尚书省。诏曰："卿之所行，有司不得与闻。"俄而牙鲁瓦赤自西域回，奏与敏同治汉民，帝允其请。……复辟李臻为左右司郎中。臻在幕府二十年，参赞之力居多。①

世祖时之名臣姚枢，在当时也做过燕京行省的郎中。《元史》一五八本传称：

辛丑，赐金符，为燕京行台郎中。时牙鲁瓦赤行台，惟事货赂，以枢幕长，分及之。枢一切拒绝，因弃官去。②

可见此时行省下面已设有左右司郎中等僚属，组织机构扩大了。

据《多桑蒙古史》称，太宗时在西域也设立了行省。

当时蒙古帝国中有两大行省：一为突厥斯单河中行省，东起杭海山，西达阿母河，以马合木牙剌洼赤之子马思忽惕伯掌省事。一为阿母河西行省，东起阿母河，西达底牙儿别克儿、鲁木边境，以统将阔儿吉思掌省事。③

上述两个行省，在宪宗时继续存在。《元史》卷三《宪宗纪》

① 《元史》卷一五三《刘敏传》，第3610页。
② 《元史》卷一五八《姚枢传》，第3711页。
③ ［瑞典］多桑：《多桑蒙古史》上册，冯承钧译，第200页。此条注云见《史集》。

元年六月书：

> 以牙剌瓦赤、不只儿、斡鲁不、睹答儿等充燕京等处行尚书省事，赛典赤、匿昝马丁佐之。以讷怀、塔剌海、麻速忽等充别失八里等处行尚书省事，暗都剌兀尊、阿合马、也的沙佐之。以阿儿浑充阿母河等处行尚书省事，法合鲁丁、匿只马丁佐之。[①]

按别失八里等处行尚书省在阿母河以东，属察合台分地，恐即多桑书所说之突厥斯单河中行省，麻速忽恐即是马思忽惕之异译。可见从太宗到宪宗时，蒙古汗国内共设立了三大行省，作为分别统治中原和西域的三个最高的政务机关。而三大行省中又以燕京行省居于首位。

总而言之，燕京行省是在这种情况下发展起来的：即一方面，中原为财用兵源所出之地，对于蒙古汗国的作用日益重要，蒙古朝廷有必要加强对于这个地区的控制；另一方面当时的中央政府远在和林，不便于直接指挥，因而需要在燕京设立一个专门机构，委派亲信大臣坐镇，以代表中央领导与监督汉地的行政。这种情形，和金朝初期的燕京枢密院及稍后的河南行台尚书省颇有类似之处。也正因为如此，所以当忽必烈把统治中心移到燕京，解决了中央政府远离汉地的矛盾以后，燕京行省也就失去存在的必要，而被并入中书了。[②]

---

① 《元史》卷三《宪宗纪》，第45页。

② 关于忽必烈即位以后，燕京行省并入中书省的经过，唐长孺先生曾加考订，见《蒙古前期汉文人进用途径及其中枢组织》，第四节“汉人与西域人之冲突”，《学原》1948年第7期。

五、小　结

上面分别对断事官、必阇赤、中书省和燕京行省作了考察，兹再综述如下：

十二世纪末的蒙古社会，在游牧经济的基础上，滋长起来的封建生产关系，破坏了氏族制度，把氏族成员分裂成为敌对的阶级，主要是封建主和依附牧民阶级。在阶级对抗的基础上，产生了蒙古早期的国家，“国家政权底工具，主要是集中于军队、惩罚机关、侦探机关和监狱”。[①]断事官就是这种惩罚机关。它的建立，对于维护封建贵族的统治，保护私有财产，镇压牧民以及奴隶的反抗，有着重要的作用，帮助了早期封建生产关系的发展。

随着蒙古汗国的迅速扩大，许多先进的民族与地区被纳入版图，由于各个地区的社会经济、政治制度发展的不平衡，就使汗国内部的生产关系、阶级关系以及民族关系空前复杂起来。以中原地区而论，农业是主要的生产部门，地主土地所有制和租佃关系是占主导地位的生产关系。不仅在汉族中如此，就是在先于蒙古人进入这个地区的契丹人和女真人中也是如此。蒙古虽已进入封建社会，但属于早期封建制的形态，和中原的成熟的封建制还有一段距离，在经济上则是单一的游牧业。他们既然不可能真的“悉空其人，以为牧地”，把中原变成和蒙古一样的游牧封建社会，那么只能设法适应汉地较高的经济状况。太宗接受耶律楚材的建议，采用中原的

① 斯大林：《列宁主义问题》，北京：人民出版社，1955年，第767页。

课税制度，就意味着对农业生产的承认，对中原地主土地所有制的承认，从而缩小了蒙古所带来的落后生产关系的影响，如大批驱奴的被释为良民。[①]以汉族为主的各族农民既成为被剥削的主要对象，蒙古统治者不能不更多地依靠契丹、女真、汉族以及畏兀等族的统治阶级，来统治中原各族人民。在这种新形势下，蒙古原有的比较简单的国家机构，已不能满足要求，必须成立新的机构，来统治被征服地区。中书省和燕京行尚书省，就是在这样前提下先后产生的。

在蒙古前期的国家里，基本存在着两套行政制度，一套是在“部落野处，非有城郭之制”的游牧经济和“国俗淳厚，非有庶事之繁”的阶级关系简单的社会基础上建立的蒙古的制度，如断事官、怯薛执事官、分封制度等，都属于此类。另一套则是适应于被征服地区的较高的社会经济与政治情况的制度，如中书省、燕京行尚书省和中原的路府州县等。这套制度基本上是仿照汉族官制的。“在阶级社会里，任何国家政权都是为着保护一定的社会经济制度，即一定的生产关系。正如列宁所说，‘政治是经济的集中表现’，任何社会经济制度，都必须有与它相适应的政治制度为它服务，为它扫除发展的障碍。”[②]蒙古前期两套政治制度同时并行的状态，正是汗国内部不同的社会经济制度并存在政治上的反映，也是蒙古国家从早期的分权的封建国家发展为较成熟的君主集权国家（元朝）的过渡形态。

① 当时一些另籍别居的驱奴，虽名为奴隶，但所受剥削实际是封建性质的。如《元史》卷一六三《张雄飞传》称阿里海牙“以降民三千八百户，没入为家奴，自置吏治之，岁责其租赋”。这种駈奴实际上是农奴性质。第3821页。

② 红旗杂志编辑部：《再论陶里亚蒂同志同我们的分歧》，《红旗》1963年第3–4期。

在这段时期里，断事官在政府里还是“居百司右”的，其地位之高，权力之重，非中书省所能比拟。但是代表较先进的社会经济制度的中书省，却有着更为广阔的发展前途。到了忽必烈即位以后，四大汗国日益脱离了蒙古大汗的控制，忽必烈所实际统治的主要是中原汉地和蒙古本土，这样就更加强了中原汉地在国家经济生活与政治生活中的地位与影响（灭南宋、占有江南以后，只能更促进这个趋势的发展）。因此蒙古统治者不能不进一步接受汉族的成熟的封建制度，并建立与它相适应的政治制度，于是在中统改革官制以后，中书省终于成为行政的中枢，而断事官则趋向没落。

一九六三年五月于珞珈山

后　记

此文系二十年前旧作，重新检视，尚有疏漏，为保持原貌起见，此次不拟多作改动。惟《元史·太宗纪》太宗六年所任命的中州断事官胡土虎那颜究系何人，拙作原据《元史》卷一五〇《石抹明安传》中“子二人，长咸得不，袭职为燕京行省。次忽笃华，太宗时为金紫光禄大夫、燕京等处行尚书省事，兼蒙古、汉军兵马都元帅”的记载，认为胡土虎即明安次子、咸得不之弟忽笃华，因袭兄职为燕京行尚书省长官。近承陈得芝同志等指教，认为此胡土虎应是成吉思汗时代之断事官失吉·忽秃忽，《黑鞑事略》所谓“胡丞相”，《元史·刘秉忠传》之忽都［虎］那演，《佛祖历代通载》中的忽都护大官人。观《元史·畏答儿传》有：“岁丙申，忽都忽大料汉民，分城邑以封功臣，授忙哥泰安州民万户。帝讶其少，忽都忽对曰：‘臣今差次，惟视旧数多寡，忙哥旧才八百户。’”知乙未料民与丙申分封的主持者，即成吉思汗时主持分封蒙古民户的失吉·忽秃忽，甚明。此后即任燕京行尚书省最高长官。他的去职，当在辛丑太宗改调牙鲁瓦赤为中州断事官之时。乙未括汉地户口，丙申分城邑封诸王功臣，是件大事，失吉·忽秃忽曾任成吉思汗时之断事官，主持过分封蒙古民户，又曾受命检视中都府藏；有关史料或称之为那颜，或称大臣、大官人、勋旧，均表明其地位之高。其资历、地位远在契丹人忽笃华之上，担任中州断事官的要职，可能性更大。《新元史》之《忽都虎传》与施一揆之《论失吉·忽秃忽》（《元史及北方民族史研究集刊》第五期）均持此说。经陈得芝同志加以补充论证后，我个人现在认为：虽然由于有关记载简略分散，《石抹明安传》中所载忽笃华曾任职应如何解释，目前难于做出定论，但就已掌握之史料进行分析，似以失吉·忽秃忽说更近情理。附记于此，并向南京大学元史研究室的同志致谢。

编者按：这则后记，应当是1983年前后李涵老师在修改本文之后，写给南京大学历史系元史研究室负责编辑《元史论集》的老师的底稿，未署日期。我们认为这则附记与本文之写作、修改有很大关系，故整理后附于此。

金元之际汉地七万户*

十三世纪初，在蒙古的军事进攻和红袄军的打击下，金政权被迫迁都河南，黄河以北处于无政府状态。这一带的汉族地主纷纷聚集乡党，结寨自保，形成许多支大大小小的地主武装。他们成为蒙古、金国和南宋三方面争取利用的对象，其中依附蒙古的那批地主武装头目，据兵数多寡，被分别授以万户、千户、百户的官号。七万户就是他们中间最大的也是最早被授予万户的七个，是这批人的代表人物。

这些万户各握重兵，裂土分民，可以任命州县长吏，擅赋税，专生杀，集军、民、财权于一身，而且世代传袭，长期统治一地，既像分封制下的诸侯，又像唐代中叶后的藩镇。这种状况持续了三四十年之久，直到忽必烈初期才改变。

研究汉地七万户的产生、发展与衰落的过程及其历史条件，考察他们和蒙古统治者之间既互相利用又互相矛盾的错综关系，有助

* 本文原刊于《文史》第十一辑，北京：中华书局，1981年，第123-150页。署名“唐长孺 李涵”。

于了解蒙元前期中原地方政治形势和政治制度的特点，特别是对蒙汉统治阶级早期如何结合的历史，可以提供一个方面的重要内容，这对于分析元朝统一政权的性质应该是有所裨益的。

本文准备就七万户包括哪些人，他们的权势，与蒙古统治者的关系，以及七万户产生、发展与衰落的历史条件及其作用等方面，进行初步探讨，提出我们的一些看法，以就教于史学界的同志。

一、汉地七万户包括哪些人

汉军万户是从什么时候开始设立的？他们包括哪些人？由于《元史》及其他文献记载缺略不全，矛盾很多，因此学者们对这两个问题的看法也是有分歧的，有必要先对这些问题进行考证。又因为七个万户不是同时设立的，所以首先对最早设立的三万户加以考察。

《元史》卷一四九《刘黑马传》说："岁己丑（1229），太宗即位，始立三万户，以黑马为首，重喜、史天泽次之。"①

同书卷一五五《史天泽传》说："己丑，太宗即位，议立三万户，分统汉兵。天泽适入觐，命为真定、河间、大名、东平、济南五路万户。"②

《元朝名臣事略》卷七转引王恽撰《丞相史忠武公家传》说："太宗即位，公入觐。朝议方选三大元帅，分统汉地兵。上素闻公贤，以杖麾公及刘黑马、萧札剌居右，诏为万户。其居左者悉为千

① 《元史》卷一四九《刘黑马传》，北京：中华书局，1976年，第3517页。
② 《元史》卷一五五《史天泽传》，第3658页。

夫长。遂以真定、河间、大名、东平、济南五诸侯兵隶焉。”[①]

上面几条材料都说太宗窝阔台即位之初始立三万户。对于三万户有哪些人,《刘黑马传》说是刘黑马、重喜和史天泽;《史忠武公家传》说是刘黑马、萧札剌和史天泽。对刘、史之外的另一个万户是谁，说法不一致。又据《元史》卷一四九《耶律秃花传》则说秃花曾“统万户扎剌儿、刘黑马、史天泽伐金”。[②]这里所说的扎剌儿即《元史·石抹也先传》所说的石抹也先之子查剌。陶宗仪撰《辍耕录》卷一《氏族》中列举金人姓氏说:“石抹曰萧。”所以石抹查剌，也可叫作萧查剌，是当时三万户之一。此条与《史忠武公家传》所列之三万户一致。《刘黑马传》所说的重喜在《元史》中无传，其姓氏事迹均不详。在《元史》卷一三三《重喜传》中的重喜是世祖时人[③]，卷一二三《赵阿哥潘传》说其子亦名重喜[④]，但也是世祖时人，时间和事迹都对不上口。其他方面也没看到有关万户重喜的材料，只好暂置不论。

姚燧《牧庵集》卷一七《颍州万户邸公神道碑》说:“尝闻国初以二万户镇抚中夏，右则刘伯林军秦，左则粘合重山军燕。顾成，则益太尉忠武史公天泽为真定、河间、济南、东平、大名五路万户于中。”[⑤]这里提供了一个重要的情况，就是汉军万户的设立并

① 现在所看到的《四部丛刊》本王恽《秋涧先生大全文集》卷四八《左丞相忠武史公家传》关于此事的记载，较《元朝名臣事略》中转引者略“以杖麾公及刘黑马、萧札剌居右,…… 悉为千夫长”一段，或《事略》所据之《秋涧文集》的版本有所不同。

② 《元史》卷一四九《耶律秃花传》，第3532页。

③ 《元史》卷一三三《重喜传》，第3230–3231页。

④ 《元史》卷一二三《赵阿哥潘传》，第3029页。

⑤ 《牧庵集》卷十七《颍州万户邸公神道碑》，第310页。

不是从太宗时开始的。刘伯林死于元太祖十六年（1221），他任万户是成吉思汗时的事情。可见早在成吉思汗时就已设立过两个汉地的万户了。

《元史》卷一四九《刘伯林传》说："刘伯林，济南人。好任侠，善骑射，金末为威宁防城千户。壬申岁（1212），太祖围威宁，伯林知不能敌，乃缒城诣军门请降。[《元史》卷一《太祖纪》则说伯林降于辛未（1211）冬]……帝问伯林，在金国为何官，对曰：'都提控。'即以元职授之，命选士卒为一军，与太傅耶律秃怀同征讨，招降山后诸州。太祖北还，留伯林屯天成，遏金兵，前后数十战。进攻西京，录功，赐金虎符，以本职充西京留守，兼兵马副元帅。……辛巳（1221）以疾卒。"[1]在本传中未提伯林授万户事，但是在其子《刘黑马传》中却说："岁壬午（1222），袭父职，为万户，佩虎符，兼都元帅。"[2]所以刘伯林已担任万户是很清楚的了。由于他纳款最先，在汉军万户中居于首位。彭大雅在《黑鞑事略》中称他为"汉人中第一万户"。

《邸公神道碑》说另一个万户是粘合重山。按《元史》卷一四六《粘合重山传》说："粘合重山，金源贵族也。国初为质子，知金将亡，遂委质焉。太祖赐畜马四百匹，使为宿卫官必阇赤。"太宗设立中书省"以重山有积勋，授左丞相。时耶律楚材为右丞相，凡建官立法，任贤使能，与夫分郡邑，定课赋，通漕运，足国用，多出楚材，而重山佐成之"[3]。按必阇赤的职务是主管文书。

① 《元史》卷一四九《刘伯林传》，第3515–3516页。
② 《元史》卷一四九《刘黑马传》，第3516页。
③ 《元史》卷一四六《粘合重山传》，第3465–3466页。

结合《黑鞑事略》《蒙鞑备录》等书的记载看，粘合重山所主管的是汉文文书。中书省建立后，又作为耶律楚材的副职而管理汉地赋税行政。他一生中的主要职务是管理簿书钱谷，本传中没一句话提到他统领过汉军，有平金之功。姚燧将他列为汉军万户之一，不知根据什么材料。总观以上诸说，我们以为萧查剌是三万户之一的可能性较大。

这里又提出了另一个问题，即太宗时的三万户之一的刘黑马既是“袭父职，为万户”的。那么另外两个万户萧查剌与史天泽是否也靠袭父兄职而为万户的呢？换言之，萧也先和史天倪当过万户没有？

先说萧也先，《元史》卷一五〇《石抹也先传》说：“石抹也先者，辽人也。……至辽为述律氏，号称后族。辽亡，改述律氏为石抹氏。其祖库烈儿，誓不食金禄，率部落远徙。……（也先）勇力过人，善骑射，多智略，豪服诸部。金人闻其名，征为奚部长，即让其兄赡德纳曰：‘兄姑受之，为保宗族计。’遂深自藏匿，居北野山，射狐鼠而食，闻太祖起朔方，匹马来归。”[1]从本传中所描述的可以知道，石抹也先是契丹人，在奚部中是个有威望的人物[2]。但是他归附蒙古时却是“匹马来归”的，他所率领的军队是得自张鲸、张致兄弟手中的“黑军”。《元史》卷一一九《木华黎传》称：“锦州张鲸聚众十余万，杀节度使，称临海郡王，至是来降。诏木

---

① 《元史》卷一五〇《石抹也先传》，第3541页。

② 按述律氏为契丹之后族，也先应为契丹人，彭大雅《黑鞑事略》中有“萧夫人，契丹人，专管投拜户，炮车”。王国维《黑鞑事略笺证》认为此处之萧夫人，即萧大夫之误，亦即石抹也先。但《金史》卷六七《奚王回离保传》称：“奚有五王族，世与辽人为昏，因附姓述律氏中。”（第1587页）则是述律氏、萧氏或石抹氏中已有奚族五姓附人。再从金曾征也先为奚部长的事看，他也有可能是奚人。

华黎以鲸总北京十提控兵，从掇忽阑南征未附州郡。木华黎密察鲸有反侧意，请以萧也先监其军。至平州，鲸称疾逗留，复谋遁去，监军萧也先执送行在，诛之。”[①]同书卷一《太祖纪》太祖十年乙亥夏说：“鲸弟致遂据锦州，僭号汉兴皇帝，改元兴龙。”[②]张致于次年为木华黎所镇压。《石抹也先传》说：“（张）致既伏诛，也先籍其私养敢死之士万二千人号黑军者，上于朝。赐虎符，进上将军，以御史大夫提控诸路元帅府事，举辽水之西，滦水之东，悉以付之。后从国王木华黎攻蠡州北城，先登，中石死，时年四十一。子四人：曰查剌，曰咸锡，曰博罗，曰侃。”[③]从张鲸兄弟的姓名及称“汉兴皇帝”看，他们所统的黑军应是支汉族军队。此军以后遂为也先父子所有。虽然在《也先传》中没有提到也先曾任万户，同卷《查剌传》也只说他“袭御史大夫，领黑军”，没说他是袭职为万户，但从萧也先所率汉军在万人以上，佩虎符，曾任提控诸路元帅府事，负责经略辽西的情况看，他是当时汉军元帅之一，而且颇受木华黎的信任与倚重。《牧庵集》卷二一《怀远大将军招抚使王公神道碑》说：“（兴秀）乃将壮士数百辈出蠡疆，迎两大帅万户刘伯林、御史大夫萧公降。……大兵及城，城方力完守具，砲死萧大夫。”[④]蠡州之役发生在丁丑（1217）。《元史》卷一四九《刘伯林传》说：“丁丑，（伯林）复从大军攻下山东诸州。”[⑤]也参加了蠡州之役。萧也先和刘伯林被并称为两大帅，说明二人之地位大致相

① 《元史》卷一一九《木华黎传》，第2931页。
② 《元史》卷一《太祖纪》，第18页。
③ 《元史》卷一五〇《石抹也先传》，第3542–3543页。
④ 《牧庵集》卷二一《怀远大将军招抚使王公神道碑》，第391页。
⑤ 《元史》卷一四九《刘伯林传》，第3516页。

当，都是统领一军的元帅。

至于史天倪之任万户，是《元史》《太祖本纪》和《史天倪传》中都有记载的。如卷一四七《史天倪传》说："癸酉（1213），太师、国王木华黎统兵南伐，所向残破，秉直……乃率里中老稚数千人，诣涿州军门降。木华黎欲用秉直，秉直辞而荐其子，乃以天倪为万户。……既以万户统诸降卒，从木华黎略地三关已南，至于东海，所过城邑皆下。……甲戌，朝太祖于燕之幄殿，所陈皆奇谋至计，大称旨。赐金符，授马步军都统，管领二十四万户（按当时不可能有这么多万户，恐系千户之误）。……乙亥（1215）授右副都元帅，改赐金虎符。……庚辰（1230），还军真定，武仙降。木华黎承制以天倪为金紫光禄大夫、河北西路兵马都元帅，行府事，仙副之。"①

钱大昕对于史天倪曾任万户表示怀疑。他在《廿二史考异》卷八六《元史一·太祖纪》"八年癸酉史天倪、萧勃迭率众来降，木华黎承制，并以为万户"条下说：

> 案：《天倪传》亦云："以万户统诸降卒"，而《石抹孛迭儿》传（即萧勃迭）但云擢为千户，两传互异。考元初，万户为军官最要之职。太祖时，惟木华黎、博尔术为左右万户，纳牙为中军万户，此外虽蒙古世臣亦不轻授。天倪辈汉人初附，岂得便居此职，则《石抹传》云擢千户者，似为近之。然此条沿讹，亦非无因。考张匡衍撰《木华黎行录》云："史天

① 《元史》卷一四七《史天倪传》，第3478–3480页。

倪、萧勃迭率众来降，王奏各统万户。”其云各统万户者，谓令其领万人从征耳，非授以万户之职也。史臣昧于官制，遂以为真授万户矣。元制，除万户未有不赐金虎符者，今据《天倪传》，是年已为万户，至甲戌始赐金符，乙亥授副都元帅，乃改赐金虎符，则其初降必未授万户也。史氏之授万户，始于天泽，盖在太宗即位之初。[①]

钱大昕认为天倪初降时未授万户是对的，天倪甲戌始赐金符，其身份不过千户。但他也承认“元制，除万户未有不赐金虎符者”。那么对于“乙亥授右副都元帅，改赐金虎符”一事又如何解释呢？《元史》卷九八《兵志一》说：“万户、千户、百户分上、中、下。万户佩金虎符，符趺为伏虎形，首为明珠，而有三珠、二珠、一珠之别。千户金符、百户银符。”[②]当然被赐金虎符者不一定都是万户，但起码是相当于万户的重臣。如《元史》卷一五二《张晋亨传》说：“（宪宗）欲赐晋亨金虎符，辞曰：‘虎符，国之名器，长一道者所佩。臣隶忠济麾下，复佩虎符，非制也。臣不敢受。’”[③]按严忠济为东平路万户，晋亨隶其麾下为千户，故不敢佩虎符。钱大昕在《廿二史考异》卷九七《史天倪传》条下又说他尝见史秉直神道碑及史氏庆源碑，皆立于太宗朝，其称天倪但云河北西路兵马都元帅。因此他认为天倪未尝授万户。

---

① 钱大昕：《廿二史考异》卷八六，《史学丛刊》本，第1544页。编者按：此条据方诗铭等校点《廿二史考异》校对（上海：上海古籍出版社，2004年，第1202–1203页）。

② 《元史》卷九八《兵志》一，第2508页。

③ 《元史》卷一五二《张晋亨传》，第3590页。

对于这个问题，我们的看法是：史氏降蒙在一二一三年，仅后于伯林两年，而在石抹也先降附之前，资格是较老的。天倪在初降时已有清乐军万人，后统二十四千户，部下应有二、三万人，以兵力而论，也够得上一个万户。而且他所立战功甚多，庚辰（1220）以后即担任河北西路兵马都元帅，行府事，独当一面之寄。当严实、张柔等未降之时，在汉人中功名最盛，可以与刘伯林相提并论的也只有他。宋朝人赵珙在庚辰年（1220）曾出使蒙古军前，到过燕京，见过太师国王木华黎。他在《蒙鞑备录》中说："燕京等处有纸蝉儿元帅、史元帅、刘元帅等甚众，各有军马，皆听摩睺国王（即木华黎）命令。"[①]王国维笺证说："沈乙庵先生曰：纸蝉儿元帅，讹舛不可读。植案：'纸'者'札'字之误，'蝉'者'蜡'字之误。札蜡儿元帅即《元史·石抹也先传》也先之子查剌，《耶律秃花传》之札剌儿也。《秃花传》称统万户札剌儿、刘黑马、史天泽伐金。王恽《史忠武公家传》朝议选三大帅分统汉地兵，诏公及刘黑马、萧札剌居右，为万户，其居左者悉为千户长。此史元帅即天泽，刘元帅即黑马，正所谓汉地三万户也。"《笺证》说刘元帅即黑马是对的，当时刘伯林虽尚在世，但《备录》说："伯林昨已封王，近退闲于家，其子见为西京留守。"说史元帅即天泽却不对，因天倪在一二二五年始为武仙所杀，当一二二〇年时天倪尚在，此书所说的史元帅应该是史天倪，而不会是史天泽。这个材料说明在一二二〇年的史天倪已与刘伯林、萧查剌并称，成为三大帅之一。

在《元史》中关于一些人的官职名称以及除授时间的记载，往

---

① 赵珙撰：《蒙鞑备录》，王国维笺证，《蒙古史料校注四种》，北京：清华国学研究院印行，1926年，第三至四页。

往有缺漏，或列传与本纪互异，或各传之间不一致。造成这种现象的原因之一，就是蒙元前期的官称本身就是十分混乱的。蒙元本身的官制很简单，“惟以万户统军旅，以断事官治政刑”[①]。当其进入中原以后，对于前来归附的金朝降官或地主武装，都是随意命官，“未有定制”。正如《元文类》卷四〇《经世大典序录》所说的：“既取中原，定四方，豪杰之来归者，或因其旧而命官，若行省、领省、大元帅、副元帅之属者也，或以上旨命之，或诸王大臣总兵政者，承制以命之。若郡县兵民赋税之事，外诸侯亦得自辟用。盖随事创立，未有定制。”[②]彭大雅在《黑鞑事略》中也说：“其官称或僭国主，或权皇帝，或郡王，或宣差。诸国亡俘或曰中书丞相，或将军，或侍郎，或宣抚运使，随所自欲而盗其名，初无宣麻制诰之事。”下面徐霆疏也说：“霆尝考之，鞑人初未尝有除授及请俸。鞑主亦不晓官称之义为何也。”[③]例如石抹也先称御史大夫，但在当时蒙古朝廷中并没有御史台这个机构，显然也是随便起的一个官称。基于上述情况，我们认为史天倪以及石抹也先到底是否被正式任命为万户，不是实质性的问题，真正重要的是他们是否成为统领汉军的三个最大的元帅，具备了担任万户的条件。根据现有史料，我们对于天倪与也先是否曾任万户的问题，还不能做出完全肯定或完全否定的结论。但有一点是可以肯定的，就是早在成吉思汗时已有汉军万户的设立。窝阔台正是在这个基础上重新任命了三个万

---

① 《元史》卷八五《百官志》一，第2119页。

② 《元文类》卷四〇《经世大典序录·治典总叙》，“制官”，第531页。

③ 彭大雅：《黑鞑事略》，王国维笺证，《蒙古史料校注四种》，北京：清华国学研究院印行，1926年。编者按：此条据《王国维全集》第十一卷校对（第382页）。

户，其中刘黑马早在一二二二年已经袭职为万户，现在不过是重新换赐金虎符而已[①]。萧查剌和史天泽的任万户，即使是新任命的，也是由于他们继承了父兄的职务和军队，已经具备了充万户的条件的缘故。但史天泽由统管河北西路改为统管五路，其职权较天倪时又有所扩大而已。

到了蒙古灭金前后，随着占领地区的扩大，形势发展的需要，在河北、山东一带，又增设了四个新的汉人万户，连以前的三个合称“七万户”，《元史》卷一四九《刘黑马传》说：“会增立七万户，仍以黑马为首，重喜、史天泽、严实等次之。”[②]新增四个万户中，在碑传中有明确记载的有张柔和严实二人。《元朝名臣事略》卷六《万户张忠武王》中转引王鹗撰墓志说：

> （柔）甲午入觐，上劳之，历数战勋曰：某军之胜，汝之功也；某州之拔，汝之功也。如亲见之，乃论功行赏，升万户，易金虎符。[③]

《遗山先生文集》卷二六《东平行台严公神道碑》说：

> （实）庚寅（1230）四月，朝于牛心之帐殿，天子赐之坐，宴飨终日。上欢甚，锡公金虎符。……又四年，朝于和林城，授东平路行军万户。[④]

① 蒙古惯例，每一大汗即位，尽收臣下先朝制书符节，由新汗重新赐还之。

② 《元史》卷一四九《刘黑马传》，第3517页。

③ 《元朝名臣事略》卷六《万户张忠武王》，《丛书集成初编》本，第78页。

④ 《遗山先生文集》卷二六《东平行台严公神道碑》，第514页。

从授官时间看，张、严都在甲午（1234）灭金之后，但在这以前，两人已有万户之名。一二三二年出使蒙古的彭大雅在《黑鞑事略》中记述他所知蒙古军队分戍的情况时说：

（汉地）万户四人，如严实之在郓州（今东平府是也），则有山东之兵；史天翼（即史三）之在真定，则有河东、河北之兵；张柔之在满城（保州属县），则有燕南之兵；刘黑马（伯林之子）之在天城（西京属县），则有燕蓟山后之兵。他虽有领众者，俱不若此四人兵数之多，势力之强也。[①]

其中史天翼应为史天泽之误写。[②]彭大雅所说汉军分戍情况均与《元史》各传相符。按：张柔降于戊寅（1218），严实降于庚辰（1220）。二人降附已久，而且拥有雄厚的实力，可能早有万户之称，但正式授万户则在甲午入觐之后。

另外一个万户是济南张荣。《元史》卷一五〇《张荣传》只说他“授金紫光禄大夫，山东行尚书省，兼兵马都元帅，知济南府事”。[③]没有说他曾任万户，但《元史》卷四《世祖本纪》中统二年八月却说：“封顺天等路万户张柔为安肃公，济南路万户张荣为济南公。”[④]他家祖孙三代都做过济南路万户。所以钱大昕在《廿二史考异》卷九七中已指出这一点，认为《元史》本传不提张荣授济南

---

① 彭大雅：《黑鞑事略》，王国维笺证，《蒙古史料校注四种》，第十一页下。

② 原书小注曰“史三”。按《元史·史天倪传》称其父秉直三子，长天倪，次天安，次天泽，故称天泽为史三。

③ 《元史》卷一五〇《张荣传》，第3558页。

④ 《元史》卷四《世祖纪》一，第73页。

路万户是修史者的疏忽。又说："下文云长子邦杰袭爵，孙宏袭邦杰爵，所袭即万户之职，非袭其公爵。"这话是有道理的。《元文类》卷五〇张起岩撰《济南路大都督张公（宏）行状》说：

考邦杰袭爵，勤于抚字，凡可以裕民生、植邦基者，力陈于上……皆报可，且以新造金虎符、异金织币服赐之。……及（宏）嗣为政，一心继志述事为心。……上正位宸极，有诏若曰：……可遵奉先朝圣旨，依旧悬带虎符，授济南府行军万户、管民总管之职。凡在所属，并听节制。①

《行状》说明了张荣子邦杰、邦杰子宏，都是世袭的济南路万户。由于张荣是当时分布在河北山东的四万户之一，所以与史天泽、严实、张柔等并称为四诸侯。程钜夫撰《雪楼集》卷一六《济南公世德碑》说：

盖自我师克燕，金人徙汴，山之东，河之北，盗之区，兵之冲也。其间能捍敌芘民，自奋于时而兴霸业者有四，归朝之后，天下称为四诸侯，济南公其一也。公讳荣，字世耀，济南历城人。②

《元文类》卷七〇元明善撰《稾城董氏家传》说：

---

① 张起岩:《济南路大都督张公行状》,《元文类》卷五〇，第723–724页。
② 程钜夫:《雪楼集》卷十六《济南公世德碑》，第五页。

国朝龙兴幕北，走金河南，中州豪杰，起应以兵，而金灭矣。若真定史氏，东平严氏，满城、济南两张氏是也。[①]

明确地点出了当时“四诸侯”亦即四万户的姓氏。除去真定史氏早已为万户外，其余三个都是新增加的万户。

对于新增四万户中的最后一个万户究竟是谁？历史上一直是个疑案。屠寄认为是邸顺。他在《蒙兀儿史记》卷五一《刘嶷张柔列传》中说：“新立五万户，张柔、邸顺、严实、张荣、郝和尚也。”[②]对于甲午新增汉军万户的数目，他有时说是四个，如同书卷五二《严实张荣列传》说：“是岁金亡，朝议以新得河南广土，西、南皆边宋，原有汉军三万户，兵寡不足守御，增立汉军四万户，并前为七。”[③]有时又说是五个。当他说五个的时候，认为除严实、二张外，另外两个是邸顺与郝和尚。我们则以为未必然，理由是邸顺、郝和尚授万户时间要晚好几年，不在甲午年新增四万户之列。

《元史》卷一五一《邸顺传》说：

辛卯（1231，《蒙兀儿史记》认为应作壬辰）春，从太宗攻河南诸郡，招降民十余万，以顺知中山府。己亥（1239）佩金符为行军万户，管领诸路元差军五千人，从大军破归德府，

---

① 元明善：《稾城董氏家传》，《元文类》卷七〇，第1005页。

② 《蒙兀儿史记》卷五一《刘嶷张柔列传》，“增立汉军五万户，并前为八，嶷仍居首”句下原注，第二页。编者按：此据台北鼎文书局影印《蒙兀儿史记并附编三种》校对，第1479页。

③ 《蒙兀儿史记》卷五二《严实张荣列传》，第十二页。编者按：此据台北鼎文书局影印《蒙兀儿史记并附编三种》校对，第1541页。

留顺戍之。[①]

可见邸顺迟至一二三九年始为行军万户，其所率军队不过五千人，在万户中是属于下等的。他的留戍归德，主要为防备南宋。《元史》卷一五〇《郝和尚拔都传》说：

郝和尚拔都，太原人，以小字行。幼为蒙古兵所掠，在郡王迭忒麾下。……辛卯，授行军千户。……庚子岁（1240），太宗于行在所，命解衣数其疮痕二十一，嘉其劳，进拜宣德、西京、太原、平阳、延安五路万户，易佩金虎符，以兵二万属之。[②]

按辛卯以后邸顺始知中山府，郝和尚方擢行军千户，二人的资历地位均不能与严实、二张相比。因此他们授万户当在一二三九年以后。当时蒙古早已占领河南，戍地加广，且与南宋对立，必须加强南部边界线上的戍守，这时新附汉军人数也更多了。为了适应这种新的形势，蒙古统治者有必要从汉军将领中再升擢一批万户。正如姚燧在《颍州万户邸公（泽）神道碑》中所说的："尝闻国初以二万户镇抚中夏，……后强诸侯，颇以力夷，恶相下属，皆求各将其军，而千夫之长亦觊得焉。由是万户布列天下。"[③]邸顺、郝和尚正属于这类后来增设的万户，而不属甲午年增设的四万户之列。

① 《元史》卷一五一《邸顺传》，第3570页。
② 《元史》卷一五〇《郝和尚拔都传》，第3553页。
③ 《牧庵集》卷十七《颍州万户邸公神道碑》，第310页。

那么这另一个万户究竟是什么人？我们认为很可能是李璮。这个说法似乎新鲜，因为现在还没有见到李璮授万户的直接材料，我们这个看法主要是从分析当时山东的政治军事形势和李璮本身的力量与地位得出来的。

自从公元一二一五年金朝政府迁汴以后，金的主力部队都随之迁往河南，黄河以北仅留少数军队勉强支撑残局。当时山东境内以红袄军为代表的农民起义风起云涌，到处打击女真统治者。当地汉族地主也纷纷结寨自保，形成一批地主武装力量，对于这些地主武装，蒙古与金朝都极力拉拢，使为己用。在宋金关系破裂以后，南宋也利用红袄军的力量以牵制金的进攻，并谋乘机收复山东、河朔。在这样几种力量错综复杂的斗争中，经过十余年的反复争夺，山东境内形成的三支大的地方割据势力，终于先后归附于蒙古。其中一支是东平严实，据《元史》卷五八《地理志》说他在一二二〇年降蒙的时候，“以彰德、大名、磁、洺、恩、博、濬、滑等户三十万来归，以实行台东平，领州县五十四。”[①]他的势力范围除山东西路的东平路以外，还包括河北南部的大名府和河南北部的彰德府。另一支是济南张荣，《元史》卷一五〇《张荣传》说：“金季，山东群盗蜂起，荣率乡民据济南黉堂岭。众稍盛，遂略章丘、邹平、济阳、长山、辛市、蒲台、新城及淄州之地而有之。兵至，则清野入山。岁丙戌（1226），东平、顺天皆内属，荣遂举其兵与地，纳款于按赤台那衍。”[②]他原来占领的地方不过十来县。降附以后，蒙古命他为济南路万户，知济南府事。济南府南接东平，东邻

① 《元史》卷五八《地理志》一，第1365页。
② 《元史》卷一五〇《张荣传》，第3557–3558页。

益都，介于两大帅之间，地当要冲。但其辖区很小，无法与东平、益都路相比。

再有一支力量就是益都的李全。李全曾经是红袄军后期的主要领袖，投降蒙古后已变质成为军阀、地主，和其他汉族地主武装没有本质上的差别了。山东东部本来是红袄军活动的主要地区，李全在这一带有较大的影响，公元一二二二年他从张林手里夺取了益都以后，逐步扩大其势力范围，至公元一二二七年降蒙以前，已基本上控制了山东东路各州。[①]只要看在他投降后不久，“山东悉平”的情况，就可知道。《元史》卷一一九《木华黎传附孛鲁传》说：

（丙戌）秋九月，郡王带孙率兵围全于益都。冬十二月，孛鲁引兵入齐，……（丁亥）夏四月，城中食尽，全降。诸将皆曰：“全势穷出降，非心服也。今若不诛，后必为患。”孛鲁曰：“不然，诛一人易耳。山东未降者尚多，全素得人心，杀之不足以立威，徒失民望。”表闻，诏孛鲁便宜处之。乃以全为山东淮南楚州行省。……郡县闻风款附，山东悉平。[②]

李全投降后，仍继续统治山东东部州县。《遗山文集》卷三〇《濮州刺史毕侯（叔贤）神道碑铭》说：“丁亥，国兵围益都，城

① 张林是金益都府治中，以逐知益都府事田琢而据益都，并掌握山东东路，后在李全的劝说下，以青、莒、密、登、莱、潍、淄、滨、棣、宁海、济南十二州归宋。不久因与李全交恶而降于蒙古，李全发兵攻林，占领益都，并于一二二六年执张林送楚州，引起蒙古出兵干预。可参看《金史》卷一〇二《田琢传》、《宋史》卷四七六《李全传》。

② 《元史》卷一一九《木华黎传》，第2936–2937页。

中食尽，保宁（李全）计无所出，……随诣军前。太师（孛鲁）受其降，悉以全境付之。”[①]公元一二三一年李全攻宋扬州，败死。其子李璮“遂袭为益都行省，仍得专制其地”。[②]当时山东共有三个行省，益都行省、东平行省和济南行省形成鼎足之势。东平和济南分据山东西部，而益都行省独有山东东部，占山东全境的一半，约有四、五十城。[③]严实的东平路再加上彰德、大名等地，所统也有五十余城，严实、李璮两人的地盘大致相当。

再从兵力上说，李璮也是相当强大的。《元文类》卷七〇元明善撰《藁城董氏家传》说：“璮胜兵有浙、涟两军，可二万余人，勇而善战。主帅怒其与贼，配诸军阴杀之。”[④]李全在楚州时曾“厚募人为兵，不限南北，宋军多亡应之。天长民保聚为十六砦，比岁失业，官振之不能继，壮者皆就募”。[⑤]所以浙、涟两军多半是南方人，在李璮失败后，大部分被蒙古统治者杀死。李璮部下更多的应该是山东土著，当时被称作益都兵。这部分军队后来被划归张柔之子张宏范统率。《元朝名臣事略》卷六《元帅张献武王》中转引虞集撰《庙堂碑》说：“益都兵，璮所教也，号勇悍难制，度诸帅无

---

① 《遗山文集》卷三〇《濮州刺史毕侯（叔贤）神道碑铭》。此据《元好问全集》（第621–622页）校对。

② 《元史》卷二〇六《李璮传》，第4591页。又自李全死后，其余部已撤出淮南楚州，故不再称山东淮南楚州行省，而改称益都行省。

③ 《元文类》卷七〇欧阳玄《高昌偰氏家传》说：“山东李璮反，（撒吉思）奉诏偕诸王哈必赤等东征，……生得璮，戮于市，复济南、益都等五十余城。”除去新攻占的济南、淄州等少数城市，李璮原有的州县应不下于四十余城。欧阳玄：《高昌偰氏家传》，《元文类》卷七〇，第1017页。

④ 元明善：《藁城董氏家传》，《元文类》卷七〇，第1008页。

⑤ 《宋史》卷四七七《李全传》下，北京：中华书局，1977年，第13839–13840页。

足统之者，乃以王（宏范）为益都淄莱等路行军万户。”[1]这个材料没有说明益都兵的数目，但据济南万户张宏向忽必烈密奏说：“诸路兵久从征伐，不得休息，率皆困弊。而璮假都督之重，拥强兵至五、七万，日练习整厉，名为讨宋而实不出境。”[2]由此可见，李璮的兵不仅数量多，而且以勇悍善战闻名。比东平严氏的兵力要强，据《元史》卷一四八《严实传附严忠济传》说：“忠济初统千户十有七，乙卯（1255），朝命括新军山东，益兵二万有奇。”[3]忠济为严实之子，所统千户有十七个，估计总共有兵不过两万左右。连乙卯以后所括新军二万人，也不过三、四万人。当然我们前面所举的兵数都是在李璮后期的数字，但仍然可以反映出严、李两家兵力对比状况。至于济南张荣更不是李璮的对手，只要看李璮起兵反元后，张荣祖孙仓皇逃走，李璮很快就攻陷了济南的情况，就可知道二者力量之悬殊。中统三年李璮的反元，给蒙古统治者的震动很大，正如《蒙兀儿史记》卷六六《李璮、王文统列传》中所评论的那样：“一旦变起，远近震惊。山东西路、燕南、河北、辽西，数千里皆城守，自潼关以东、黄河以南，征发士马殆徧。边城沦宋者，一时凡七所。用全国兵力什之六七，积百有六十五日，仅而平之。”[4]这件事也足以说明李璮力量之强大。

李璮除了地广兵强以外，益都行省的地理形势也非常重要。本

---

① 《元朝名臣事略》卷六《元帅张献武王》，《丛书集成初编》本，第81页。按：虞集：《道园学古录》卷一四《淮阳献武王庙堂之碑》中此处有脱漏，无“益都兵，……乃以王为”一段。《四部丛刊》本，第273页。

② 张起岩：《济南路大都督张公行状》，《元文类》卷五〇，第724页。

③ 《元史》卷一四八《严实传附严忠济传》，第3507页。

④ 《蒙兀儿史记》卷六六《李璮、王文统列传》，第四页。编者按：此条据台北鼎新书局影印《蒙兀儿史记并附编三种》校对，第1826页。

路东濒大海，南面的海州与宋的淮南东路隔淮相望，宋朝步骑既可渡淮进攻沂、莒等州，水师还可沿海北上直捣胶东半岛。蒙古方面也可以从涟水渡淮攻扬、楚，取两淮，威胁江南。由于地处边防前线，举足轻重。李璮自称“以一路之兵，抗一敌国。”他的向背，关系宋蒙力量对比者甚大。因此蒙古大汗历来对他都是极意笼络甚至迁就的。例如其他各路兵久从征伐，不得休息，唯有李璮的兵可以例外。《元史》卷二〇六《李璮传》说：“朝廷数征兵，辄诡辞不至。宪宗七年，又调其兵赴行在，璮亲诣帝言曰：‘益都乃宋航海要津，分军非便。’帝然之，命璮归取涟海数州。”[①]忽必烈即位，又升他为江淮大都督，赏赐甚厚。中统二年璮请给兵器，中书议与矢三万，皇帝下诏给矢十万。总之，无论从李璮本身的实力地位看，或从蒙古统治者对他的优容重视看，既然张荣都可以封万户，为什么李璮不能封万户呢？甲午灭金之后窝阔台论功行赏，封了四个汉军万户，张柔、严实、张荣之外，还有一个万户，环视当时汉军诸将，最有条件充当的应该是李璮。所以我们认为李璮被授予万户是合乎情理的事。除非有什么特殊的原因，否则他的不能授万户，反倒是难于理解的了。

至于为什么没有关于他曾任万户的文献记载问题，李璮既因反元失败被诛，他的子孙自然也同归于尽，在他的身后不可能有什么神道碑或墓志铭之类的东西。在《元史》本传记载有遗漏的时候，我们也不可能像对刘伯林和张荣那样，从其子孙承袭的世爵中去推断他的官职。对于像他这样的元朝“叛臣”，在元代文人的记述中也会有所顾忌回避。因此缺乏这方面的直接材料，也是可以理解的。

---

① 《元史》卷二〇六《李璮传》，第4591页。

二、七万户的权势——割据一方的世侯

作为专制一方的诸侯，在汉地七万户中，石抹也先一家是不够典型的。他们父子一生东征西讨，并未形成盘踞一地的割据势力，恐与其降蒙时没有由自己宗族乡党组成的武装和独立的地盘有关。

最典型的诸侯是分布在河北、山东的五个万户，即史天泽、张柔、严实、张荣与李璮。他们的权力之大主要表现在以下几个方面：

这些万户既是一路的军事长官，又是一路的民政长官。如张柔是太宗、宪宗朝的军民万户，中统二年，其子弘略袭职为顺天路管民总管、行军万户；严实在太宗甲午（1234）即为东平路行军万户，又是东平总管（管民长官），其子忠济于辛丑（1241）袭职仍为东平路行军万户、管民长官[①]。所以他们不仅掌握军权，麾下有许多千户、百户。如《元史》卷一四八《严实传》称："忠济初统千户十有七，乙卯，朝命括新军山东，益兵二万有奇。"[②]而且管领一路的民政，可以任免州县的长吏。正如刘因在《易州太守郭君墓志铭》中所说的："时官制未立，诸侯得自辟署，曰长，曰太守，皆从一时之制云。"[③]这些州县官，有的系"擢自将校"[④]；有的是他们

① 均见《元史》卷一四七《张柔传》、卷一四八《严实传》，第3471–3478、3505–3508页。

② 《元史》卷一四八《严实传附严忠济传》，第3507页。

③ 刘因：《易州太守郭君墓志铭》，《元文类》卷五一，第736页。

④ 《元史》卷一五九《宋子贞传》称："中原略定，事多草创，行台所统五十余城，州县之官或擢自将校，或起由民伍，率昧于从政，甚者，专以掊克聚敛为能，官吏相与为贪私以病民。"第3736页。

的“宗族故旧”，如刘因在上文所说的郭弘敬，就因为是张柔的外甥而得为束鹿县长，后又迁易州太守的。这些州县官吏既然原来就是他们的宗族亲戚、部属，又是依靠他们而跻身统治者的行列，“皆布列在位，享富贵之乐”的，对于他们当然奉命唯谨，不敢有丝毫违抗了。因此他们的子孙敢于“奴视所部”①，这就更助长了万户的气焰。

由于当时没有统一的法令，所以他们的话就是法令，万户及州县官都可以随便杀人，即所谓“罪得专杀”。姚燧《牧庵集》卷二五《磁州滏阳高氏坟道碑》说：“太祖徇地，北人能以州县下者，即以为守令，僚属听自置，罪得专杀。磁守杜国用，知府君吏能，求以自佐，推泽为孔目官，俾司其州岸（同犴）狱。”②《元文类》卷五七宋子贞所作《中书令耶律公神道碑》中也说：“时天下新定，未有号令，所在长吏皆得自专生杀，少有忤意，则刀锯随之，至有全室被戮，襁褓不遗者。”③普通州县官都可以随意杀人，更何况据有十余乃至数十城的万户。

万户及其下属还有自行征收赋税之权。当时没有统一的赋税制度，征收的种类、数目都由他们自己决定。正如《元文类》卷四〇《经世大典序录·治典总叙·制官·钱谷官》中所说：“国家既有中原，国用所系，赋税为重。而内附诸侯之取诸民者，宽急缓约，

---

① 《元朝名臣事略》卷七《平章廉文正王》中转引《家传》称：“公言：国家自开创以来，凡纳土及始命之臣，咸令世守，逮今垂六十年，故其子若孙，并奴视所部，而郡邑长吏，皆其皂隶僮使，此在古所无。”《丛书集成初编》本，第106页。

② 《牧庵集》卷二五《磁州滏阳高氏坟道碑》，第466页。

③ 宋子贞：《中书令耶律公神道碑》，《元文类》卷五七，第832页。

各唯其意，莫能一也。”[①]形成州县官“非法赋敛，民穷无告”的状况[②]。

这些万户都是世袭的，如《牧庵集》卷十七《颍州万户邸公（泽）神道碑》所说：“由是万户布列天下，其势虽分，然父死子继，兄终弟及，相传虎节，一命三品，世世不绝，则未始变。不若治民治赋之臣者死，子孙以门功官，自下而高，如升阶然，所可侪比。”[③]或父兄尚存，也容许传给子弟。前引《宋子贞传》指出州县官也是“相传以世”的，不管他们如何贪污不法，也不能撤换他们。由于这些万户享有世袭权利，他们的家族才能长期统治一地。他们兼领军民钱谷，恃其富强，肆为不法，甚至此州彼郡，动辄兴兵相攻，具有极大的分散性、割据性。因此，当时人把他们比喻为古代封建制的诸侯或唐代的藩镇[④]，不是没有理由的。

为说明万户世代承袭的情况，我们排列了刘、史、严、二张五个万户的世系表（见第107—109页）。此表主要根据《元史》各传及有关碑志，但张柔子福寿、弘基、弘正、弘规、张荣孙宓及宓子元辅系据《蒙兀儿史记》所补。

---

① 《元文类》卷四〇《经世大典序录·治典总叙》，“钱谷官”，第534页。

② 《元史》卷一五九《宋子贞传》，第3737页。

③ 《牧庵集》卷十七《颍州万户邸公（泽）神道碑》，《丛书集成续编》本，第211页。

④ 刘因：《静修先生文集》卷四《泽州长官段公墓碑铭》：“事定，论功行赏，分土传世，一如古封建法。”《丛书集成初编》本，第72页。郝经：《郝文忠公文集》卷十八《河东罪言》：“汉地诸道，各使侯伯专制本道，如唐藩镇。”

三、汉地万户和蒙古统治者的关系

汉地万户对于蒙古大汗所承担的义务主要是出兵从征和纳贡赋两项，蒙古大汗则承认他们对当地的统治权，在危急时并出兵援助。凡蒙古灭金亡宋的各重要战役，无不有汉军万户率兵参加。汉地万户另一项重要义务就是纳贡赋。《宋史》卷四七七《李全传》称：李全降蒙后，孛鲁“承制授山东、淮南行省，得专制山东，而岁献金币”。[①]

前面说过，当时中原地区并无统一的赋税制度，各级地方官吏可以借机多收，贪污自肥。但值得注意的是，当时实行包纳制，各州县都有规定的总额，如遇饥荒歉收，或人民逃亡过多时，地方官则要负责赔垫。无钱交纳时，只有向回鹘商人借高利贷。如《牧庵集》卷二五《磁州滏阳高氏坟道碑》称：

> 壬子，天下大料民，户岁入银四两。民已无所于得，州县迫征不休，回鹘利之，为券出母钱代输，岁责倍偿，不足则易子为母。不能十年，阖郡委积，数盈百万，令长逃债，多委印去。[②]

卷二四《谭公神道碑》也说：

---

① 《宋史》卷四七七《李全传》下，第13839页。
② 《牧庵集》卷二五《磁州滏阳高氏坟道碑》，第466页。

初，乙未料民，州县率以无产侨客入籍，用示其庶，及赋下，悉避逃徙。责征实存，官无所取，称贷贾胡，困不能偿，迫改立约，以子为母，譬以牸生牸牛，十年千头，滋息日增。①

这种包纳代偿的办法也行于万户辖区，当州县官偿付不起时，万户要负责代偿。如《元史》卷一五五《史天泽传》说：

时政烦赋重，贷钱于西北贾人以代输，累倍其息，谓之羊羔利，民不能给。天泽奏请官为偿一本息而止。继以岁饥，假贷充贡赋，积银至一万三千锭，天泽倾家赀，率族属官吏代偿之。②

又如《元史》卷一四八《严实传》说：

忠济（严实子）治东平日，借贷于人，代部民纳逋赋，岁久愈多。及谢事，债家执文券来征。帝闻之，悉命发内藏代偿。③

各级官吏的代偿逋赋，并不是出于他们对人民的仁慈，而只能说明对蒙古朝廷的贡赋，万户要负完全责任。

---

① 《牧庵集》卷二四《谭公神道碑》，第447页。
② 《元史》卷一五五《史天泽传》，第3659页。
③ 《元史》卷一四八《严实传》，第3508页。

蒙古统治者对汉地万户并不放心。控制的办法之一，是要他们以子弟作为人质，送往蒙古军中或漠北汗廷。如史天倪的二弟天安，三弟天泽都做过人质。《元史》卷一四七《史枢传》说："太师木华黎以其兄史天倪为万户，而质天安军中。"[①]《牧庵集》卷一六《史公（耀）神道碑》说："后（武）仙果戕都帅一家百口，举城臣金。都帅季［弟］中书右丞相赠太尉忠武公（天泽）方为质太师国王，将觐漠北。"[②]严实则以长子忠贞入质[③]。但更主要的还是派军队驻扎汉地和派官监视两项。

《元史》卷一二三《阔阔不花传》说："太祖命太师木华黎伐金，分探马赤为五部，各置将一人，阔阔不花为五部前锋都元帅。……岁丙申（1236），太宗命五部将分镇中原，阔阔不花镇益都、济南，按察儿镇平阳、太原，孛罗镇真定，肖乃台镇大名，怯烈台镇东平。"[④]丙申在灭金之后两年，太宗命五部将分镇中原，五部将亦称五投下或五诸侯，其所率之探马赤军，据杨志玖先生考证，就是打先锋的军队，系由弘吉剌、兀鲁兀台（惕）、忙兀台（惕）、札剌儿和亦乞烈思五个蒙古部族组成，它是蒙古军队中的精锐和骨干[⑤]。值得注意的是，五部将所镇守的地点，恰恰是汉地五个万户的辖区，如益都为李璮辖区，济南为张荣辖区，平阳、太原为刘黑马辖区，真定为史天泽辖区，大名、东平为严实辖区，可

---

① 《元史》卷一四七《史枢传》，第3483页。

② 《牧庵集》卷十六《史公（耀）神道碑》，第292页。

③ 《元史》卷一五二《张晋亨传》云："实遣子忠贞入质，命晋亨与俱。"第3589页。

④ 《元史》卷一二三《阔阔不花传》，第3023页。

⑤ 杨志玖：《元代的探马赤军》，《中华文史论丛》第六辑，北京：中华书局，1965年，第181–213页。

见探马赤军的屯驻，除了为镇压当地人民的反抗外，也含有监视汉地诸侯的用意。五部将镇守的地点唯独不包括张柔所在的保州（一二四一年升保州为顺天府，别作一路），这是什么缘故？我们以为这是因为保州距燕京很近，金朝时保州本隶属中都路①。蒙古在燕京行省驻有重兵，可以就近监视，故不需另驻探马赤军。又《元史》卷二〇六《李璮传》说李璮反元后，“歼蒙古戍兵”②，也足以说明蒙古戍兵的设置是为了防备汉地诸侯的。

此外，在出征时也多以蒙古人为主将，统率汉军万户。《元史》卷一二〇《肖乃台传》说：“金亡，朝廷以肖乃台功多，命并将史氏三万户军，以图南征。”③同书卷一四九《耶律秃花传》说：秃花“统万户札剌儿、刘黑马、史天泽伐金，卒于西河州。子朱哥嗣，仍统刘黑马等七万户，与都元帅塔海绀卜同征四川”④。耶律秃花父子为契丹人，则系以契丹人为主将而统率汉地万户。

除在军事上加以监视外，蒙古在各地并设官监督地方行政，如在真定、东平、益都等路均设置达鲁花赤。《元文类》卷五八王磐撰《中书右丞相史公（天泽）神道碑》说：

> 国朝之制，州府司县，各置监临官，谓之达鲁花赤。州官

---

① 《金史》卷二四《地理志》上，中都路下保州有“贞元二年来属”之语。（第577页）又《乾坤正气集本》卷二五《左副元帅祁阳贾侯神道碑铭》也说：“燕京道最为攘剧，号称难治，且与顺天境土相呀，大行台以诏旨命侯兼治之。”贾辅系权顺天河南等道军民万户，既可以兼治燕京路，说明两路之邻近，可以互相照应。

② 《元史》卷二〇六《李璮传》，第4593页。

③ 《元史》卷一二〇《肖乃台传》，第2966页。

④ 《元史》卷一四九《耶律秃花传》，第3532页。

府往往不能相下，公独一切莫与之较，由是唯真定一路，事不乖戾，而民以宁。[①]

《元史》卷一三一《忙兀台传》说：

忙兀台，蒙古达达儿氏。祖塔思火儿赤，从太宗定中原有功，为东平路达鲁花赤，位在严实上。[②]

同书卷一二三《纯只海传》说：

岁癸巳（1233），太宗命佩金虎符，充益都行省军民达鲁花赤。[③]

以上材料说明路一级的达鲁花赤位于汉地万户之上，而且路府州县各级都设有达鲁花赤，他们与汉族官吏之间经常发生矛盾。

下面再谈谈汉地万户与在中原有分地的蒙古贵族之间的矛盾。蒙古统治者曾将本土的裂土分民制推行于中原，早在成吉思汗时即已赐功臣户口为食邑。《元史》卷一一九《孛鲁传》说："丙戌（1226）夏，诏封功臣户口为食邑，曰十投下，孛鲁居其首。"[④]太宗八年丙申（1236）复括中州户，得续户一百一十余万以后，又大规模地将中原诸州民户分赐给诸王、贵戚和功臣。《元史》卷二《太宗纪》说：

---

① 王磐：《中书右丞相史公神道碑》，《元文类》卷五八，第842页。
② 《元史》卷一三一《忙兀台传》，第3186页。
③ 《元史》卷一二三《纯只海传》，第3030页。
④ 《元史》卷一一九《孛鲁传》，第2936页。

八年丙申，……夏六月，复括中州户口，得续户一百一十余万。……秋七月，……诏以真定民户奉太后汤沐，中原诸州民户分赐诸王、贵戚、斡鲁朵：拔都，平阳府；茶合带，太原府；古与，大名府；孛鲁带，邢州；果鲁干，河间府；孛鲁古带，广宁府；野苦，益都、济南二府户内拨赐；按赤带，滨、棣州；斡陈那颜，平、滦州；皇子阔端、驸马赤苦、公主阿刺海、公主果真、国王查刺温、茶合带、锻真、蒙古寒札、按赤那颜、圻那颜、火斜、术思，并于东平府户内拨赐有差。耶律楚材言非便，遂命各位止设达鲁花赤，朝廷置官吏收其租颁之，非奉诏不得征兵赋。[①]

由此可见分地分布的范围很广，计有真定、平阳、太原、大名、邢州、河间、广宁、益都、济南、滨州、棣州、平州、滦州和东平，汉地万户的辖区都包括在内。另从《元史》卷九五《食货三·岁赐》所载来看，所赐民户多的一家有数万户，少的只二三十户。[②]如阿里不哥有真定民户八万户之多。而在东平路内拨赐分地者特别多，上引《太宗纪》在东平有分地者十二人，而《食货志》岁赐中载在东平有分地的贵族十人，即所谓十投下。因此分地贵族和汉地万户的利益冲突在东平表现得更加突出。

《元史》卷一五三《王玉汝传》说：

戊戌（1238），以东平地分封诸勋贵，裂而为十，各私

① 《元史》卷二《太宗纪》，第34–35页。
② 《元史》卷九五《食货》三，第2411–2444页。

其入，与有司无相关。玉汝曰：“若是，则严公事业存者无几矣。”夜静，哭于楚材帐后。明日，召问其故。……楚材恻然良久，使诣帝前陈愬，玉汝进言曰：“严实以三十万户归朝廷，崎岖兵间，三弃其家室，卒无异志，岂与他降者同。今裂其土地，析其人民，非所以旌有功也。”帝嘉玉汝忠款，且以其言为直，由是得不分。[①]

这里把东平的未被瓜分都归功于王玉汝，事实上是耶律楚材认为这样做会使蒙古贵族权力太大，形成尾大不掉之弊，因而建议“树置官吏，必自朝命，除恒赋外，不令擅自征敛”[②]。也就是“其赋则五户出丝一斤，不得私征之，皆输诸有司之府，视所当得之数而给与之”。[③]太宗接受了楚材的建议，对分地贵族的权力稍加限制。但是蒙古贵族可以派其私人充当分地的达鲁花赤，其权力还是很大的。例如“监郡忙哥撒儿以国兵数万，散处州郡间，伐桑蹂稼，生意悴然。公（史天泽）奏太后，悉徙居岭北。于是田里有遂生之乐”。[④]按真定为太后分地，忙哥撒儿即太后派来的达鲁花赤，史天泽必须奏请太后，始能让他所率的蒙古兵撤走。

对于朝廷的这种限制，分封之家并不甘心接受，因此在定宗时，又有第二次瓜分之议。《王玉汝传》提到：“分封之家，以严氏总握其事，颇不自便，定宗即位，皆聚阙下，复欲剖分东平地。是

① 《元史》卷一五三《王玉汝传》，第3616页。
② 宋子贞：《中书令耶律公神道碑》，《元文类》卷五七，第834页。
③ 《元史》卷九五《食货》三，第2411页。
④ 《元朝名臣事略》卷七《丞相史忠武王》转引《家传》，《丛书集成初编》本，第92页。

时，众心危疑，将俛首听命。玉汝力排群言，事遂已。”[①]这件事既反映了蒙古贵族和汉地诸侯之间的争夺，也反映了蒙古贵族和大汗之间分权与集权的矛盾，由于加强集权的趋势逐渐占上风，同时汉地诸侯握有实力，因而使瓜分州县的事未能实现。

四、汉地万户权力之削夺

早在太宗窝阔台时，蒙古朝廷中主管汉地行政的中书省长官耶律楚材已经看到这些万户“兼领军民钱谷，往往恃其富强，肆为不法”的弊病，提出“长吏专理民事，万户府总军政，课税所掌钱谷，各不相统摄”的主张。[②]其用意在“使势均力敌，以遏骄横”。[③]但以当时条件尚未成熟，而未能实行。定宗、宪宗之世，偏重于开疆拓土，专事征伐，对内政未暇整顿。到世祖忽必烈即位后，方大力解决汉地诸侯权重的问题。他所采取的第一个措施，就是于中统元年五月设立十路宣抚司。宣抚司的使副人选为：

燕京路：宣抚使赛典赤、李德辉，副使徐世隆；

益都济南等路：宣抚使宋子贞，副使王磐；

河南路：宣抚使史天泽；

北京路：宣抚使杨果，副使赵炳；

平阳太原路：宣抚使张德辉，副使谢瑄；

真定路：宣抚使孛鲁海牙、刘肃；

---

① 《元史》卷一五三《王玉汝传》，第3616页。
② 宋子贞：《中书令耶律公神道碑》，《元文类》卷五七，第832页。
③ 《元史》卷一四六《耶律楚材传》，第3457页。

东平路：宣抚使姚枢，副使张肃；

大名彰德等路：宣抚使张文谦，副使游显；

西京路：宣抚使粘合南合，副使崔巨济；

京兆等路：宣抚使廉希宪。

担任各路宣抚使副的大都是忽必烈的潜邸旧臣，至少是忽必烈信任的人。派他们到各路的主要目的就是监视诸世侯。《蒙兀儿史记》卷五一《张柔传》说：

> 忽必烈汗登极，柔朝贺上都。时廷议削汉诸侯权，诸万户惧，请柔阻其议。柔上言曰："今治郡者皆年少，未尝习于政事，若获罪，不加以刑，则废法；重绳之，则没其先世之劳；请选老成人监之便。"遂立十道宣抚司。诸万户皆怨柔，已而德之。[①]

又《牧庵集》卷一五《中书左丞姚文献公（枢）神道碑》说：

> 上即大位，以王文统为平章，尽止藩府旧臣，立十道宣抚使。诸侯惟严忠济为强横难制，乃以公为东平。……至治郡，置劝农、检察二人以监之。推物力以均赋役，罢铁官。[②]

这两段材料把设立十路宣抚司的目的说得很清楚，是为了监视

---

① 《蒙兀儿史记》卷五一《张柔传》，第十三页。按：此段史料《蒙兀儿史记》根据何书未详，《新元史》卷一三九有同样记载。

② 《牧庵集》卷十五《中书左丞姚文献公（枢）神道碑》，第258页。

诸万户的；而诸万户的反应是既惧且怨。可是设立十路宣抚司却是得到像张柔这样强有力的万户的支持的。

当时在山东的三个万户，除张荣力量较弱小，对朝廷的态度也较恭顺外，李璮和严忠济都是以富强而桀骜不驯著称的。两人中李璮的力量更强大，不便轻易动手，于是忽必烈选中了严忠济作为首先裁抑的对象。《元史》卷一六〇《李昶传》称：

> 忠济怠于政事，贪佞抵隙而进。昶言于忠济曰："比年内外，裘马相尚，饮宴无度，库藏空虚，百姓匮乏，若犹循习故常，恐或生变。……"时朝廷裁抑诸侯，法制寖密，忠济纵侈自若。①

中统二年五月，忽必烈下诏罢免了严忠济一切职务，召还京师，而以其弟忠范代为东平总管。王恽在《中堂事记》中详述此事的经过说：

> （五月）十三日，……内省官忽鲁不花传旨，令前省官及诸路在都管民等官，诘旦集阙下，以听圣训。明日乙亥寅刻，诏罢东平路管民总管兼行军万户严忠济。仍敕戒诸路官寮无是效焉。国有常刑，犯不容有。……十七日，……上临轩亲谕诸路总尹，遂以前东平总管严忠济弟忠范为东平总管，仍戒之曰："兄弟天伦，事至于此，朕甚悯焉。今予命尔尹兹东土，

---

① 《元史》卷一六〇《李昶传》，第3761–3762页。

非以讼受之也。彼所责匪轻，敬哉。今而后，苟不克荷，非若汝兄幸而免也。”①

从这段记述中可知，忠济之过失乃其弟忠范所告发，忽必烈是利用了严氏内部的矛盾的。严忠济“未见显咎，遽为黜罢”，而且采用这样郑重的形式，召集各路在都管民官于阙下听训，说明忽必烈此举并非单独针对严氏，而是做给各路长官看的，是他裁抑诸侯的一个重要步骤。当然，忽必烈的做法还是留有余地的，撤掉了严忠济，代替他的是严忠范，东平仍在严家手里，制度上也无重大更张。

比严氏更加强横难制的是李璮，这一点忽必烈及其谋臣们心里很清楚。在李璮举兵以前，就不断有人告他要谋反，其中最突出的代表是济南万户张宏。《元史》卷一六七《姜彧传》称：“中统二年，彧与荣孙宏入朝，因言益都李璮反状已露，宜先其未发制之，未报。明年春，璮果反。”②李璮的岳父王文统就在朝中，蒙古朝廷对他的猜忌，他不会毫无所闻。而严忠济的被罢免，对他也是个信号和威胁。忽必烈当时并未对他动手，反而极意笼络，主要因与阿里不哥争夺汗位的斗争尚在激烈进行，无暇南顾，而且担心他与南

① 载《秋涧先生大全文集》卷八一，《四部丛刊》本，第十三页。

② 宏为张荣之孙。济南毗邻益都，受李全父子威胁，关系一向不好。《元史》卷一五〇《张荣传》称：“李璮据益都，私馈以马蹄金，荣曰：‘身既许国，何可擅交邻境！’却之。”第3558页。《元文类》卷五〇张起岩撰《济南路大都督张公行状》载有张宏密陈李璮逆迹十事之内容。张起岩：《济南路大都督张公行状》，《元文类》卷五〇，第724页。

宋联合起来对付自己，会形成腹背受敌之势[①]。李璮所以选择中统三年二月这个时候造反，恐怕也是想利用蒙古统治者内讧的机会。

同年七月李璮兵败被诛，以忽必烈为首的蒙古朝廷已无所顾忌，于是乘机采取更为果断的措施，来削夺汉地诸万户的权力，首先是削兵权。

当时诸万户不仅本人掌兵权，而且弟兄子侄也都分居要职，其中不少也掌有兵权，被认为一门之内，威权太盛。针对这种情况，中统三年规定“父兄弟子并仕同涂者，罢其弟子”。[②]最显赫的诸侯史天泽首先带头。《牧庵集》卷一六《平章政事史公（格）神道碑》叙述此事说：

> 先是李璮反诛，太尉（天泽）请裁强诸侯权，自今兵民之家，父死而子始继、兄终而弟可及、其子弟同时并官者，无以职掌小大皆罢之，请由臣家以始。并辞卫封（指在卫州之封地）。制曰：可。太尉一门一日解虎符、金银符者十七人。[③]

当时史天泽的两个侄儿，史楫为真定路总管，“即日解绶归”。史权为江汉大都督总制军马，总管屯田万户，被解除军职，改为真

① 《元史》卷一五八《姚枢传》称：李璮谋叛，帝问：“卿料何如？”对曰：“使璮乘吾北征之衅，濒海捣燕，闭关居庸，惶骇人心，为上策；与宋连和，负固持久，数扰边，使吾疲于奔救，为中策；如出兵济南，待山东诸侯应援，此成擒耳。”第3714页。
② 《元史》卷一五二《王珍传》，第3592页。
③ 《牧庵集》卷一六《平章政事史公（格）神道碑》，第284页。

定等路总管兼府尹，不久又徙往东平，离开了原来的辖区真定[①]。

张柔的两个儿子弘略、弘范也都被解除了兵职。《元史》卷一四七《张柔传》称：

> 弘略字仲杰，柔第八子也。……柔既致仕，授弘略金虎符，顺天路管民总管，行军万户，仍总宣德、河南、怀孟等路诸军屯亳者。……朝廷惩璮叛逆，务裁诸侯权以保全之，因解弘略兵职，宿卫京师。[②]

虞集《道园学古录》卷一四《淮阳献武王庙堂之碑》说：

> 或言于朝曰："璮所以得为乱者，尽专兵民之权故也。"以此闻诸侯，诸侯果不自安，遂罢其子弟之在官者。王（指张弘范，时为行军总管）亦例解总管。[③]

不仅于此，还把史家世代统率的清乐军也解隶他将[④]。《牧庵集》卷一六《平章政事史公（格）神道碑》说：

---

① 史辑、史权为史天倪之子，以上见《元史》卷一四七《史天倪传》，第3481-3483页。

② 《元史》卷一四七《张柔传》，第3476-3477页。

③ 虞集：《道园学古录》卷十四《淮阳献武王庙堂之碑》，四部丛刊本，第273页。

④ 《元史·史天倪传》称其曾祖饶于财，金末以侠称于河朔，"伦卒时，河朔诸郡结清乐社四十余，社近千人，岁时像伦而祠之。至是，天倪选其壮勇万人为义兵，号清乐军，以从兄天祥为先锋，所向无敌"。史天倪率此军转斗河北十年，天倪死后，其弟天泽继领其众转斗河北又十年，这支军队是史家的心腹基干武装。第3479页。

（自史氏一门解兵符之时），而太尉（天泽）故所将兵，自先朝已解授兄子、江汉大都督权戍邓，及是亦解隶他将。公（格）无以为者数年。会故中书左丞刘武敏公拯请伐襄阳，张平宋本，大集天下兵于汉之南，而太尉亦谢政，公请立劳军中，朝议犹避邓之旧军，俾与张蔡公（柔）子宏范易将，始授怀远大将军、亳州万户虎符。①

换句话说，就是以史格代张弘范为亳州万户，率领张氏的亳州军，而让张弘范将史氏之邓州旧军，可见朝廷对他们戒备之严。又过了十几年，直到一二七九年张弘范消灭了南宋残余政权，为元朝立了大功，才把两支军队又互换回来②。史天泽和张柔是支持朝廷裁抑诸侯的措施，又在平定李璮之役中立有功劳的，尚且如此，其他更不待言。

对东平严氏，则罢免了严实第三子严忠嗣东平路管军万户之职。《元史》卷一四八《严实传》："忠嗣，实之第三子也。……乙卯，充东平路管军万户。……（中统）四年，朝廷惩青齐之乱，居大藩者，子弟不得亲政，于是罢官家居。"③

济南张荣之孙张宏原袭职为济南路军民万户，现则被免去万户之职，改任真定路总管，调离了济南。至元二年，"山东廉访使言：'真定路总管张宏，前在济南，乘变盗用官物。'诏以宏尝告李璮反，免宏死罪，罢其职"。其叔"邳州万户张邦直等违制贩马，并

① 《牧庵集》卷十六《平章政事史公（格）神道碑》，第284页。
② 《牧庵集》卷十六《平章政事史公（格）神道碑》云："后宏范入觐，请复将亳州兵，制可，还公邓之旧军。"第284页。
③ 《元史》卷一四八《严实传》，第3508页。

处死”[①]。

时刘黑马父子已离开西京，移镇四川。中统三年，刘黑马兼成都路军民经略使，不久死。黑马死后，其子元振袭职。李璮败后，朝廷没有马上对元振采取什么行动，但到了至元七年（1270），“时议以勋旧之家事权太重，宜稍裁抑，遂降为成都副万户。”[②]

七万户中只有石抹氏未受打击。一则他这一家本够不上称作典型的诸侯；二则查剌早已于一二三四年去世，其子库禄满又在从征李璮时阵亡。他们的势力不大，故不需要再加裁抑。

因此，除石抹氏外，其他六个万户都受到轻重不同的打击。实际上受到裁抑的还不止这六家，如大名万户王文干，其弟文礼为千户，由于父子兄弟不能并仕，文干自陈愿解己官而留文礼，于是也被免去万户职务[③]。

削夺万户权力的另一个重要措施，就是把民事与军政分开，不让万户兼理民事。首先实行于益都，在李璮失败后不到三个月，即中统三年冬十月“庚申（七日），分益都军民为二，董文炳领军，撒吉思治民”。[④]不久，即推行到中原各路。十二月癸亥（十一日）诏：“各路总管兼万户者，止理民事，军政勿预。其州县官兼千户、百户者仍其旧。”……戊寅（二十六日）诏：“诸路管民官理民事，管军官掌兵戎，各有所司，不相统摄。”[⑤]同月又“立诸路转运司，

① 《元史》卷六《世祖纪》三，第105页。
② 《元史》卷一四九《刘伯林传》，第3519页。
③ 《元史》卷一五二《王珍传》，第3592–3593页。
④ 《元史》卷五《世祖纪》二，第87页。
⑤ 《元史》卷五《世祖纪》二，第89页。

以燕京路监榷官曹泽等为之使”[①]。把征收赋税的权力也收归各路转运司之手。

此外，又设立河南、山东两个统军司，位于诸万户之上，以监督其军政。“以塔剌浑火儿赤为河南路统军使，卢升副之，东距亳州，西至均州，诸万户隶焉；茶不花为山东路统军使，武秀副之，西自宿州，东至宁海州，诸万户隶焉”[②]。为了监督各路的民政，“立十路宣慰司，以真定路达鲁花赤道赵瑨等为之。”[③]以上都是中统三年的事。

中统四年正月，又“立十路奥鲁总管。……诏：‘以诸路汉军奥鲁毋隶各万户管领。其科征差税，山东、河南隶统军司，东西两川隶征东元帅府，陕西隶行户部。凡奥鲁官内有各万户弟、男及私人，皆罢之’”。[④]奥鲁是蒙古语，当蒙古人出征时，把家属、辎重等称为奥鲁，译作“家小”“老营”或“老小营”。这里所说的汉军奥鲁也即汉军的家属或者说军户。他们原属汉军万户直接管辖，科征差税都向万户交纳，派去统治他们的奥鲁官不少就是万户的子、弟和私人。这就使汉军士兵对万户保持严格的隶属关系。现在一律改隶统军司、元帅府等由中央设置的机构管理，大大削弱了万户对所属汉军的控制能力。

至元二年（1265）的“罢世侯，置牧守”[⑤]，取消州县官的世袭权力，是这次改革中的一项十分重要措施。宋子贞在李璮被平定

① 《元史》卷五《世祖纪》二，第89页。
② 《元史》卷五《世祖纪》二，第89页。
③ 《元史》卷五《世祖纪》二，第89页。
④ 《元史》卷五《世祖纪》二，第90页。
⑤ 姚燧：《参知政事贾公神道碑》，《元文类》卷六一，第883页。

后，立即上书说："官爵，人主之柄，当自朝廷出。一命以上，并付吏部，以为永选。……临民官皆相传以世，非法赋敛，困苦无告，亦宜迁转，以革久弊。"[①]但过了三年后才付诸实行，宣布废除州县官的世袭制改行迁转法[②]，并将原来的州县官调离原地。《牧庵集》卷二五《磁州滏阳高氏坟道碑》说："后朝廷诛东反虏，惩世官弊，守令之选，收归吏曹，而易其地。"从此把州县官的任命权收归了中央，万户把持地方行政的力量大大削弱了。

经过忽必烈朝一系列削夺汉地万户特权的措施，这些汉人地主武装的势力大为衰落，虽然其中少数家族仍保持显赫地位，如史氏、张氏等，但他们主要是依靠朝廷的任命而在中央或地方政府做大官，并非原来意义的诸侯。作为一种制度来说，对汉地诸侯的分封制已被取消了。魏初曾对"罢侯置守"前后的情况作了番对比，是很能说明问题的。他说：

> 窃念壬辰北渡后，诸侯各有分邑，开府忠武史公之于真定，鲁国武惠严公之于东平，蔡国武康张公之于保定，地方二三千里，胜兵合数万，如异时齐、晋、燕、赵、吴、楚之国。竞收纳贤俊，以系民望，以为雄夸。迨中统建元，罢侯置守，诸贤萃于朝，及分布内外，迄今余十年，其生存零落，功

① 《元朝名臣事略》卷十，《平章宋公》下录徐世隆《宋子贞墓志》，《丛书集成初编》本，第165页。

② 据《元文类》卷六三，姚燧《真定新军万户张公（兴祖）神道碑》所说："盖列圣之制，职兵民者死，其子孙皆世之。变自世祖，夺职民者符节，易其故所。死，其子孙荫而不世。惟职兵之臣，万夫、千夫、百夫长者，父死子继，兄终弟及，世其符节。"则取消的只是管民官的世袭权，而不包括管兵官的世袭权。姚燧：《真定新军万户张公神道碑》，《元文类》卷六三，第907页。

名事业，固大小之不齐，考其有子有孙，终始以享荣位如公家者，盖不一二数也。[①]

五、结　语

下面准备就汉地诸侯产生、形成和衰落的历史条件以及他们起了哪些作用，提出我们一些初步的看法。

蒙古自公元一二一〇年与金决裂以后，次年大举攻金，连破金兵主力，长城以北州县均遭残破。一二一三年更分兵三道，转掠金之内地。“凡破九十余郡，所过无不残灭。两河、山东数千里，人民杀戮几尽，金帛、子女、牛羊、马畜皆席卷而去。屋庐焚毁，城郭丘墟矣。”[②]当时蒙古尚无占领内地的打算，所以不久即接受金的求和，饱掠而归。一二一四年五月金室迁都开封，大批猛安谋克户随之迁往河南。次年中都（今北京）陷没，黄河以北的地方官也纷纷南逃，金的地方政权陷于土崩瓦解。如《金史》卷一〇九《许古传》所说的：“河北诸路，以都城既失，军户尽迁，将谓国家举而弃之，州县官往往逃奔河南。”[③]这时久受压迫的农民乘机而起，红袄军声势复振。在这种形势下，河朔山东一带的汉族地主，为了保全本身的生命财产，有的更想乘乱获得功名富贵，于是纷纷聚集乡党，结寨自保，形成许多支大大小小的地主武装。例如河北束鹿

① 魏初：《青崖集》卷五《故总管王公（汝明）神道碑铭》，四库全书本，第七页。

② 李心传：《建炎以来朝野杂记》乙集卷一九《鞑靼款塞》，北京：中华书局，2000年，第850页。

③ 《金史》卷一〇九《许古传》，第2413页。

县的富豪耿福，就是在这种形势下被推举为束鹿县令的。《畿辅通志》卷一六九张起岩撰《耿公先世墓碑》说："太祖兵入中原，金徙都汴，河朔盗起，郡县守宰委印绶去，民莫能相保，众推宜摄县政，保庇一方者无愈耿公。"类似的例子，在《金史》《元史》有关列传及元人文集中，所在多有，不胜枚举。对金末汉族地主武装兴起的情况，前人已有论述。[①]这里就不多说了。

一二一七年以后，成吉思汗以主力从事西征，中原地区委付大将木华黎负责经略。但木华黎所率兵力有限。据《圣武亲征录》载："封木华黎为国王，率王孤部万骑、火朱勒部千骑、兀鲁部四千骑、忙兀部将木哥汉札千骑、弘吉剌部按赤那颜三千骑、亦乞剌部孛徒二千骑、札剌儿部及带孙等二千骑，同北京诸部乌叶儿元帅、秃花元帅所将汉兵及札剌儿所将契丹兵，南伐金国。"[②]则木华黎所率蒙古各部兵共二万三千人，所率汉兵与契丹兵数目不详。蒙古骑兵固然强悍，但以这样的数量"以图中原"显然是不够用的，因此必须借用汉人地主武装的力量。何况金朝也在企图利用这批力量来收复失地。《牧庵集》卷二二《金故昭勇大将军行都统万户事荣公（佑）神道碑》说："在金叔世，宣宗感国播汴，河朔豪杰，所在争起，倡紏义兵，完保其乡。金訹以官，冀赖其力复所失地。"[③]南宋则联络他们，谋乘机收复河朔。他们既成为蒙、金、宋三方面争

---

① 见日本学者关于汉人世侯的论文。另，到何之：《关于金末元初的汉人地主武装问题》，《内蒙古大学学报》（哲学社会科学版）1978年1期，论述较详。

② 王国维：《圣武亲征录校注》，见《海宁王静安先生遗书》第38册。编者按：今据《王国维全集》第十一卷所收《圣武亲征录校注》（第511–512页）核对。

③ 《牧庵集》卷二二《金故昭勇大将军行都统万户事荣公（佑）神道碑》，《丛书集成续编》本，第280页。

取的对象，蒙古统治者更不能不加以优容。经过二十余年的反复争夺，金、宋及依附他们的汉族地主武装相继失败，蒙古成为逐鹿中原的胜利者，附蒙的地主武装也就成为专制一方的诸侯。

应当注意到，凡是能够形成割据势力的万户，都是在其降附以前已经握有相当实力，即已经占有若干州县的土地、人民，并有自己的武装的。如严实在降蒙以前已经是“太行之东，皆受实节制”①，归附时“挈所部彰德、大名、磁、洺、恩、博、滑、濬等州户三十万来归”，②是最突出的例子。其他如史天倪、张柔、李全、张荣等俱属此类。对比之下，像石抹也先这种“以匹马来归”的，就未能牢固地长踞一地。所以说割据的局面已经形成，蒙古统治者不过是承认这种既成事实而已。

这些割据势力的存在，还有其经济上的原因。由于长期战争对农业的破坏，北方粮食极端匮乏，到处闹饥荒，甚至发生“人相食”的惨况。如《元史》卷一五一《王义传》说：“是时兵乱，民废农耕，所在人相食。宁晋东有薮泽，周回百余里，中有小堡曰沥城。义曰：‘沥城虽小而完，且有鱼藕菱芡之利，不可失也。’……身率众保沥城，由是全活者众。”③在这种情况下，地主武装如不设法恢复农耕，其本身就无法存在下去。王义是张柔的部下，初为宁晋令，后升任深、冀、赵三州招抚使。本传说他“乃布教令，招集散亡，劝率种艺，深、冀之间，遂为乐土云”④。

万户中，刘伯林之守威宁，就已注意农业生产。《元史》卷

① 《元史》卷一四八《严实传》，第3505页。
② 《元史》卷一四八《严实传》，第3505页。
③ 《元史》卷一五一《王义传》，第3565–3566页。
④ 《元史》卷一五一《王义传》，第3567页。

一四九本传称其“在威宁十余年，务农积谷，与民休息，邻境凋瘵，而威宁独为乐土”。[①]张柔之治顺天[②]，且史天泽之治真定[③]，严实之治东平[④]，张荣之治济南[⑤]，都有相类似的记载。这些万户下面的一些部将，如张柔部下的贾辅[⑥]、王义、严实部下赵天锡等[⑦]，在他们的碑传中，也都有招抚流亡，劝课农耕的记述。

把他们的辖区描写成“独为乐土”“乐国”，显然是对那些武装头子的美化。事实上，他们在争夺地盘时对邻境的屠杀掠夺，也是破坏生产[⑧]、造成饥荒的原因之一；而在他们辖区内老百姓所受的剥削和奴役是很严重的，我们在后面还要述及。只是当黄河流域陷于普遍的混乱与破坏之中的时候，农民能回到土地上耕作，维持辖区内的农业生产，较之荆棘成林，田野荒芜，人民转徙于沟壑之中的情况，要稍好一些，如此而已。所谓乐土，只是他们自己和他们

---

① 《元史》卷一四九《刘伯林传》，第3516页。

② 《遗山文集》卷二六《顺天万户张公勋德第二碑》云：“盖自板荡以来，我公为吾州披荆棘，立城市，完保聚，辟田野，复官府，举典制，摧伏强梗，拊存单弱，使暴骸之场，重为乐国。”第524页。

③ 《元文类》卷五八王磐《中书右丞相史公（天泽）神道碑》说：“（天泽）招集流散，存邺困穷，披荆棘，拾瓦砾，官府民居，日益完葺。”王磐：《中书右丞相史公神道碑》，《元文类》卷五八，第840页。

④ 《遗山文集》卷二六《东平行台严公神道碑》云：“丁酉（1237）九月，诏书命公毋出征伐。当是时，公以百城长东诸侯者十五年矣。始于披荆棘，扞豺虎，敝衣粝食，暴露风日，挈沟壑转徙之民，而置之衽席之上，以劝耕稼，以丰委积，……不三四年，由武城而南，新泰而西，行于野，则知其为乐岁，出于途，则知其为善俗。”第516页。

⑤ 《元史》卷一五〇《张荣传》云：“时河南民北徙至济南，荣下令民间，分屋与地居之，俾得树畜，且课其殿最，旷野辟为乐土。”第3558页。

⑥ 见《郝文忠公集》卷二一《左副元帅祁阳贾侯神道碑铭》。

⑦ 见《遗山文集》卷二九《千户赵侯神道碑铭》，第589页。

⑧ 《郝文忠公集》卷一一《万卷楼记》云：“金源氏末，天造草昧，豪杰哄起，于是拥兵者万焉，建侯者万焉，甲者、戈者、骑者、徒者各万焉，鸠民者、保家者、聚而为盗贼者又各万焉，积粟帛、金具、子女以为已有者，断阡陌占屋宅、跨连州郡以为己业者又各万焉。”

庇护下的地主们的乐土，对于广大农民当然谈不上什么乐的。

在这些碑传中，还记录了不少劝阻蒙古将帅屠城杀降，以及释放驱奴为良的事。这主要是因为人口减少，而垦荒迫切需要大量劳动力的缘故。前引《东平行台严公神道碑》说在攻破濮州后，蒙古军要屠城。“公为言：百姓未尝敌我，岂可与兵人并戮之。不若留之农种，以给刍秣。濮人免者又数万。其后于曹、于定陶、于楚丘、于上党，盖未有不然者。”其结果是“东州既为乐土，四外之人托公以为命者相踵也”[①]。可见他们这样做，并非出于什么仁民爱物之心，而是有其现实的经济目的的。

正是由于在一定程度上恢复了社会生产，他们才有可能维持其割据政权，也才有可能向蒙古统治者交纳贡赋，提供进行战争所需要的各种资源。而这些正是当时只知掠夺的蒙古统治者所难于做到的。

再者，这种裂土分民，相传以世的统治方式，也是与蒙古社会的发展水平相适应的。由于蒙古族进入阶级社会不久，其政治制度很简单，成吉思汗建国后，在蒙古本土就是实行的分封制，即把土地、人民分拨给他下面的诸王勋臣，由他们世代统治。进入中原地区后，对当地的汉人地主武装，容许他们在辖区内享有较大的自主权和世袭权，这是蒙古统治者容易理解和接受的。元朝人郝经曾对当时施行于蒙古和中原地区的三种分封制，作过一番颇有意思的比喻。他说：

---

① 《遗山文集》卷二六《东平行台严公神道碑》。

窃惟国家封建制度，不独私强本干，与亲贤共享，示以大公。既分本国，使诸王世享，如殷周诸侯；汉地诸道，各使侯伯专制本道，如唐藩镇；又使诸侯分食汉地，诸道侯伯，各有所属，则又如汉之郡国焉。[①]

这里他所说的在蒙古本土所实行的如殷周诸侯的分封制，是最典型的分封制。在中原地区对汉人世侯如唐藩镇的分封制和对蒙古诸王在汉地如汉郡国的食采分地制，都是根据第一种分封制加以变通而来的。

上述金末元初黄河以北的无政府状况与民族矛盾、阶级矛盾的激化，蒙古与金、宋争夺中原地区的需要助力，这些地主武装具有相当的政治、军事与经济力量，分封制的统治方式与蒙古社会发展的水平相适应。以上这些就是汉人世侯得以产生和存在的历史条件。

谈到这些汉军万户所起的作用，他们首先是帮助蒙古统治者攻城略地，在灭金亡宋的战争中，出了很大的气力。如蒙古一二三二年大举进攻金国，包围金政权所在的汴京，金哀宗突围走归德，最后逃往蔡州，直到蔡州被攻破，金哀宗自杀。这些最后消灭金政权的重要战役，汉地万户张柔、史天泽、刘黑马、张荣和萧查剌都是亲自率军参加的。金亡以后，刘黑马移驻巴蜀，史天泽屯邓州，张柔屯亳州，李璮则扼守淮海一带，其矛头都是对着南宋的。在蒙古攻宋的长期战争中，汉军也是支主力，如受命为蒙古汉军都元帅，率军穷追到广东崖山，最后消灭了南宋政权的，就是张柔之子张弘范。所以说，没有

① 《郝文忠公集》卷一八《河东罪言》。

他们的合作，蒙古统治者不可能迅速占领中原，并进而统一全国。

他们屠杀俘掠劳动人民，对红袄军更是十分仇视。著名的红袄军将领彭义斌就是失败在他们手里的。《元史》卷一四八《严实传》说：

> 壬午（1222），宋将彭义斌率师取京东州县，实将晁海以青崖降，尽掠实家。义斌军西下，郡县多归之。乙酉（1225）四月，遂围东平。实潜约大将孛里海合兵攻之，兵久不至，城中食且尽，乃与义斌连和。义斌亦欲藉实取河朔，而后图之，请以兄事实。时麾下众尚数千，义斌听其自领，而青崖所掠者则留不遣。七月，义斌下真定，道西山，与孛里海等军相望。分实以帐下兵，阳助而阴伺之。实知势迫，急赴孛里海军与之合，遂与义斌战，宋兵溃，擒义斌。不旬月，京东州县复为实有。[①]

《元史·史天泽传》则说："义斌势蹙，焚山自守，天泽遣锐卒五十，摧锋而入，自以铁骑继其后。缚义斌斩之。"[②]当义斌北伐之时，张林、李全皆归宋，宋朝势力自山东以至河北，直抵真定，一时几有恢复河朔之势。木华黎大军既入陕，严实势孤，于是京东州县，尽为宋有。假如无严实的临阵倒戈，史天泽的夹攻，彭义斌所率领的红袄军即使失败，也不会失败得如此之快。所以说他们的功名富贵是建立在本族人民的尸骨堆上的。

其次，在建立对中原乃至全国的统治方面，他们也是一支不

---

① 《元史》卷一四八《严实传》，第3506页。
② 《元史》卷一五五《史天泽传》，第3658页。

可缺少的力量。除了前面指出的部分地恢复社会生产，征收赋税等作用外，他们还在战乱中搜罗、保全、培养了一批封建士人，为后来忽必烈建立元朝，储备了统治人才。金亡前后，北方士大夫“流离兵革中，生资荡然，僮仆散尽”[①]，不仅政治上没有出路，连生活都难以维持，不少人甚至沦为驱奴。当时的蒙古统治者，只重视武功，不知有治民之术，儒生在他们眼里，与和尚、道士是一流人物，可以用来占星望气以验祸福，并不把他们看作统治人才。元好问曾致书耶律楚材推荐自孔元措、冯璧、王若虚以下五十二人，希望蒙古朝廷能收养他们，“使脱指使之辱，息奔走之役，聚养之，分处之。……馇粥足以糊口，布絮足以蔽体，无甚大费，然施之诸家，固已骨而肉之矣。他日阁下求百执事之人，随左右而取之，衣冠礼乐，纪纲文章，尽在于是”[②]。无奈当时蒙古统治者并不需要衣冠礼乐，这些文人要自谋生活，摆脱役使，寻找出路，只有依存于汉地诸侯之一途。汉地诸侯为了统治人民，也需要依靠文士作为辅佐，于是一时名士纷纷集中到他们的幕下，正如张仲经所说的：“方今河朔藩镇雄，衣冠往往罗其中。”[③]

金末文人士大夫后来受到忽必烈的信用，成为元朝名臣的，其中许多人均出于汉地万户幕府。如张德辉、杨果为史天泽之僚

---

① 刘祁：《归潜志》卷一四《归潜堂记》，清武英殿聚珍版丛书本。

② 元好问：《上耶律中书书》，《元文类》卷三七，第490页。

③ 《归潜志》卷一四《龙江张仲经赠刘祁、刘郁兄弟诗》。

佐。[①]王鹗、郝经是张柔的幕客[②]。宋子贞、商挺、王盘、张特立、刘肃、李昶、徐世隆等则出于严实门下[③]。王鹗是金朝的状元，后被忽必烈聘为翰林学士承旨，“制诰典章，皆所裁定”，并据金《实录》编修《金史》。郝经被召用后，深得忽必烈信任，任他为国信使往宋议和。此外如王文统出身李璮幕府，在忽必烈时为平章政事，主持中书省政务，对元朝立国规模法度的创立有重要作用[④]。

以汉地万户为代表的北方汉族地主武装，是整个汉族地主中最早与蒙古统治者合作的部分，通过对他们的活动的考察，我们可以这样说：没有汉族地主的合作，蒙古统治者很难迅速占领中原，更难以建立起对中原的统治。蒙古汗国在中原的政权，一开始就是蒙、汉各族统治阶级联合的封建政权。元朝的成立只是使这种情况更加速发展罢了。

最后谈谈削夺汉地万户的特权，取消对他们的分封制的社会条件问题。

应该说这种分封制的统治方式本来是落后的，是与当时中原地区的社会经济发展水平不相适应的，它只是在特定历史条件下的特殊产物，随着主客观形势的变化，是不可能长期维持下去的。

汉人万户及其手下将吏在经济上对人民的剥削是很严重的。他们在战乱中掠取粟帛、金银、子女，占据田庐，乘机扩大土地财富

① 《元史》卷一六三《张德辉传》：“金亡，北渡，史天泽开府真定，辟为经历官。”第3823页。同书卷一六四《杨果传》：“金亡，岁己丑，杨奂征河南课税，起果为经历。未几，史天泽经略河南，果为参议。”第3854页。

② 《元史》卷一六〇《王鹗传》，第3756页；《元史》卷一五七《郝经传》，第3698页。

③ 《元史》卷一五九《宋子贞传》及其他有关各传。

④ 《元史》卷二〇六《王文统传》，第4594–4595页。

占有。如张柔的妻子毛氏为笼络部将，“又各与膏腴田宅，而时以珍玩慰给其妻子”。[①]苏天爵在《滋溪文稿》卷一五《元故鹰坊都总管赵侯（密）墓碑铭》中说：“国初，兵荒之余，元帅（赵柔）度田数千亩分赐诸子，以给衣食。”不是大量强占土地屋宅，他们怎能用来赏与诸将或分赐诸子呢？他们还把战争中的俘虏，大量充作奴隶。如张柔的副将贾辅占有数千驱奴，在他的神道碑中说：“初籍户，诏驱掠者私其主。侯之所有殆数千人……悉籍之为民。”[②]像这种占有几百以至几千奴隶的是比较普通的事。在张柔、史秉直、史天祥、王善等人的碑传中都有类似的记载。在东平还有将平民抑为部曲，擅其赋役的情况。《元史》卷一五九《宋子贞传》说：“东平将校，占民为部曲户，谓之‘脚寨’，擅其赋役，几四百所。”[③]驱奴也好，部曲也好，在当时大抵有自己的私有经济，而向主人交纳赋役，他们的地位接近农奴，最后多数被放遣为民，不可能长期保持这种状况。但在早已进入封建社会后期的中原采用这种落后的生产关系，无疑会严重损伤人民生产的积极性。

从政治上说，这种地方长官世袭的制度，加深了地方政治的腐败与黑暗。到忽必烈即位时，这些万户、千户已传到第二代或第三代。随着经济的恢复，他们的生活日益奢侈，父子兄弟之间争权夺利的矛盾也加剧了。如前面所说的严忠济的奢侈腐化，最后为其弟严忠范所告发，就是明显的例证。郝经在《贾侯神道碑铭》中说：“当是之时，诸镇侯伯，往往为嚣吏朋民牙角啮猘，使长贰侵官，

① 《郝文忠公集》卷二一《公夫人毛氏墓铭》。
② 《郝文忠公集》卷二一《左副元帅祁阳贾侯神道碑铭》。
③ 《元史》卷一五九《宋子贞传》，第3736页。

父子夺位，而兄弟相吞逼，封剥黎庶，行赂倾轧，至于破家赤族而不已，故其兵民因以逃散困弊。”郝经又借贾侯之口责问道：“凡今诸侯凭藉兵乱杀戮之余，以有今日，曾作何等事业；既享诸身，又欲贻厥子孙，斯民何辜，使汝世肆于上乎？”[①] 反映了地主士大夫对汉地世侯的强烈反感。汉地世侯的腐朽统治不仅加深了人民的苦难，也损害到一般汉族地主的利益，当时积极主张“罢世侯，置牧守”的有姚枢、宋子贞和郝经。值得注意的是三个人中倒有两个出身于世侯的幕府，也许正因为他们从藩镇中来，对世袭制的弊病，体会更为深切吧！

本来自甲午灭金以后，黄河以北均为蒙古所有，不同于过去蒙、金、宋互相争夺的形势，这是削弱汉地世侯的有利条件。但是当时还缺乏一个重要的主观条件，这就是一个强有力的能得到汉族地主支持的中央政府。在忽必烈即位以后，这样一个政府终于出现了。正如郝经所说：“今主上（指忽必烈）应期开运，资赋英明，喜衣冠，崇礼乐，乐贤下士，甚得中土之心。”[②]于是他们把全部希望寄托在忽必烈身上，努力帮助他仿照汉制建立起一个君主专制中央集权的国家，认为只有这样，才能更好地保护汉族地主阶级的利益。原来依附于汉人藩镇的地主士大夫现在纷纷涌入忽必烈的中央与地方政府，就是这种转变的重要标志。忽必烈不仅大量吸收汉族文士参加统治，对于支持他加强中央集权的汉人万户也给予优待，如史天泽在中统二年进入中央政府，官至中书右丞相。正是在他们的辅佐下，忽必烈采取适应中原地区的封建政治、经济制度进行统

① 《郝文忠公集》卷二一《左副元帅祁阳贾侯神道碑铭》。
② 《郝文忠公集》卷二三《再与宋国两淮制置使书》。

刘伯林等五万户世系表

一、济南刘氏世袭西京万户

- 刘伯林　西京留守兵马副元帅、万户
  - 黑马　都总管万户、统西京、河东、陕西诸军万户
    - 元振　成都路副万户、潼川路副招讨使
      - 纬　管军万户、陕西行省参知政事
    - 元礼　潼川路汉军都元帅、延安路总管

二、定兴张氏世袭顺天万户

- 张柔　河北东西等路都元帅、顺天府军民万户
  - 福寿　早卒
  - 弘庆　质子
  - 弘基　顺天宣权万户
  - 弘彦　亳州万户
  - 弘略　袭顺天路管民总管、行军万户，河南行省参知政事
    - 玠　宿卫
    - 瑾
    - 琰
  - 弘范　蒙古汉军都元帅
    - 珪　中书省平章政事
      - 景武　保定等路管军上万户
        - 旭　宿卫
        - 昌　保定等路管军上万户
        - 昆
        - 昇
        - 昭
        - 晟
        - 曜
        - 旺
      - 景鲁　海北广东道肃政廉访使
      - 景哲　佥浙东海右道肃政廉访司事
      - 景元　河南河北道肃政廉访使
      - 景德　早卒
      - 景诚　内政司丞
  - 弘正　袭宣权万户
  - 弘规　顺天涿州等路新旧奥鲁总管

三、永清史氏世袭真定万户及邓州万户

- 史成珪
  - 秉直 行尚书六部事
    - 天倪 河北西路都元帅
      - 楫 真定路总管
        - 炫 常德管军总管
        - 煇 知孟州
        - 燧 同知东昌府事
        - 煊 潼关提举
        - 炀 金广西按察司事
      - 权 江汉大都督
        - 燿 福建等处行中书省平章政事，出嗣格
          - 壎 瑞州总管
    - 天安 权真定等路万户
      - 枢 山东东西道宣慰使
        - 焕 后卫亲军都指挥使
        - 煇 秘书少监（按与楫子同名
    - 天泽 中书右丞相、真定等五路万户
      - 格 湖广行省平章政事
        - 荣 邓州旧军万户
      - 樟 真定顺天新军万户
      - 棣 卫辉路转运使
      - 杠 湖广行省右丞
      - 杞 淮东道廉访使
      - 梓 同知澧州
      - 楷 同知南阳府
      - 彬 中书左丞
  - 怀德
    - 天祥 北京七路兵马都元帅
      - 彬 江东提刑按察副使
      - 槐 袭霸州御衣局人匠都达鲁花赤

四、长清严氏世袭东平路万户

- 严实 东平路行军万户
  - 忠贞 质子、金紫光禄大夫，先卒
    - 朗
  - 忠济 袭东平路行军万户兼管民长官
  - 忠嗣 东平路管军万户
  - 忠范 代忠济职
  - 忠杰
  - 忠裕
  - 忠祐

五、历城张氏世袭济南路万户

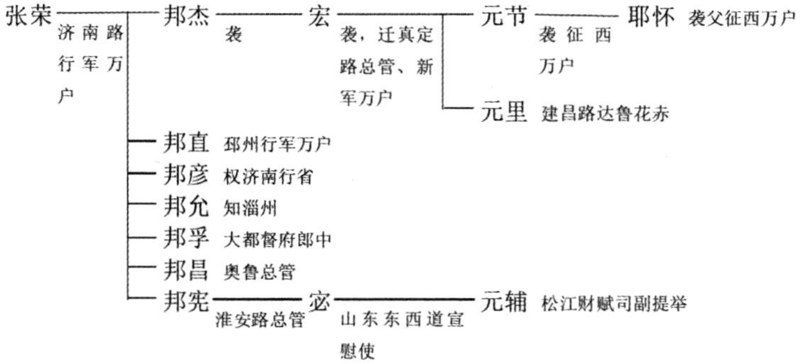

治，保护农业生产，整顿吏治，安定社会秩序，建立起一个较强大而有效率的中央政权。

在这个新的形势下，取消对汉人世侯分封制的主、客观条件都已经成熟。罢侯置守不仅出自汉族士人的积极倡议，而且也得到史天泽、张柔这样的汉人万户的支持，因此进行得比较顺利。张起岩说："至元之罢侯［置］守，民盖有视其故侯如路人，甚至追咎怒骂如仇雠者。"[①]这说明汉人世侯的取消，符合于加强统一的历史趋势，也是受到人民欢迎的。

---

① 张起岩：《济南路大都督张公行状》，《元文类》卷五〇，第726页。

六、后　记

本文写于一九七九年，同年八月中国蒙古史学会在呼和浩特市开成立大会。即以初稿提交大会讨论，当时唐长孺先生正在北京工作，我在动身赴会前曾将初稿寄京，请他审阅把关。现重新捡出此文，准备收入自选集，时光匆匆已过去了二十多年，唐先生辞世也快七年了。回顾他当年指导我写作此文时的情景，犹在眼前，他阅稿后的来信和写在稿上的批语，仍珍存至今，重新捧读，不胜沧桑之感，现收入此文，用以纪念唐先生指导我合撰此文的情谊。

此文经修改后，正式发表在一九八一年《文史》第十一辑上。后黄时鉴同志对本文中的若干问题提出质疑（见一九八三年出版的《元史论丛》第二辑《关于汉军万户设置的若干问题》）。同行之间，提出不同见解互相切磋，是件好事，有利于对问题的进一步认识。因当时唐先生不同意撰文答复，所以没能讨论下去。但问题仍留在我的脑子里，反复思考，后来我的看法也有了改变，最主要之点就是认为看问题要看实质，我们考察汉地七万户的目的，在于要考察金元之际在河北、山东一带割据称雄的汉族地主武装势力，亦即所谓的世侯。首先要弄清楚的是七万户究竟包括哪些人？有史料可查的、大家意见比较一致的，已经找出了六个，那第七个万户究竟是谁呢？自然吸引了众多史家的注意力。我们当初提出可能是李璮，也是个大胆的假设，不管怎样从情理上分析，毕竟缺乏史料上的根据，不足以服人。时鉴同志提出第七个万户是塔不已儿，我查阅《元史》有关材料，认为此说也存在不少疑窦，不能成为定论。

我现在的看法是，在没有发现更新的史料前，这个问题不妨暂且存疑。因为并不是被封为万户，就一定能成为世侯，如石抹也先家族即为显例。李璮虽未封为万户，也不管他有许多不同的特点，但作为一个割据称雄的地方势力来说，应该算得上是称霸一方的世侯，这才是问题的关键所在。上述看法未及与唐先生商量，只能代表我个人的意见，写在这里，向时鉴同志及其他朋友请教。

杨幺起义军水战地点与寨址问题初探 *

南宋初年的钟相、杨幺起义之所以受到人们的重视，不仅因为它提出了“等贵贱、均贫富”的口号，为我们提供了研究中国封建社会后期农民平等思想发展的一个典型；而且也因为它在军事斗争，特别是水战方面有许多独特的创造，诸如采用水陆两栖战术，制造和使用车船等。尤其值得提出的是公元一一三三年在粉碎宋军的一次围剿中，起义军采用十分机动灵活的战略，各个击破两面夹攻的敌人，取得全歼南宋水军一万余人的辉煌战果，创造了一个十分优秀的战例。总之，这次起义所积累的军事斗争经验是很丰富的，有待我们进一步发掘和总结。不过，要想更具体地了解起义军的军事活动情况，首先必须了解他们所处的地理环境，才能对这些活动有较明确的空间观念。正是基于这样的想法，我们对起义军水寨的寨址和部分水战地点进行了一些考察。由于起义军的主要水寨

* 关于鼎江、沚江问题，我曾写过《有关杨幺起义的几个地理问题》一文，作为历史小丛书《钟相杨幺起义》（湖北人民出版社，1978年出版）的附录发表过。当时限于篇幅，未能充分论述，本文系在此基础上修改补充而成。本文原刊于《宋史研究论文集》第一辑，上海古籍出版社1982年版。

多分布在龙阳县（今湖南汉寿县）内的江湖港汊之间，起义军与宋军的许多重要战役也是在这一带进行的，只有弄清楚龙阳县及其附近重要水道的情况，才能解决某些水寨的寨址和作战地点问题。但是这些水道，有些仍然保留着原来的名称，如澧水、沅水、枉水、沧水等，比较好办；有些水道和水口则业已改名，在今天的地图上找不到了，但它们又牵涉当时水战的形势，非弄清楚不可，如鼎江、沚江及其江口所在，即属于这类情况，这就需要加以考订，才能确定它们的方位。

在现有文献材料中，南宋“鼎澧逸民”所著《杨幺事迹》一书最值得注意。“鼎澧逸民”显然是个笔名，顾名思义，作者就是起义中心地区鼎州、澧州一带的人，因此熟悉当地的地理情况。此书写于宋孝宗时，距离杨幺起义只有五十来年。杨幺失败以后，不少起义军战士被遣散归农，仍回本乡居住，在他们中间必然保存着有关这次起义的大量材料。《杨幺事迹》大约就是在这样的基础上写的，因此它对某些战役描写得有声有色，详尽具体，为他书所未见。尤其可贵的是，它对作战的地理形势，相关的地名，交代得十分清楚具体，其中提到的一些地名，大部分可以查到，如唐封乡水连村、阳城丰水村等，在明朝嘉靖时修的《常德府志》中都可查到。阳城村的名称且一直保留到现代，足证此书关于地理方面的记载是比较可信的，因此我们把它作为查考有关地名的主要原始材料。此外也参考其他地理著作与明清的地方志，并结合一九七七年我们去汉寿直接调查访问的材料，对以下几个重要问题，提出自己的一些看法。

一、关于鼎江与鼎口的位置问题

建炎四年（1130）宋朝知州程昌寓自公安前往鼎州上任时，行至鼎江中途，曾遭到起义军的截击。绍兴三年（1133）宋朝禁军将领王躞率水军从岳州前来鼎州，走到鼎口，又遭到起义军的阻击，被打得大败。同年稍后，在宋朝发动的一次大进攻中，鼎口同样是个重要地点。现在鼎江与鼎口的名字却已经湮没无闻。鼎江到底是今天的哪条水道？鼎口又在什么地方？这是必须解决的问题。

鼎江也叫鼎口江、鼎口水或鼎水。对于这条江的解释主要有两种说法，一说鼎江是澧水下流与沅水下流交会处的一条小江，位于龙阳县的东北。

例如顾祖禹的《读史方舆纪要》卷八〇湖广六常德府“龙阳县”下说：“沅江，在县城北。自武陵县流经此，下流入沅江县界，注于洞庭。亦名龙阳江。……又名鼎江。《志》云：县东北百二十里有鼎口水，昔时有神鼎出其间，因名。盖即澧水下流合沅处也。”[①]

同卷“常德府”下称：“宋仍为朗州，大中祥符五年改曰鼎州。”下面小注有：“沅江下流曰鼎江，州因以名。”[②]

又同卷“沅江县”下有：“沅江，县西南里许。《志》云，沅水傍湖分派，逆行数十里，北会鼎水，入洞庭湖。鼎水即澧江也，西北自澧州安乡县流入界。”[③]

---

① 《读史方舆纪要》卷八〇《湖广》六，北京：中华书局，2005年，第3776页。
② 《读史方舆纪要》卷八〇《湖广》六，第3770页。
③ 《读史方舆纪要》卷八〇《湖广》六，第3779页。

上述材料反映出当时人的地理观念：其一，鼎口水是位于龙阳县东北一百二十里的一条水道；其二，它是澧水下游与沅水下游会合之处，所以既可称之为澧水，也可称之为沅水；其三，鼎水的北端在澧州安乡县内。

北宋乐史《太平寰宇记》卷一一八朗州“武陵县”条称：“鼎口，《沅州记》（按：疑当作“《沅川记》”。[①]）云：‘有水，名鼎口，则沅、澧二江最深之处。尤多鱼。’按《朗陵地图》云：‘昔有神鼎，出乎其间。’”[②]

《沅川记》说鼎口水在沅、澧二江最深之处，也就是说这里应是二水会合之处，因为最深之处必然是地势低洼，使二水下游会合的所在。

《杨幺事迹》一叙述程昌寓自公安县往鼎州赴任的路线是：“自公安油河水路径澧江安乡县石龟羌口，沿鼎口小江出大江，上水取龙阳县，至城下。”[③]这就是说，从公安县的油河出发，可南

---

① 《初学记》卷八《州郡部》，江南道第十事对“鼎口、风门”条引《沅川记》曰：“沅川水名鼎口。”今按沅州在沅江上游（参阅《方舆纪要》卷八一辰州府“沅陵县”及“沅州”二条），与鼎口相去过远，彼此无涉，疑《沅州记》当为《沅川记》之误。徐坚等著：《初学记》卷八《州郡部》，“江南道十”，北京：中华书局，1962年，第191页。

② 四库著录以及清人刻本的《太平寰宇记》缺本卷，此据1936年商务印书馆《丛书集成初编》本（据黎庶昌编《古逸丛书》本影印，系光绪九年杨守敬随黎庶昌出使日本时从日本官库所藏宋刊残本中抄出，计有卷一一三至一一八）。《太平寰宇记》卷一一八《江南西道》十六，“朗州”，北京：中华书局，2007年，第2383页。

③ 《鄂国金佗续编》卷二五，《百氏昭忠录》卷九，“鼎澧逸民叙述杨幺事迹一”。王曾瑜：《鄂国金佗稡编续编校注》，北京：中华书局，1989年，第1566页。

通澧水，到安乡县的石龟市羌口镇[①]。以下即进入鼎口小江，再从鼎江进入沅江（和沅江相比，鼎江只是一条支流，故称小江，而把沅江称为大江，至今当地人仍习称之为大江）。再溯流而上，经过龙阳县城而到达鼎州城下。这段材料同样说明：鼎江是北接澧水，南连沅水的一条小江，它的北端从安乡的羌口以下，即进入鼎江的范围。《杨幺事迹》叙述程昌寓的先头船队到达丰水村时，称这为"鼎口江半道脑口市阳城丰水村"[②]。据明嘉靖修《常德府志》卷三《地理志》"坊乡"条，阳城村、丰水村均属太平乡，在武陵县东北（今天的常德县东北，靠近澧水边上的一个垸子，还保留着阳城的名称）[③]。《杨幺事迹》把这里称作鼎口江中途，也说明鼎江的北端在武陵以北的安乡境内，这与《方舆纪要》所说鼎水西北自安乡县流入县界的说法一致。

嘉靖《常德府志》卷二《地理志》"山川"条云："鼎口水，（龙阳）县东北一百二十里。"[④]清嘉庆《龙阳县志》卷一《舆图下》"川"则称："鼎港水，县北八十里。"同治《龙阳县志》卷二《川》下称："鼎港水，县东北一百二十里。"后面小注云："《方舆纪要》澧水支流为鼎口，旧皆相通，今淤。"光绪《龙阳县志》所记与同治本相同。可见直到明清时期鼎水的名称还在沿用，它的方

---

① 《读史方舆纪要》卷七七"安乡县"条云："石龟市，县西四十里澧水上，旧为商民环聚处。"《读史方舆纪要》卷七七《湖广》三，第3642页。乾隆本《大清一统志》卷二八七《湖南·澧州·关隘》"古城关"下云："羌口镇在安乡县西三十里。"羌口也在澧水边上，是个渡口。

② 《鄂国金佗续编》卷二五、《百氏昭忠录》卷九，"鼎澧逸民叙述杨幺事迹一"。《鄂国金佗稡编续编校注》，第1566页。

③ 嘉靖《常德府志》卷三《地理志》，"坊乡"，上海古籍书店据宁波天一阁藏明嘉靖刻本影印，1964年，第七页上。

④ 嘉靖《常德府志》卷二《地理志》，"山川"，第十二页下。

位也与上述宋代材料大体相同。

一九七七年夏，我们去汉寿县调查时，看到县水利电力局绘制的《汉寿县水利工程规划示意图》上，在沅、澧二江下流之间，仍有这样一条南北方向的小河，现称之为沅水东分支。在东分支的北端又是一条小支流，过去还保留着鼎港的名称。据汉寿县沧港公社捕捞大队渔民丁认宝说：鼎港在县东北六七十里处，是从庙咀到黄珠洲之间的一条小港。港长十余里，两边都是芦苇，荒无人烟，水小时有港，水大时一片汪洋。老住户都迁走了，只有湖南省新化、安化两县迁来的人住在那里，因鼎港现已改名新港，他们都不知鼎港的名字。只有太白湖是老垸，那里的人还知道鼎港。酉港在鼎港的东南，相距十余里水路。县运输人民公社城关大队老船民粟西川提供的情况与此基本相同。

同治《龙阳县志》卷二《川》曾说鼎港水“旧皆相通，今淤”。在提到酉水时，也有“水涸。旧《志》：此水殊深，为商船往来要津”的话。看来，由于澧水涨时所挟带的泥沙，鼎江北端的河道逐渐淤浅，形成局部改道。住在旧河道两侧的居民迁徙了，建立在水口旁的市镇没落了，鼎港水的名称也就渐渐被人们所淡忘，仅有其中一小段还保留着原来名字。

鼎口为鼎水入沅之口，解决了鼎口的位置问题，就可以知道鼎水的南端究竟在哪里与沅江会合，这是确定鼎水位置的一个关键问题。

《杨幺事迹》为判断宋代鼎口的位置提供了几条重要材料：其一，它叙述程昌寓去鼎州的路线时说：“沿鼎口小江出大江，上水取龙阳县至城下。”[①]即沿鼎江从鼎口进入沅江主流，再向西，经过龙阳县城，再达到鼎州。这就说明鼎口是在龙阳县城的东北方向。如果是在西面，那只要继续西行，就不会经过县城了。其二，它在提到绍兴三年（1133）阴历十一月宋军发动的一次大进攻时说，宋军从鼎州出发，自西向东，“先过德山大溪口，破高癞寨；次至龙阳县界汎州村，破杨钦大寨；次至黄店，破全琮寨；次至县对江北，破杨幺大寨”。[②]此后，宋的先锋水军就停泊在鼎口。这条材料同样说明鼎口在与龙阳县城隔江相对的杨幺水寨之东，也即是在县城东北。其三，它又说当宋军进攻时，起义军“尽将老小乘船，……往鼎口下五十里西港地宽处存泊”。[③]今天的酉港在汉寿县东北约七八十里，靠近澧水主洪道的地方，而鼎口在沅江边上，所以应在酉港的南面；根据上述材料，二者相距为水路五十里。

在今汉寿县城东北十五里处有个名叫小港的河口，沅水的东分支就从这里向东北，流经酉港，出柳林咀与澧水会合。小港既在汉寿县城东北，又在酉港以南，它与酉港相距有五六十里水路，和《杨幺事迹》所提供的两点线索基本相符。据此，宋代的鼎口应在今小港或其附近的地方，鼎江南段则大致相当于今天的沅水东分支。

综上所考，宋代的鼎江是连接沅、澧二水下游，北至羌口，南至小港的一条南北方向的河流（见附图1）。

---

① 《鄂国金佗续编》卷二五、《百氏昭忠录》卷九，“鼎澧逸民叙述杨幺事迹一”。《鄂国金佗稡编续编校注》，第1566页。

② 《鄂国金佗续编》卷二五、《百氏昭忠录》卷九，“鼎澧逸民叙述杨幺事迹一”。《鄂国金佗稡编续编校注》，第1571页。

③ 《鄂国金佗续编》卷二五、《百氏昭忠录》卷九，“鼎澧逸民叙述杨幺事迹一”。《鄂国金佗稡编续编校注》，第1571页。

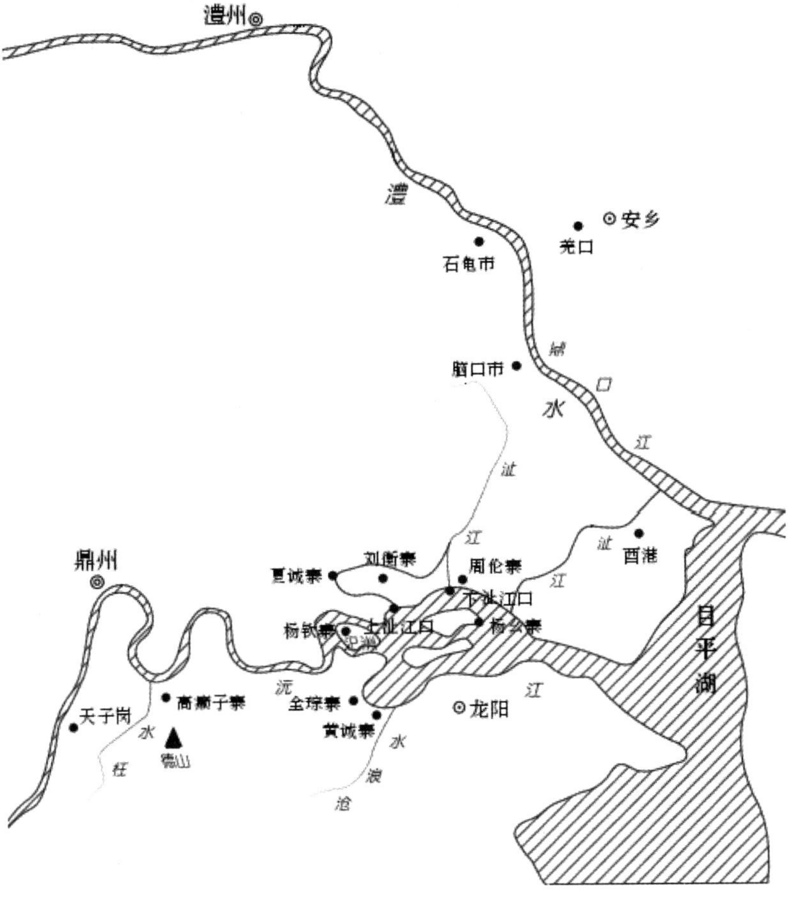

附图1. 杨幺起义军主要寨址示意图

关于鼎水的另一种说法，认为鼎水就是渐水，或称澹水。此说渊源于郦道元的《水经注》。

《水经注》卷三七沅水篇云："沅水又东，历小湾，谓之枉渚。……沅水又东入龙阳县，有澹水，出汉寿县[①]西杨山，南流东折，迳其县南。……阚骃以为兴水所出，东入沅。而是水又东历诸湖，方南注沅，亦曰渐水也。水所入之处，谓之鼎口。沅水又东历龙阳县之氾洲，洲长二十里。"[②]正因为《水经注》中有"水所入之处，谓之鼎口"这两句话，明清的地方志遂引申出渐水又名鼎水的结论。如《嘉庆一统志》（道光二十二年誊抄本）卷二百八十常德府"山川"云："渐水，在武陵县北，流入龙阳县西北入沅。一名澹水，一名鼎水，亦谓之鼎江。"下文又说："《龙阳县志》：鼎口旁有小江，亦曰小港，在县西北四十里，去武陵县亦四十里，即鼎水入沅处。"它把鼎口的位置确定在龙阳县西北四十里处，也和《水经注》认为鼎口在龙阳县氾洲之西有关。《大清一统志》称大氾洲在龙阳县西五十里，小氾洲在县西三十五里，而在大小氾洲之间，即县西北四十里处，恰好有个注入沅水的小江，《一统志》遂认为这里就是鼎水入沅的鼎口（其实这里乃是沚江合沅的上沚江口，我们在下面还要加以论证）。但这个鼎口的方位，与我们前面所引用的那些材料不合，特别是和《杨幺事迹》中所叙述的鼎口的方位有矛盾。郦道元是北魏时人，当时南北分裂，他终身没到过南方，对

① 《嘉庆一统志》卷三六四《常德府二》"古迹"条云："索县故城，在武陵县东北六十里，汉置县。后汉改曰汉寿。"《中华地理总志丛书》本，北京：中华书局，1986年，第18473页。

② 郦道元注，杨守敬、熊会贞疏：《水经注疏》卷三七，"沅水"，南京：江苏古籍出版社，1989年，第3089-3090页。

南方诸水皆未亲历，而所根据的文献记载也不够翔实，因此往往舛误。如顾祖禹在《读史方舆纪要凡例》中所指出的："郦氏《水经注》，而杜佑甚病其荒谬，盖河源纡远，尚依《史》《汉》旧文，而江汉以南，又皆意为揣测，宜其未尽审也。"[①]更何况《水经注》自唐宋以来，久经后人窜乱，已非本来面目。退一步说，即使《水经注》关于鼎口位置的记述是正确的，顶多只能反映南北朝时的情况。鼎澧逸民的《杨幺事迹》，以当时当地人记当时当地事，其中关于鼎江与鼎口的记载，与宋代其他材料亦无抵牾之处，应该说是反映了宋代鼎州一带水道实况的第一手材料。假如鼎口的位置根本不在氾洲附近，那么由于"（渐）水所入之处，谓之鼎口"，因而把渐水说成就是鼎水，也就失去了依据。所以我们认为关于鼎水即渐水的说法，所据理由不够充分。

二、关于沚江和上、下沚江口的位置问题

上沚江是夏诚、刘衡水寨所在地，上、下沚江口又是水战中涉及的重要地点，因此需要弄清其位置。

沚江也称芷江或芷水。有人认为沚江就是沅江本身，其实它只是沅江的一个分流。《太平寰宇记》卷一一八朗州"武陵县"条称："沚水，《武陵记》云：即沅水之别派，还入沅水。其两岸杜衡是产，仍以杜衡为村名。"[②]明白指出沚水只是沅水的一个分流，而又还注于沅水。这一点在《杨幺事迹》中也可得到印证。该书记

① 《读史方舆纪要》"凡例"，第6页。
② 《太平寰宇记》卷一一八《江南西道》十六，"朗州"，第2382页。

述了公元一一三二年（宋高宗绍兴二年）宋军进攻起义军的一次战役，当宋水军从鼎州出发，沿沅江东下，攻打上沚江的夏诚水寨时说："入上沚江，直凑夏诚寨下。"撤军时称："出沚口回州。"又说"沚江窄狭，车船不能回转"，"沚口滩浅，车船不能出"。[①]这些描写都说明沚江是从沅江分流出去的一条窄狭的小江，从沅江流入上沚江的口子，就是上沚江口。

那么沚江和上、下沚江口究竟在什么地方呢？嘉靖《常德府志》卷一《地理志·形胜》"龙阳县"下引《纳加台墨池记》有"金牛居南，芷江在北"的记载。同书卷二《地理志·山川》"龙阳县"下称："芷水，县西四十里，其地多生杜蘅、白芷，故名。"[②]据此，知芷江在龙阳县西四十里处。同书记载大氾洲堤也在龙阳县西四十里，可见芷江就在大氾洲附近。翻开今天的常德地区地图，在大氾洲附近的牛鼻滩以东，有一条名叫北小河的沅水分流，先北流，又东折，在流花口处又分出一个支流，先东流，又南折，在今苏家吉处还注于沅水。这条河的位置、流向均与前引宋、明方志关于芷江的描述相符。按芷江之得名本与两岸多种白芷有关。据祖居大氾洲的老人刘景和同志说：历来大氾洲、牛鼻滩的沅水两岸，都有种植药材的习惯，距牛鼻滩下游两里处有个叫"芷湾"的地方，即因昔日种植白芷而得名。综合以上材料，这个北小河可能就是宋代的上沚江，沅江分流入上沚江的口子，今天叫作小

---

① 《鄂国金佗续编》卷二五、《百氏昭忠录》卷九，"鼎澧逸民叙述杨幺事迹一"，《鄂国金佗稡编续编校注》，第1569页。

② 嘉靖《常德府志》卷二《地理志》，"形胜"，卷二《地理志》，"山川"，第二十二页上、第十二页下。

河口，清嘉庆《龙阳县志》称之为小江口，①《嘉庆一统志》把这里当作鼎口，实际上应是南宋时的上沚江口。

下沚江口为沚江还注于沅水的水口，应在上沚江口以东的沅水下游，据《杨幺事迹》所记，在一次战役中宋军自西向东的进军顺序为：先锋军停泊在鼎口，前军在风金口，中军在下沚江口停泊。由此可知，下沚江口位于鼎口和风金口的西面。但是由于这条小江还注于沅的水口时常变动，宋代的下沚江究竟在何处入沅，具体地点已难于查考了。

三、关于起义军主要寨址分布状况

钟相、杨幺起义军的寨栅，除一部分山寨分布在澧州慈利县一带外，②其中大部分是水寨，主要分布在鼎州的龙阳、沅江县的沅水两岸。钟相曾在自己所住的武陵县唐封乡水连村附近的天子岗设立寨栅，钟相被俘牺牲后，起义军的中心转到了武陵县东面的龙阳县。如《杨幺事迹》一所说："钟相余党，多是龙阳县市井、村坊无赖之徒，杨华、杨幺、杨钦、刘诜、周伦、全琮、杨广、夏诚、刘衡、黄佐、杨二胡、高癞子、田十八十余辈，各为头领，占据龙阳

---

① 嘉庆《龙阳县志》卷一《舆地志》"山川"条云："上小江，县西四十里，沅水北分之支，东注武陵流花口，北通华容交港……折而之南，一入沙夹，注湖；一入下窖，仍与沅合。……或曰今府东四十里有小江口，东南去龙阳亦四十里。"清嘉庆十九年刻本，第34页。

② 《杨幺事迹》二："本州方发遣水军计议效士杨迪知，往澧州慈利县前江鸡翁栅、前后江五十八栅钟相下都首领雷德进处，投文字招谕。德进下栅，就令将带黄榜安慰山寨徒众。"《鄂国金佗续编》卷二六、《百氏昭忠录》卷一〇，"鼎澧逸民叙述杨幺事迹二"，《鄂国金佗稡编续编校注》，第1577页。

县，分布于所居村分，置立寨栅。”[①]宋朝的荆湖广南宣抚使李纲写给朝廷的奏疏中也说：“缘杨幺、黄诚等寨栅巢穴并在鼎州龙阳、沅江两县界，去鼎州止三二十里，远者不过五六十里。”[②]

这些寨栅有具体地点可查的，计有：

高癞子寨：在德山大溪口（见《杨幺事迹》二）。德山亦名枉山，在武陵县东南十五里。其西里许有枉水，流经德山，注入沅水（见《嘉庆一统志》卷三六四常德府一、“山川”、“枉水”条）。高癞子寨在武陵县境，是起义军距离鼎州最近的一个前哨据点。

杨钦寨：在龙阳县界氾洲村（见《杨幺事迹》二）。氾洲又名桔洲，在龙阳县西五十里，洲长二十里（见《读史方舆纪要》卷八〇常德府、龙阳县、“氾洲”条），氾洲的名称一直保留到现在。

全琮寨：在杨钦寨与杨幺寨之间的黄店（见《杨幺事迹》二）。

杨幺寨：在龙阳县江北岸（见《杨幺事迹》二）。按龙阳县城在沅江南岸，城北这一段沅江的江面十分宽阔，成为一个大湖。后来明代在湖的四周修筑围堤，故称围堤湖。嘉靖《常德府志》卷二《地理志·山川》“龙阳县”下称：“大围堤，县北，周回三万五千八百余丈。”在湖里有一些沙洲和小岛，宝台山就是其中的一个。同卷又称：“宝台山，县北十五里。前对橘洲，后连内堤。”[③]一九七七年我们去汉寿调查时，据县立一中的七十岁的退休教师高晓兰同志说：他小时听当地老人传说，杨幺寨就设在宝台

① 《鄂国金佗续编》卷二五、《百氏昭忠录》卷九，“鼎澧逸民叙述杨幺事迹一”，《鄂国金佗稡编续编校注》，第1565–1566页。

② 李纲：《梁溪全集》卷七五《杨幺占据洞庭湖系湖北路本司已遣军马把截状》。

③ 嘉靖《常德府志》卷二《地理志》，“山川”，第十四页下、十二页上。

山，他那时曾到宝台山玩过，那里是一个六里方圆的小岛，山已不高，只剩下两丈多高的土包。他在那里还捡到过箭头。现在围堤湖早已淤成一片平地，称为围堤垸，小土包也被造田时铲平，宝台山已无遗迹可寻了。按：这个传说和文献材料基本相符，是可以参考的。

黄诚寨：在今天汉寿县沧港西面有一个名叫“皇城港”的地方，即黄诚寨旧址。《嘉庆一统志》卷三六四常德府一、“山川”称为：“黄城港，即‘黄诚港’之谐音，在龙阳县西。宋绍兴中，尝移县治于此。”又《宋会要辑稿》一八九册方域六之三四云：“绍兴五年七月五日都督行府言鼎州龙阳县移于黄城寨地，仍升作龙阳军，……诏从之。是年八月十五日诏于旧县重建，以知鼎州张觷言，旧县高爽，黄诚寨地低下，近江湖，有水患故也。”①

夏诚寨：在上沚江（见《杨幺事迹》一）。《建炎以来系年要录》卷六三绍兴三年二月庚寅云：“知鼎州程昌寓遣将攻夏城寨，寨据茈江，东、西、北各阻陂湖，惟西南半面有平地，贼设重城重壕，其外设陷马坑。”②

刘衡寨：也在上沚江。按刘衡寨与夏诚寨并称，可见相去不远。熊克《中兴小纪》卷一三云：“诚、衡虽各有船，而专恃寨以为固。诚寨南据茈江，东北阻湖，惟西有陆路，又设重城壕及陷马坑。衡寨北据茈江，东西南皆阻湖。”③

周伦寨：在下沚江口附近。《建炎以来系年要录》卷七〇绍兴

① 《宋会要辑稿》“方域”六之三四，北京：中华书局，1957年，第7422页。
② 李心传撰：《建炎以来系年要录》卷六三，绍兴三年二月庚寅，北京：中华书局，1956年，第1068页。
③ 熊克《中兴小纪》卷一三，《丛书集成初编》本，第165页。

三年十一月癸亥云："时荆潭制置使王𤫊将水军，以前二日至下芷江口。翌日，知鼎州程昌寓亦至，共议取周伦寨。"[1]

起义军还有些水寨在沅江县境。如《建炎以来系年要录》卷六一绍兴二年十二月丙辰（1133年2月6日）云："是日，知鼎州程昌寓令兵马副总管杜湛，率将士冒雪入沅江县境，尽焚贼寨，夺舟取粮。"[2]但是起义军重要头领的寨栅几乎都分布在龙阳县的沅江两岸。

弄清了起义军寨址分布的基本情况及其地理环境，使我们对当时的斗争形势、战略部署以及水战中采取的某些策略都可以有更确切的理解。

当时的鼎州州城（即武陵县治，今常德市），一直掌握在宋军手上，成为宋军逼近起义地区的重要军事据点。但是从武陵、龙阳直到沅江县的沅水两岸（包括沅水支流的沚江和鼎江[3]）分布着大大小小的起义军水寨，起义军有强大的水军和丰富的水战经验，他们牢固地控扼着沅水下游与洞庭湖之间的通路，截断了鼎州与外界的水路交通。最突出的例子是王𤫊率水军赴鼎州那一次。绍兴三年（1133）宋朝派禁军将领神武前军都统制王𤫊率本部步兵三万人，及崔增、吴全所统水军一万人前往鼎州镇压起义军。王𤫊等从杭州经鄂州到达岳州，然后从岳州溯流而上，行至鼎口，即遭到起义军

---

① 《建炎以来系年要录》卷七〇，绍兴三年十一月癸亥，第1180页。

② 《建炎以来系年要录》卷六一，绍兴二年十二月丙辰，第1055–1056页。

③ 据《杨幺事迹》一所载，程昌寓的船队在鼎口江半道的阳城丰水村被水寨小首领谢保义截击，说明在鼎口江沿岸也有起义军的水寨。《鄂国金佗续编》卷二五、《百氏昭忠录》卷九，"鼎澧逸民叙述杨幺事迹一"，《鄂国金佗稡编续编校注》，第1566页。

的迎头痛击。王瓘等接战不利，只好退回桥口，把水军留在下游，自己率步兵万余人从陆路去鼎州[①]。

正由于沅江下游被起义军封锁，外面调来的宋朝水军不能通过，只能以步兵增援，所以鼎州除了有本州自己训练的一支两千人的水军外，主要的兵力是步兵。宋朝的水军都在下游，特别是岳州一带。这种形势决定了宋朝的战略部署，正如前岳州知州范寅所说："鼎州为陆兵之地，岳州为水兵之地。如使陆兵萃于鼎州攻夏诚、杨幺，以御其前；继使水军进自岳州，以乘其后，……使背腹受敌，进退无据，贼将安往？"[②]绍兴三年十一月王瓘对起义军所发动的一次大规模进攻，正是采取这样的战略部署。即预先把崔增、吴全的水军埋伏在岳州扁山、湘江口及洞庭湖口、牌口等处，然后从鼎州发起正面进攻，将起义军人船向下游驱赶，令水军在下游截击掩杀。此计被杨幺等起义军识破，先诱歼了下游的宋朝水军，再掉转头来对付上游的宋军，才使此次夹攻归于失败。绍兴五年岳飞受命前来镇压起义军时，也是先分兵把守下游通道，然后再从鼎州发动进攻的。

岳飞在和杨幺、夏诚进行水战中采取了某些措施与计谋，这些也只有结合作战的具体地点才易于理解。杨幺和岳飞的最后一次水战是在湖中进行的。但是这个湖并不是洞庭湖，而是龙阳县北面沅

---

① 《建炎以来系年要录》卷六九绍兴三年十月甲辰称：荆潭制置使王瓘率水军至鼎口，与贼遇。贼乘舟船高数丈，以坚木二尺余，剡其两端，与矢石俱下，谓之木老鸦。官军乘湖海船，低小，用短兵接战，不利。为流矢及木老鸦所中，退保桥口，留统制官崔增、吴全当下流，亲将神武前军万余人陆行趋鼎州。"《建炎以来系年要录》卷六九，绍兴三年十月甲辰，第1173页。

② 《宋会要辑稿》"兵"一〇之三五，第6936页。

江上的那个小湖（即杨幺水寨所在地，后来叫作围堤湖的）。《杨幺事迹》二明白指出：“惟杨幺，……不伏出首。致蒙岳枢相亲提帐下精兵虎旅，并覃统制水军（即鼎州水军）车船，前往龙阳县江北岸直捣杨幺巢穴。”[①]许多记载提到岳飞在这次水战中曾伐君山木，多为巨筏，塞湖中诸港的事，但以熊克《中兴小纪》卷一八记得最详细，该书在绍兴五年六月条转引李龟年记《杨幺本末》说：“适值大旱而湖水涸，飞命军士伐君山之木，为巨筏无数。贼意谓以木筏塞诸港滩。贼战败，急趋舟欲出湖，而港滩木筏已满，舟为所碍，不能遁。”[②]正由于是在一个小湖里作战，岳飞才有可能用木筏堵塞住周围的港滩，阻断沅江下游通往洞庭湖的道路，使起义军在战败后，无法趋舟出湖。岳飞又曾从上游施放腐木乱草，以缠绕起义军车船的轮子。以上的做法都只有在围堤湖那样的小湖里才有可能，假如在像洞庭湖那样的浩渺大湖中，就很难发挥其作用了。又如岳飞在进攻夏诚水寨时曾采取了测其浅处，从上流施放草木，并引诱起义军投掷瓦石，草木为瓦石所压，遂填出一条通路来的办法。[③]夏诚寨是在上沚江边上，上沚江是一条狭窄的小江，已见前述，其水量本来不大，再加上天旱水涸，江水就更浅了。这就是岳飞能够施用此计的地理条件。

和杨幺起义军军事活动有关而至今尚未弄清楚的地点还不少，有待进一步考证。本文仅选择其中比较关键性的几个问题进行探讨，并提出个人的一些看法，以就正于史学界同人。

---

① 《鄂国金佗续编》卷二六、《百氏昭忠录》卷一〇，“鼎澧逸民叙述杨幺事迹二”。《鄂国金佗稡编续编校注》，第1578页。

② 熊克：《中兴小纪》卷一八，《丛书集成初编》本，第222页。

③ 详见《建炎以来系年要录》卷九〇，绍兴五年六月癸丑条，第1503页。

附录一：钟相、杨幺起义*

南宋初在洞庭湖地区的一次农民起义。北宋末，鼎州武陵（今湖南常德）人钟相，在家乡利用宗教活动组织群众。他宣称："法分贵贱贫富，非善法也。我行法，当等贵贱，均贫富。"代表了农民要求财富上平均、社会地位平等的政治主张，深受群众拥护，被称为"老爷"或"天大圣"。如此二十余年，其影响扩大到洞庭湖周围各县。

金兵渡江南犯，所过残破，官兵和溃兵到处烧杀抢劫，南宋统治者横征暴敛，政烦赋重，南方人民陷于水深火热之中，江西、福建、荆湖各路先后爆发了农民起义。建炎四年（1130）二月，在金兵屠潭州（今湖南长沙）、孔彦舟匪军犯澧州（今湖南澧县）、鼎州危急之际，钟相率众起义，保卫家乡。建国号"楚"，年号"天载"，钟相称"楚王"，立子钟子昂为太子，设立官署。起义军"焚官府、城市、寺观、神庙及豪右之家，杀官吏、儒生、僧道、巫医、卜祝及有仇隙之人"，把杀官吏等称为"行法"，把平分这些人的财产称为"均平"，斥宋朝国法为"邪法"，保护"农夫"和"渔樵之人"。凡是参加起义的，无税赋差科，不受官司法令的束缚。这些主张和行动，受到人民热烈拥护。起义军攻占了鼎、澧、荆南（今湖北江陵）、潭、峡（今湖北宜昌附近）、岳（今湖南岳阳）、辰（今湖南沅陵）等州、府的十九个县。

鼎州地主豪绅勾结孔彦舟匪军，攻破钟相营寨，钟相及钟子昂被俘遇害。部众在杨幺等领导下，继续坚持斗争。

杨幺在洞庭湖周围建水寨二三十所。造战船，充分利用河港交错的

---

* 这是李涵老师为《中国大百科全书》"中国历史"卷所写的词条，应当撰写于20世纪80年代初。我们根据手稿整理后，收录于此，以反映李老师对此一问题较全面的看法。

地形和己方善于操舟的特长，与敌军周旋，特别是在绍兴元年（1131）俘获南宋官军车船和工匠后，又大造车船（是一种大型战船，用脚踏动车轮即可击水前进，其行如飞，四周装有打击敌船的拍竿），使水军更加强大；又采取平时从事生产、战时则登舟作战方针，所以在与官军水战中一直占优势，曾创造过一日内歼灭南宋水军上万人的战绩。绍兴三年四月，起义军重建楚政权，立钟相幼子子仪为太子，称杨幺为“大圣天王”。其势力控制了北达公安，西及鼎、澧，东至岳阳，南抵长沙之界的广大地区。

1135年春，宋高宗派岳飞前往鼎州镇压起义军。岳飞在湖区各要道屯驻重兵，加紧经济封锁，并在夏季进兵，蹂践禾稼，造成起义地区严重乏食。岳飞乘机大力开展诱降活动。黄佐、杨钦等叛变投敌，起义军内部分化瓦解，杨幺力战不屈，被俘牺牲。澧州的起义军又坚持了一年多，才最后失败。这次起义前后共持续六年半之久。

参考书目：何竹淇：《两宋农民战争史料汇编》，中华书局，1976年。

附录二：关于夏诚的结局问题 *

夏诚是杨幺起义军中一个重要将领。关于他的结局，史料中有不同的记载，多数史料记载他坚持战斗到底，失败后被俘牺牲，但也有少数史料说他投降了岳飞。这关系到夏诚究竟是革命英雄还是叛徒的根本评价问题，故不可不考查清楚。

记载他战斗到底的史料共有十余种之多，其中又可分为两类：一类是记载南宋初年历史的史书，如李心传的《建炎以来系年要录》、徐梦莘的《三朝北盟会编》、熊克的《中兴小纪》、留正的《中兴两朝圣政》和《宋史·高宗本纪》等。这些书编写时都参阅了现已失传的官修史书如日历、实录、国史之类的，保存了不少重要史料。其中《建炎以来系年要录》和《三朝北盟会编》除官方材料外，还收录了大量的私人著述，而且对史料的考核取舍也比较严谨，被公认为是史料价值最高的两部书。另一类是有关岳飞的传记材料，计有岳珂的《鄂王行实编年》等五种。而记述夏诚最后投降的只有《杨幺事迹》等两三种。当然，我们判断史实的真伪，主要的还不在于种数的多少，而在于这些材料是否确实可靠。下面我们就分别对不同说法的史料择要进行分析。

以《建炎以来系年要录》为例，这部书对于杨幺起义军的活动逐年，几乎逐月都有记载，在各书中可以说是对起义过程记述最完整的一部。它对夏诚的结局是这样写的：

---

* 这是李涵老师附在《杨幺起义军水战地点与寨址问题初探》一文后的附录，当年发表时没有收入。我们整理老师的旧稿，注意到这篇手稿，认为它与正文间有较为密切的关联，所以补录在这里。

绍兴五年六月……癸丑［注：十一日］……荆湖制置使岳飞破湖贼夏诚。飞既降杨钦，率统制官牛皋、傅选、王刚乘胜击攻水寨。贼将陈瑫内变，劫伪太子钟子仪舡，获金龙交床与龙凤簟等，诣飞降。杨太穷蹙赴水死，余党刘衡等相继皆降。飞入水寨，杀贼众殆尽。惟夏诚寨固守，寨三面临大江，背倚峻山，官军陆攻则入湖，水攻则登岸。至是飞亲往测其浅处，乃择善骂者二十人，夜往骂之，且悉众运草木放之上流。贼闻骂声，争掷瓦石击之，草木为瓦石所压，一旦填满。飞长驱入寨，遂执诚，湖寇悉平。①

作者在后面注明："此以《林泉野记》、熊克《小历》②，并《岳侯传》参修。"③作者对这些材料是经过分析比较才决定取舍的。可见，他对史料的态度是较慎重的。《要录》关于夏诚在局势十分险恶的情况下如何坚守不降，岳飞又如何用计攻破其寨的过程，叙述得很详细具体，也与其他史料一再描述夏诚寨险要难攻的情况相符合。所以我们认为这段记载应当是可信的。

关于岳飞的传记材料，以岳飞的孙子岳珂所编的《鄂王行实编年》最为详尽。岳珂自叙为了编撰此书，曾经"大访遗轶之文，博观建炎、绍兴以来纪述之事。下及野老所传，故吏所录，一语涉其事，则笔之于册"。④岳飞军营中带有不少文人幕僚，他们是镇压杨幺起义的参加者或目睹者，事后留下一些记载岳飞这次"战功"的文字材料，其中一部分被岳珂收集在他所编的《金佗续编》的《百氏昭忠录》中，《行实编年》中有关杨幺起义的叙述，除官方文书外，主要依据的也就是这些材料。《行实编年》卷三

---

① 《建炎以来系年要录》卷九〇，绍兴五年六月癸丑，第1502–1503页。

② 这里所说的《小历》就是《中兴小历》。熊克是宋孝宗朝的史官，《中兴小纪》成书时间较早，其中保存不少有关杨幺起义的材料，故为《要录》所引用。

③ 《建炎以来系年要录》卷九〇，绍兴五年六月癸丑，第1503页。

④ 《鄂国金佗稡编》卷九、《经进鄂王行实编年》卷六，《鄂国金佗稡编续编校注》，第827页。

记述在杨幺牺牲后，岳飞“亟领黄佐、杨钦等军入贼营……夏诚、刘衡俱就擒。”[①]被岳珂收在《百氏昭忠录》里的记述岳飞事迹的如吴拯编《鄂王事》、刘光祖编《襄阳石刻事迹之一》、章颖编的《鄂王传之三》也都说夏诚的结局是“被擒”，他们这种记述应有所依据。

说夏诚投降的材料有《杨幺事迹》《皇宋十朝纲要》和《宋会要辑稿》三种，下面让我们逐一进行分析：

《杨幺事迹》也是被收在《百氏昭忠录》里的一种著作。作者署名鼎澧逸民，很明显是个笔名，顾名思义是当地人。这书除记载地名特别详细外，对起义军的某些战役如夺取车船、智歼崔吴水军等，记载得十分生动具体，为他书所不及。但本书对于起义失败的过程却写得十分简略，作者写作此书的目的在于称颂岳飞的“功德”，为了说明岳飞能“不战屈人之兵”，所以他的笔下就描述为：岳飞大军一到鼎州，还未进兵，杨钦就率领部众投降了。杨钦一降，“于是，其余大寨首领夏诚、刘衡、全琮、刘诜、黄佐等诸寨，悉来出首诏安，不敢抵拒。”[②]只有杨幺不降，岳飞一进兵，也就失败了。这样强大的一支起义军，岳飞一到，毫不经过几番激烈的鏖战，就像作者所说的那样“不施一镞，不用一战”，不费吹灰之力地被镇压下去，不仅与其他各书所载不同，而且从情理上也是讲不通的。

《宋会要辑稿》是根据宋朝官方档案编辑的，一般说来，是较原始的资料，值得重视。《宋会要辑稿》是这样写的：

> （绍兴五年）三月八日……未几，都统张浚言：“幺等屡行招抚，妄作迁延。今来岳飞亲提大兵，分屯要害及克日进攻贼寨，致黄诚等畏惧失措，束手请降。除杨幺已就杀戮外，招接到杨钦、刘衡、夏诚、杨寿、杨收、黄进等二十余头项，徒众二十余万，破荡

① 《鄂国金佗续编》卷十九、《百氏昭忠录》卷三，“章尚书颖经进鄂王传之三”，《鄂国金佗稡编续编校注》，第1440页。

② 《鄂国金佗续编》卷二六、《百氏昭忠录》卷一〇，“鼎澧逸民叙述杨幺事迹二”，《鄂国金佗稡编续编校注》，第1577-1578页。

巢穴，并已了当，湖湘于是底平。”①

上面这条大约是根据张浚给朝廷的报告写的。张浚的都督行府当时驻在潭州，关于鼎州的情况，也要根据岳飞给他的申状才能知道。岳飞给张浚的申状虽已看不到了，但岳飞给中央尚书省和枢密院的申状还保存在《金佗稡编》卷十九。在《平湖寇申省状》是这样写的：

> 飞近招捉到水寨刘衡、夏诚、杨收、杨寿、石颗等及诸路头领小寨二十余座，并黄诚、杨太、周伦下徒众。节次取问得愿归业人，于六月十八日终出给公据，放散二万七千余户，各量支米粮归业外，谨具申尚书省并枢密院。②

岳飞的这份申状主要是报告对于失败后的起义军余众的处理情况的。所以不论其首领是受诏安的，还是被捕捉的，统称之为“招捉”，放在一起统计户数，如把杨太（杨幺）的部众也和黄诚、周伦的部众并列。张浚的报告中所列首领姓名与岳飞申状中所列大致相同，所说的二十余头项，就是二十余支的意思，也主要指各首领下面的徒众。《宋会要辑稿》对张浚的报告并未照录全文而是摘其大意，不再区分是招是捉，而一概称为“招接到”。因此，根据这样语意含混的材料，不能作为夏诚是否投降的证据。

至于《皇宋十朝纲要》关于这件事的记载，日期与事实均有讹误，不足凭信，故不详论。

总之，根据以上的分析，我们认为记述夏诚坚持斗争到底，最后被俘的史料比较充分、可信，而说他投降的史料则证据不足。夏诚应作为农民起义的英雄人物载入史册。

---

① 《宋会要辑稿》“兵”一〇之三七，第6937页。
② 岳珂编：《金佗稡编》卷十九《平湖寇申省状》，第974页。

论范仲淹在御夏战争中的贡献*

在范仲淹一生的政治活动中，最重要的有两件大事：一是庆历改革，一是抵御西夏。从结果上说，庆历改革失败了，抵御西夏却取得了成功。也许是由于和变法有关吧，庆历改革受到人们更多的重视，而范仲淹在御夏战争中的功绩则尚未得到充分的肯定。为了从多方面进行挖掘，以便更深入更全面地了解这个历史人物，我选择了上述题目，提出一些粗浅的看法，向同志们请教。

女真兴起以前，宋朝的主要威胁虽来自契丹，但疲困宋朝最甚的却是西夏。宋太宗时连年对李继迁用兵，丧师费财，非但未能占领银、夏五州之地，反而失掉了灵武。真宗时与夏议和，但每年要付出大量岁币。宋仁宗时，西夏日益强盛，元昊称帝自立，双方又血战数年之久。在开始阶段，宋每战必败，“三战皆北，关右震动”，完全处于被动挨打的境地。这固然由于宋朝边备不修，军政腐败所致，而缺乏一个正确的战略方针也是重要原因。宋朝内部对于御夏方针一直存在着攻守二策的分歧，通过激烈的争论，特别是

* 本文原刊于《宋史研究论文集》第二辑，河南人民出版社1984年版。

战争的实际检验，方才取得一致的认识，采取了正确的对策。以后宋朝逐渐加强了防御力量，终于迫使元昊议和，宋夏之间重新恢复了和平与正常的经济文化交往。

范仲淹所提出的战略方针是吸取了宋太宗时对夏作战的经验教训，又通过他亲赴前线考察山川形势，广泛听取边防将士的意见而制定出来的，用他自己的话说是“今采于边人，而成末议”[①]，因而是符合实际的正确方针，所以能取得好的效果。

一个正确方针的制定固然不易，制定以后，要贯彻执行更难。范仲淹在受到皇帝、宰相、边防主帅反对，甚至号称知交的韩琦、尹洙也不能谅解他的情况下，仍能坚持正确的意见，是十分难能可贵的。这里不仅需要智慧，更需要勇气和魄力。

范仲淹在制定战略方针以及做战役的决策时是十分谨慎持重的，因为他认为战争的胜负关系到万人的性命，关系到国家安危，不能掉以轻心。但是他对于个人的利害却又看得很轻，因此在坚持他认为正确的东西时，能无所畏惧，奋不顾身！

学习历史上先进人物这种实事求是的思想作风，学习他们在危急关头挺身而出，为国分忧的优秀品质，对于建设我们的精神文明，当能有所裨益。

一、御夏战争中的攻守二策之争

西夏在李继迁之子李德明统治时期虽与宋议和，但却继续向西

① 《范文正公集》卷五《上攻守二策状》，上海：商务印书馆，1937年，第74页。

发展，从回鹘手中夺得甘、凉二州。这两州农业发达，是河西走廊中最富裕的地方；再加上西夏每年从宋朝获取岁赐银、绢、缗钱、茶叶共六万两、匹、贯、斤，以及边界互市中所得到的利益，这些有利因素使西夏的经济力量有很大增长。仁宗天圣九年（1031）李德明死，其子李元昊继位。元昊是个雄心勃勃的人，《宋史》卷四八五《夏国传上》称：

> 曩霄本名元昊，……性雄毅，多大略，善绘画，……晓浮图学，通蕃汉文字。……数谏其父毋臣宋，父辄戒之曰："吾久用兵疲矣。吾族三十年衣锦绮，此宋恩也，不可负。"元昊曰："衣皮毛，事畜牧，蕃性所便，英雄之生，当王霸耳，何锦绮为？"①

他继位后又攻占了河西走廊的瓜、沙、肃三州，幅员更加扩大。他以兵法勒诸部，使听从他的号令；又建立官属，兴蕃汉学，招纳宋朝的失意士人作为谋主；并经常派人刺探宋朝的虚实，窥测山川道路；又置十二监军司，委酋豪分统其众，河北置七万人以备契丹，河南洪州、盐州等地五万人以备环庆、镇戎、原州，左厢宥州路五万人以备鄜延、麟府，右厢甘州路三万人，以备吐蕃、回纥。

西夏势力的强盛，以及元昊嗣位后的所作所为，迟早会导致他

---

① 《宋史》卷四八五《夏国传》上，第13992–13993页。

与宋朝的冲突。当时宋朝一些有眼光的官员已经预见到这一点[①]。但是，宋朝朝廷却毫无戒备，只求苟安，对一些问题的处理十分失策。

其一是对待唃厮啰和元昊的冲突。唃厮啰为吐蕃别部，居于今甘肃西南部，和西夏素有仇怨。元昊想要南下，必先扫除后患，因此于景祐二年（1035）大发兵攻唃厮啰，乘势取瓜、沙、肃三州，继而为唃厮啰所败。唃厮啰向宋朝献捷，宋廷原议加赏，后来怕得罪元昊而作罢[②]。

其二是不敢支持西夏内部的反对派，使元昊得以残酷镇压他们，肆无忌惮地发动侵宋战争。《西夏纪事本末》卷一〇记此事云：

> 宝元元年，……秋九月己酉，鄜延路钤辖司言，元昊从父山遇遣人来约降。诏勿受。初，元昊自五台还[③]，悉会诸豪，刺臂血和酒置髑髅中共饮之，约先攻鄜延，自靖德、塞门砦、赤城路三道并入。酋豪有谏者辄杀之，山遇数止元昊，不听，山遇畏诛，遂挈妻子来降。时已被诏，知延州郭劝与钤辖河阳李渭遣山遇还，山遇不可，即命监押韩周执山遇等，械锢送元昊，示朝廷不疑之意。元昊集骑射而杀之，并戮其族无遗类。由是西人怨惧，向化之心绝矣。[④]

---

① 苏轼：《东坡志林》卷三“曹玮语王曮元昊为中国患”条中提到，天圣中曹玮曾预言元昊他日必为边患，北京：中华书局，1981年，第70页。

② 《宋史》卷三一五《韩亿传》，第10298–10299页。

③ 《宋史》卷四八五《夏国传》上作“宋宝元元年，表遣使诣五台山供佛宝”，第13995页。

④ 《西夏纪事本末》卷一〇《元昊僭逆》，上海：上海校经山房成记书局影印本，1925年，第13页。

事隔一月，元昊果然在宝元元年（1038）十月称帝，建国号曰大夏，遣使奉表，请求宋朝册封。宋朝议论对策，大多数朝臣都主张出师征讨，他们认为只要大兵一出，很快就可以将元昊消灭了，唯独谏官吴育表示异议。《宋史》卷二九一《吴育传》云：

元昊僭号，议出兵讨之，群臣曰："元昊小丑也，旋即诛灭矣。"育独建言："元昊虽称蕃臣，其尺赋斗租不入县官，且服叛不常，请置之，示不足责。且已僭舆服，势必不能自削，宜援国初江南故事，稍易其名，可以顺拊而收之。……不足同中国叛臣，亟加征讨。"①

朝臣们如此气愤，主要是元昊的称帝，损害了宋天朝上国的颜面，故急于兴师问罪。吴育指出元昊表面上虽称蕃臣，实际上是独立自主的，宋朝丝毫不能干预其内部事务，因此在名号上不必过于计较。吴育反对开衅，是由于他对宋夏双方的力量对比，有较清醒的认识。他主张争取时间，作好战守的准备，那时元昊即使妄动，也不致造成大患。和吴育看法相同的还有张方平。《续资治通鉴长编》（下称《长编》）卷一三一庆历元年二月载：

元昊始僭，兵未动也，朝廷即欲讨之。著作佐郎、通判睦州张方平上言："国家自景德以来，既与契丹盟，天下忘备，将不知兵，士不知战，民不知劳，殆三十年矣。若骤用之，必

① 《宋史》卷二九一《吴育传》，第9728页。

有丧师蹶将之忧；兵连民疲，必有盗贼意外之患。当含垢匿瑕，顺适其意，使未有以发，得岁月之顷，以其间选将励士，坚城除器，为必可胜以待之。虽元昊终于必叛，而兵出无名，吏士不直其上，难以决胜。小国用兵，三年不见胜负，不折则破，我以全制其后，必胜之道也。”方平所议盖与吴育同，而议者皆不谓然。①

当时宋朝的边防力量十分薄弱，有识者无不为之担忧。如元昊未反时曾通判庆州的景泰就曾向朝廷建言：

元昊虽称臣奉贡，然包藏祸心，特未发尔。今主将率任军伍，无长策，而器械钝缺，士卒惰窳，城池不修，资粮无备，一旦有警，何以应敌？②

那种把元昊视为小丑，认为“旋即诛灭矣”的看法是一种脱离实际、盲目自大的观点，可惜当朝宰相张士逊也是一个缺乏见识的人，他看到吴育的奏章，非但不能采纳，反而嘲笑吴育是神经病。他力主绝和问罪，得到仁宗的支持。宝元二年（1039）六月，宋朝下诏削元昊官爵，绝互市，揭榜于边，募能擒斩元昊者，即授定难军节度使，于是双方正式决裂。

其后苏辙评论这场争论的是非说：

① 《长编》卷一三一，庆历元年二月，北京：中华书局，1985年，第3112页。
② 《长编》卷一二八，康定元年九月，第3039页。

宝元初，元昊创立文法，故名“吾祖”，慢书始闻，朝廷为之忿然，张邓公为相，即议绝和问罪。时西边弛备已久，人不知兵，识者以为忧。吴春卿时为谏官，上言夷狄不识礼义，宜且勿与较，许其所求，彼将无词举动；然后阴敕边臣，密修战备，使年岁间，战守之计立，则元昊虽欲妄作，不能为深害矣。奏入，邓公笑曰：“人言吴舍人心风，果然！”即而和事一绝，元昊入寇，所至如入无人之境，后数年力尽求和，岁增赂遗，仍改名“兀卒”，朝廷竟不问。世乃以春卿之言为然。[1]

可见宋廷里并非没有明白人，可惜他们是极少数，只有经过事实的反复证明，这种正确的意见才能得到多数人的承认。

宋朝初用夏竦、范雍经略西事。早在宝元元年十二月得知元昊称帝的消息后，宋廷即任命三司使、户部尚书夏竦知永兴军，兼本路都部署，泾原秦凤路安抚使；资政殿学士、吏部侍郎范雍知延州，兼鄜延路都部署，鄜延环庆路安抚使[2]。夏竦是个有才具计谋的人，地位亦在范雍之上，故颇受倚重。仁宗曾遣庞籍往永兴军计事，命夏竦提出对付西夏的方略。宝元二年（1039）六月夏竦上奏曰：

太平兴国中，继迁逃背，鸠集万骑，屡寇朔方，岁发兵

① 苏辙：《龙川别志》卷下，《龙川略志 龙川别志》，北京：中华书局，1982年，第86页。

② 《长编》卷一二二，宝元元年十二月癸酉、乙卯，第2887–2888页。

夫，送粮瀚海，邀险肆掠，为害不一。至道初，特遣洛苑使白守荣率重兵护粮四十余万，遇寇浦洛河，兵夫溃走，自相蹈籍，粮卒并没，守荣等仅以身免。朝廷旰食，关辅骚然。太宗皇帝召宰臣议，而吕端始欲发卒，由麟府、丹延、环庆三路趋平夏，袭其巢穴。太宗难之，且曰："三道深入，用甲兵几万？以何人为将帅？表里沙碛，于何地会合？须更熟筹，不可轻举。"是时边患方深，议者不已。至秋，遂命李继隆出环州，丁罕出庆州，范廷召出延州，王超出夏州，张守恩出麟州，五路趋平夏。……继隆与丁罕兵合，行十数日不见贼；张守恩见贼不击，相继引还。王超、范廷召至乌白池，以诸将失期，士卒困乏而还。是时臣父皓隶廷召麾下，并见轻举之害。……真宗即位，监追讨之弊，愍关辅之劳。惟戒疆吏，谨烽候、严卒乘，来即驱逐，去勿追捕。……此实真宗之远图也。①

夏竦是反对深入追讨的，他用以往宋太宗追讨李继迁失败的历史，来说明"轻举之害"。夏竦的父亲名承皓，是个武官，曾亲自参加过这次五路进兵的战役。因此，夏竦对这次失败的原因留有深刻的印象。接着他又指出当时双方实力对比和过去的不同：

---

① 《长编》卷一二三，宝元二年六月丙子条称："先是诏陕西安抚使庞籍谕旨知永兴军夏竦议西鄙事。"（第2910页）随后录有夏竦奏议（第2910–2911页），后有李焘注云："竦正传云：竦在泾州，庞籍就竦计事，竦因此上奏，与《实录》不同，今从《实录》。"（第2913页）按夏竦知泾州、兼泾原秦凤路缘边经略安抚使在宝元二年七月。见《长编》卷一二四，宝元二年七月，第2919页。

自昔兵家皆欲先胜而后战，即举无遗策。以继迁穷蹙，比元昊富厚，事势可知也；以先朝累胜之军，较当今关东之兵，勇怯可知也；以兴国习战之师，方缘边未试之将，工拙可知也；继迁逃伏平夏，元昊窟穴河外，地势可知也。若分兵深入，则军行三十里，自赍粮糗，不能支久，须载刍粟，难于援送。师行贼境，利于速战，傥进则贼避其锋，退则敌蹑其后，昼设奇伏，夜烧营栅，师老粮匮，深可虞也。若穷其巢穴，须渡大河，既无长舟巨舰，则须浮囊挽绠，贼列寨河上，以逸待劳，我师半渡，左右夹击，未知何谋可以捍御？①

他直截了当地批评了那些专主征讨的人说："不较主客之利，不计攻守之便，议追讨者，是为无策。"最后他提出"缮治壁垒，修利器械，约束将佐，控扼险阻"的长期防御方针，并上十策。十策包括教习强弩以为奇兵，羁縻属羌以为藩篱，募土人为兵以代东兵等加强边防力量的具体措施。

平心而论，夏竦所提的战略方针，是经过冷静而周密的考虑的，基本上符合当前客观形势。但"边臣之情，务夸敢勇，耻言畏怯"②，在一片"边臣多议征讨"的声浪中，这种比较实际的主张，反被视作怯懦的表现，当然更不会得到张士逊等朝臣的同意。

同年七月，夏竦改知泾州，兼泾原秦凤路缘边经略安抚使，泾原路都部署，主管泾原路的军事；范雍仍知延州兼鄜延环庆路缘边经略安抚使、鄜延路都部署，负责鄜延路的防务。范雍是个怯懦寡

---

① 《长编》卷一二三，宝元二年六月丙子，第2911–2912页。
② 《长编》卷一三一，庆历元年三月丙辰所载范仲淹语，第3110页。

谋的人。元昊“初贡嫚书，亦未敢扰边，范雍在延州，屡使王文思辈先肆侵掠，规贪小利。贼遂激怒其众，执以为辞”[①]。康定元年正月，元昊大举进攻延州，连破金明、安远、塞门、永平诸寨，乘胜直抵延州城下。范雍连忙调鄜延副总管刘平、石元孙率军来援，结果在延州附近的三川口，遭遇敌军，被打得大败，刘平战死，石元孙被俘，士卒损失惨重。范雍只知紧闭城门，祈求神佛保佑，适逢大雪，夏军解围而去，延州才得以保存。

宋朝追究败军之罪，贬了范雍的官，命韩琦安抚陕西。韩琦大力推荐范仲淹可用，于是将范仲淹从越州调往陕西。这年四月癸丑又任命他为陕西都转运使。范仲淹此时（五月）曾上奏朝廷，发表他对当时形势的看法说：

> 今缘边城寨有五七分之备，而关中之备无二三分。若昊贼知我虚实，必先胁边城。不出战，则深入，乘关中之虚，小城可破，大城可围，或东沮潼关，隔两川贡赋。缘边懦将不能坚守，则朝廷不得高枕矣。为今之计，莫若且严边城，使持久可守，实关内，使无虚可乘。……若寇至，使边城清野，不与大战，关中稍实，岂敢深入？复命五路修攻取之备，张其军声，分彼贼势，使弓马之劲无所施，牛羊之货无所售，二、三年间，彼自困弱。……又闻边臣多请五路入讨，臣窃计之，恐未可以轻举也。太宗朝以宿将精兵，北伐西讨，艰难岁月，终未收复。缘大军之行，粮车甲乘，动弥百里，敌骑轻捷，邀击

① 《长编》卷一三二，庆历元年五月甲戌田况上兵策十四事，第3129–3130页。

前后，乘风扬沙，一日数战，进不可前，退不可息，水泉不得饮，沙漠无所获，此所以无功而有患也。况今承平岁久，中原无宿将精兵，一旦兴深入之谋，系难制之敌，臣以为国之安危，未可知也。[1]

从这份奏章可以看出，范仲淹在战略思想上，反对深入敌境的进攻战，主张持久的防御战，与夏竦的主张是完全一致的；甚至二人所持理由也大体相同，即认为西夏境内地多沙漠，一旦进兵，粮草的运输，十分困难，很容易遭到敌人邀击，使大军处于“师老粮匮”的险境，以太宗时的精兵宿将，尚不能取胜，像现在这样薄弱的兵力就更无取胜的希望了。

范雍被贬后，宋朝以夏竦为主帅，任命他为陕府西路马步军都部署，兼经略安抚使、沿边招讨使。五月间又除范仲淹龙图阁直学士，与韩琦并为陕西经略安抚副使、同管勾都部署司事，充当夏竦的副手。在这三个人中间，范、夏二人主守，而韩琦是主张进攻的，因此在边帅中对攻守大计的看法并不一致。

这期间，宋朝中央政府的人事也有所变动，宰相张士逊因应付不了开战以后军务纷繁的局面，在五月里就被罢免了，接替他做宰相的是吕夷简。吕夷简也是赞成进讨的，因此在中央仍是主攻派占优势。

八月间，仁宗派晁宗悫等至永兴军向夏竦问攻守之策，夏竦的答复仍是“今兵与将尚未习练，但当持重自保，俟其侵轶则乘便掩杀，大军盖未可轻举”[2]。这时宋军在镇戎军又一次失利，陷

① 《长编》卷一二七，康定元年五月甲戌，第3012–3013页。
② 《长编》卷一二九，康定元年十二月乙未，第3060页。

没五千余人。于是仁宗又以手诏催促出兵并问出师日期，但在经略安抚使司中仍是主攻和主守两种意见。因此夏竦派副使韩琦、判官尹洙到汴京以攻守二策进呈朝廷，请仁宗自己决定。仁宗召集两府大臣共同商议，宰相吕夷简和多数大臣都主张采用攻策。宋仁宗认为进行以防御为主的持久战，屯兵运粮，耗费太大，财政上日益拮据，幻想一举解决问题[①]，于是决定采用韩琦、尹洙所上攻策。只有枢密副使杜衍认为侥幸出师，不是万全之策，但力争无效[②]。仁宗下诏鄜延、泾原两路会师，定期于庆历元年（1041）正月进讨。

范仲淹此时驻延州，负责鄜延路的军政大计。他当即上疏表示反对说：

> 今须令正月内起兵，军马粮草动逾万计，入山川险阻之地，塞外雨雪大寒，暴露僵仆，使贼乘之，所伤必众。……自刘平陷没之后，修城垒、运兵甲、积粮草、移士马，大为攻守全胜之策，非为小利而动。如重兵不时而举，万有一失，将何继之？则必关朝廷安危之忧，非止边患之谓也。……今若承顺朝旨，不能持重王师，为后大患，虽加重责，不足以谢天下。……且元昊稔恶以来，欲自尊大，必被奸人所误，谓朝廷太平日久，不知战斗之事，又谓边城无备，所向必破，以恣桀慢之心，侵扰不已。今边备渐饬，度其已失本望。……今鄜延

① 《长编》卷一三一，庆历元年二月丙戌云："陕西签书经略安抚判官田况言：'昨夏竦等为累奉诏，以老师费财，虑生他变，今早为经画，以期平定。故韩琦等入奏，画攻守二策。'"第3095页。

② 《长编》卷一二九，康定元年十二月乙巳，第3062页。又见《宋史》卷三一〇《杜衍传》，第10191页。

是旧日进贡之路，蕃汉之人，颇相接近。愿朝廷敦天地包容之量，存此一路，令诸将勒兵严备，贼至则击，但未行讨伐，容臣示以恩意，岁时之间，或可招纳。[①]

范仲淹在这里主要强调两点：一则在春初盛寒出兵，时机不利，不宜轻举；二则恐隔绝情意，偃兵无期，请求留鄜延一路为招纳之计，同时加紧在此路修复城寨，牵制元昊东面军马，使不能并力西御环庆泾原之师。仁宗最后同意了范仲淹的请求。

夏竦得知以后，很不满意范仲淹的这种做法，一面请求朝廷勒令范仲淹出兵，一面派尹洙到延州去说服他[②]。但仲淹坚持前议，不肯出师。尹洙叹道："公于此乃不及韩公。韩公尝云：'大凡用兵，当先置胜负于度外！'"仲淹回答说："大军一动，万命所悬，乃可置于度外乎？"[③]

韩琦见说不动范仲淹，又上奏仁宗说："诚以昊贼据数州之地，精兵不出四五万，余皆老弱妇女，举族而行。陕西四路之兵，虽不为少，即缘屯列城寨，势分力弱，故贼始犯延安，生擒二将，屠掠无数者，盖刘平、石元孙聚一路之兵拒之，才及九千而已。去岁秋末复有镇戎之败，刘继宗等分兵御捍，不满万人，比援兵之至，则贼已捷归。是则彼势常专，我力常散。今中外不究此失，遂乃待贼太过：屯二十万重兵，只守界壕，不敢与敌，中夏之弱，自

① 《长编》卷一三〇，庆历元年正月条，第3080页。夹注称：仲淹此疏系去年十二月所上，正月八日诏从仲淹所请（第3081页）。

② 《长编》卷一三一，庆历元年二月，第3097页。

③ 罗大经：《鹤林玉露》乙编卷二《韩范用兵》，北京：中华书局，1983年，第151–152页。

古未有。又未闻臣僚坚执守议，以为必胜之术者，臣恐春失数寨，秋陷数堡，边障日虚，士气日丧，贼志乘此则有吞陕右之心。加以兴师以来，科敛万计，民已大困，配率不止。去年秋稔，尚窘急如此，忽有水旱，其何以堪？……臣恐一二年间，经费益蹙，人情大骚，师老思归，及期无代。……如必须讨击，即乞断在不疑，克日降旨，则庶事已办，便可进兵。”①

在陕西边臣中反对进讨，支持范仲淹主张的还有陕西转运使庞籍和陕西签书经略安抚判官田况。以韩、范为代表的两派，各执一词，相持不下，那么究竟谁是谁非呢？

应该承认，当时宋朝的财政确有困难。自从宋初收藩镇兵权以后，凡边陲有事，必须“命将出守，发兵就屯，千里馈粮，远近骚动”②，主要靠调派禁军出征；后因兵力不足，又征发乡兵，而这些兵士都要靠政府赡养。欧阳修指出：“今三十万之兵食于西者二岁矣，又有十四五万之乡兵，不耕而自食其民。自古未有四五十万之众，连年仰食而国力不困者也。……四五十万之人坐而仰食。然关西之地，物不加多，关东所有，莫能运致，掊克细碎，既已无益而罢之矣。至于鬻官入粟，下无应者，改法榷货而商旅不行，是四五十万之人，惟取足于西人而已，西人何为而不困？”③

财政支绌造成的很大压力，是韩琦以至宋仁宗急于结束战争的重要原因，但是他们对自己的军事实力，却缺乏了客观的估计。他们不了解：宋军人数虽多，但战斗力却极差。正如知制诰叶清臣所

① 《韩魏公集》卷一一《家传》，上海：商务印书馆，1937年，第169–170页。
② 《长编》卷一二五，宝元二年闰十二月刘平言，第2956页。
③ 《长编》卷一二九，康定元年十二月乙巳，第3064–3065页。

说的：

当今将不素蓄，兵不素练，财无久积，小有边警，外无骁将，内无重兵。举西北二垂观之，若濩落大瓠，外示雄壮，其中空洞，了无一物。脱不幸戎马猖突，腹内诸城，非可以计术守也。自元昊僭窃，因循至于延州之寇，中间一岁矣。而屯戍无术，资粮不充，穷年畜兵，了不足用，连监牧马，未几已虚。使蚩蚩之甿无所倚而安者，此臣所以孜孜忧大瓠之穿也。①

宋军力之弱，一方面固由于太平日久，军政腐败，士卒缺乏训练，禁军已流于骄惰；更重要的是将帅不得其人，其中不少是恩幸子弟，“兵谋战法素不知晓”。所以如此，又和宋朝一贯猜忌武将的传统政策有关。御史中丞贾昌朝对这种“命将帅必先疑贰，非近幸不信，非姻旧不委”的弊病，说得很痛切。他说：

太祖初有天下，鉴唐末五代方镇武臣、土兵牙校之盛，尽收其权，当时以为万世之利。及太宗所命将帅，率多攀附旧臣，亲姻贵胄，赏重于罚，威不逮恩。而犹仗神灵，禀成算，出师御寇，所向有功。自此以来，兵不复振，近岁恩幸子弟，饰厨传，沽名誉，不由勋效，坐取武爵者多矣。其志不过利转迁之速，俸赐之厚尔，御侮平患，何望于兹？然乘边鄙无事，

① 《宋史》卷二九五《叶清臣传》，第9850页。

尚得以自容。昨西羌之叛，骤择将领，鸠集士众，士不素练，固难指纵；将未得人，岂免屡易？以屡易之将，驭不练之士，故战必致败，此削方镇兵权过甚之弊也。且亲旧、恩幸已任军职者，便当为将，兵谋战法，素不知晓，一旦付千万士卒之命，使庸人致之死地，此用亲旧、恩幸之弊也。[①]

韩琦不充分估计双方实际军事力量的强弱，只看到在数量上宋军占优势，以二十万对夏军四五万人[②]，而看不到西夏兵马精劲，剽悍敢战，作战能力高于宋军。再加上地理条件对宋军不利，在宋军未经过认真的整顿、训练，大大提高作战能力以前，就贸然发动进攻，应该说是一种轻率的冒险行动。

前面说过，夏竦对当前形势和御夏方针的看法和范仲淹是基本一致的，为什么到这时候，突然一改初衷，转而支持韩琦，反对起范仲淹来了呢？我认为这并不是由于宋夏双方力量的对比有了什么新变化，致使夏竦觉得两路进讨有了胜利的把握[③]，而是由于仁宗和宰相吕夷简已下了进讨的决心，他为了个人的功名利禄，不敢再坚持正确的意见罢了。《宋史》卷二八三《夏竦传》称其“材术过人，急于进取，喜交结，任数术”。又曰：“竦雅意在朝廷，及

① 《长编》卷一三八，庆历二年十月戊辰，第3316页。

② 对于西夏兵力的估计，前引韩琦奏言为西夏“精兵不出四五万，余皆老弱妇女，举族而行”。但《范文正公集》补编一《论夏贼未宜进讨疏》则称：“臣闻昨贼界投来山遇，尝在西界掌兵，言其精兵，才及八万，余皆老弱，不任战斗。”二人对西夏兵力的具体数字说法稍有出入，可能因所得情报来源不同。

③ 《长编》卷一三一，庆历元年二月辛巳夏竦言：“今两路协力，分擘要害，尚虑诸将晚进，士卒骄怯，未能大挫黠虏。若只令泾原一路进兵，鄜延却以牵制为名，盘旋境上，委泾原之师以尝聚寇，正堕贼计。”（第3093页）可见夏竦对这次进攻，并没有多大的信心。

任以西事，颇依违顾避。”[①]从夏竦宝元二年所上奏章内容来看，他所提出的以守御为主的战略方针，比范仲淹的还要早一年，其所上十策，也是切实可行的，其中如用士兵，抚属羌等措施，后来也都为范仲淹所实行。因此从见识和才具说，他并不一定比范仲淹差多少，但在勇于任事，不顾个人得失方面，他就远远赶不上范仲淹了。

范仲淹受命为陕西经略安抚副使后，到任首先巡视鄜延前线。当时延州正在兵火之后，东西四百里，藩篱尽失，处境危急，人皆不愿往。范仲淹遂自请兼知延州。富弼后来追述此事说：“（公）至部，首按鄜延，时延安始困兵火，障戍扫地，城外即寇壤，岿然孤垒，人心危恐，发食待窜。凡朝廷遣守，皆事避免，迁延不时往。公遂留不行，骑奏愿兼领延州事，以待寇之复来，上嘉而从之。”[②]范仲淹忠心耿耿，一向把国家的安危放在首位，因此才能在危险时刻，挺身而出，主动承担重任。同样，由于这种高度的责任感，在对夏战略上，他才能力排众议，坚持自己认为正确的主张。他在一封奏议中说：“臣非不知不从众议则得罪必速，奈何成败安危之机，国之大事，臣岂敢避罪于其间哉！”[③]这种品质和风格，则非夏竦辈所能望其项背的了。

庆历元年二月，韩琦行边至泾州，听到探报说：元昊将进攻渭州，于是急忙赶到镇戎军，尽出其兵，又募勇士凡一万八千人交给环庆路副部署任福率领，命其自怀远城趋德胜寨至羊牧隆城，绕

---

① 《宋史》卷二八三《夏竦传》，第9572、9575页。

② 富弼：《范文正公仲淹墓志铭》，《琬琰集删存》卷二，北京：哈佛燕京学社，1938年，第18页。

③ 《长编》卷一三一，庆历元年三月，第3111页。

到夏军的后面去截断其归路。结果任福及其以下诸将贪功轻进，被一小股佯败的敌军所吸引，脱离了原定的行军路线，刍粮不继，人马乏食三日，最后在六盘山下好水川附近，陷入敌人的埋伏圈，因众寡不敌，宋军大败。任福及诸将大都战死，士卒降亡者达六千余人，关右大震。这一仗败得很惨，论者曰："方元昊倾国入寇，而福所统皆非素抚循之师，临敌受命，法制不立；既又分出趋利，故至甚败。"①任福不听韩琦的嘱咐，贪功轻进，固然有一定的责任；但作为一路的统帅，未做好充分的准备，就贸然命将出兵，对这次失败，韩琦也不能辞其咎。

韩公遽还至半途，亡者之父兄妻子数千人，号于马首，持故衣纸钱招魂而苦曰："汝昔从招讨出征，今招讨归而汝死矣，汝之魂识亦能从招讨以归乎？"哀恸之声震天地，韩公掩泣，驻马不能进。范公闻之叹曰："当是时，难置胜负于度外也。"②

好水川就在宋朝境内，大军尚未出塞，就已一败涂地，出境进讨之说，当然就更谈不上了。韩琦的攻策被战争的现实证明是行不通的，宋仁宗也终于认识了范仲淹的主张是正确的。《范文正公仲淹墓志铭》说："泾原师出，败于好水川，天子由是益信公智谋过人远甚。"③在付出血的代价以后，宋朝内部终于统一了认识，决定了采取以防御为主的战略方针。

---

① 《长编》卷一三一，庆历元年二月，第3102页。
② 《鹤林玉露》乙编卷二《韩范用兵》，第152页。
③ 富弼：《范文正公仲淹墓志铭》，《琬琰集删存》卷二，第18–19页。

二、宋朝边防力量的加强

自对夏的基本战略方针确定之后，宋朝对陕西方面的领导体制和人事安排进行了一系列的调整变动，终于建立了一个团结一致坚强有力的指挥中心；并采取了一系列相应的政策措施，保证了战略方针的实现，使宋的边防力量得到较快的增强，有效地阻止了西夏的进犯。

四月份，韩琦因好水川之败，被降一官，改知秦州，范仲淹也因擅自致书元昊进行招纳而被贬知耀州。宋朝派陈执中为同陕西经略安抚招讨使、知永兴军，协助夏竦处理边事。但二人意见不合，对军事毫无所补。十月份，宋廷解除了夏竦、陈执中的统帅职务，决定重新起用韩琦、范仲淹。庆历元年十月宣布分陕西为秦凤、泾原、环庆、鄜延四路，以韩琦、王沿、范仲淹和庞籍分领四路军事。此四帅“各当一道，庶务必亲，训兵屯、选将佐，堡寨之守御，山川之险易，耳目所经，巨细得以周悉，以一年之后，与上下之情方已通达”[①]。较夏竦、陈执中时凡事须请示朝廷，边帅只起个传达诏命的作用，情况较前大有改善[②]。但四帅地位相当，事权仍不够集中，如御史中丞贾昌朝所说的：“陕西四路，自部署而下，钤辖、都监、巡检之属，军政必相参，谋之未成，事已先漏；彼可则我否，上行则下戾，虽有主将，不专号令，故动则必败也。请自

---

① 《韩魏公集》卷一二《家传》，第181页。

② 《长编》卷一三二，庆历元年七月己酉张亢言：“夏竦、陈执中皆朝廷大臣。凡有边事当付之不疑，今但主文书、守诏令。每有宣命，则翻录行下，如诸处申禀，则令候朝廷指挥。如此则何必以大臣主事？”第3148页。

今命将去疑贰，推恩意，舍其小节，责以大效，爵赏威刑，皆得便宜从事，偏裨而下，有不听令者，以军法论。”[①]庆历二年十一月，复置陕西四路都部署经略安抚缘边招讨使，总四路之事，开府泾州，增屯兵三万，命韩琦、范仲淹、庞籍分领之（当时王沿已因本路葛怀敏之败被贬官）。韩、范并驻泾州，韩兼秦凤，范兼环庆。若泾原有警，则韩范合秦凤、环庆之兵而进；若秦凤、环庆有警，则可率泾原之师为援。又命驻鄜延路的庞籍亦兼领环庆，以成首尾之势；而徙文彦博帅秦州，滕宗谅帅庆州。军事上的这些部署都出自范仲淹的建议。

为了提高韩琦等四路招讨使的威信和权力，朝廷下令取消了其他诸路都部署、副部署所带招讨使、经略使的名号，命他们均听四路招讨使司的节制，避免了各置司行事、号令不一的毛病，并下诏许韩琦、范仲淹、庞籍“凡军期申覆不及者，皆便宜从事”[②]。重新起用韩琦、范仲淹，并给他们以较大的权力，使他们得以放开手做事，这些主要出自翰林学士王尧臣的建议。他奉诏视察安抚陕西，将前方情况随时报告皇帝，他大力支持韩、范，在这方面起了很好的作用。

范仲淹所主张的以防御为主的战略方针，并不是消极的防御而是积极的防御，这在他庆历元年十一月所上的“攻守二议”中阐述得很清楚。他说：“臣某言：窃观西事以来，每议攻守，未见适中。或曰必行进讨，以期平定。臣谓诸路进讨，则兵分将寡，气不完盛。绝漠风沙，迷失南北。馈运辎重，动有钞掠。贼之巢穴，

---

① 《长编》卷一三八，庆历二年十月戊辰，第3317页。
② 《长编》卷一三九，庆历三年正月辛卯，第3342页。

夐阻河外，非有奇将，不能远袭。至若寇常并兵来扰一路，每有朝旨，令入界牵制，其如将帅方略，非有素定，茫然轻进，不知所图，但求虚弱之处，以剽窃为功，既不能大振兵威，故不能少分贼势，此进讨牵制之无效也。或曰宜用守策，来则御之，去则勿逐。臣观今之守边，多非土兵，不乐久戍，又无营田，必烦远馈。久戍则军情以殆，远馈则民力将竭。岁月绵远，恐生他患，此守御之未利也。”①

可见范仲淹既反对深入进讨（即远攻），也反对单纯的守御；而是主张攻守结合，以攻为守。在《议攻》中，他主张近攻，即攻取宋夏边界的要害之地，例如：“延安之西，庆州之东，有贼界百余里，侵入汉地，中有金汤、白豹、后桥三寨，阻延、庆二州径过道路，使兵势不接，策应迂远。……西贼更有大举，朝廷必令牵制，则可攻之地其在于此。”他所反对的是那种盲目的进攻，即专拣敌人兵力虚弱之处，剽掠一番，朝去暮回，并无据守之谋的做法，指出“汉兵才回，边患如旧”，根本收不到牵制敌人的效果。他建议先选定进攻目标，集中优势兵力攻取之后，“乃大为城寨，以据其地，俟城寨坚完，当留士兵以守之。……必严其戒曰：‘贼’大至，则明斥候，召援兵，……坚壁清野以困之；小至则扼险设伏待之。……如此则可分彼‘贼’势，振此兵威，通得延、庆两路军马，易于应援”，“如取下一处城寨平定，则更图一处，为据守之策”，稳扎稳打地向前推进②。

范仲淹的“攻策”以加强防御能力为目标，完全服从于总的战

---

① 《范文正公集》卷五《上攻守二策状》，第74页。
② 《范文正公集》卷五《上攻守二策状》，第75-77页。

略方针。攻策的核心环节，则是修筑城寨，在前沿阵地上建立牢固的军事据点。范仲淹在知延州的时候，已从筑清涧城中取得经验。他在为种世衡所作的墓志铭中追述说：

> 康定元年春，夏戎犯延安，我师不利。朝廷以堡障众多，有分兵之患，其间远不足守者，即命罢之。寇骄而贪，益侵吾疆，百姓被其毒。君时为大理丞，任鄜州从事，建言延安东北二百里，有故宥州，请因其废垒而兴之，以当寇冲，左可致河东之粟，右可固延安之势，北可图银夏之旧。有是三利，朝廷从之，以君董役事。君胆勇过人，虽俯逼戎落，曾不畏惮，与兵民暴露数月，且战且城。然处险无泉，议不可守。凿地百有五十尺，始至于石，工徒拱手曰："是不可井矣。"君曰："过石而下，将无泉耶？尔攻其石，屑而出之，凡一畚，偿尔百金。"工复致其力，过石数重，泉果沛发，饮甘而不耗。万人欢呼曰："神乎，虽虏兵重围，吾无困渴之患矣。"用是复作数井，兵民马牛皆大足。自兹西陲堡障，患无泉者悉仿此，大蒙利焉。[①]

范仲淹认为这是一个成功的经验，值得推广。因此他在庆历元年（1041）正月即奏请在鄜延路修复城寨，"请以二月半，合兵万人，自永平寨进筑承平寨，竢承平寨毕功，又择利进筑，因以牵制元昊东界军马。……仲淹前后凡六奏，卒城承平等前后十二寨，蕃

① 见《范文正公集》卷一三《东染院使种君墓志铭》，第189–190页。据《长编》卷一二八载，康定元年（1040）九月庚午以种世衡为内殿承制知延州清涧城，可知此时清涧城业已筑成。

汉之民相踵复业”[①]。事实上，这年四月份范仲淹即被贬官，调往耀州，所以延州的多数城寨是在其后任庞籍手上完成的。《长编》卷一三五庆历二年（1042）四月戊子称：

> 是日，降诏奖谕知延州庞籍等，以籍兴修桥子谷寨成也。始，元昊陷金明、承平、塞门、安远、栲栳寨，破五龙川，边民焚略几尽。籍既至，稍葺治之。……金明西北有浑州川，其土平沃，川尾曰桥子谷，为敌出入隘道。籍使部将狄青将万余人，筑招安寨于谷旁，却贼数万，募民耕植，得粟以济军。周美袭取承平寨，王信筑龙安寨，悉复所失故地，筑清水、安定、黑水、佛堂、北横山、乾谷、土明、柳谷、雕窠、虞儿、原安寨十一堡。[②]

《宋史》卷二九〇《狄青传》亦称青“又城桥子谷，筑招安、丰林、新砦、大郎等堡，皆扼贼要害”[③]。有了这一批寨堡作为屏蔽，延州比较安全了。

范仲淹在庆历二年（1042）正月到庆州以后，仍继续推行修固边城的做法，其中最著名的是大顺城的修筑。《长编》卷一三六庆历二年五月庚申称：

> 庆之西北马铺寨，当后桥川口，深在贼腹中，范仲淹欲

---

① 《长编》卷一三〇，庆历元年正月戊午，第3081–3082页。
② 《长编》卷一三五，庆历二年四月戊子，第3237–3238页。
③ 《宋史》卷二九〇《狄青传》，第9718页。

城之，度贼必争，密遣子纯祐与蕃将赵明先据其地，引兵随其后，诸将初不知所向，行至柔远，始号令之，版筑毕具，旬日城成，是岁三月也。寻赐名大顺。贼觉，以骑三万来战，佯北，仲淹戒勿追，已而果有伏。大顺既城，白豹、金汤皆截然不敢动，环庆自是寇益少。①

马铺寨与白豹、金汤二寨互为犄角，位于延、庆二州之间，就是范仲淹在前一年十一月上攻守二策中所说的“延安之西，庆州之东，有贼界百余里侵入汉地，中有金汤、白豹、后桥三寨，阻延、庆二州径过道路”的“可攻之地”。现在其地被宋军所占领，筑城据守，就打通了延、庆二州间的道路，使二州兵马易于互相应援，有力地加强了环庆路的防务。

范仲淹的另一项重要政策就是招抚宋夏边界上的蕃部。他们是居住在沿边山险之地的羌族部落，人马精劲，熟于战斗，是宋夏双方都要争取的一支力量。宋朝过去对他们采取抚绥政策，对归附宋朝的羌族称之为属户或熟户，反之则称为生户，并于属户中征发蕃兵，设蕃官统辖，使他们成为边陲之屏障。《长编》卷一三二庆历元年六月己亥载：“西北边皆有蕃兵，蕃兵者，塞下内属诸部团结以为蕃篱之兵也。羌戎种落，不相统一，保塞者谓之属户，余谓之生户。”②范仲淹分析当时边界的形势说：

元昊巢穴，实在河外，河外之兵，懦而罕战。惟横山一

① 《长编》卷一三六，庆历二年五月庚申，第3265-3266页。
② 《长编》卷一三二，庆历元年六月己亥条，第3144页。

带蕃部，东至麟府，西至原渭，二千余里，人马精劲，惯习战斗，与汉界相附，每大举入寇，必为前锋。故四［西］戎以山界蕃部为强兵，汉家以山界属户及弓箭（手）为善战。以此观之，各以边人为强，理固明矣。①

元昊在开战以前，就已在沿边修筑堡寨，利用山界蕃部作为攻宋的前锋。而宋朝边帅范雍等却采取了十分错误的做法，派兵侵掠山界，杀戮老幼，以其首级邀功，因而激怒了羌族群众。签书陕西经略安抚判官田况揭露其暴行说：

昊贼弄兵，侵噬西蕃，开拓封境，僭叛之迹，固非朝夕。始于汉界缘边山险之地，三百余处修筑堡寨，欲以收集老幼，并驱壮健为入寇之谋。初贡嫚书，亦未敢扰边。范雍在延州，屡使王文思辈先肆侵掠，规贪小利。贼遂激怒其众，执以为辞。王师伐叛吊民之体，自此失之。刘谦、高继嵩等破庞青诸族，任福袭白豹城，皆指为有功者也，无不杀戮老弱，以为首级。彼民皆诉冤于贼，以求复雠。此皆吾民，受制远方，而又使无辜被戮，毒贯人灵。上下文移，皆谓之打掳，吁可愧也。②

当时一些有见识的官员如田况、王尧臣、贾昌朝等都先后向宋廷上奏，要求迅速纠正那种“为渊驱鱼”的做法，对蕃部采取正确

① 《范文正公集》政府奏议下《奏陕西河北攻守等策》，第346页。
② 《长编》卷一三二，庆历元年五月甲戌，第3129–3130页。

的政策。

范仲淹在《议攻》中建议“军行入界，当先布号令：生降者赏，杀降者斩；得精强者赏，害老幼妇人者斩。拒者并力以戮之，服者厚利以安之，逃遁者勿追，疑有伏也，居者勿迁，俾安土也”[①]，就是为防止上述错误做法提出来的。

范仲淹知延州时，更从种世衡在清涧城所取得的成功中，直接受到启发。他在《范文正公集》卷一三《东染院使种君墓志铭》中说：

> 塞下多属羌，向时汉官不能恩信，羌皆持两端。君乃亲入部落中，劳问如家人意，多所周给，常自解佩带与其豪酋可语者。有得虏中事来告于我，君方与客饮，即取坐中金器以奖之。属羌爱服，皆愿效死。青涧东北一舍而远距无定河，河之北有虏寨，虏常济河为患，君屡使属羌击之，往必破走，前后攻取首级数百，牛羊万计，未尝劳士卒也，故功多而费寡。[②]

范仲淹担任环庆路的主帅后，对属户问题更加重视。环庆路是属户众多的地方，“强壮人马，约及二万余，其间向汉者居多”[③]。而且“未尝经贼残破，部族完整，人堪战斗，若绥御有术，可得精兵数万”[④]。因此范仲淹把招抚属羌作为当前急务，他说：“安边之利害，大要在属羌难制，惧合夏戎为爆发之患。又地瘠谷贵，屯师

① 《长编》卷一三四，庆历元年十一月，第3201页。
② 《范文正公集》卷一三《东染院使种君墓志铭》，第190页。
③ 《长编》卷一三二，庆历元年六月己亥条王尧臣语，第3141页。
④ 《长编》卷一三二，庆历元年五月甲戌条田况语，第3133页。

为难。聚粮则力屈，损兵则势危，斯急病也。”[①]范仲淹到任后即亲自巡边，犒赏诸羌酋长八百人，阅其人马，立条约，明赏罚，受到羌族人民的欢迎。他又奏请朝廷把种世衡调来环州，专负责招抚属户的工作。种世衡到环州后，即：

> 周行境内，入属羌聚落，抚以恩意，如青涧焉。有牛家族首奴讹者，倔强自处，未尝出见官长，闻君之声，始来郊迎。君戒曰：“吾诘朝行劳尔族。”奴讹曰：“诺。”是夕大雪三尺，左右曰：“此羌凶诈，尝与高使君继嵩挑战，又所处险恶、冰雪，非可前。”君曰：“吾方与诸羌树信，其可失诸？”遂与士众缘险而进。奴讹初不之信，复会大雪，谓君必不来。方坦卧帐中，君已至，蹴而起之，奴讹大惊曰：“我世居此山，汉官无敢至者，公了不疑我耶？”乃与族众拜伏喧呼曰：“今而后惟父所使！”自是属羌咸信于君。……君戒诸族各置烽火，夏戎时来抄掠，则举烽相告，众必介马而待之，破贼者数四。泾原帅葛怀敏定川之败，戎马入纵于渭，……召君分援泾原，君即时而赴，羌兵从者数千人。属羌为吾用，自此始。[②]

招抚属户和修筑寨堡有密切关系，二者是相辅相成的。因为假如宋军没有强大的兵力，不能保证沿边属户的安全，那他们自然会徘徊观望，甚至倒向西夏一边。因此范仲淹说：“如宥州、绥州、金

① 《范文正公集》卷一三《东染院使种君墓志铭》，第190页。
② 《范文正公集》卷一三《东染院使种君墓志铭》，第190–191页。

汤、白豹、折姜等寨皆可就而城之。其山界蕃部去元昊且远，求援不及，又我以坚城据之，以精兵临之，彼既乐其土，复逼以威，必须归附，以图安全。”[①]宋朝在原州北部筑细腰城、葫芦泉等寨，切断了明珠、灭臧、康奴三族与西夏的通路，他们因失去外援而归附于宋，就是最明显的例证[②]。

范仲淹在接待蕃部酋长时，对他们表示信任不疑，“诸蕃质子，纵其出入，无一人逃者。蕃酋来见，召之卧内，屏人徹卫，与语不疑”[③]。对逃亡的羌族人民则拨给土地，贷给粮食，使他们能恢复生产。边上的熟户蕃部对范仲淹心悦诚服，亲热地叫他作“龙图老子”，甚至传到西夏境内，也都这么称呼他[④]。范仲淹招抚属羌的政策在环庆路获得显著效果。他报告说：“臣窃见环庆路熟户蕃部约及二万人，内只蕃官一千余人，各有请受。每人惟有料钱，亦无月粮，衣赐所费，少于养赡长行兵士。皆能辛苦，熟于战斗。如抚驭之间，恩威得所，大可防托边界，减得兵马。”[⑤]据他估计环庆路“渐可减得戍兵万数”，并请求朝廷将这项经验推广，令四路主帅并带蕃部使，抓紧团结熟户的工作。

其他有关的政策措施还有用土兵、兴营田等。关于用土兵问

---

① 《范文正公集》政府奏议下《奏陕西河北攻守等策》，第346页。

② 早在庆历元年十一月范仲淹在其《上攻守二策状》中即提出在葫芦泉等地筑城的计划，次年三月泾原路请求在细腰城属羌地内建寨，但范仲淹认为时机尚不成熟而未实行。直到庆历四年冬范仲淹任陕西河东宣抚使时，始命知庆州种世衡、知原州蒋偕抢筑细腰城，十二月城成。参见《长编》卷一三五庆历二年三月己未（第3228页），卷一三八庆历二年十月各条（第3328-3333页）及《范文正公文集》卷一三《东染院使种君墓志铭》，第191页。

③ 欧阳修：《欧阳文忠文集》卷二〇《资政殿学士户部侍郎文正范公神道碑》，上海：商务印书馆，1936年，第173页上。

④ 《范文正公集》卷一六《让观察室第一表》，第220页。

⑤ 《范文正公集》政府奏议下《奏陕西主帅带押蕃落使》，第352页。

题，早在一〇三九年夏竦就提出过增置土兵以代替东兵的意见，遭到知河中府龙图阁直学士杨偕的反对，引起激烈的争论[①]。但当时东兵（这是宋人对从东面调来陕西前线的禁军的称呼），已经腐败，而且廪给厚，养兵费用大，要提高军队素质，只有征发陕西人民充当土兵的办法。土兵亦称乡兵或弓箭手，是从陕西人民中征发的民兵。这种土兵在宋初已经有了，不过直到这次战争中因兵员不足，才大量增置罢了。开始征兵时政府出榜说只是为了守护乡里，必不刺充正军，屯戍边境。可是榜还未收，就把土兵刺面改为正军，令其屯守边境了，以致给农民带来很大痛苦。但土兵生长边塞，能吃苦耐劳，又熟悉地形，长于骑射，而且为了保卫家乡，作战勇敢，对提高军队的战斗力有很重要的作用。当时主张用土兵的人不少，韩琦和范仲淹也都是主张用土兵的。但是在具体做法上，两人又有所不同。

被征调为土兵的老百姓最怕的是两点：一是远戍，二是刺面。虽然同在陕西，但是也有沿边和近里州县的区别，让靠近内地诸州的乡兵屯戍边境，就要离乡背井，既脱离了农业生产，又不能照顾父母妻子。如范仲淹所说："关内诸州土兵多在边上，或得代归营，而数月之间，复出远戍。岂徒星霜之苦，极伤骨肉之恩。征夫不保其家，离妇颇多犯法，人情不免，久则怨起。"他认为补救的办法是："并迁其家于缘边住营，更免出军。父母妻子乐于完聚，战则相救，守则相安。"这种土兵"比之东兵不乐田利，不习地势，复

① 《长编》卷一三二，庆历元年五月甲戌条田况云："蕃落、广锐、振武、保捷皆是土兵，材力伉健，武艺精强，战斗常为士卒先，自昊贼扰边以来，惟土兵踊跃，志在争功。其如请给甚微，不及东军之下者。"第3135页。

无怀恋者，功相远矣”。当然这样做，必须在边寨大兴营田，同时政府对土兵家属也要给一些补助。但是“土兵月给差少，又素号精强，使之戍边，于东兵数复可减”，其效果是事半功倍[①]。宋代的正规军都是要黥面的，乡兵一旦被黥为兵之后，不但自己本身，甚至子孙世代都不能脱离军籍，这点最遭老百姓反感。可是韩琦却认为土兵不肯力战，是由于不刺面给粮，得不到正规军的待遇的缘故。范仲淹不同意这种观点，他所招的土兵只刺手背而不刺面，因此在罢兵之后，独环庆一路的土兵得复为民，受到人们的好评。

从以上所说的各项政策措施的实行情况可以看出：这些好的做法，并不是范仲淹一个人的发明创造，而是他善于总结将士在实践中取得的成功经验，加以提高，使之更加完整和系统化，然后推广到更大的范围，使它发挥更大的作用。自从四路置帅以后，庞籍的看法本与范仲淹接近，韩琦在根本战略方针和许多具体措施上与范仲淹看法也基本取得一致，三人能密切配合，是取得成功的重要原因。韩琦知过能改，也是个实心干事的人。但从对待土兵的态度上可以看出，范能更多地从人民的疾苦着眼，因此考虑问题更深入细致，眼光也看得更远，这就是范更胜一筹之处[②]。宋人罗大经说，“国朝人物当以范文正为第一，富、韩皆不及”[③]，是有道理的。

---

① 参看《范文正公集》政府奏议下《奏陕西河北攻守等策》，第345–346页；卷五《上攻守二策状》，第75–77页。

② 参看《文献通考》卷一五二《兵考》四，北京：中华书局，1986年，第1328页；《韩魏公集》卷一一《家传》，第170–177页；又欧阳修：《资政殿学士户部侍郎文正范公神道碑》云：“初西人籍为乡兵者十数万，既而黥以为军。惟公所部，但刺其手，公去兵罢，独得复为民。”（收入《欧阳文忠文集》，第173页上）

③ 罗大经：《鹤林玉露》乙编卷之二《韩范用兵》，第152页。

除上述措施外，范仲淹、韩琦等并大力整顿军队。一是淘汰弱小怯懦的，选留强壮勇敢的士兵，重新编制，指定专人负责统率和训练，改变了过去兵将互不认识的状况。其中特别重要的是对各级将校的拣选。范仲淹说："窃见用兵之处，诸军内若有指挥使员寮得力，则不唯训练齐整，兼临阵之时，各能将领其下，士卒方肯用命；若人员不甚得力，则向下兵士例各骄惰，不受指踪，多致退败。显是军气强弱，系于将校。"[①]因此淘汰了一批年老有病及"愚戆全无精神，不能部辖者"，提拔一批有战功和武艺高强的得力人员接替他们。这一整顿对士气的鼓舞很大。

其次是号令严明，信赏必罚。他奖赏勇敢杀敌的战士，提拔重用立功的将校。翻阅一下范仲淹文集中的奏议部分，就可知道经他奏举而受奖的武将人数之多，其中最著名的有狄青、种世衡、张亢、范全等。但是对于犯法的兵将，处罚起来也毫不容情。如虎翼军第九指挥王琼因夺战士军功作为己有，鄜州曹司马勋、张式、黄贵因克扣军饷，都被判处对诸军处斩。范仲淹认为前者"夺戎士死战之功，误朝廷重赏之意"，后者"当此军期之际，兵士多是饥寒逃亡，若更减克，转难存济"，所以必须从严惩处[②]。

范仲淹又能以身作则，与士卒同甘共苦。他深知边防士卒生活的艰辛，他说："今边兵请给粗供樵爨醋盐之费，食必粗粝，经逾岁年，不沾肉味。至有军行之时，羸不胜甲，弃而埋之，负罪以逋，未能远去，皆捕而斩之。臣虽痛而不忍，岂敢慢法。"他认为自古将帅与士卒同安乐，才能共忧患，因此自己"士未饮而不敢言渴，

---

① 《范文正公集》政府奏议下《奏乞拣沿边年高病患军员》，第359页。
② 《范文正公集》附《年谱补遗》，第445-463页。

士未食而不敢言饥”[1]。联系到夏竦在巡边时，置侍婢于中军帐下，几致兵变的事来看，范仲淹的话说得多深刻呵！范仲淹从不自己居功，朝廷给他加官晋爵时总是一再辞让，朝廷赐给的金帛他都分发给诸将，因此人心悦服，将士用命。

由于主帅们能同心协力，推行了一条符合实际的战略方针和相应的措施，通过广大将士的努力，使宋朝已破坏的边防重新巩固起来，迅速扭转了被动挨打的局面。宋朝的防御能力加强以后，夏军从战争中已得不到多少好处，反而损兵折将，因此锐气大减，不敢轻易进犯了。

西夏毕竟是个小国，经济力量薄弱，开战以来，虽然屡陷城寨，但未能占领多少地方。张方平说：“（西夏）为寇三年，虽常得逞，然重于举众，故必岁年乃能一入。连陷城寨，未能有我尺寸之地也。而绝其俸赐，禁诸关市，今贼中尺布可直钱数百，以此揣贼情，安得不困？”[2]西夏所需要的粮食、绢帛、茶叶，过去主要依靠宋朝，宋朝取消岁赐、关闭和市的经济封锁政策，使西夏物资缺乏，一匹绢的价格竟高达八、九千文。加上西夏国内发生鼠食稼和旱灾，粮食供应也更为紧张，弄得老百姓怨声载道。在庆历二年闰九月，元昊对泾原路又发动过一次大的进攻。宋将葛怀敏因懦不知兵，战败于定川，宋军损失近万人。范仲淹亲自率庆州军赴援，元昊遂退兵。这次战役虽然使宋廷感到震惊，但对整个战局的实际影响并不大，就是由于鄜延、环庆、秦凤三路的防守十分坚固，足以

---

① 《范文正公集》卷一六《让观察使第一表》，第220页。
② 《长编》卷一三四，庆历元年十月壬寅，第3192页。

牵制其兵势的缘故[1]。因此这次攻势不过是元昊在议和前的最后一次挣扎而已。

这时西夏内部厌战情绪日益滋长，加上和契丹又发生了摩擦，元昊急于与宋议和；宋朝由于财政困难，也想及早结束这场战争。双方信使往还，终于在庆历四年（1044）达成和议，宋夏重新恢复了和平与正常的经济文化往来，这是符合双方人民愿望的结局。能够有这样的结局，当然首先依靠各族人民的力量，依靠宋朝广大将士的艰苦奋战，但范仲淹在这场民族自卫战争中所作的杰出贡献，是永远不会泯没的。

① 《长编》卷一三七，庆历二年闰九月癸巳，第3300–3303页。

也论郝经 *

在忽必烈的潜邸诸臣中，郝经是个值得注意的人物。他参与帷幄，密谋大计，对忽必烈的夺取汗位和即位后某些重要方针政策的制定，均有积极贡献。作为中州人士的郝经为什么要效忠忽必烈？他对蒙古在中原的统治究竟有些什么看法和要求？剖析他的这些思想和政治态度，对于研究北方汉族地主知识分子与蒙古统治者合作的原因，有一定的典型意义。同时考察他究竟为忽必烈提供了哪些重要的建议？这些建议实行情况如何？对我们了解忽必烈初期采用汉法的情况以及汉族儒生在其中所起的促进作用，也有一定的帮助。近年来有引起评论忽必烈、元好问的论文都涉及郝经，也有同志专文评述此人[①]。但我感到意犹未尽，故谨抒管见，以供批评讨论。

---

* 本文原刊于《元史论丛》第三辑，中华书局1985年版。

① 如白钢：《关于忽必烈“附会汉法”的历史考察》，《中国史研究》1981年第4期；黄时鉴：《元好问与蒙古国关系考辨》，《历史研究》1981年第1期；张跃铭：《略论郝经》，《内蒙古社会科学》1981年第5期。

一

为了更好地理解郝经的政治见解和主张，有必要首先回顾他的家世、早年经历和所受的教育。

郝经字伯常，泽州陵川人（今山西陵川县）。他曾祖父弟兄七人均“治经力学，教授州间”，其中又以他的曾叔祖郝震（号东轩老人）名声最大。他的祖父郝天挺也以教学有方闻名，经过他指授的，往往有所成就，金末元初的大文学家元好问就出自他的门下。父亲郝思温仍以教书为业。郝家几代同堂，以讲究礼法受到乡人的尊敬。出身于这样的家庭，传统的家学和家风对郝经的思想作风有着深刻的影响。

郝经生长在金朝灭亡前后的乱离时代。在他出世前，蒙古铁骑已长驱直入，蹂躏河朔，他的祖父和父母离家逃难，往来淇、卫之间。一二一四年，金朝放弃了黄河以北，迁都汴京，他们一家也渡河南逃，住在许州一带。元光元年（1222）十一月，郝经诞生在许州临颍的城皋镇。他的幼年依然是在兵荒马乱中度过的，九岁那年，他跟着父母逃难，躲在一所地窖中，被乱兵燎烟于穴口，熏死了一百多人，他的母亲也险些丧命。一二三二年十二月，金哀宗放弃汴京出走，金朝的灭亡已成定局。当时蒙古兵锋方南下，一些有眼光的人都北走避难，大批迁到河南的士大夫又纷纷渡河北返，郝经也在这一年跟随父母北渡，来到保州（今河北保定）。而留在河南的郝氏宗族则大半死于兵火之中了。

他的父亲在保州主要靠教授生徒，勉强维持一家六口的生活。

郝经十六岁那年，为了减轻年老多病的父亲的负担，想找点事做，不再继续读书了。父亲和母亲商量时，他母亲认为治经业儒是郝家的世业，已相传百年，曾经培养出过不少名士，绝不能让家学就此中断，自己就是挨冻受饿，也要把儿子培养成材。母亲的这种坚决态度，使他的父亲为之感泣赋诗，有“日月傥随天地在，诗书终疗子孙贫”之句①。于是他父亲在铁佛寺借了间堂屋，招了几十个蒙童，让郝经一面教学一面读书。这一年蒙古朝廷下诏“试天下士，第者复其家，驱者为良”②。郝经跃跃欲试，也学着作些应举用的“决科文”。但他父亲反对这样做，要求他把学习六经放在首位，其次学习诸子和史籍，再其次才是学习诗文。他父亲又曾对他说：“汝祖父有言：士不能忍穷，一事不能立。汝曹毋以浅功近利有速售之心也。慕利则败义，欲速则不达。汝能勤则功自至，汝能俭则利自来，故立身行己在夫坚忍而已，能坚忍则能任事，历大患难、处大富贵，决若长河而不回，屹若泰山而不移，然后可谓大丈夫。”③郝经在他父母的激励下，发奋苦读。他除了教书外，每天还要为家里负薪汲水、舂粟治菽，白天读书的时间不多，就靠夜读，经常衣不解带直到鸡鸣。这样首尾五年，郝经终于熟读了经传等书，成为一个有学问的人。

由于郝经逐渐出了名，一二四三年以后，先后被贾辅和张柔请

---

① 《郝文忠公陵川文集》（以下简称《陵川集》）卷三六《先妣行状》，清乾隆五十九年王锣刊本，嘉庆三年重刻本，第14页a面。

② 《陵川集》卷二六《铁佛寺读书堂记》，第14页b面。又《元朝名臣事略》转引元遗山撰杨奂墓碑也称：“戊戌，天朝开举选……君试东平，两中赋论第一。”（上海：商务印书馆，1936年，第212页。）均载此次考试在戊戌年（1238）。

③ 《陵川集》卷三六《先父行状》，第12页。

去教家馆[1]。张柔是顺天府路的万户（保州在一二四一年升为顺天府），是有名的汉人世侯，贾辅则是他的副手。这两个人都喜欢收藏书籍，征战所到之处，广泛搜取。贾辅藏书数万卷，其中经史子集、百家众流、山经地志、方技术数，以至法书名画无所不有。张柔入汴京，取金朝实录和秘府图书载回自己家里，他的藏书也很丰富。出于对郝经的器重，他们的藏书都允许郝经恣意阅览。郝经由于家贫，过去都是借书来读，所见毕竟有限。他在贾、张两家一共十三年，这期间他得以博览群书，交游日广。眼界更加开阔，学识上有很大的长进。

阎复曾概括郝经治学要旨说："公才识超迈，务为有用之学，上泝洙泗，下追伊洛诸书，经史子集，靡不洞究，掇其英华，发为词章，论议视前古，慨然以羽翼斯文为任。自是声名藉甚，藩帅交辟，皆不屑就。"[2]郝经的尊崇孔孟、究心二程伊洛之学不是偶然的。原来程颢做过晋城令，对于郝经家乡泽州的学风有很大的影响。据郝经追述："金有天下百余年，泽潞号为多士。……其为学广壮高厚，质而不华，敦本业，务实学，重内轻外。宋儒程颢尝令晋城，以经旨授诸士子，故泽州之晋城、陵川、高平，往往以经学名家，虽事科举而六经传注皆能成诵。"[3]郝经"读书则专治六经，潜心伊洛之学，涉猎诸史子集，以穷理尽性、修己治人为本，其余皆

① 《陵川集》卷二五《万卷楼记》，第1–2页；卷三六《先父行状》："壬子，馆于万户张公府，教授诸子。"（第10页b面。）又卢挚《翰林侍读学士郝公神道碑》亦云："张贾子弟，皆从质学。"（载《元文类》卷五八，第848页。）

② 《静轩集》卷五《元故翰林侍读学士国信使郝公墓志铭》，《藕香零拾》本。（亦载于《陵川集》卷首，第2页a面。）

③ 《陵川集》卷三六《先曾叔大父东轩老人墓铭》，第1页a面。

厌视而不屑也”。这正是郝氏之学的传统特点[①]。由于他的读书是为了行道，为了经世致用的，所以讲求实学。他曾自述其志说：

> 不学无用学，不读非圣书，不为忧患移，不为利欲拘，不务边幅事，不作章句儒。达必先天下之忧，穷必全一己之愚。贤则颜孟，圣则周孔，臣则伊吕，君则唐虞，毙而后已。谁毁谁誉，讵如韦如脂，趑趄嗫嚅为碌碌之徒欤？[②]

正因为他胸怀大志，“以兴复斯文，道济天下为己任”[③]，对于一些藩帅的辟请，自然不屑一顾，他正等待机会一显身手，以实现自己的宿志。

二

一二五六年春，郝经应忽必烈的征召北上，见面后忽必烈问以经国安民之道，郝经条上数十事，深受赏识，从此留在王府，成为忽必烈潜邸中重要的谋臣策士。此后二十年间，为了辅佐忽必烈的帝业，郝经的确是殚思极虑，竭尽全力的。郝经为什么要效忠于蒙古君主忽必烈？他和中州士大夫的关系如何？是我们需要探讨的问题。

郝经曾将蒙古势力比喻为北风。他说：“元光之元（元光元年即一二二二年），长星彗天，赤气起北方，国朝建武启运，北风

① 苟宗道：《故翰林侍读学士国信使郝公行状》，《陵川集》卷首，第2页a面。
② 《陵川集》卷二一《志箴》，第7页b面。
③ 苟宗道：《故翰林侍读学士国信使郝公行状》，《陵川集》卷首，第2页a面。

长驱，肆其威灵，而余实生焉。天兴之末（天兴三年即一二三四年），北风吹雪，有金以灭，河断其流，万马蹀血，而余北首焉。故余生于是风，而长于是风，将从是风以徜徉此生也。”从郝经早年的经历看，蒙古的长驱直入，给他和他的家族带来的只是灾难和痛苦，饥馑丧乱，跋涉流亡，一直伴随着他们，祖父和父母客死异乡，同族尽歼于许、洛之间。按理说，郝经应该是仇恨北风的。但他认为北风将主宰一切是大势所趋，不可逆转的，所以他只能顺应这个形势以行其道。即“委之以顺，寿而康兮；飘然而行，跨六合而凌八荒兮；敷仁兮扇义，扩道以疆兮”[①]。的确，在十三世纪的世界舞台上，蒙古是一个最强大的力量；在中国的范围内，也是如此。虽然汉族地主知识分子对蒙古落后的统治方式也不满意，但当时找不到其他更强大，足以代替它的力量，他们只有寄希望于蒙古统治者中的开明人物，企图通过这样的“明君”任用“贤士”，采用汉法治理汉地，才能改变当前混乱状况，使政治走上正轨，这样，他们自己也就有了出路。郝经十分明白地表达了他委身于忽必烈的原因：“今主上在潜开邸以待天下士，征车络绎，贲光邱园，访以治道，期于汤武。岁乙卯（1255），下令来征，乃慨然启行。以为兵乱四十余年而孰能用士乎？今日能用士而能行中国之道，则中国之主也。士于此时而不自用，则吾民将膏鈇钺，粪土野，其无孑遗矣。”[②]

应该看到郝经的这种想法与政治态度，不仅是他一个人的，而是代表着一批亡金的中州士大夫的想法和态度。经过金朝灭亡这

① 《陵川集》卷二六《北风亭记》，第11页。
② 《陵川集》卷三七《与宋国两淮制置使书》，第10页a面。

一场大动荡以后，有的人消沉了，或隐居乡里，或遁入空门，在郝经的亲友中也不乏其人[1]，但是更多的人，必须正视现实，另谋出路。这些金朝遗民早已在女真的统治下过了一百多年，有些人的父祖或自己本身就在金朝做过官，在他们的心目中民族的界限已经十分淡漠，哪个民族的人来做皇帝都无关紧要，要紧的是统治者能否采用汉法，任用文士来治理天下，能够这样做的就是正统，就可以“为中国主”。倒是儒家的君臣之义，对他们还有一定的约束，那些曾拿过金朝俸禄的人，在改事新朝时，还有点顾虑，像王鹗在应召时还要“以亡国累臣，义不可再仕”为由，推辞一番[2]。郝经起自布衣，所以可以无所顾忌地委身于蒙古了。

游牧民族的蒙古征服者必须接受被征服的中原地区的汉族农业封建文明，才能建立起比较有效率的统治，这是历史发展的趋势，也是为蒙古占领中原以后四十余年的历史所证明了的道理。但要劝说蒙古君主接受汉法可不是一件轻而易举的事，郝经常常喜欢拿金国作为学习汉法的模范，殊不知蒙古人学习汉法比女真人要困难得多。一则女真在建国以前，本身就已从事粗放的农耕，他们认识农业生产的重要性比单纯游牧的蒙古人要容易得多；再则女真建国时，所接触的最先进的文化就是汉文化，国内虽有渤海、契丹等族，但基本上也是接受的汉文化，因此女真人所受的文化影响比较单一，而蒙古则除汉文化外，还受到西域等地以至国外文化的影响，色目商人在国内以至朝廷上都是一支不可忽视的竞争力量。正如宋子贞在《耶律公神道碑》

---

① 《陵川集》卷二三《请舅氏许道士出圜堵书》，第1–5页；卷三五《河阳遁士苟君墓铭》，第30–32页。

② 《元朝名臣事略》卷一二《内翰王文康公》，第195–196页。

中所说：“加以南北之政，每每相戾，其出入用事者，又皆诸国之人，言语之不通，趣向之不同，当是之时，而公以一书生，孤立于庙堂之上，而欲行其所学，戛戛乎其难哉！”[①]

说服蒙古统治者采用汉法是个长期的过程，非一人一时之事。耶律楚材是最早劝说蒙古大汗以周孔之教治国的人。耶律楚材因征收中原课税有功，得到窝阔台大汗的赏识，一二三一年受命主管中书省。楚材乘机时时进说周孔之教，并擢用了一些儒生，让他们担任课税使的职务。耶律楚材的这些举措使亡金士大夫元好问等对他寄存很大希望。元好问在一二三三年金朝灭亡前夕，曾写信向耶律楚材推荐了一批“贤才”，他们都是“南中士大夫归河朔者”，也即汴京陷落前后渡河北上的金朝士大夫。元好问开列了孔元措以下共五十四个人的名单，希望耶律楚材能“聚养”“储蓄”这批人才，因为他们熟悉衣冠礼乐，纪纲文章，数十年间一旦有用的时候，他们就可成为耶律楚材辅佐新朝的得力助手[②]。

窝阔台对耶律楚材所宣传的孔教和儒生是抱着将信将疑的态度的，例如当发现太原课税使副犯了贪污罪时，他曾责问楚材说：“卿言孔子之教可行，儒者皆善人，何故亦有此辈？”[③]看起来，他只是把楚材当作治钱谷簿书的吏才，并未作为政治人才看待的。因此一旦回鹘商人扑买课税，为他聚敛到更多的财富时，就不再那么信用楚材了。楚材的改革计划的失败，使一度向汉族儒士敞开的入仕大门，又关闭了。

---

① 宋子贞：《中书令耶律公神道碑》，《元文类》卷五七，第838页。
② 元好问：《上耶律中书书》，《元文类》卷三七，第489页。
③ 宋子贞：《中书令耶律公神道碑》，《元文类》卷五七，第835页。

北上的中州士大夫，分住于河北、河东和山东一带，其中不少人投靠当时的汉人世侯成为他们的幕客。在这些幕府中，最著名的是东平严实、顺天张柔和真定史天泽的幕府。这三个人都是汉军万户，各拥兵数万，地方二三千里，他们有雄厚的财力，可以蓄养人才，因此这三处集中的文士最多。这批中州士大夫并未因耶律楚材的失败而放弃促使蒙古统治者采用汉法的打算，作为他们的代表人物元好问在这期间的意图和活动，黄时鉴同志已有专文论述，这里不再赘述。下面着重谈谈郝经与中州士大夫的关系。

郝经与元好问的交谊最深，元好问既是他祖父的学生，他父亲的同窗，又是他的师长，如他所说："先生与家君同受业于先大父，经复逮事先生者有年。"[①]元好问对郝经的才识很器重，曾对他说："子貌类汝祖，才器非常，勉之。"[②]元好问向耶律楚材荐贤的名单里未提郝经，这是因为郝经当时还是个刚过十岁的孩子。郝经对元好问的学识文章是推崇备至的，元好问对时局的看法以及对蒙古国的态度，必然对郝经有影响。

李冶是与元好问齐名的一位金国耆旧，他是金末进士，做过地方官，壬辰后"微服北渡，流落忻、崞间"。以后又流亡太原、平定，最后到元氏县，依靠世侯聂珪。他和元好问"自南都时才名已相埒，北渡后，常往来［两］（西）州，寓志于文字间，赓唱叠和，世亦谓之元、李"[③]。一二五七年当忽必烈在潜邸接见李冶，向他访问人才时，他举了儒生魏璠等共七人，其中就有郝经的名

---

① 《陵川集》卷三五《遗山先生墓铭》，第1页a面。
② 《元史》卷一五七《郝经传》，第3698页。
③ 《元朝名臣事略》卷一三《内翰李文正公》，第218页。

字，并说这些人都是可用之材，又都是“贤王之所素知、已尝聘问者也，举而用之，何所不可？但恐用之不尽耳”！[①]虽然在此前一年郝经已入王府，但这件事也反映出李冶对郝经的器重。此外郝经和刘祁兄弟、杨奂、高鸣、魏璠等也都有交往[②]。上述诸人都是列在元好问推荐名单上的。至于名单以外的与郝经有来往的中州士人就更多了。据郝经说：“汴梁亡，朝省名士五十余人会于保下。侯（贾辅）皆厚为资给，尽礼延侍，……由是四方贤士，翕然来归，冠佩蔼然，有平原、稷下之盛。”[③]郝经和他们来往的机会自然很多。例如保州城里有个横翠楼，楼的主人喜交游，所结纳皆天下豪右，“每于是楼之上置酒燕集，而余（郝经）必在焉”[④]。

自一二五二年郝经入张柔幕府后，他的活动范围不再局限于保州一隅，他南到过河南的杞县。一二五三年夏，北入于燕，曾登琼华岛，凭吊金之故宫。一二五五年秋，又东行至鲁，谒曲阜孔庙，登泰山，观日出。他所到之处，又交了不少新朋友，其中有的本身是金的进士，如燕京的王良臣；有的则是前代公卿的子孙，如燕京的刘伯熙。刘家是燕京四大族之一，其祖辈历仕辽、金两朝，出过不少王公巨卿。刘伯熙“出于官族而交一时巨公，故王纲国体，大礼经制，无不洞练，每言唐、宋、五季、辽、金以来废兴因革，亹亹有条，若所亲见”。刘伯熙“贞祐初从乘舆入汴，金亡而复归燕，往来

---

① 《元朝名臣事略》卷一三《内翰李文正公》，第215页。

② 参见《陵川集》卷二〇《浑源刘先生哀辞》，第23-24页；卷二四《上紫阳先生论学书》，第3-5页；卷二三《答高雄飞书》第14-15页；卷二一《祭魏先生文》，第3-4页。文集中这类材料尚多，足证郝经交游之广，不一一列举。

③ 《陵川集》卷三五《左副元帅祁阳贾侯神道碑铭》，第17页a面。

④ 《陵川集》卷二六《横翠楼记》，第8页a面。

燕赵之间二十余年。”[①]可见这些新交多数也是中州士大夫。郝经和他们有着共同的遭遇和命运，风雨同舟，声气相投，十分契合。

忽必烈受命治理漠南汉地后，一二五二年设河南经略司于汴京，以史天泽、杨惟中、赵璧等为经略使。这期间郝经曾上书给赵璧，向他分析当前形势。认为自忽必烈开府以来，征引贤才，“天下翕然望治。岩穴幽隐莫不弹冠振缨，引领拭目，将以窥太平之盛也”[②]。他希望赵璧能抓紧这个时机，“挺不世之资，任天下之重，斡斗极之运会，开吾道之榛塞，特立独行，不流不倚，挽回元气，春我诸华。立志而行之以终，用人而加之以审，收揽俊乂，进用老成，张本汴洛，为天下倡，至治有期矣。天下之士没蒿莱，局埶隘有年矣。苟遇明时，孰不欲刮磨振厉以自效，矧于执事嶷然而为之倡乎？”[③]

郝经知道赵璧是忽必烈的心腹，在信里他明确地表示了中州儒士拥护忽必烈并愿为之效劳的态度。这封《上赵经略书》与二十多年前元好问的《上耶律中书书》有异曲同工之妙，所不同的是这封信中所表达的儒生对从政的要求更为迫切了。郝经时刻没有忘记他自己是中州士大夫的代表。当他使宋被扣，宋方“数以诡计撼公，公曰：吾家业儒凡七世矣，顾肯亏忠义大节以辱中州士大夫乎？”[④]

在钩稽史料、考察了郝经与中州士大夫的关系以后，我认为郝

---

① 《陵川集》卷三五《房山先生墓铭》，第4页a面。

② 《陵川集》卷二四《上赵经略书》，第12页a面。

③ 《陵川集》卷二四《上赵经略书》，第12页b面。据《元史·赵璧传》云：赵璧壬子（1252）为河南经略使，但书中谈到前岁郝经曾到河南杞县，未曾拜见赵璧，故作书时间不得早于一二五四年。一二五六年郝经即被召北上，不需要上书赵璧了，故估计郝经作书时间当在一二五四至一二五五年之间。

④ 《静轩集》卷五《元故翰林侍读学士国信使郝公墓志铭》，《藕香零拾》本。（亦载于《陵川集》卷首，第3页b面。）

经的观点和政治态度——只要蒙古大汗能任用儒生采用汉法，就可以成为中原地区的主人，得到中州士大夫的拥戴。它反映了中原汉人地主知识分子的利益与想法，因而值得重视。

三

郝经首次被忽必烈召见时，就曾“奏立国规模、治安急务各数十条”。以后随忽必烈南下攻宋，对于军国机务，“出师利害，未尝不反复备言”①。或面陈，或用文字论奏，自称“愚瞽知识，亦已罄竭”。他到底向忽必烈提出过哪些重要谋划？实际效果又如何呢？

首先是采用汉法的问题。郝经认为“必欲致治，创法立制，其先务也”②。创立典章法制是关系立国规模的大事，但是究竟建立什么样的典章法制呢？这是个方向问题，郝经希望蒙古以北魏和金国为榜样。他说：“昔元魏始有代地，便参用汉法，至孝文迁都洛阳，一以汉法为政，典章文物，燦然与前代比隆，天下至今称为贤君；王通修《元经》，即与为正统，是可以为鉴也。金源氏起东北小夷，部曲数百人，渡鸭绿，取黄龙，便建位号，一用辽宋制度，取二国名士置之近要，使藻饰王化，号十学士。至世宗与宋定盟，内外无事，天下晏然，法制修明，风俗完厚，真德秀谓金源氏典章法度在元魏右，天下亦至今称为贤右。……是又可以为鉴也。今有汉唐之地而加大，有汉唐之民而加多，虽不能便如汉唐，为元魏、金源之治亦可也。”他要求忽必烈“以国朝之成法，援唐宋之

① 《陵川集》卷三二《东师议》，第1页a面。
② 《陵川集》卷三〇《删注刑统赋序》，第12页b面。

故典，参辽金之遗制，设官分职，立政安民，成一王法”[①]。通观《立政议》全文，郝经的意思很清楚：他向忽必烈介绍的贤君孝文帝“一以汉法为政”，金源也是“一用辽宋制度”，他要求蒙古仿效元魏、金源的目的，就是要求蒙古统治者能够在根本法制上采用汉法。当然在新王朝创法立制的时候，对于蒙古的旧俗和成法，不可能一概加以排除；对待唐宋故典、辽金遗制，也要结合当前的实际情况，参酌吸收，而不能全盘照搬。但他的基本精神是要改变蒙古旧章，创立符合汉地情况的新制度。因此要求忽必烈下大决心，“断然有为”，“奋扬乾纲，应天革命”。

许衡在至元三年（1266）上《时务五事》，在第一事“立国规模”中也直截了当地提出：“考之前代，北方奄有中夏，必行汉法，可以长久，故后魏、辽、金历年最多。其他不能实用汉法，皆乱亡相继。史册具载，昭昭可见也。……国家仍处远漠，无事论此，必如今日形势，非用汉法不宜也。”当然他也充分估计到这样做会遭到蒙古勋贵的强烈反对，主张采用潜移默化的办法，“苟能渐之摩之，待以岁月，心坚而确，事易而常，未有不可变者”。因此，“以北方之俗，改用中国之法也，非三十年不可成功”[②]。

在忽必烈的儒臣中，这样明确而又全面论述应实行汉法的只有郝经和许衡两个人[③]。许衡论述必行汉法的原因更加透彻，并提出了对付反对势力的方法。但在时间上，《立政议》写于中统元年

---

① 《陵川集》卷三二《立政议》，第16页、第15页b面。

② 许衡：《时务五事》，《元文类》卷一三，第160–161页。

③ 《元史》卷一六〇《徐世隆传》云：“世隆奏：陛下帝中国，当行中国事。事之大者，首惟祭祀，祭必有庙。”（第3769页）可见徐世隆所谓行中国事，系指祭祀一事。

（1260）八月，比《时务五事》早了六年，对忽必烈即位初期制定大政方针应是有影响的。

中统元年三月，郝经到开平进见忽必烈时，奉命条奏当今急务付执政，他写了《便宜新政》十六事。其中有些条目如立省部、减轻赋税、蠲除逋负、裁减冗官冗吏等，与其他儒臣的建议大体相同，值得注意的是定都邑和定储贰两条建议。在“定都邑以示形势”条下他写道：“今日于此（指开平）建都固胜前日，犹不若都燕之愈也。燕都东控辽碣，西连三晋，背负关岭、瞰临河朔，南面以莅天下。和林置一司分，镇御根本；北京、丰靖各置一司分，以为二辅，京兆、南京各置一司分，以为藩屏。夫燕、云王者之都，一日缓急，便可得万众，虽有不虞，不敢越关岭、踰诸司而出也。形势既定，本根既固，则太平可期。”[①]这个建议看来当时已得到忽必烈的同意，因为在郝经所作《居庸关铭》中有这样的话：“居庸关在幽州之北，最为深阻，号天下四塞之一……中原能守则为阳国北门，中原失守则为阴国南门，故自汉唐辽金以来常宿重兵，以谨管钥。中统元年皇帝即位于开平，则驻跸之南门，又将定都于燕都，则京师之北门，而屯壁之荒圮，恐启狡焉，故作铭畀燕京道宣慰府，使勒石关上，且表请置兵，以为设险守国之戒云。”[②]据《元史·世祖纪》，郝经是在四月十日被任为国信使出使南宋的，他受命南行，过居庸关应在四月中旬[③]。以此推知居庸关铭应即作于此

① 《陵川集》卷三二《便宜新政》，第21–22页。

② 《陵川集》卷二一《居庸关铭》，第13页b面、14页a面。

③ 按郝经临行前上《便宜新政》在四月十七日，居庸关距开平不远，估计郝经陛辞后过居庸关的时间就在此后几天。郝经入宋被拘十六年，从此再没到过居庸关。

时。刘秉忠虽然是大都的设计者和建设者，但《元史》本传中并未提及他有定都燕京的建议。郝经在忽必烈即位一个月后，就提出都燕的建议，说明他的远见卓识，因为忽必烈既然要以中原汉地作为统治中心，那么向南迁都就是势所必然的了。

在“定储贰以塞乱阶”一条中，郝经指出：“国家数朝代立之际，皆仰推戴，故近世以来，几致于乱，不早定储贰之失也。若储贰早定，上下无所觊觎，则一日莫敢争者，且使朝夕视膳，或出而抚军，守而监国，练达政事，此盛事也。”[①]关于立太子的事，张雄飞曾向忽必烈建议过，[②]但那是至元二年（1265）以后的事。至元五年五月陈祐上《三本书》再度提出了“太子国本，建立之计宜早”的建议[③]，但二者都比郝经要晚得多。预立皇位的继承人，以避免老皇帝去世以后在继承问题上的争端，这是汉族封建统治者长期积累下来的经验。但按照蒙古旧俗，大汗却必须在宗王大会上推选产生，因此各支宗王之间争夺剧烈，直接影响到政权的稳定，“授受之际，天下忧危”。要想用立储贰的方式来代替贵族大会的推戴方式，这是对蒙古传统旧制的破坏，也是在皇位继承问题上实行汉法的具体表现。郝经在忽必烈即位之初就提出这种建议，应该说是相当大胆的。

从以后事实的发展看，郝经的建议是被忽必烈接受了的。中统三年十二月，即诏封嫡子真金为燕王，领中书省事[④]，实际上已有立储之意。虽然直到至元十年（1273）才正式册立真金为皇太子，

---

① 《陵川集》卷三二《便宜新政》，第23页a面。
② 《元史》卷一六三《张雄飞传》，第3819页。
③ 陈祐：《三本书》，《元文类》卷一四，第179页。
④ 真金封燕王事，《元史》卷一一五《裕宗传》系于中统三年，卷五《世祖》二系于中统三年十二月，唯卷四《世祖》一则系于中统二年十二月，恐误。

但在册文中指明："乃从燕邸，即立尔为皇太子，积有日矣。比者，儒臣敷奏，国家定立储嗣，宜有册命，此典礼也。"[①]可见事实上立皇太子还要早些，此时册立，不过补行典礼罢了。在册文中还援引了成吉思汗选定窝阔台为继承人的例子，说立太子乃是"上遵祖宗宏规，下协昆弟佥同之议"，表明为了避免蒙古宗王的反对，忽必烈在立嗣问题上的做法格外审慎。

四

郝经的突出作用表现在帮助忽必烈制定"偃兵息民"的对宋政策上。一二五八年蒙哥汗大举伐宋，亲自率军入蜀，命忽必烈总统东道兵，直趋鄂、岳。郝经从行，到濮州的时候，正好得到宋朝有关守御的奏议，忽必烈命诸将议论。郝经说："古之一天下者，以德不以力。彼今未有败亡之衅，我乃空国而出，诸侯窥伺于内，小民凋弊于外，经见其危，未见其利也。"[②]明白表示了对伐宋的反对意见。后来听到蒙哥在四川师久无功的消息后，郝经又进《东师议》，批评蒙哥大举伐宋之失策，认为蒙古开国五十年来不断用兵，民力困弊已极，蒙哥即位后本应整顿内政，休养生息，却师出无名，间岁大举，并无取胜的把握；不如以大军压境，逼宋议和，"偃兵息民，以全吾力，而图后举"。并劝忽必烈所率东师采取持重缓进的态度，保全兵力，等待时机。一二五九年当得知蒙哥的死讯后，郝经又上《班师议》，力促忽必烈与宋议和，撤兵北归。

---

① 册文内容见《元史》卷一一五《裕宗传》，第2889页。
② 《元史》卷一五七《郝经传》，第3698页。

郝经如此积极主张对宋议和，不仅仅是为了忽必烈与阿里不哥争夺汗位的需要，而是有其更深远的考虑的。郝经根据儒家的理论对于如何治国、如何统一有一整套的看法。在他应召以前，就写有《思治论》，论述了“取”与“治”、“本”与“末”、“德”与“力”的主次辩证关系。他说治国者有意于取，还必须有意于治，“夫得寸而治之，国之寸也；得尺而治之，国之尺也。务取而不知治，犹获石田也”。又说：“本固则末盛，……所谓本者，不勤远略，而反自近者始也。修仁义，正纲纪，立法度，辨人材，屯戍以息兵，务农以足食，时使以存力，轻赋以实民，设学校以厉风俗，敦节义以立廉耻，选守令以宣恩泽，完一代之规模，开万世之基统。……本根既固，德威惟畏，弱国入朝，强国请服矣。”他认为天下大势必归于一，但是要想统一，必须以德不以力。专靠武力征服，“冯锋恃锐，谓莫已（原文为‘已’，当为‘己’）若，鲜有不弊者”。“役其智者则必至于闇，肆其勇者则必至于困，竭其力者则必至于踣。以智力胜人者，人亦以智力胜之矣。以义胜人者，天下无敌也。纲纪礼义者，天下之元气也。或偏或全，必有在而不亡，天下虽亡，元气未尝亡也。故能举纲纪礼义者，能一天下者也”[①]。这时，郝经把封建的纲纪礼义提到至高无上的程度，反映了他的儒家思想和立场；但郝经的这番议论又是针对实际，有所为而发的。

郝经综观了蒙古进入中原以后的历史，认为蒙古统治者最大的危险就在于：只知征伐攻取，而不知如何统治，几次失掉“致治”的良机。他说：“国家光有天下，绵历四纪，恢拓疆宇，古莫与京。

① 上引文均见《陵川集》卷一八《思治论》，第12–15页。

惜乎攻取之计甚切，而修完之功弗逮，天下之器日益弊而生民日益惫也。盖其机一失，而其弊遂成。初下燕云，奄有河朔，便当创法立制而不为。既并西域，灭金源，蹂荆襄，国势大张，兵力崛阜，民物稠伙，大有为之时也，苟于是时正纲纪，立法度，改元建号，比隆前代，使天下一新，汉唐之举也，而不为。……先皇帝（指蒙哥）初践宝位，皆以为致治之主不世出也。……其愿治之心亦切也，惜其授任皆前日害民之尤者，旧弊未去，新弊复生，其为烦扰，又益剧甚，而致治之机又失也。”[①]失机的原因之一，是惟务进取，“国家自平金以来，……惟务进取，不遵养时晦，老师费财，卒无成功，三十年矣”[②]。把国家的力量首先用在整顿内政上，在巩固了已占领的北方地区恢复了民力以后，再谈南下灭宋，统一全国的问题，这就是郝经在处理内外关系上一贯的指导思想。

郝经反对蒙哥伐宋以及劝忽必烈迅速班师的理由还有两个：一是宋无败亡之衅；一是国内空虚，易为摇荡。他认为宋朝尚有相当实力，不可小视，“彼渡江立国，百有余年，纪纲修明，风俗完厚，君臣辑睦，内无祸衅，东西南北，输广万里，亦未可小；自败盟以来，无日不讨军实而申警之。彷徨百折，当我强对，未尝大败，不可谓弱，岂可蔑视，谓秦无人”[③]。在蒙哥死后，忽必烈围鄂州，久攻不下。宋援兵四集，形势不利，郝经力劝忽必烈知难而退，迅速撤兵，不失为金兀术。再者蒙古军队此番倾国而出，后方空虚，觊觎政权者大有人在。如“塔察国王与李行省肱脾相依，在于

① 《陵川集》卷三二《立政议》，第14–15页。
② 《陵川集》卷三二《班师议》，第9页b面。
③ 《陵川集》卷三二《东师议》，第6–7页。

背胁；西域诸胡窥觇关陇，隔绝旭列大王；病民诸奸（指阿篮答儿等）各持两端，观望所立，莫不觊觎神器，染指垂涎，一有狡焉，或启戎心，先人举事，腹背受敌，大事去矣”①。

郝经在最初受到忽必烈的召见时，就以议和止杀为请。当时忽必烈尚未取得最高统治权，所以回答郝经说："时未可也。"又说："可行之时，尔自知之。"②一二五八年，郝经随忽必烈东道军南下时，又一再谈到议和的问题。在行经真定时，忽必烈曾说："今师之出，皇帝所命也。一日事定，汝为吾使宋讲信通好，以安百姓。"③看来忽必烈对于蒙哥的大举伐宋也是不赞成的。他在召见商挺时有过这样一段对话："己未，宪宗亲征蜀，以图宋。世祖趋荆、鄂，军于小濮，召问军事，公对曰：'蜀道险远，瘴疠时作，难必有功，万乘岂宜轻动。'世祖默然久之，曰：'卿言正契吾心。'"④郝经是与宋议和政策最早的倡议者和坚持者，所以在忽必烈即位以后，派出的第一任与南宋议和的信使，自然非他莫属了。正如他自己所说的："经等布衣，教授保塞，主上聘起，问以治道，即以议和止杀为请。其后对扬之间，敷陈不一，是以即位之初，先遣信使，即命经行。"⑤

郝经入宋以后，贾似道害怕揭穿自己当年在鄂州乞和与谎报战功的真相，把郝经拘留在仪真，不让他入见，因此宋蒙双方未能达成和议。但此后将近十年中忽必烈对宋基本采取守势，集中力量来

① 《陵川集》卷三二《班师议》，第11页a面。
② 《陵川集》卷三二《班师议》，第9页a面。
③ 《陵川集》卷三八《再与宋国丞相书》，第3页a面。
④ 《元朝名臣事略》卷一一《参政商文定公》，第181页。
⑤ 《陵川集》卷三九《上宋主陈请归国万言书》，第25页a面。

整顿和稳定内部，到一二六八年始围攻襄樊，作图宋的准备。直到一二七四年，一切条件已经成熟，才发动全面进攻，一举灭宋，完成了统一全国的大业，形势的发展，基本上不出郝经所料。

对于弭兵息民政策，在蒙古国朝廷内部是有分歧意见的。究竟赞同支持的是什么人，反对的又是哪些人呢？郝经被扣期间，曾多次上书宋帝，移文相府，陈明和战利害。在他的书信中透露了这一分歧，希望得到宋方对议和派的配合与支持。他在《上宋主请区处书》中说："断然为之，以行夙心者，主上也；合谋启迪，对扬天衷者，欲亲诸王也；经营比次，计安遗黎者，六七儒生也。夫狡焉思启封疆，以乱为利者，何国蔑有？燕岭之北，河湟之西，姑置勿论。藩方侯伯，牙错棊置，各土其地，各分其民，擅赋专杀，父死子没，今一再传，年皆未及四十，书传方略，时务情伪，莫不明练，而各握重兵，多者五七万，少者亦不下二三万。比年以来，鏖战长征，山川险易，靡不周知。以经观之，其宁甘于束臂坐老岁月，志富贵而已哉。"[①]这里郝经明确指出，弭兵息民政策除得到一部分蒙古诸王的支持外，主要是儒士谋划经营的结果。而反对者主要是汉人世侯。

郝经在《与宋国丞相书》中说："河朔自金亡之后，硕士大老、英伟之人流落殆尽，而一二憗遗，收缉残坠，致之主上，乃有今日。其发诏命使之时，莫不扶杖引领，恻然沾涕曰：不图今日复见盛事，更须忍死，以睹其成。厌乱者则如是也。"[②]可见主张议和的儒生就是中州遗士，他们一生饱尝兵革乱离之苦，而蒙古每次

---

① 《陵川集》卷三七《上宋主请区处书》，第18页。
② 《陵川集》卷三七《与宋国丞相书》，第24页a面。

出征，都要括兵率赋，朝下令而夕出师，给老百姓带来了极大骚扰，也加重了汉族地主的负担。所以他们十分厌恶战争，极力赞助和议，以期重见太平[①]。郝经后来从南宋回来，“所过父老瞻望流涕”[②]，说明讲和是受到北方父老的拥护的。

郝经清楚地意识到，使宋议和能否成功，不仅关系到两国的生灵，而且会直接影响到中州遗士的政治生命。他对贾似道说，如仍不放他归国，则“李行省（指李璮）之言为验，经等独受窒蔽迂阔之责，事机复再失之，则南北永无好合之事。天下后世无复有为生民横身负任者。主上必谓‘汝辈尝谓此事宜行，今乃如是’。责其伪妄，则皆得罪，中州遗士无复孑遗，是最可痛也”[③]。

郝经指出汉人世侯是反对议和的，他们握有军、民、财政大权，而且世代相传，是割据一方的土皇帝。这些乘金末兵乱崛起的军阀，经过四十多年，现在已经传了一两代，由他们的儿子或者孙子掌握大权了。这些“年皆未及四十”的诸侯，血气方刚，而且习惯于“鏖战长征”，又各握重兵，自然想通过征伐来谋取功名，扩大势力，不甘心“坐老岁月”，因此是一批好战分子。他们慑于忽必烈的威望，暂时采取观望态度，但一有机会就会阻挠或破坏议和。

据现有材料，明显表示反对郝经使宋的是山东淮南行省长官李

① 《陵川集》卷三七《再与宋国两淮制置使书》：“中州遗士锋镝之余，收其惊魂，引其余息，营缉鸠赞，缔和图安，……虽云天意，亦人力也。”（第14页a面。）卷三八《再与宋国丞相书》：“且仗节即路之日，百姓无不遮马快睹，至有涕泣者曰：不图今日复见盛事！人情如此，天意必从。”（第4页a面。）

② 《元史》卷一五七《郝经传》，第3709页。

③ 《陵川集》卷三八《再与宋国丞相书》，第5页a面。

璮。郝经一行使节去宋的路线是经过山东到达淮南，原计划从涟州到楚州（淮安）进入宋境的，涟州是李璮的辖区，因此忽必烈命令李璮先派人到宋朝的楚州通报遣使之事。以后李璮又连续发公文询问，都一直得不到回音，李璮认为宋方并无议和之意，劝郝经等不要入宋。郝经追述此事说："时经等，……既至东平，而李行省连三致书，言近遣人于淮安报信使之至，仍先奉书要结好事，为叶安抚所杀。且闻毁都亭驿，下诏告谕，誓不与北和，公等毋入不测也。既而又令一幕官来邀令回。"[①]由于郝经不肯，于是又改道由宿州经五河而入宋境。郝经入境后被宋的两淮制置使李庭芝安置住在真州忠勇军营。这期间李璮曾发兵攻淮安，致引起李庭芝对郝经的怀疑。卢挚的《郝公神道碑》说："时相王文统，忌公重望，排置异国，阴属边将，违诏侵宋，沮挠使事，欲以款兵假手害公。"[②]李璮的发兵侵宋是否出于王文统的指使？发兵的目的是否为了假手于宋以谋害郝经？都还有疑问[③]。但李璮反对议和是真，其中另有原因。李璮占有山东东部各州，地广兵强，是当时最强大的汉人世侯之一。他的辖区临大海，南面与宋的淮南东路接界，在淮水两岸的涟州和楚州，更是宋蒙双方经常互相争夺的地方。李璮以备宋为名，"朝廷数征兵，辄诡辞不至"[④]。说他所奏战报"皆恫疑虚喝，挟敌国以要朝廷，而自为完缮益兵计"。如宋蒙一旦讲和弭兵，那么

---

① 《陵川集》卷三八《再与宋国丞相书》，第3页b面。
② 卢挚：《翰林侍读学士郝公神道碑》，《元文类》卷五八，第849页。
③ 郝经在《宿州与宋国三省枢密院书》中，把王文统列为"耆旧英贤"，对之似无恶感，如王文统果有意将郝经排置异国，假手于宋以害之，那么李璮何必再三挽留，劝郝经毋入不测之地呢？
④ 《元史》卷二〇六《李璮传》，第4591页。

他就会失去这种要挟的借口，直接影响到他的地位和利益。

在忽必烈与阿里不哥的斗争中，汉人世侯都是站在忽必烈一边的，在这一点上他们与汉族儒生的态度是一致的。但在对宋和战问题上，由于不同的立场和利害关系，二者就出现了分歧。此外，郝经认为这些诸侯各握兵民，是对中央政权的威胁，所以他在《便宜新政》中提出当置监司以收诸侯之权，制其所为。在这个问题上，姚枢、宋子贞等与他见解相同。后来忽必烈在平李璮之后实行“罢侯置守”，取消对汉人世侯的分封制，就是依靠这批汉族文臣作为骨干的。

由于郝经熟悉历史而又练达时务，思路开阔，对形势有敏锐的观察，因而往往能对一些关系全局的问题，及时提出建议，对忽必烈进行战略决策有重要参谋作用。

郝经最大的政治理想就是在蒙古统治者中物色到一个强有力而又明白的君主，通过他采用以儒家政治、伦理学说作为指导思想的汉族传统的典章制度来统治汉地，恢复被打乱了的封建秩序。这样的领袖不仅代表蒙古统治阶级的利益，而且也代表汉族地主阶级的利益，这样就可得到他们的拥护，被他们尊为共主。郝经的这种观点代表了他那个时代中州士大夫的基本政治观点与意图，与他的前辈耶律楚材、元好问是一致的。不过郝经等遭逢的时机要好一些。他们得到忽必烈的赏识纷纷进入政府，从而扩大了政治影响，在一定程度上实现了上述意图，他们终于能促使进入中原的蒙古统治者在适应汉地的封建文明方面大大跨进了一步，这又是符合当时历史发展的潮流的。

略论奚族在辽代的发展 *

奚族是我国古代北方民族之一，在历史上与契丹并称于世，二者“俱强，为邻国；合并，为君臣。历八百余年，相为终始”。①正基于这种关系，长期以来，人们往往认为奚族入辽以后，渐与契丹化合为一而不能自别，②因此忽视了对奚族本身演变的探索。事实上，辽代只是奚族发展史上的一个重要转折点，而直到元代以后，奚族才走完民族融合的全过程。本文试图对奚族在辽代的发展作一些初步考查，或有助于认识辽朝的民族政策、民族关系以及古代北方民族发展的一般规律。

一、奚的族源和早期历史

奚与契丹俱源出于鲜卑宇文部，是“异种同类”的关系。《魏书》卷一〇〇《库莫奚传》云：“库莫奚国之先，东部宇文之别种

---

*　本文与沈学明合著，原刊于《宋辽金史论丛》第一辑，中华书局1985年版。

①　《金史》卷六七《奚王回离保传》，第1588–1589页。

②　金毓黻：《东北通史》上编卷四，重庆：五十年代出版社，1944年，第252页。

也。初为慕容元真所破，遗落者窜匿松漠之间。其民不洁净，而善射猎，好为寇钞。登国三年，太祖亲自出讨，至弱洛水南，大破之，获其四部落，马牛羊豕十余万。”[①]又同卷《契丹传》亦云：“契丹国在库莫奚东，异种同类，俱窜于松漠之间。登国中，国军大破之，遂逃迸，与库莫奚分背。”[②]又据《辽史》卷六三《世表》称：“鲜卑葛乌菟之后曰普回。普回有子莫那，自阴山南徙，始居辽西。九世为慕容晃所灭，鲜卑众散为宇文氏，或为库莫奚，或为契丹。”[③]

以上材料说明：鲜卑宇文部在被鲜卑慕容皝（字元真）击破后，部众分散为三：即宇文部，库莫奚和契丹。时当东晋永和元年，为公元四世纪中叶，这是有奚族名称的开始（也是契丹之名的开始）。他们一直自称为库莫奚，直到隋代，才去“库莫”二字，只称奚[④]。当时，奚与契丹为逃避慕容部的压迫，俱活动于松漠之间，直到登国三年（388），他们相继为北魏拓跋珪所破，才互相分背，各自发展为两个独立的部族。

从北魏时起，奚族就与中原王朝发生了政治、经济联系，遣使朝贡，岁致名马、文皮，特别要求入塞交易。“与安、营二州边人参居，交易往来，并无欺贰”[⑤]。北齐时期，奚仍与中原王朝保持着朝贡关系。

---

① 《魏书》卷一〇〇《库莫奚传》，北京：中华书局，1974年，第2222页。
② 《魏书》卷一〇〇《契丹传》，第2223页。
③ 《辽史》卷六三《世表》，北京：中华书局，1974年，第951页。
④ 《新唐书》卷二一九《奚传》：“奚亦东胡种，……元魏时自号库真奚，……至隋始去‘库真’，但曰奚。”北京：中华书局，1975年，第6173页。
⑤ 《北史》卷九四《奚传》，北京：中华书局，1974年，第3126页。

到了唐代，奚族与中原的联系得到进一步加强。贞观年间，奚酋长可度者归附唐朝，太宗为置饶乐都督府，以可度者为右领军兼饶乐都督，封楼烦县公，赐姓李氏。奚五部各置州，以各部酋长辱纥主为刺史，隶属饶乐府。饶乐都督府与设在契丹的松漠都督府均归设在营州的东夷都护府管辖①。开元年间，玄宗又将宗室女封为公主嫁给奚王，并经常赐给大量绢帛。奚王也遣使献名马，每岁朝贡不绝②。这种日益密切的往来，扩大了中原封建经济文化对奚族的影响。

唐、五代时期，奚族的社会经济有了明显的进步。除了畜牧业和狩猎外，值得注意的是，奚族这时已有了简单的农业。《新唐书》卷二一九《北狄·奚传》云："（奚）与突厥同俗，逐水草畜牧，居毡庐，环车为营，……以射猎为赀，稼多穄，已获，窖山下，断木为臼，瓦鼎为飦，杂寒水而食。"③《新五代史》卷七四《四夷附录》也称这时期的奚族"颇知耕种，岁借边民荒地种穄，秋熟则来获，窖之山下，人莫知其处"④。可见，这时奚族虽仍以游牧为主，过着迁徙无常的生活，但经济上已由单一的游牧开始转向半农半牧了。

与经济的发展相适应，奚族的社会内部也发生了一些新的变

---

① 饶乐府在辽之饶州，潢水之北，石桥旁，见《辽史·地理志》。（第441页。）其遗址在今内蒙古林西县西南。营州在辽之兴中府，今之辽宁朝阳。

② 《新唐书》卷二一九《奚传》，第6174页。

③ 《新唐书》卷二一九《奚传》，第6173页。

④ 《新五代史》卷七四《四夷附录》三，北京：中华书局，1974年，第909页。《文献通考》卷三四四《四裔考》二一，"库莫奚"，所述有关奚族耕种情况，（第2699-2700页）文字均与上述两条史料相同，但说"去诸之族，颇知耕种"，表明这是西部奚的情况。穄是一种适合北方生长的耐寒作物，至今内蒙古一带还在种。

化。和契丹分为八部一样，奚族在入辽以前，一直保持着五部的组织结构，但是五部的名称在不同时期却有所变化。我们所知最早关于奚五部的名号，见于《隋书》卷八四《北狄·奚传》所载，即："一曰辱纥主，二曰莫贺弗，三曰契箇，四曰木昆，五曰室得。每部俟斤一人为其帅。"[①]按辱纥主、莫贺弗是东胡种对氏族或部落酋长的尊称。据日本爱宕松男考证：此二词有"同族者"、"勇者"的含义[②]。又新中国成立初，我国东北达斡尔族仍保留有"莫昆"组织，"莫昆"当为"木昆"的异译，也是对于同一祖先，同一发源地的血缘团体的称呼[③]。虽然我们目前还不能完全了解这五个称号的语义及由来，但奚五部系由五个血缘氏族繁衍发展而来，还是有迹可循的。《隋书》所记大致包括从北魏末直到隋代期间奚的情况。并且强调说："有阿会氏，五部中为盛，诸部皆归之。"[④]

《新唐书》卷二一九《北狄·奚传》云："（唐太宗）以阿会部为弱水州，处和部为祁黎州，奥失部为洛环州，度稽部为太鲁州，元俟折部为渴野州。"[⑤]列举了唐代奚五部的名称。《新五代史》所记奚五部的名称是：阿荟部、啜米部、奥质部、奴皆部、黑讫支

---

① 《隋书》卷八四《奚传》，北京：中华书局，1973年，第1881页。俟斤为突厥官名，见《旧唐书》卷一九四《突厥传》，北京：中华书局，1975年，第5179页。此称号为奚所沿用。

② 爱宕松男：《契丹古代史的研究》第三编第三节"莫贺弗和辱纥主"（东京：京都大学东洋史研究会，1959年。）又白鸟库吉的《东胡民族考》也说莫贺弗在蒙古族语、女真族语、突厥族语中都是勇士和勇猛的意思。（北京：商务印书馆，1934年，第52–56页。）

③ 林耀华、王辅仁、阿勇绰克图：《达呼尔族氏族、亲属和风俗习惯的调查报告》，《中国民族问题研究集刊》第一辑，北京：中央民族学院研究部，1995年9月。

④ 《隋书》卷八四《奚传》，第1881页。

⑤ 《新唐书》卷二一九《北狄·奚传》，第6173页。

部[1]。大抵为唐代五部名号的异译，没有什么变化。

《辽史》卷三三《营卫志》下所记被辽合并前奚五部的名称为：遥里、伯德、奥里、梅只、楚里[2]。而《金史》卷六七《奚王回离保传》追溯奚族的历史时说："奚有五，大定间，类族著姓，有遥里氏、伯德氏、奥里氏、梅知氏、揣氏。"[3]（按揣氏当即楚里之异译）据此可知，在辽金两代奚五部的名称都是以本族中的"类族著姓"的姓氏命名的。这五姓又被称为"五王族"，是奚族中的贵族。虽然这是后来的情况，但在唐代从势力强盛的阿会氏首先发展为阿会部就已见其端倪了。奚族部落从采用辱纥主、莫贺弗等对酋长的泛称为部名到以大族的姓氏为名号，这种变化意味着部落贵族地位的上升。

此时奚族已出现了部落联盟，作为部落联盟首领的奚王的权力正在增长。如《旧唐书》卷一九九《奚传》称奚族有"胜兵三万余人，分为五部，每部置俟斤一人"[4]。五部之上有大酋，《新唐书》卷二一九《北狄·奚传》云："居毡庐，环车为营，其君长常以五百人持兵卫牙中。余部散山谷间，无赋入，以射猎为赀。……喜战斗。"[5]《旧唐书》中也说："其人善射猎，好与契丹战争。"[6]《隋书》卷八四中则说他们："每与契丹相攻击，虏获财畜，因而得赏。"[7]这些记载表明奚族已发展到以掠夺战争为荣的阶段。尤其值

① 《新五代史》卷七四《四夷附录》三，第909页。
② 《辽史》卷三三《营卫志》下，第387页
③ 《金史》卷六七《奚王回离保传》，第1589页。
④ 《旧唐书》卷一九九下《奚传》，第5354页。
⑤ 《新唐书》卷二一九《奚传》，第6173页。
⑥ 《旧唐书》卷一九九《奚传》，第5354页。
⑦ 《隋书》卷八四《奚传》，第1881页。

得注意的是奚王有了一支五百人的卫队。正如恩格斯所说的德意志人的扈从队那样："这是一种独立自主地进行战争的私人团体，由贪图掠夺品的青年所组成，他们只对军事首领效忠，首领养活他们，奖赏他们，这种扈从队的出现，必然会促进王权的产生。"所以恩格斯说："不管这种扈从队必然是多么弱小，……但是他们仍然包含着古代的人民自由走向衰落的萌芽。"[①]

此时奚王王位的继承人已经习惯于从同一家庭中产生。《新唐书·奚传》称："（奚酋）大酺后与契丹可突于斗，死。第鲁苏领其部，袭王。"[②]又《新五代史·四夷附录》云："（奚王）去诸卒，子扫剌（李绍威）立。""绍威卒，子拽剌立"[③]，可见王位的继承，不是兄终弟及，就是父死子继。恩格斯曾指出："氏族首长总是从每个氏族的同一家庭中选出的习俗，在这里也造成了最初的部落显贵。"[④]

从上述变化不难看出，奚族社会已出现了明显的阶级分化，其发展步调和契丹大体一致，到唐代中叶以后，二者均处于氏族社会解体阶段，假如不是被先强大起来的契丹所合并，奚族本身发展的结果，迟早也会走上建立国家的道路。

由于"异种同类"的关系，奚和契丹的语言、习俗基本相同。《辽史》卷一一六《国语解》云："辽之初兴，与奚、室韦密迩，

---

① 恩格斯：《家庭、私有制和国家的起源》，北京：人民出版社，1972年，第142页。
② 《新唐书》卷二一九《奚传》，第6174页。
③ 《新五代史》卷七四《四夷附录》三，第909页。
④ 恩格斯：《家庭、私有制和国家的起源》，第124页。

土俗言语大概近俚。”[1]而且互通婚姻[2]，两族关系十分密切。尽管他们之间也常发生战争，但有时又采取了联合行动，或隶属于突厥，或归附于唐朝，“两国常递为表里，号曰‘两蕃’”[3]。是当时我国东北两个强大的部族。虽然有这些不平常的关系，奚族在当时仍是一个独立的整体，但是不久，这种独立地位就被崛起的契丹改变了。

唐僖宗光启年间，契丹渐强大，“乘中原多故，北边无备，遂蚕食诸郡，达靼、奚、室韦之属，咸被驱役”[4]。到耶律阿保机任迭剌部酋长后更四出攻掠，积极向外扩张。奚族原住在饶乐府的阴凉川，这时被迫向南徙居琵琶川[5]，但仍未能摆脱契丹的驱役。十世纪初，奚族的一部分因不堪契丹的奴役，在其首领去诸的率领下又向西迁到妫州（在今河北怀来县东南）。《五代会要》卷二八《奚》记述此事说：“自天祐（905–907）初，契丹兵力渐盛，室

---

① 《辽史》卷一一六《国语解》，第1533页。《辽史》卷七三《耶律曷鲁传》亦云：“契丹与奚言语相通，实一国也。”（第1220页。）

② 《文献通考》卷三四四《四裔考》二一“库莫奚”：“绍威娶契丹女舍利逐不鲁之姊为妻。”第2700页。

③ 《旧唐书》卷一九九《奚传》，第5354页。

④ 《旧五代史》卷一三七《外国列传》一，北京：中华书局，1976年，第1825页。

⑤ 关于阴凉川和琵琶川的位置，据《五代会要》卷二八《奚》条，奚“居阴凉川，东去营府五百里，南去幽州九百里。……后徙居琵琶川，在幽州东北数百里，出古北口”。（上海：上海古籍出版社，1978年，第452页。）阴凉川，贾敬颜同志认为即今锡伯河，为老哈河一支流。《辽史》卷三九《地理志》中京道、利州条云：“阜俗县。唐末，契丹渐炽，役使奚人，迁居琵琶川。统和四年置县。……后置州，仍属中京。”（第483–484页。）又曾公亮《武经总要》前集一六下《北蕃地理》曰：“利州，东至建州百二十里，东北至建州百一十里，西南至兰州六十里，南小凌河路至平州五十里，西北至中京百五十里”。（第416页。）据以上材料，琵琶川应在利州东北的大凌河上游。贾敬颜同志认为即今兴州河。利州，据《中国历史地图集》第六册十一图“辽中京道”，其位置相当今辽宁省哈喇沁左翼蒙古族自治县东大土城。

韦、奚、霫皆受制焉。故奚之部族为契丹代守边土。暨虏人虐其首领，去诸怨之，以别部内附，徙于妫州，依北山而居，渐至数千帐，故有东、西奚之号。”[①]迁往妫州的奚族自号为西奚[②]，而留在琵琶川的号东奚，奚族遂分为东西两部分。

公元九〇七年阿保机成为契丹可汗以后，更加紧了对奚族的进攻，奚族屡次反抗都失败了。特别是公元九一一年阿保机“亲征西部奚。奚阻险，叛服不常，数招谕弗听。是役所向辄下，遂分兵讨东部奚，亦平之。于是尽有奚、霫之地，东际海，南暨白檀，西逾松漠，北抵潢水，凡五部，咸入版籍”[③]。经过这次沉重的打击，奚族“不敢复抗”，只得举族臣属。从此在奚族的历史上出现了新的转折，揭开了重要的一页。

二、奚族在辽代的地位和作用

考查奚族在辽代的地位，实际上也就是考查契丹对奚族的政策以及辽代民族关系的一个方面。契丹统治者对奚族的总方针是：保持其原有的部族组织，通过以奚王为首的上层分子，控制和奴役奚族人民，使之为辽朝的统治服务。也就是“并奚王之众，抚其帐部，拟于国族”的政策[④]。由于契丹人数不多，为了壮大自己的势

① 《五代会要》卷二八《奚》，第452页。

② 《辽史·太宗纪》云：“（天显十二年春正月）癸亥，遣国舅安端发奚西部民各还本土。”（第40页。）据此可知西奚自天祐徙至妫州后，直到天显十二年（937）才被遣返故土。这个故土在奚区的西部，不是东奚所居之地，有待另文考详。

③ 《辽史》卷一《太祖纪》上，第4–5页。

④ 《辽史》卷四五《百官志》一“北面诸帐官”，第711页。

力，给“异种同类”的奚族以仅次于契丹族的待遇，以示笼络。同时设官监视其军队，改编其部落，逐渐加强了对奚部的控制。《辽史》卷三三《营卫志》记述了在胡损反抗之后对奚族改编的情况：

（奚）初为五部，曰遥里，曰伯德，曰奥里，曰每只，曰楚里。太祖尽降之，号五部奚。天赞二年（923），有东扒里厮胡损者，恃险坚壁于箭笴山以拒命，揶揄曰：“大军何能为，我当饮堕瑰门下矣！”太祖灭之，以奚府给役户，并括诸部隐丁，收合流散，置堕瑰部，因堕瑰门之语为名，遂号六部奚。命勃鲁恩主之，仍号奚王。①

可见奚在降附之初，仍保留了原来五部落的组织。后来虽增加了一个堕瑰部，成为六部奚，但原来的五部并未受到太大的影响。而且新置的堕瑰部是由奚王府给役户、诸部隐丁及流散人口组成的，其地位远不能与老五部相比，老五部的酋长都是由遥里、伯德等著族大姓担任的，他们是奚族的世贵。这五部也被称为五帐分，以示尊崇②，而堕瑰部则只能称部，故奚六部也称为“奚王府六部五帐分”。奚六部仍由奚王直接统治。

奚王有奚王府，与契丹族的北大王院、南大王院、乙室王府合称为四大王府，均被列为大部族。《辽史》卷四六《百官志》二记述奚王府的职官设置说：“奚六部。在朝曰奚王府。有二常衮，有

① 《辽史》卷三三《营卫志》下，第387页。
② 辽制，对地位高的部族则称帐，比如遥辇九帐、皇族三父帐、国舅二帐等，《辽史》卷三三《营卫志》下：“太祖二十部，二国舅升帐分，止十八部。”（第384页。）

二宰相，又有吐里太尉，有奚六部汉军详稳，有奚拽剌详稳，有先离挞览官。”[①]对于常衮和宰相的职掌，《辽史》卷八五《奚和朔奴传》称和朔奴曾在统和八年（990）上表说：“臣窥见太宗之时，奚六部二宰相、二常衮，诰命大常衮班在酋长左右，副常衮总知酋长五房族属，二宰相匡辅酋长，建明善事。今宰相职如故，二常衮别无所掌，乞依旧制。”[②]这里所说的酋长即指奚王。副常衮总知酋长五房族属，即掌管前述五帐分族属之事，这和《辽史·国语解》的解释相同。《国语解》云：“常衮，官名。掌遥辇部族户籍等事；奚六部常衮掌奚之族属。”[③]但是路振的《乘轺录》却说：“奚兵，常温相公统之，岁籍其兵，辨其耗登，以授于虏。”[④]按常温即常衮之异译，照这种说法，常衮似还有统兵的任务。奚和契丹都实行征兵制，由管理户籍的官员负责征发兵丁是可以理解的。在契丹人中典族属的惕隐亦常率军出征，因此，奚王府中的常衮应同时又是统奚军的将领[⑤]。不过到和朔奴时，常衮已成为“无所掌”的“空

---

① 《辽史》卷四六《百官志》二“北面部族官”，第726页。

② 《辽史》卷八五《奚和朔奴传》，第1318页。

③ 《辽史》卷一一六《国语解》，第1536页。

④ 路振：《乘轺录》（编者按：李涵老师昔年撰写此文时，所用的是贾敬颜先生撰《路振〈乘轺录〉疏证稿》（油印本），今用贾先生《五代宋金元人边疆行记十三种疏证稿》（北京：中华书局，2004年。）校对（第72页），下同。

⑤ 按《乘轺录》云：“虏之兵有四：一曰汉兵，二曰奚兵，三曰契丹，四曰渤海兵。驸马都尉、兰陵郡王萧宁统之。契丹诸族曰横帐兵，惕隐相公统之，即虏相耶律英也。奚兵，常温相公统之。”又据《辽史·太祖纪》云，太祖即位之二年，“始置惕隐，典族属，以皇弟撒剌为之，……夏五月癸酉，诏撒剌讨乌丸，黑车子室韦”。（第3页。）同卷记载大内惕隐安端亦数受命出征。这与路振所说的契丹横帐兵由惕隐相公统之是一致的。田村实造认为常温相公可能是指曾任奚王府监军的耶律室鲁。但路振使辽在辽圣宗统和二十六年，耶律室鲁在统和二十一年即已改任北院大王，恐非是。参见田村实造的《辽宋交通资料注稿》。

衔”了。

为了监视和控制奚军，辽朝还派契丹人充奚王府监军和吐里太尉，参与奚王府事。《资治通鉴》卷二六六《后梁纪一》云：“（阿保机）击奚，灭之，复立奚王而使契丹监其兵。”[①]担任过奚监军职务的有太宗时期的寅你已，辽圣宗统和四年前后的耶律迪烈，统和二十一年的耶律室鲁[②]。吐里太尉，亦称秃里太尉。辽太宗天显三年（928）在一次与后唐争夺定州的战役中，“命奚秃里铁剌往救之”[③]。辽道宗大安八年（1092），“阻卜酋长磨古斯杀金吾吐古斯以叛，遣奚六部吐里耶律郭三发诸蕃部兵讨之”[④]。可见秃里太尉也是个统兵的职务。担任过此职的还有耶律霞里、耶律敌剌、肖思温、耶律韩留和耶律特么等，从有关各传中可以得知他们都是契丹人[⑤]。

奚六部汉军详稳和奚拽剌详稳。据《辽史·国语解》称：“详稳，诸官府监治长官。”[⑥]汉军详稳，当为统带汉军的军官，说明在奚王府下的也有汉军。拽剌是契丹语士兵之意[⑦]，奚拽剌详稳，则是管理拽剌军的军官。至于先离挞览官，据《辽史》卷一一《圣宗纪

---

① 《资治通鉴》卷二六六，后梁太祖开平元年五月，北京：中华书局，1956年，第8679页。

② 参看《辽史·太宗纪》天显十一年九月，会同元年九月，会同三年三月，（第38、44、47页。）；《辽史·圣宗纪》统和四年正月，统和二十一年七月，（第119、158页。）

③ 《辽史》卷三《太宗纪》上，天显三年三月，第28页。

④ 《辽史》卷六九《部族表》，太平八年，第1113–1114页。

⑤ 霞里，见《辽史》卷七三《耶律欲稳传》，第1226页。余见《辽史》本传。

⑥ 《辽史》卷一一六《国语解》，第1537页。

⑦ 《辽史》卷四六《百官志》二，在拽剌军详稳司下面写：“走卒谓之拽剌。”（第739页。）余靖：《武溪集》卷一八《契丹官仪》则云：“巡警者呼拽剌。” （广东丛书本，台北：商务印书馆，1946年，第7页上。）拽剌一词，元代仍沿用，为军士、衙差之称谓，见朱居易：《元剧俗语方言例释》，上海：商务印书馆，1956年，第114页。

二》："（统和四年）八月丁酉朔，置先离闼览官六员，领于骨里、女直、迪烈于等诸部人之隶宫籍者。"[①]以此类推，奚王府的先离闼览官可能也是管理奚六部人之隶宫籍者。据《全辽文》卷九《萧孝忠墓志》，卷七《张哥墓志》知奚王府下还有太师、太保等官。

总之奚王府的职官设置和辽的其他北面官机构相类似，既沿用契丹的官号，又夹杂了某些汉族官名，但基本上还是采用适应北方游牧民族特点的契丹官制。

奚王由奚人担任，而且均从奚王族中选授，并不像有些著作所说的是出自契丹族人。与此相反，有一个契丹贵族想当奚王，却受到阿保机的谴责[②]。但是值得注意的是：奚王并不是像过去那样由同一个家庭中的父子兄弟世代相传，而是由辽帝任命。他要按时向皇帝朝谒、进贡[③]，并接受出征的命令。皇帝可根据其功过予以奖惩，直至罢免。因此改编后的奚王府已经成为辽朝行政机构的一部分，奚王成为政府中的一个职官，奚族从此失去了政治上的独立地位。

辽圣宗时，对奚族各部又做过一次大的改编：首先是对奚王府下的六部进行调整，统和十二年（994）圣宗"合奥里、梅只、堕瑰三部为一；特置二剋部以足六部之数"[④]。理由是奥里、梅只、堕瑰三部"民籍数寡"故合为一部；又"以奚府二剋分置二部"，

---

① 《辽史》卷一一《圣宗纪》二，第124页。

② 《东北通史》上编说："又置奚王府以统之，而为之王者，大抵为契丹族人"，第306页。《辽史》卷一《太祖纪》提到太祖弟迭剌哥图为奚王，未获准。按除见于《辽史》本纪和表中的有些奚王族属不明外，凡在《辽史》有传的奚王均出身于奚贵族。

③ 《辽史》卷四《太宗纪》下："（会同）三年二月己亥，奚王劳骨宁率六节度使朝贡。……三月壬申，次石岭，以奚王劳骨宁、监军寅你已朝谒不时，切责之。"（第47页。）

④ 《辽史》卷三三《营卫志》下，第387页。

即南剋部和北剋部[1]。形式上仍为六部，实际上已经过一番合并分置的变动了。更重要的是紧接着在统和十四年四月圣宗借奚王和朔奴讨兀惹败绩之机，“籍六部隶北府”[2]，也就是说把奚六部划归辽中央的北宰相府领导，不再隶属奚王府。无疑，这一措置，大大削弱了奚王权力。

原隶奚王府的奚六部所担负的主要是军事任务，平时为辽“代守边土”，战时则从征。《辽史》卷三五《兵卫志》说：“众部族分隶南北府，守卫四边，各有司存。”[3]下面记奚王府帐系侍从宫帐，遥里、伯德、奥里、南剋、北剋等五部则隶属于东北路统军司。在众部族军中独未列楚里部之名，显然是出于漏写。据《辽史》卷四六《百官志二》，东北路统军司属于长春路，为负责“控制东北诸国”的军事机构之一。从《辽史·营卫志下》所载奚各部的居地看，除伯德部居地偏西外，遥里、楚里等部居地都在中京道的东南，今大凌河上游一带，密迩辽之东京道，奚王府所在地也在中京之南[4]。因此让他们守御和控制东北的铁骊、兀惹、女真各族是很自然的。

由于要依靠奚的贵族来控制奚族下层群众，并利用奚军来对付

---

① 《辽史·国语解》：“北剋、南剋。掌军官名，犹汉南北军之职。”（第1537页。）在《国舅帐剋》下云：“官制有大国舅帐，此则本帐下掌兵之官。”（第1539页。）可见奚府二剋是直属奚王帐下的军队。此二剋军太宗时已有，（见《辽史·太宗纪》天显三年正月条，第28页。）不过到圣宗时始各置为部。

② 《辽史·营卫志》下：“奚王和朔奴讨兀惹，败绩，籍六部隶北府。”（第387页。）同书卷一三《圣宗》四：“（统和）十四年夏四月，是月奚王和朔奴，……等五人以讨兀惹不克，削官。”（第148页。）

③ 《辽史》卷三五《兵卫志》中，第410页。

④ 《辽史·营卫志下·部族下》：“遥里部居潭、利二州间。伯德部松山、平州之间，太师、太保居中京西。楚里部居潭州北。”（第389页。）又余靖：《武溪集》卷一八《契丹官仪》称：“又有奚王府掌奚兵，在中京之南。”（第6页下。）

其他被统治的民族，所以不得不极力笼络奚的上层分子，在各方面给以优待。辽的这种政策，使正处在氏族社会瓦解阶段的奚族加快了两极分化的步伐。少数贵族跻身于辽国统治阶级的行列，而广大部民则在沉重的兵役和赋税负担下走向贫困，有的甚至沦为部曲和奴隶。奚族内部的阶级分野更加明朗化了。下面分别叙述奚贵族和不同身份的奚族人民在辽代的地位和状况：

奚贵族主要是由原来五部落酋长的后裔组成的，他们是传统的贵族，故亦称世贵，或五王族。

在政治上，奚王族与契丹贵族同样享有世选特权。在辽代，只有这两族世贵能以世选作为入仕的主要门径，而渤海王族尽管名义上被尊为仅仅亚于遥辇的贵族，一般却享受不到这种待遇。这就保证了奚王族子弟有上升为国家统治者的资格和条件。奚王亦称奚六部大王，或奚六部长，皆从王族出身的官员中选授，并且可以在中央机构中担任其他要职，这在《辽史》仅存录的五位奚王传记中有很清楚的说明。如：

> 奚和朔奴，奚可汗之裔。保宁中，为奚六部长。统和初，为南面行军副部署。十三年秋，迁都部署[1]。
>
> 萧观音奴，奚王搭纥之孙。统和十二年，为右祗侯郎君班详稳，迁奚六部大王。……及伐宋，与萧挞凛为先锋，降祁州，下德清军，上加优赏。同知南院事[2]。

---

① 《辽史》卷八五《奚和朔奴传》，第1317–1318页。
② 《辽史》卷八五《萧观音奴传》，第1314页。

萧蒲奴，奚王楚不宁之后。开泰间选充护卫，曾三度任奚六部大王。太平九年，以平大延琳功，加兼侍中。（重熙）十五年，为西南面招讨使，西征夏国①。

萧韩家奴，奚长渤鲁恩之后。太平中，补祗侯郎君，累迁敦睦宫使，不久改奚六部大王。清宁初，封韩国公，历南京统军使，北院宣徽使，封兰陵郡王。咸雍二年，迁西南面招讨使②。

奚回离保，一名翰，奚王忒邻之后。天庆间，迁奚六部大王。兼总知东路兵马事③。

辽王朝还利用联姻（如以公主下嫁奚王）来巩固二者在政治上的联合，而奚王族由于“世与辽人为昏，因附姓述律氏中”④。述律氏汉姓为萧，因此奚王族也姓萧。在“贱他姓，贵耶律、萧氏二姓”的辽代⑤，这种姓氏的改动无疑更提高了奚王族的身份。奚王族在政治上的优越地位还表现在法律上享有特权。统和六年，奚王和朔奴“怙权挝无罪人李浩至死，上以其功释之”⑥。这都表明了契丹统治者与奚王族在共同压迫、统治劳动人民的基础上的勾结。

在经济上，辽朝保留了奚世贵的剥削地位。奚王族拥有相当数量的部曲和部分奴隶。早在遥辇鲜质可汗征讨奚王吐勒斯时，就

---

① 《辽史》卷八七《萧蒲奴传》，第1335页。
② 《辽史》卷九六《萧韩家奴传》，第1399页。
③ 《辽史》卷一一四《奚回离保传》，第1516页。
④ 《金史》卷六七《奚王回离保传》，第1587页。
⑤ 叶隆礼：《契丹国志》卷二三《建官制度》，上海：上海古籍出版社，1985年，第224页。
⑥ 《辽史》卷八五《奚和朔奴传》，第1318页。

曾“以时瑟邻睦之故，止俘部曲之半，余悉留焉”[①]。圣宗时，“奚王府五帐六节度献七金山土河川地”[②]，奚王族对土地的支配权亦可见一斑。奚六部大王的俸禄也很优厚，而且“俸秩外，给獐鹿百数，皆取于民”[③]。在辽朝的优抚政策下，奚王在中京一带不仅有广大的土地宅舍，还有避暑庄[④]，他们剥削着奚汉人民，掌握着生杀的权力。苏辙使辽时所作的《奚君宅》：“奚君五亩宅，封户一成田。故垒开都邑，遗民杂汉编。不知臣仆贱，漫喜杀生权。”[⑤]也反映出奚王作威作福的情景。尤其值得注意的是，奚人中有些王族显宦之家由于内部的阶级分化，到辽中期也有走向衰落的，对这些没落的贵族后裔，契丹统治者还是给予扶植和优待的。例如，奚六部敞稳突吕不的五代孙拔剌“三岁居父母丧，毁瘠过甚，养于家奴奚列阿不。重熙初，兴宗猎奚山，过拔剌所居，奚列阿不言于近臣，拔剌得见上。年甫十岁，气象如成人。帝悦之，锡赉甚厚。既长，有远志，不乐仕进，隐于奚王岭之插合谷。上以其名家，又有时誉，就拜舍利军详稳”。[⑥]拔剌家族又得以复兴，其子萧乐音奴在道宗朝官至五蕃部节度使。又如奚王楚不宁的家族到圣宗时已完全破落，他的后代萧蒲奴“幼孤贫，佣于医家牧牛。伤人稼，数遭笞

① 《辽史》卷三三《营卫志》下，第387页。按吐勒斯为时瑟之弟。同书《萧乐音奴传》《萧朝家奴传》均有关于家奴的记载。

② 《辽史》卷一四《圣宗纪》五，第158页。

③ 《辽史》卷八五《萧观音奴传》，第1314页。

④ 《长编》卷九七，天禧五年九月甲申：“自中京东过小河，唱叫山道北，奚王避暑庄，有亭台。”（第2253页。）

⑤ 苏辙：《栾城集》卷一六《奚君宅》诗，有的版本作“遗民杂汉佃”，上海：商务印书馆，1936年，第247页。

⑥ 《辽史》卷九六《萧乐音奴传》，第1401页。

辱”[①]。其困境不难想见，但长大后，开泰间（1012–1020）“选充护卫，稍进用”。以后又“迁奚六部大王，治有声”[②]。由此可见，辽朝统治者为了统治的需要，对奚世贵的身份地位是极力加以维护的。

在军事上，奚王率领的军队是辽王朝一支重要的武装力量。奚王府担负着侍从宫帐的职责，奚六部大王多选自侍从或护卫出身的奚族官员，他们率领的部族军在许多紧要关头都为保卫皇权，巩固契丹贵族统治发挥了重要作用。

天显元年（926），奚王渤鲁恩以从征回鹘、新罗、吐蕃、党项、室韦、沙陀、乌古等有功受赏[③]。统和四年（986），契丹以耶律休哥为统帅，奚王和朔奴为南面行军副部署，在岐沟关大败宋军。班师回朝后，圣宗大宴从军将校，对和朔奴等人“手诏褒美”，加“诸有功将校爵赏有差”[④]。

圣宗太平九年（1029），渤海地区爆发了以渤海王族子弟大延琳为首的反辽事件，“时南北女直皆从延琳，高丽亦稽其贡”[⑤]，声势相当浩大。奚王萧蒲奴任都监，率右翼军，与契丹军事统帅一道镇压了这次反抗。事后，“蒲奴以功加兼侍中”[⑥]。

道宗清宁九年（1063），辽统治集团内部矛盾激化，爆发了一起规模很大的宫廷政变。《辽史·道宗纪》记载：“皇太叔重元与其

---

① 《辽史》卷八七《萧蒲奴传》，第1335页。
② 《辽史》卷八七《萧蒲奴传》，第1335页。奚和朔奴，字筹宁，疑即楚不宁之异译。和朔奴在统和十四年（996）因罪免官，致家道中落。
③ 《辽史》卷二《太祖纪》下，第22页。
④ 《辽史》卷一一《圣宗纪》二，第122页。卷八五《奚和朔奴传》，第1318页。
⑤ 《辽史》卷一七《圣宗纪》八，第204页。
⑥ 《辽史》卷八七《萧蒲奴传》，第1335页。

子楚国王涅鲁古，……等凡四百人，诱胁弩手军犯行宫。”这是一场争夺皇位的殊死搏斗，奚王族再次为保卫皇权立下汗马功劳。当时任北院宣徽使的萧韩家奴与耶律仁先等“率宿卫士卒数千人御之”[①]，并亲自敦促随重元叛乱的奚猎夫“投仗首服”。这一叛变被平定后，萧韩家奴“以功迁殿前都点检，封荆王，赐资忠保义奉国竭贞平乱功臣”[②]。

不难看出，不论是征伐四周的民族和国家，还是镇压辽境内各民族的反抗，或是平定宗室反侧，奚王族为维护辽王朝的利益，扮演着重要角色。

辽代奚王族靠契丹贵族保持了自己的阶级地位和利益，而契丹贵族则利用奚王族巩固了自己的统治。应该指出，这种互相利用和依靠仅仅是事物的一个方面，作为奚王族，毕竟是被迫臣属于契丹的，他们之间仍存在着权力之争。辽末，在金军猛烈进攻下，随着内部阶级矛盾和民族矛盾的激化，契丹统治摇摇欲坠，奚王便想乘机独立。保大三年（1123），奚王回离保即箭笴山自立，号奚国皇帝，改元天复，并改置官属，籍奚、汉、渤海丁壮为军，他的部下巴辄、韩家奴等“引兵击附近契丹部落，劫掠人畜，群情大骇”[③]。回离保的叛辽自立是奚王族企图利用民族矛盾恢复旧有统治的一次重要尝试。在众多民族组合的辽王朝中，虽然奚王族一直受到较其他民族为优的待遇，终辽一代，他们与契丹的合作是主要的，但其潜在的民族矛盾也绝不能忽视。

---

① 《辽史》卷二二《道宗纪》二，第262页。
② 《辽史》卷九六《萧韩家奴传》，第1399页。
③ 《辽史》卷一一四《奚回离保传》，第1516页；《金史》卷六七《奚王回离保传》，第1588页。

奚族劳动人民在辽代大体可分为两类：一类是随奚王于公元九一一年举族降附的五部奚民，他们基本上保持了原有的部落组织，仍在奚区居住放牧，统和十四年以前属奚王府管辖，以后归辽的北府管辖；另一类则是在战争中被契丹俘掠的俘奚户，他们已脱离了原来的部落组织，被重新编制，有的被迁往外地，他们的身份因隶属关系的不同而有所区别。

在六部奚民中，有一部分是奚王族的部曲、奴隶。前面提到早在奚王吐勒斯时就已拥有部曲一千余户[①]，入辽以后奚族部曲情况如何不很清楚，太祖在置堕瑰部时曾提到过有奚府给役户，不知是否即是部曲？又在奚王府下设有管理隶宫籍人的先离闼览官，说明奚王也占有一批类似契丹宫户身份的劳动者。这些限于史料，不能详悉。但在奚六部中占大多数的还是一般的平民，他们的地位大体上与契丹部民相同，是自由民身份。奚部民一般从事畜牧和耕种，要向辽交纳租税，服徭役。关于奚民所纳租税情况，不十分清楚，估计不会很重。他们最主要也是最沉重的负担是服兵役。辽国兵制："凡民十五以上，五十以下，隶兵籍。"[②]而且出征士兵的马匹、铁甲、弓箭、口粮皆须自备。包括契丹、奚、渤海等各部族，"胜兵甲者即著军籍，分隶诸路详稳、统军、招讨司。番居内地者，岁时田牧平莽间。边防糺户，生生之资，仰给畜牧……各安旧风，狃习

---

① 《辽史》卷三三《营卫志》下云鲜质可汗曾俘奚王部曲之半，余悉留焉。（第387页。）所俘奚人有七百户，那么连同留下的一半，总数应为一千四百户左右。按部曲的含义很广泛，既可指奴隶，也可以指依附关系很强、类似农奴身份的人。

② 《辽史》卷三四《兵卫志》上，第397页。

劳事，不见纷华异物而迁”[①]。这种重役，常常压得奚民疲困不堪。《文献通考》言：“契丹将伐高丽，命所部南北大王、皮室、乙室、频毕太师、奚、室韦、黑水女真等赋车二千乘。凡调发，先下令使自办兵器、驼马、粮糗，故其抄略所得不补所失，又索境内汉口有罪者配军为骁，民皆嗟怨。”[②]此外，他们还要承担各种额外摊派，如：向朝廷岁贡麋、鹿，向奚王纳獐、鹿等等，因此广大奚民在契丹和奚贵族剥削下，其境况是“赋役百端闲日少，可怜生事甚茫茫”[③]。

奚族下层的典型代表是契丹讨奚时俘降的奚户。他们的身份地位总的说十分卑下，却又不尽相同，基本可分三类：

一是冠以契丹部落名号的俘奚户。据《辽史》卷三三《营卫志》记载：

> 迭剌迭达部。本鲜质可汗所俘奚七百户，太祖即位，以为十四石烈，置为部。隶南府，节度使属西南路招讨司，戍黑山北，部民居庆州南。
>
> 乙室奥隗部。神册六年，太祖以所俘奚户置。隶南府，节度使属东北路兵马司。
>
> 楮特奥隗部。太祖以奚户置。隶南府，节度使属东京都部署司。[④]

---

① 《辽史》卷三二《营卫志》中，第377页。
② 《文献通考》卷三四六《四裔考》二三，第2709页。
③ 苏颂：《苏魏公集》卷一三《牛山道中》诗，影印文渊阁四库全书，台北：商务印书馆，1983年，第1092册，第216页上栏。
④ 《辽史》卷三三《营卫志》下，第388页。

这三部都是阿保机以俘奚户设置的。其中迭剌迭达部被俘时间最早，他们被迁往契丹临潢府西北的庆州以南居住，戍守黑山北。其余二部大约都是阿保机俘虏的，其住地《营卫志》未载。三部前均冠有契丹部落名号，意味着他们对这些契丹部落存在着依附关系。以迭剌迭达部为例，这些奚户是在鲜质可汗时被迭剌部夷离堇撒剌的所俘[①]，故被俘后即迁至迭剌部的附近居住，部人并以耶律为姓。但是在当时的历史条件下，这种依附关系并未发展为主奴关系。当他们被置为部以后，各设节度使以领之，分别隶属于诸路招讨司、兵马司等边防军事机构。因此，这三部的奚民同样要承担繁重的兵役。《辽史》卷五九《食货志》记载："统和三年，帝尝过藁城，见乙室奥隗部下妇人迪辇等黍过熟未获，遣人助刈。太师韩德让言，兵后逋民弃业，禾稼栖亩，募人获之，以半给获者。政事令室昉亦言，山西诸州给军兴，民力凋敝，田谷多躏于边兵，请复今年租。"[②]从这段材料可见，这些俘奚户有自己的个体经济，多半也要向朝廷交纳租税，他们所受到的是封建性的赋役剥削。但他们来源于俘户，受到契丹部落的监督，政治地位低于奚六部的部民，迭剌迭达部的奚人，官居高位而在《辽史》中有传的仅耶律斡腊一人。

二是籍入宫卫的奚户。《辽史》卷三三《营卫志》称："奚有三

---

① 见张正明：《契丹史略》，北京：中华书局，1979年，第85页注一。又《辽史·太祖纪》上称：唐天复三年（903），阿保机为迭剌夷离堇时"先是德祖（撒剌的）俘奚七千（应作"百"）户，徙饶乐之清河，至是创为奚迭剌部，分十三县"（第2页）。张云波：《辽代契丹人及奚人之分布》（《四川大学季刊》1935年第1期）。认为迭剌迭达部即奚迭剌部之改名，所见甚是。

② 《辽史》卷五九《食货志》上，第924页。

营：曰撒里葛，曰窈爪，曰耨盌爪。太祖伐奚，乞降，愿为著帐子弟，籍于宫分，皆设夷离堇。圣宗各置为部，改设节度使，皆隶南府，以备畋猎之役。”①

此三部都是太祖伐奚时降附的，不算作俘户。但投降后被籍入宫卫，成为著帐户。按宫户的成分也很复杂，包括各种不同身份的人。但著帐户的身份显然是奴隶。《辽史》卷三一《营卫志》说：“著帐户：本诸斡鲁朵析出，及诸罪没入者。凡承应小底、司藏、鹰坊、汤药、尚饮、盥漱、尚膳、尚衣、裁造等役，及宫中、亲王祗从、伶官之属，皆充之。”②余靖的《武溪集·契丹官仪》也说：“十宫院人呼小底，如官奴婢之属。”③这一部分奚户已成为失去人身自由的宫廷奴隶。

撒里葛、窈爪、耨盌爪三营，大概是部以下的氏族单位。按“爪”是契丹、奚语中“百”数的意思，《辽史》《金史》中有“六百家奚”“九百奚营”的名称④。窈爪、耨盌爪等也就相当于这样的单位，用汉语来说就是营。这三营被籍入宫分以后，自然脱离了原来的部落。但他们仍聚居在一起，营的组织并未解散，因此到圣宗时因户口蕃息，才能在原有基础上被置为部，并仍沿用旧名。据《营卫志》：撒里葛部居泽州东，窈爪部居潭州南，则其居地仍在滦河流域和大凌河上游之间，这里正是奚族分布较集中的地区，

---

① 《辽史》卷三三《营卫志》下，第388页。

② 《辽史》卷三一《营卫志》上，第371页。

③ 余靖：《武溪集》卷一八《契丹官仪》，第7页上。

④ 《辽史·国语解》：“爪，百数也。辽有六百家奚。”（第1547页。）又《金史》卷67《奚王回离保传》：“初，（金）太祖破辽兵于达鲁古城，九百奚营来降。”（第1588页。）

可见他们并未被徙离本土。圣宗时解除了他们的宫籍，各置为部，皆隶属南府，也就是说免除了他们的奴隶身份，划归辽朝政府管辖。这个改动无疑提高了他们的地位，但也不能认为他们已经成为自由民了。他们所负担的主要徭役就是“以备畋猎之役”。奚人素以善射猎著称，猜想他们在充当著帐户时，大约也是供皇帝围猎时役使的。耶律重元发动政变时，辽道宗正在滦河行营打猎，耶律重元曾诱使奚猎夫二千犯行宫[①]。这些猎夫很可能就是从距离滦河很近的撒里葛等部征发来的。

这三部奚人的身份，解除宫籍后大致与迭剌迭达三部相类似，都是人身依附关系较强的半自由民，其地位高于奴隶，而逊于伯德等六部的部民。但不管怎么样，他们在圣宗时都列为国内小部族。综上所述，各种类型的奚人的部落共有了十二个[②]。

三是沦为头下户的俘奚户。这类奚人是辽初契丹贵族在对外扩张中掠夺来的或由朝廷分赐给贵族及功臣的俘降人口。他们分隶于不同的主人，完全脱离了原来的部落和氏族。他们随着头下军州的设置而变为贵族领地上的头下户，通常被称作“生口”、“奴婢”，辽初期完全依附于本主，属奴隶性质。随着辽王朝封建经济的发展，其所受到的封建剥削就与奴隶身份不符了。这部分人逐渐成为国家与契丹贵族争夺课户的对象。金代对头下户有一段追述说：

---

① 《辽史》卷九六《萧韩家奴传》：“重元复诱奚猎夫来。韩家奴独出谕之曰：‘汝曹去顺效逆，徒取族灭。何若悔过，转祸为福！’猎夫投仗首服。”（第1399页。）同卷《耶律仁先传》：“重元率奚人二千犯行宫。”（第1396页。）

② 《辽史·营卫志》下在撒里葛等三部之后列有讹仆括部，并说“与撒里葛三部同，居望云县东”，（第389页。）似乎也是一个奚部，但所记过于简略，不能确断。由于《辽史》的疏略，肯定还有些零散的奚部被遗漏了。

初，辽人掠中原人及得奚、渤海诸国生口，分赐贵近或有功者，大至一、二州，少亦数百，皆为奴婢。输租为官，且纳课给其主，谓之二税户。[①]

所谓二税户，就是将其税半输官，半输主，对国家及对本主都存在封建依附关系，辽初作为奴隶的头下户到此时实际上已变为农奴了。

综上所述，可以看出契丹对奚族的政策基本是建立在阶级统治的基础上的。奚族在辽代所受的待遇，也是以阶级地位来区分的。奚族的上层统治者在契丹贵族的收买、笼络下，加入了辽国统治阶级的行列，而奚族绝大多数部民、部曲乃至奴婢却与各族劳动人民一样深受契丹、奚、渤海贵族及汉人地主联合专政的压迫，生活于困苦之中。仅道宗一朝，有关“发粟振中京饥。……以民多流散，除安泊逃户征偿法”[②]，“赐中京贫民帛”[③]等记载比比皆是，奚民不堪繁重的赋役，反抗契丹统治的斗争也不断发生。耶律重元能诱使二千多奚猎人犯行宫，就反映了奚民对辽统治者的不满。到了辽末，广大奚民的反抗汇入各民族的起义浪潮中，加速了辽王朝的瓦解。

---

① 元好问：《中州集》卷二《李承旨晏》，北京：中华书局，1959年，第100页。
② 《辽史》卷二五《道宗纪》五，大安三年二月丙午、甲辰，第295页。
③ 《辽史》卷二五《道宗纪》五，大安三年夏四月戊子，第295页。

三、辽代中京地区的民族杂居对奚族封建化的促进

辽代是奚族发展史上极重要的时期，这不单是指其在辽代的地位而言，更重要的是自从耶律阿保机揭开奚区民族杂居的序幕后，奚族不可避免地被卷进了封建化的历史潮流，在近二百年的民族融合过程中，丰富和发展了自己的经济和文化，社会经济制度也发生了变化。

自从隋唐以后，中京地区就一直是奚族的聚居地①。据宋人记载："中京，旧鲜卑之地，在饶乐府西南，本奚王国牙帐之地。奚部落南距古北口，北距潢水，东即营州，千余里皆其境土。"②辽以前，奚族与中原汉族的交往时断时续。而且大多是在奚汉交界地带进行贸易接触，虽然受到封建经济文化的影响却并不深入，中京地区基本是奚人的天下，但这种局面到五代时就被打破了，契丹建国后，中京一带很快就变成了各民族杂居的地区。

中京地区杂居局面的形成大致可分为两个阶段。

（一）辽太祖、太宗时期，中京地区开始徙入汉人、渤海人。

唐末五代，由于藩镇骄横，互相兼并，中原成为军阀互相厮杀的战场，因此"燕人军士多亡归契丹"③。这部分汉人有的进入中京地区。如惠州，"传闻南朝逃叛者多在其间"④。除流亡者外，更

① 中京的名称是在圣宗以后才有的，我们暂用此来称呼奚区。
② 曾公亮：《武经总要》前集卷一六下《北蕃地理》，第496页。
③ 叶隆礼：《契丹国志》卷一《太祖纪》，第2页。
④ 苏辙：《栾城集》卷一六《惠州》诗注，第247页。

多的汉人是因俘降而至。神册元年，阿保机大举进兵燕蓟之地，“攻蔚、新、武、妫、儒五州，俘获不可胜纪，斩不从命者万四千七百级。尽有代北、河曲、阴山之众，……（神册）六年，出居庸关，分兵掠檀、顺等州，安远军，三河、良乡、望都、潞、满城、遂城等县，俘其民徙内地；皇太子略定州，俘获甚众。”①契丹统治者将这些汉俘成批迁入他们的内地，设州立城以居之。根据《辽史》卷三九《地理志》的记载，当时在中京地区迁入汉俘的地方有：

惠州：太祖俘汉民数百户兔麛山下，创城居之，置州。宋人说：“景德初，契丹入寇河北，德清军失守，俘虏人民，于此置城居之。城方二里，至低小，城内有瓦舍仓廪，人多汉服。”②

武安州：太祖俘汉民居木叶山下，因建城以迁之，号杏埚新城。复以辽西户益之，更曰新州。统和八年改今名。

泽州：太祖俘蔚州民，立寨居之，采炼陷河银冶。开泰中置州。

霸州：本汉柳城县地，唐末为奚所据。太祖平奚及俘燕民，将建城，命韩知方［古］择其处。乃完葺柳城，号霸州。重熙十年升兴中府。

榆州：太宗南征时，横帐解里以所俘镇州民置州。

此外，锦州、建州、白川州也皆置有汉俘。天显元年（926），灭渤海国后，一部分渤海人开始徙往中京地区，黔州即是“太祖平渤海，以所俘户居之”。③经过太祖、太宗两朝的安置，中京地区天

① 《辽史》卷三四《兵卫志》上，第396页。
② 曾公亮：《武经总要》前集卷一六下《北蕃地理》，第499页。
③ 《辽史》卷三九《地理志》三，第487页。

致呈现出奚族与汉、渤海族杂居的布局。

当时，汉族、渤海族的封建经济文化水平都远比契丹和奚族高，阿保机“多掠燕蓟之人，杂居蕃界”以后，这些汉人有的“教其织纫工作，中国所为，虏中悉备”①；有的“教契丹建牙开府，筑城郭，立市里”、“垦艺荒田”②；还有的教其封建赋税剥削之法，“赋税之制，自太祖任韩延徽，始制国用”③。从此，封建经济文化源源输入契丹，使契丹逐步走上了封建化的道路。到公元九三八年石敬瑭割幽云十六州后，契丹又增加了一大块封建经济更发达的富饶之地，《契丹国志》曾对幽州描绘道：

> 自晋割弃，建为南京，又为燕京析津府。户口三十万，大内壮丽。城北有市，陆海百货，聚于其中；僧居佛寺，冠于北方。锦绣组绮，精绝天下。膏腴蔬蓏、果实稻粱之类，靡不毕出，而桑柘麻麦，羊豕雉兔，不问可知。水甘土厚，人多技艺。④

因此，幽云之得加速了契丹封建化的进程。十年之后，在契丹腹地上京也能十分清楚地看到中原封建经济文化的影响：“西楼有邑屋、市肆，交易无钱而用布，有绫锦诸工作，宦者、翰林、技术、教坊、角觝、秀才、僧尼、道士等皆中国人，而并、汾、幽、蓟之

---

① 《辽史拾遗》卷一《太祖纪》引《唐明宗实录》，上海：商务印书馆，1936年，第11页。
② 叶隆礼：《契丹国志》卷一《太祖纪》，第2页。
③ 《辽史》卷五九《食货志》上，第926页。
④ 叶隆礼：《契丹国志》卷二二《四京本末》，第217页。

人尤多。”[①]这是胡峤于公元九四七至九五三年间留居契丹时的见闻。他所目睹的汉人三教九流云集上京的情景颇耐人寻味，这显示出封建文化在契丹广泛传播的程度。这些汉人由并、汾、幽、蓟到上京，无论他们选择哪条路线走，都必须首先穿过中京奚区，中京此时受到的熏陶也就可想而知了。

（二）圣宗时期，再次以汉户渤海户等充实中京。

圣宗统治时期，契丹建国已近百年，社会经济发展，户口增加，正处在国力鼎盛的阶段。统和二十二年（1004），宋辽订立澶渊之盟，结束了长期交战的局面，双方互派使节，往来不绝。在这种新形势下，契丹统治者有必要加强控制和充实奚区。正如《契丹国志》卷二二《四京本末》所说："奚地居上、东、燕三京之中，土肥人旷。"[②]其位置正处在辽国的中部，北面是契丹族的根据地上京，南面是汉族聚居的南京，东面是渤海人最多的东京。土地肥沃而又人烟稀少，亟待开发。因此圣宗决定在此建立京城。《辽史》卷三九《地理志》叙述说："圣宗尝过七金山土河之滨，南望云气，有郛郭楼阙之状，因议建都。择良工于燕、蓟，董役二岁，郛郭、宫掖、楼阁、府库、市肆、廊庑，拟神都之制。统和二十四年，五帐院进故奚王牙帐地。二十五年，城之，实以汉户，号曰中京，府曰大定。"[③]由此可知，中京建城之地就是七金山土河之滨的原奚王建牙之所，建城的工匠都是从燕蓟汉族地区调发的，城市规制仿照辽的首都临潢，而且在中京建成之前，就派五帐院进驻于此。按

---

① 胡峤：《陷北记》，一名《胡峤陷辽记》，收入吴曾祺：《旧小说》第九册丙集，上海：商务印书馆，1930年，第2页。

② 叶隆礼：《契丹国志》卷二二《四京本末》，第216页。

③ 《辽史》卷三九《地理志》三，第481–482页。

五帐院即五院部，是从契丹八部中最强大的迭剌部分出来的。《辽史》卷三三《营卫志》称："五院部。其先曰益古，凡六营。阻午可汗时，与弟撒里本领之，曰迭剌部。传至太祖，以夷离堇即位。天赞元年，以强大难制，析五石烈为五院，六爪为六院，各置夷离堇。"[①]五院部的进驻奚区，足证契丹统治者对这个地区的重视，同时又是加强控制奚族的重要措施。在五院部举部迁徙之后，陆续又有些契丹人移居中京[②]，但是被大批迁入的还是渤海人。如中京刚建立，就被"实以汉户"，"统和间，徙辽东豪右以实中京"[③]，把一批渤海人也迁到此地。随后，在开泰初年陆续大批移民至中京道，或立州，或立县，一再补充新居民。圣宗时期，中京一带新设置的州有十二个，县有十八个[④]。其中以渤海户实之的有恩州、来州、隰州、迁州、润州[⑤]；以汉户实之的有中京大定府、惠州、榆州、北安州、泽州、兴中府、黔州、宜州、锦州、岩州等。此外，又迁入了一批高丽俘户（主要在高州三韩县）和女真居民（居来

---

① 《辽史》卷三三《营卫志》下，第384页。

② 《辽史·地理志》三云：长兴县"以诸部人居之"（第482页）；惠和县"圣宗迁上京惠州民，括诸宫院落帐户置"。第483页。这里虽未指明是契丹人，但在诸部人及宫户中就可能有契丹人。又《武经总要》前集卷一六下《北蕃地理》称高州有契丹、汉、新罗诸国俘虏人民，第499页。

③ 《辽史》卷一〇五《大公鼎传》，第1459页。

④ 圣宗时期置的州计有：高州、北安州、潭州、松山州、岩州、惠州、来州、隰州、迁州、润州、利州、泽州，共十二个。新置县十八个：富庶、劝农、文定、升平、神水、金源、阜俗、永和、松山、龙山、象雷、闾山、安德、弘理、宜民、恩化、三韩、惠和等县，参见《辽史》卷三九《地理志》三。

⑤ 《辽史》卷一七《圣宗纪》云：太平十年（1030）镇压大延琳之后，"诏渤海旧族有勋劳材力者叙用，余分居来、隰、迁、润等州"。第206页。

州）[①]。于是在辽的腹地中京一带，在以奚人为主的土著居民的基础上，形成了众多民族杂居的局面。这不仅在中京地区这个大范围内如此，在某些州县的内部同样有几个民族杂居的现象。这种状况在宋使的行程录中也多有反映。大中祥符元年（1008），路振到中京时，已经看到“奚汉民杂居益众”的景象。在他之后，宋绶于天禧四年（1020）出使契丹时，记录得更为清楚：“由古北口至中京北皆奚境，奚本与契丹等，后为契丹所并，所在分奚、契丹、汉人、渤海杂处之。”[②]就这样，经过从阿保机至圣宗一百来年的迁徙安置，过去的奚族根据地已经变成辽代民族杂居的重要地区。此刻中京又是南北政治、经济、文化交流的重要场所，辽帝常驻跸于此，并在此接见各国使臣。从古北口至中京，沿途营建了十座驿馆[③]，以接待来使。中京城内亦有“大同驿以待宋使，朝天馆待新罗使，来宾馆待夏使”[④]，中原物产及先进技术也往往通过中京转至上京，在这样的条件下，奚族得以更多地接触和吸收汉及渤海文化，加速了向封建制的转化。

与上京相比，中京地区的土地和气候，更适于农业生产，如苏辙所说：“奚田可耕凿，辽土直沙漠。”[⑤]大批有农业生产经验的劳动人口的迁入，以及澶渊之盟后，长期的和平环境都为经济发展创

---

① 《辽史·地理志三》高州条下：“开泰中，圣宗伐高丽，以俘户置高州。”第483页。来州条下：“圣宗以女直五部岁饥来归，置州居之。”第489页。《武经总要》前集卷一六下《北蕃地理》亦称高州有新罗人，第499页。

② 叶隆礼：《契丹国志》卷二二《四京本末》，第216页。

③ 古北馆、新馆、卧如来馆、柳河馆、打造部落馆、牛山馆、鹿儿峡馆、铁浆馆、富谷馆、通天馆（又称长兴馆）。参见《乘轺录》及《王曾上契丹事》。

④ 《辽史》卷三九《地理志》三，第482页。

⑤ 苏辙：《栾城集》卷一六《木叶山诗》，第247页。

造了条件。从辽中期起，奚族地区农业生产获得进一步发展，出现了“农夫耕凿遍奚疆，部落连山复枕岗。种粟一收饶地力，开门东向杂夷方。田畴高下如棋布，牛马纵横以谷量”的景象①。《辽史》卷一〇五《马人望传》云：道宗时，中京度支使马人望视事半岁“积粟十五万斛”②。表明粮食产量的增加。

此时，奚人的生活方式也有所改变。大中祥符五年（1012），王曾使辽，一出古北口踏上奚境就注意到：

> 居人草庵板屋，亦务耕种，但无桑柘；所种皆从垄上，盖虞吹沙所壅。山中长松郁然，深谷中多烧炭为业，时见畜牧牛马橐驰，尤多青羊黄豕。亦有挈车帐，逐水草射猎。食止糜粥、粆精。③

元祐四年（1089），苏辙使辽诗中亦言：“燕疆不过占（疑为“古”字之误）北关，连山渐少多平田。奚人自作草屋住，契丹骈车依水泉。”④

可见这时奚族虽然仍有从事游牧的部落，但已有不少人定居下来，从事粗放的农业生产。在各沿途宾馆守馆的奚民也是“皆给土田，俾营养焉”。特别引人注目的是，此时租佃关系也开始传播到

---

① 苏颂：《苏魏公集》卷一三《牛山道中》诗，第1092册，第216页上栏。又《辽史拾遗》卷一一引刘敞《古北口诗叙》亦云：“自古北口，即奚人也。皆山居穀汲，耕牧其中，而无城郭。”（第266–268页。）

② 《辽史》卷一〇五《马人望传》，第1463页。

③ 王曾：《王曾上契丹事》，王曾出使年代见《长编》卷七九，大中祥符五年十月己酉，第1796页。

④ 苏辙：《栾城集》卷一六《出山诗》，第246页。

了奚区。苏颂于熙宁十年（1077）出使契丹，在前面引的《牛山道中诗》下注道："耕种甚广，牛羊遍谷，问之皆汉人佃奚土，甚苦输役之重。"十二年后，苏辙来到这里，也写道："汉人何年被流徙，衣服渐变存语言。力耕分获世为客，赋役希少聊偷安。"[①]由此可知有不少汉人佃种奚人的土地。但是他们所受的剥削方式究竟如何？苏颂所说的"甚苦输役之重"，似乎主要是服徭役。他们究竟是给辽朝政府服役，还是为奚族封建主服役，这里并未交代清楚。苏辙所说的"力耕分获世为客"，类似宋朝租佃关系中的分成地租；"赋役希少聊偷安"，可理解为由于是私家的佃客，因而对封建政府的赋役负担较轻。尽管这种租佃关系与当时中原发达的租佃制还不能等同，但毕竟是奚族封建生产关系发展的重要体现。

农业经济的发展带动了奚区的手工业和贸易，契丹统治者对此采取保护政策，并在中京地区设置了多处榷场，征收课税。据《乘轺录》报道："虏置榷场于虎北口而收地征。"《辽史》中也记载着圣宗"以古北、松亭、榆关征税不法，致阻商旅，遣使鞫之"[②]。在这种政策鼓励下，奚区贸易开始发展，北宋铜钱成为这里的通行货币。苏辙在谈及使辽见闻时曾说："臣等窃见北界别无钱币，公私交易并使本朝铜钱。"[③]随着汉人、渤海人的流入，中京地区也有了植桑纺绩业，如川州"地宜桑柘，民知织纴之利，岁奉中国币帛，多书白川州税户所输云"[④]。奚人的造车、冶铁技术也在渤海人的

① 苏辙：《栾城集》卷一六《出山诗》，第246页。
② 《辽史》卷一一《圣宗纪》二，第125页。按虎北口即古北口，与松亭关、榆关都是奚区和燕云汉族地区交界处的要道口。
③ 苏辙：《栾城集》卷四一《北使还论北边事札子》，第568页。
④ 曾公亮：《武经总要》前集卷一六下《北蕃地理》，第726册，第498页。

交流中得到提高和推广。奚车是奚族的特产，早就受到契丹人的欢迎和使用[①]。王曾使辽通过奚区时，对这里的造车业、冶铁业都有所记录：

> 七十里至柳河馆。河在馆旁，西北有铁冶，多渤海人所居，就河漉沙石炼得铁。
>
> 过松亭岭，甚峻险，七十里至打造部落馆。有蕃户百余[②]，编荆为篱，锻铁为兵器。
>
> 七十里至富谷馆。民多造车者，云渤海人。[③]

民族杂居加强了文化交流。如渤海人从奚人学得了造车的技艺；奚人也学会了锻铁的本领；汉人则采用了奚、契丹的服饰装束，如苏颂所说："虏中多掠燕蓟之人，杂居蕃界，皆削顶垂发以从其俗，惟巾衫稍异，以别番汉耳。"[④]

这时的中京城也颇具规模，据大中祥符年间先后出使契丹的路振和王曾的描述：中京分为内城和外城，外城幅员三十里，南面是市区，有宽阔的南北向的街道，街道两旁有步廊，东西两侧有坊，坊内是民居和市肆。此外还有市楼，官署、驿馆和寺庙，并有

---

① 《资治通鉴》卷二八四《后晋纪五》齐王开运二年（945）三月条记述在耶律德光与后晋的一次战役中"契丹主坐大奚车中"，下面有注说："沈括曰：'……契丹之车皆资于奚。'"第9289页。

② 据苏颂：《苏魏公集》卷一三《和过打造部落诗》曰："奚夷居落瞰重林，背倚苍崖面曲浔。"（第1092册，第214页下栏）由此可知王曾所写的蕃户指奚人。

③ 王曾：《王曾上契丹事》，见《长编》卷七九，大中祥符五年十月己酉，第1796页。

④ 苏颂：《苏魏公集》卷一三《和晨发柳河馆憩长源邮舍》，《宋集珍本丛刊》本，第十二册，北京：线装书局，2004年，第247页。

停放车帐橐驰的空地。内城偏北，主要建筑是皇城，内有文化、武功二殿。总之，城市的建设井然有序，完全仿照中原的都城规制。一九五九年考古工作者对中京遗址进行发掘的结果，与路振所述基本相符[①]。中京是继上京临潢府之后辽国新建的第二个大城市，成为奚区的政治中心。它的出现，固然有其政治上的原因，更重要的还是奚族地区社会经济进一步发展的结果。

在接受封建经济制度的同时，辽王朝也十分注意学习汉文化。苏颂使辽回朝廷后，帝"问其山川、人情向背，对曰：'彼讲和日久，颇窃中国典章礼义'"[②]。辽太祖时上京设国子监，太宗时置南京太学，圣宗统和九年特赐水硙庄一区给南京太学以养士，道宗清宁六年中京置国子监[③]。这些学校都学习汉文五经及传疏。宋朝有些文学家的诗文集也在辽国广泛流传。如苏辙诗："谁将家集过幽都，逢见胡人问大苏。莫把文章动蛮貊，恐妨谈笑卧江湖。"[④]就是描写苏东坡文集的流传情况。在这种风气熏陶下，奚族也有不少人刻苦学习汉文化，如萧蒲奴幼年时就由人"教以读书，聪敏嗜学。不数年，涉猎经史"[⑤]。萧乐音奴也"通辽、汉文字"[⑥]。学习中原文化的结果，对改革本族落后的习俗起了很大促进作用。《乘轺录》指出：

---

① 见李逸友：《辽中京城址的重要收获》，《文物》1961年第9期。
② 《宋史》卷三四〇《苏颂传》，第10863页。
③ 《续文献通考》卷四七《学校考》，上海：商务印书馆，1936年，第3210-3211页。
④ 苏辙：《栾城集》卷一六《神水馆寄子瞻兄四绝》，第247页。又卷四一《北使还论北边事札子》亦云："本朝印本文字多已流传在彼，其间臣僚章疏及士子策论，……盖不为少。"第567页。
⑤ 《辽史》卷八七《萧蒲奴传》，第1335页。
⑥ 《辽史》卷九六《萧乐音奴传》，第1402页。

蕃、汉官子孙有秀茂者，必令学中国书篆，习读经史。自与朝廷通好已来，岁选人材尤异、聪敏知文史者，以备南使。故中朝声教，皆略知梗概。至若营井邑以易部落，造馆舍以变穹庐，服冠带以却毡毳，享厨爨以屏毛血，皆慕中国之义也。[①]

总之，辽代的民族杂居加速了奚族封建化的进程，使它与其他民族日趋一致。契丹、渤海、奚、汉，“四姓杂居，旧不通婚，谋臣韩绍芳献议，乃许婚焉。衣服、饮食、言语，各从其俗，凡四姓相犯，皆用汉法。本类自相犯者，用本国法。”[②]而且到辽末金初，在东京的黄龙府出现了“凡聚会处，诸国人语言不通，则各为汉语，令通事者，然后能辨之”的情况[③]。奚族在这种民族融合的洪流中，日益深入地吸收着先进经济文化的营养，一点点洗刷掉原始部落及奴隶制的残余，与北方民族尤其是与契丹族在吸收汉、渤海等先进文化的共同基础上结合了起来，首先是一部分奚世贵同化于契丹贵族了。奚族封建化既改变了自身社会形态，也创造了本族消亡的条件。这是历史发展的趋势，是历史进步的体现。

---

① 路振：《乘轺录》。编者按：今用贾敬颜《五代宋金元人边疆行记十三种疏证稿》，第75页。

② 余靖：《武溪集》卷一八《契丹官仪》，第8页下。

③ 《辽史拾遗》卷一三《地理志》二，引《奉使行程录》，第261页。奚人也有部分迁入东京道，在东京兵马都部署司下即设有奚军都指挥使司。

金代奚族的演变 *

北方民族之一的奚族，在历史上活动了近千年之久，元朝以后就销声匿迹，不再作为一个单独的民族出现于史册了，这是奚族融合于其他民族的结果。入金以后，虽然奚族的政治地位下降，但从民族融合的角度看，金代同样是奚族发展史上一个重要的阶段。由于经过这个阶段的民族迁徙、杂居与相互影响、同化，奚族才能在元朝完成民族融合的全过程。可惜史学界对此尚少具体论述。我们不揣浅陋，试图从奚族在金代的地位、地理分布、社会组织等方面的变化，论证奚族与其他民族融合的客观条件业已成熟。这对于研究奚族整个的历史发展，以及金代民族关系的一个方面，或不无小补。

一、金灭辽过程中奚族的抵抗

奚族在辽代也是处于被统治地位，但因它与契丹"异种同

* 本文刊于《武汉大学学报》（社会科学版）1986年第6期。

类”，风俗语言相同，加以强悍善战，因此受到契丹统治者的倚重，其上层分子享受“拟于国族”[①]的待遇，但奚族人民却要负担繁重的兵役，为辽“代守边土”[②]。从《辽史》所记载的材料看，奚军的大部分都被部署在东北边防线上。当时，辽的辽阳路诸司包括东京兵马都部署司，契丹、奚、汉、渤海四军都指挥使司和东京都统军使司，都是“控扼高丽”的，所属军队中就有奚军都指挥使司的队伍。长春路诸司则包括黄龙府兵马都部署司、黄龙府铁骊军详稳司、咸州兵马详稳司和东北路都统军使司，这些军事机构都是控制包括女真在内的东北诸部族的[③]。因此，在女真举兵之初，奚军就首当其冲，在几次著名的战役中，均有奚人参加，如天庆四年（1114）的宁江州之役中，金兵“获奚、契丹甲马三千”[④]。在随后的出河店之役中，辽朝“发契丹、奚军三千人，中京禁军及土豪二千人，别选诸路武勇二千余人”迎战[⑤]。由于阿骨打采取了招抚政策，咸、宾、祥三州及铁骊、兀惹相继降附；奚回离保以所部降；不久，住在韩州的九百奚营也来降附[⑥]。

回离保，又名萧翰或萧干，是奚王的后裔。《辽史》卷一一四本传载他历任官职较详，称：“大安中，车驾幸中京，补护卫，稍迁铁鹞军详稳。天庆间（1111至1120），徙北女直详稳，兼知咸州

---

① 《辽史》卷四五《百官志》一，第711页。
② 《五代会要》卷二八，第345页。
③ 《辽史》卷三六《兵卫志》下，第421–423页；卷四六《百官志》二，第743–745页。
④ 《宋会要辑稿》“蕃夷”二之三一，第7707页。
⑤ 《辽史》卷二七《天祚皇帝纪》一，第328页。
⑥ 王寂著，张博泉注释《辽东行部志注释》云：“韩州，……移于今柳河县，又以州非冲途，即徙于旧九百奚营，即今所治是也。”韩州在今吉林省梨树县梨树镇北。（哈尔滨：黑龙江人民出版社，1984年，第60页。）

路兵马事，改东京统军。既而诸蕃入寇，悉破之，迁奚六部大王，兼总知东路兵马事。”[①]回离保所任北女直详稳等官，都是辽的东北路或东路的统兵官。如知咸州路兵马事就是前面说的咸州兵马详稳司的长官。《金史》本传称回离保为“铁骊王”，按黄龙府有铁骊军详稳司，这个机构也在长春路。黄龙府和咸州是辽朝防御女真的两个重要的军事据点，有可能回离保曾担任过铁骊军的详稳，因而获得“铁骊王”的称号。总之，他是因与“诸蕃”作战有功而得到擢升的。

《金史》卷六七本传说他降金后“未几，遁归于辽”[②]。不久九百奚营亦叛，当时像这样已降复叛的例子很多，不仅限于奚人。造成这种状况的原因有二：一是金的移民政策；其次就是将卒对降人的骚扰掳掠。《金史·太祖纪》所载天辅七年的诏书云：“比遣（完颜）昂徙诸部民人于岭东，而昂悖戾，骚动烦扰，致多怨叛。”[③]同书卷七八《时立爱传》亦称：“金人所下城邑，始则存恤，后则俘掠。”[④]奚回离保自逃回以后坚持反金，直到最后失败。

《辽史》本传将回离保迁奚六部大王的事系于天庆年间是不对的。据《辽史·天祚皇帝纪二》载：天庆七年十二月丁丑，以“东北路行军都统奚霞末知奚六部大王事”[⑤]。保大元年（1121）正月“以萧遐买为奚王……萧斡镇国大将军”[⑥]。霞末与遐买为同名之

① 《辽史》卷一一四《奚回离保传》，第1516页。
② 《金史》卷六七《奚王回离保传》，北京：中华书局，1975年，第1587页。
③ 《金史》卷二《太祖纪》二，第39页。
④ 《金史》卷七八《时立爱传》，第1776页。
⑤ 《辽史》卷二八《天祚皇帝纪》二，第336页。
⑥ 《辽史》卷二九《天祚皇帝纪》三，第342页。

异译，实为一人。可见在回离保之前，担任奚王的是萧霞末。保大二年金人进攻中京，守城的契丹人无斗志，打算弃城逃跑，奚王霞末则尽力抵抗，城破以后与金兵战于城西七十里，继又拒金兵于北安州，两次均遭失败。北安州被攻克，霞末从此下落不明[①]。

在同年三月与辽大臣共同拥立耶律淳的奚王已经是回离保了。《辽史·天祚皇帝纪三》云："（李）处温闻上入夹山，数日命令不通，即……外假怨军，内结都统萧干，谋立淳。"[②]《金史》卷七六《杲传》所载耶律淳复杲书也有"昨即位时，……奚王与文武百官同心推戴"[③]之语。因拥立有功，回离保又被任为知北院枢密事兼诸军都统，数败来攻的宋军。由于他手握兵柄，在朝廷中有举足轻重的地位，所以耶律淳死后，拥立萧妃又是出自他的主张。耶律淳死前本有意将后事委托给李处温的，但"萧斡拥契丹兵，宣言当立王妃萧氏为太后，权主军国事，众无敢异者"[④]。保大二年（1122）十一月金兵入居庸关，萧后自古北口出奔，行至松亭关，部下的契丹军与奚军因去向问题发生争执，导致分裂。《契丹国志》卷一二称："萧后东归以避金人，至松亭关，议所往。耶律大石林牙，辽人也，欲归天祚；四军大王萧斡，奚人也，欲就奚王府立国。……于是辽、奚军列阵相拒而分矣。辽军从林牙，挟萧后以归天祚于夹山。时奚、渤海军从萧斡留奚王府，斡据府自立，僭号

① 《金史》卷七六《杲传》，第1737–1738页；卷七二《银术可传》，第1658页。
② 《辽史》卷二九《天祚皇帝纪》三，第343页。
③ 《金史》卷七六《杲传》，第1739页。
④ 《辽史》卷一〇二《李处温传》，第1441页；卷一一四《奚回离保传》，第1516页。

为神圣皇帝。国号大奚。”[①]回离保称帝在一一二三年正月，当时奚地发生饥荒“斡领众出卢龙岭攻景州，陷蓟州，寇掠燕城。王安中命郭药师领兵破之，又大战峰山，……斡大败，奚、渤海军皆失其家，归怨于斡，其部白德哥杀之”[②]。

回离保之所以有这么大的权势，是因为他掌握了耶律淳政权下的全部兵马。《辽史拾遗》卷一二引《谋夏录》云：“萧斡者，本奚人，蕃名夔离不，常统契丹、渤、奚、汉儿四色军马，故号四军大王。”[③]《辽史·天祚皇帝纪三》保大元年正月也有“四军太师萧斡”[④]之称。可是，自从契丹军分裂出去以后，他的部下只剩下奚、渤海与汉军了，势薄力弱。虽然《金史》本传说他称帝后又“籍渤海、奚、汉丁壮为军”[⑤]，可是，已经无法挽回颓势，这也许是他失败的原因之一吧。

回离保建立大奚国，反映了奚族复国独立的愿望，在奚族群众中是有号召力的，大奚政权也是中京地区抗金的最主要力量。回离保失败以后，其他一些零散的奚部虽然还在抵抗，但金人也加强了镇压力量，改派挞懒为奚六路军帅，《金史》卷七七《挞懒传》称：“久之，讨劾山速古部奚人，奚人据险战，杀且尽，速古、啜里、铁尼十三岩皆平之。”[⑥]按《辽史·营卫志下》：伯德部下有

---

① 叶隆礼：《契丹国志》卷一二《天祚皇帝》下，第129–130页。《契丹国志》称回离保在奚王府称帝；《辽史·本传》称其“即箭笴山自立”；同书《地理志》云箭笴山在迁州。《金史·本传》则称其“会诸奚吏民于越里部，僭称帝”。《辽史·部族志下》谓遥里部（即越里部）居潭、利二州。二说歧异，不知孰是。

② 《宋会要辑稿》“蕃夷”二之三五，第7709页。

③ 《辽史拾遗》卷一二引《谋夏录》，第224页。

④ 《辽史》卷二九《天祚皇帝纪》三，第341页。

⑤ 《金史》卷六七《奚王回离保传》，第1588页。

⑥ 《金史》卷七七《挞懒传》，第1763页。

速古石烈[1]，此处所说的速古部，大约就是伯德部下面的一个奚人营落。啜里则为楚里部之异译。《金史·挞懒传》又称："辽外戚遥辇昭古牙部族在建州，斜野袭走之，获其妻孥及官豪之族。挞懒复击之，……降民户千余，……又降遥辇二部，再破兴中兵，降建州官属，得山寨二十，村堡五百八十。阿忽复败昭古牙，降其官民尤多。昭古牙势蹙亦降，兴中、建州皆平。"[2]据《金史·兵志》载，遥辇昭古牙所统九营皆奚兵[3]，其住地在兴中府、建州，正是中京地区奚族较多的地方。遥辇九营也是一支较大的队伍，它在天会二年（1124）降服后，奚人无力再抗，以次附属于金。

二、金朝对奚族的基本政策

由于在金灭辽的过程中奚人进行了激烈的反抗，加上他们与契丹关系密切，因此金朝对奚族是时刻加以防范、控制的。但女真本族的人口有限，为了统治新占领的辽和北宋广大地区，并取得继续对宋作战的兵源，又不得不对武勇善战的奚族加以利用。首先在组织上加以改编，把他们和契丹人一样都编入猛安谋克之中；同时又逐步将他们迁离本土，屯戍边境，主要是戍守在北部边防线上。但自废除刘豫政权后，虑中州怀二三之意，又把奚人和女真、契丹人一起南徙到中原地区，与汉族杂处。

金国兴起太快，其主要力量用于南下灭辽剪宋，无暇顾及漠

---

① 《辽史》卷三三《营卫志》下，第390页。
② 《金史》卷七七《挞懒传》，第1763页。
③ 《金史》卷四四《兵志》，第1002页。

北，因此对北方诸部族采取守势。在开始时，金国主要靠契丹和奚族军队戍守，北部边防措置也基本上沿用辽的旧制，设立西北路、西南路和东北路三个招讨司。东北路治所设在泰州（今吉林白城市东南），接近女真的根据地会宁府，金的力量尚可控制。西北、西南两路则大多数以契丹及奚军戍守，因此招讨使也不得不参用奚人与契丹，如西南路招讨使耶律怀义、西北路招讨使耶律涂山皆契丹人，西北路招讨使萧怀忠为奚人[①]，即足以证明。但在金朝的中央政府，以宗室为主体的女真贵族占绝对优势，虽然也参用其他民族的上层人物，但只居于次要地位，这是在完颜亮以前金朝的传统政策。奚人萧肄虽有宠于熙宗，官至参政，但未见对金朝政治有多大影响。海陵王完颜亮以政变的方式上台，为了巩固自己的地位，打击女真贵族的势力，在用人方面开始打破民族界限，重用渤海、契丹、奚、汉等族上层人物，奚人萧裕尤被信任。萧裕本名遥折，初以猛安居中京，和当时任中京留守的完颜亮结为一党，参与了“弑逆之谋”。后又勾结另一奚人萧玉诬告太宗之子宗本谋反，迎合了完颜亮清除太宗子孙的政治需要，萧裕因此官至右丞相兼中书令。史称：“裕在相位，任职用事颇专恣，威福在己，势倾朝廷。海陵倚信之，他相仰成而已。”“或有言裕擅权者，海陵以为忌裕者众，不之信。”[②]以后萧裕因害怕完颜亮猜忌嗜杀，“遂与前真定尹萧冯家奴，前御史中丞萧招折、博州同知遥设、裕女夫遏剌补谋立亡辽豫王延禧之孙”[③]。又派亲信萧屯纳往结西北路招讨使萧好胡，结

① 参见《金史》卷八一《耶律怀义传》，第1826页；卷八二《耶律涂山传》，第1835页；卷九一《萧怀忠传》，第2022–2023页。
② 《金史》卷一二九《萧裕传》，第2791页。
③ 《金史》卷一二九《萧裕传》，第2791页。

果被萧好胡告发。完颜亮闻报后，“甚惊愕，犹未能尽信”[①]，在亲自审问、萧裕供认不讳的情况下，才挥泪杀之。萧好胡即前面所说的萧怀忠，也是奚人。从上述参与谋反的诸人姓名及与萧裕的关系看，他们多半是奚人或契丹人，通过此事也可看出萧裕在朝廷内外有相当大的势力。萧玉因诬告有功，官至右丞相，子尚公主。完颜亮说：“朕始得天下，常患太宗诸子方强，赖社稷之灵，卿发其奸。朕无以报此功，使朕女为卿男妇，代朕事卿也。”[②]萧玉任相达八年之久。奚人萧恭，任德州防御使，“奚人之屯滨、棣间者，皆隶焉”[③]。后官至兵部尚书，死后完颜亮“亲临奠”，并命百官致祭[④]，也深受垂青。总之，奚人在这一时期中地位提高了，对当时的政局有较大影响。但好景不长，由于契丹人的反金大起义，使金朝对奚的政策又发生了急剧的变化。

正隆末年，完颜亮为南下攻宋，在各道强制征兵，迫使契丹人首先在西北路发动起义，其他各地纷纷响应，一直蔓延到东北路的泰州、咸平府、济州、北京大定府、临潢府等处，声势浩大，众至十余万，对金朝造成极大威胁。此后，起义队伍在临潢附近的陷泉被金兵打败，首领窝斡“收合散卒万余人，遂入奚部，以诸奚自益”[⑤]。奚人纷纷参加反金的行列，奚区成为起义军最后的根据地，女真统治者用了很大的气力才将这次起义镇压下去。从此对契丹和奚人加深了猜疑和戒备。奚人萧怀忠过去虽告发过萧裕谋反的

---

① 《金史》卷一二九《萧裕传》，第2792页。
② 《金史》卷七六《宗本传附萧玉传》，第1734页。
③ 《金史》卷八二《萧恭传》，第1838页。
④ 《金史》卷八二《萧恭传》，第1839页。
⑤ 《金史》卷一三三《移剌窝斡传》，第2858页。

事，但自契丹撒八起义后，完颜亮怀疑他与萧裕是同谋，《金史》本传云："海陵意谓怀忠与萧裕皆契丹人，本同谋，逾年乃执招折上变，而撒八亦契丹部族，恐其合。"[①]因此遭到族诛的下场。金世宗更说："海陵时，契丹人尤被信任，终为叛乱。""异时或有边衅，契丹岂肯与我一心也哉。"[②]因此，在金世宗时期，对契丹和奚人的政策又有如下重要变化：

（一）解散曾参加起义的契丹、奚人猛安谋克组织，将其分隶于女真猛安谋克。《金史》卷九〇《完颜兀不喝传》云："窝斡已平，诏罢契丹猛安谋克，其元管户口，及从窝斡作乱来降者，皆隶女真猛安谋克，遣兀不喝于猛安谋克人户少处分置。未经罢去猛安谋克合承袭者，仍许承袭。"[③]可见，罢去猛安谋克的只是契丹猛安谋克的一部分，还有一部分并"未经罢去"。就是已经解散了的契丹户口，不论其是否"从乱"，一概隶属女真猛安谋克的做法，世宗也觉得不妥，不久就改为"未尝从乱可且仍旧"。[④]同书又说："平章政事完颜元宜奏，已迁契丹所弃地，可迁女直人与不从乱契丹杂处。……上曰：'分隶契丹，以本猛安租税给赡之，所弃地与附近女直人及余户，愿居者听，其猛安谋克官，选契丹官员不预乱者充之。'"[⑤]可见曾参加起义来降的契丹部众大定初已被迁到女真人

---

① 《金史》卷九一《萧怀忠传》，第2023页。
② 《金史》卷八八《唐括安礼传》，第1965页。
③ 《金史》卷九〇《完颜兀不喝传》，第1998–1999页；《金史·世宗纪》系此事于大定三年八月。
④ 《金史》卷九〇《完颜兀不喝传》，第1999页。
⑤ 《金史》卷九〇《完颜兀不喝传》，第1999页。

较集中的地方，才有可能分隶于女真猛安中[1]。他们所遗下的土地则被分给迁入的女真人和余户，这些契丹余户，亦即未曾参加起义的“元管户口”，仍选不预乱的契丹官员充猛安谋克统辖之。在处置契丹的猛安谋克组织时，虽未提及奚人，但当时常把奚人也通称为契丹人，如“海陵意谓怀忠与萧裕皆契丹人”[2]即是一例。奚人既然纷纷参加了窝斡的起义，按金朝的政策“凡从乱者”都要被解散原来的猛安谋克组织，奚人当然也不能例外（在金朝的移民政策中就包括奚族，详后）。不过他们在起义队伍中所占比重较小，所以未被专门提及罢了。

（二）对契丹、奚人实行大规模移民。大定初年，金朝对契丹降众已作过迁徙与编入女真猛安谋克的处置，但对于留在西北、西南路的契丹人仍然心怀疑虑。到了大定十七年，又发生了四名契丹士兵在巡视边境的时候，逃奔耶律大石政权的事。以此为契机，金世宗决定再将这两路的契丹人迁往内地，下诏说：“大石在夏国西北。昔窝斡为乱，契丹等响应，朕释其罪，……反侧之心尤未已。若大石使人间诱，必生边患。遣使徙之，俾与女直人杂居，男婚女聘，渐化成俗，长久之之策也。”[3]于是“徙西北路契丹人尝预窝斡乱者上京、济、利等路安置”[4]。《金史》卷四四《兵志》亦称：“（大定）十七年，又以西南、西北招讨司契丹余党心素狠戾，复

① 《金史》卷八八《完颜守道传》：“契丹叛，辽东猛安谋克在其境者，或附从之，朝议欲徙之内地，守道极陈其不可。”第1956–1957页。当时因起义尚未平定，故未实行。但金朝早有此论，所以大定三年被徙的契丹户很可能是移往内地会宁府。

② 《金史》卷九一《萧怀忠传》，第2023页。

③ 《金史》卷八八《唐括安礼传》，第1964页。

④ 《金史》卷八八《唐括安礼传》，第1964页。

恐生事，它时或有边隙，不为我用，令迁之于乌古里石垒部及上京之地。”[1]世宗将两路招讨司的契丹人迁往东北，一则为了隔断他们与西域大石政权的联系，把他们迁到女真人容易控制的地区；同时又寓有对他们进行民族同化的深刻用意。这次移民的地区有乌古里石垒部、上京、济州（辽之黄龙府，今吉林农安）、利（按济州属下有利涉县，而利州则在北京大定府境内，不知此处究指何地）。又《金史》卷七三《完颜守能传》：“（守能）大定十九年为西北路招讨使。是时，诏徙窝斡余党于临潢、泰州。押剌民列尝从窝斡，其弟闸敌也当徙，伪称身亡。以马赂守能，固匿不遣。”[2]则大定十九年又将西北路的“窝斡余党”徙往临潢、泰州一带。值得注意的是闸敌也本人并未参加起义，充其量，不过是个“逆党”子弟罢了，可见窝斡余党的范围又扩大了。其实，根本与起义无关的契丹、奚人也一样免不了被迁徙的命运。如《金史·世宗纪中》载：“十七年正月，……诏西北路招讨司契丹民户，其尝叛乱者已行措置，其不与叛乱及放良奴隶可徙乌古里石垒部，令及春耕作。”[3]又《金史·食货志二》云：“（大定）二十一年正月，……（世宗）又曰：‘奚人六猛安，已徙居咸平、临潢、泰州，其地肥沃，且精勤农务，各安其居。女直人徙居奚地者，菽粟得收获否？’”[4]这里没说明这些奚人是什么时间徙居的，但既各安其居，至少需要三年左右的时间，应与大定十七年相去不远或更早。他们是按猛安为单位迁移的，可能和窝斡起义没有牵连。他们从奚地迁走以后，留下的空

① 《金史》卷四四《兵志》，第994页。
② 《金史》卷七三《完颜守能传》，第1691页。
③ 《金史》卷七《世宗纪》中，第166页。
④ 《金史》卷四七《食货志》二，第1046页。

地被迁入的女真人占有了，这种处置原则和对待在西北路的契丹户弃地，并无二致。把女真猛安谋克迁入奚区，可起到监督留在本地的奚族的作用。

总之，以移剌窝斡起义为界标，可将金朝对待奚族的政策分为两期，前期是又防范又利用，后期则是防范多于利用。这种政策的变化，对金代奚族的地理分布、社会组织编制以至整个奚族的发展都带来深刻的影响，这正是我们下面要进一步探讨的内容。

三、奚族的地理分布

从现有材料看，金代奚族主要分布在以下几个地区。

1. 北京路：原为辽的中京，金初沿用未改，到海陵贞元元年始更名为北京，这里一直是奚族的老根据地，也是奚人最多、势力最大的地方，故有奚区之称。奚回离保曾在此建立大奚国；金朝在平定奚地时，曾在兴中、建州、高州、北安州遭到奚人的激烈抵抗；正隆末年，奚区又成为窝斡起义的一个最后根据地。金军对参加起义的奚人进行了残酷的镇压，《金史·世宗纪上》记载：大定二年八月，“左监军高忠建破奚于栲栳山，及招降旁近奚六营，有不降者，攻破之，尽杀其男子，以其妇女童孺分给诸军”[①]。在这次浩劫中，奚人大批被屠杀，有的被俘虏，曾参加反抗的奚猛安谋克组织，也遭到解散或迁徙的处置。在此以前及以后都有不少奚民被迁出这一地区，不断地向外扩散，这里奚人的数量可能比前代有所

① 《金史》卷六《世宗纪》上，第128页。

减少。

奚人被迁往的地区，大致可分为几类：一是为充实金之东北腹地，如迁往上京会宁、咸平、泰州、沈州等地；一是利用奚军为其守御北边，如迁往临潢、西北路、西南路招讨司等地；再就是随着金朝势力的向南扩展，奚人被迁往河南、山东等地屯驻。

2. 上京、咸平、泰州等地。《金史》卷四四《兵志》："时以奚未平，又置奚路都统司，后改为六部路都统司，以遥辇九营为九猛安隶焉，与上京及泰州凡六处置。"[①]又说："所谓奚军者，奚人遥辇昭古牙九猛安之兵也。"[②]与前引《食货志》所说"奚人六猛安已徙居咸平、临潢、泰州"[③]相联系，可以推测此六猛安就是从遥辇九猛安分出去的。又《金史》卷一二一《伯德梅和尚传》："伯德梅和尚，泰州人也。"[④]伯德为奚五王族之一，梅和尚无疑为奚人，其先世可能就是在金初或辽代迁去的。

3. 东京路：辽代在辽阳路即设置了东京兵马都部署司等军事机构，以"控扼高丽"，其中与奚军有关的机构有奚军都指挥使司。[⑤]又据《辽史·兵卫志》，属东京都部署司管辖的奚部为楮特奥隗部和窈爪部[⑥]。辽末，渤海人高永昌率众刺杀东京留守萧保先，户部使大公鼎与副留守高清臣"集诸营奚、汉兵千余人"，搜捕起事的

---

① 《金史》卷四四《兵志》，第1002页。

② 《金史》卷四四《兵志》，第997页。据《辽史》记载，遥辇氏为三耶律之一，遥辇九帐族被列为辽内四部族之一，遥辇昭古牙从姓氏上看应为契丹人。但《金史》上却说遥辇九营所统为奚军，其驻地在兴中府及建州，又属于奚区，故其部众为奚人。

③ 《金史》卷四七《食货志》二，第1046页。

④ 《金史》卷一二一《伯德梅和尚传》，第2644页。

⑤ 《辽史》卷四六《百官志》二，第744–745页。

⑥ 《辽史》卷三五《兵卫志》中，第414页。

渤海人，斩之。后高永昌占据东京及辽东诸州，“分遣军马，肆其杀掠，所在州郡奚人户，往往挈家渡辽以避”①。可见，东京辽阳府在辽代已有不少奚族军民居住。渤海人大臬“收国二年，为东京奚民谋克”②。说明到金代东京路仍有不少奚民居住。

4. 西京路：此路因与西夏及北方诸部族毗邻，在金代的边防中占有很重要的地位，金的西北路招讨司（治桓州，在今内蒙古多伦西北，滦河上游北岸）和西南路招讨司（治丰州，在今内蒙古呼和浩特市东）均设在此路。从辽代起就有奚军戍守在边防线上，如《辽史·兵卫志》所载：镇驻西南境隶属西南招讨司的奚部就有迭剌迭达部③。金代也不例外，如西京的云内州，“天会七年徙奚第一、第三部来戍”④。《金史·兵志》亦云：“奚军初徙于山西，后分迁河东。”⑤大定十八年，在西北路招讨司仍有“所管奚猛安”⑥。奚人萧怀忠在海陵时曾任西北路招讨使，伯德梅和尚在章宗明昌初亦曾任西北路招讨副使。在西南招讨司的乣军中也有奚人，如《金史》卷一二二《伯德窊哥传》：“伯德窊哥，西南路咩乣奚人。……大元兵克西南路，邻郡皆降，窊哥独不屈。贞祐五年，东胜州（今内蒙古前套，托克托县）已破，窊哥与姚里鸦胡、姚里鸦儿招集义军，披荆棘复立州事。”⑦伯德氏为奚人无疑，姚里则为遥里之异译，所以另两个姓姚里的也是奚人。

① 叶隆礼：《契丹国志》卷十《天祚皇帝》上，第108页。
② 《金史》卷八〇《大臬传》，第1807页。
③ 《辽史》卷三五《兵卫志》中，第413页。
④ 《金史》卷二四《地理志》上，第569页。
⑤ 《金史》卷四四《兵志》，第997页。
⑥ 《金史》卷五〇《食货志》五，第1118页。
⑦ 《金史》卷一二二《伯德窊哥传》，第2660页。

5. 山东、河北等路：《大金国志》卷三六《屯田》条载："废刘豫后，虑中州怀二三之意，始置屯田军，非止女真，契丹、奚家亦有之。自本部族徙居中土，与百姓杂处，……今屯田之处，大名府、山东、河北、关西（？）诸路皆有之。"[①]另据《金史·萧恭传》：奚人萧恭从宗望伐宋，"师还，帅府承制授德州防御使，奚人屯滨、棣间者，皆隶焉"[②]。滨州（在今山东北部、黄河口一带）、棣州（在今山东惠民县一带）属金山东东路，与《大金国志》所载正相吻合。至于河北（包括河北西路与河北东路）与大名府路，当也有奚人散居。据《金史》卷一二八《范承吉传》：承吉曾任顺天军节度使。海陵时"复镇顺天。奚卒散居境内，率数千人为盗，承吉绳以法不少贷"[③]。据《金史·地理志上》顺天军节度使驻保州，原隶河北东路，贞元二年改隶中都路[④]。承吉以贞元二年致仕，复镇顺天在此之前，仅为盗者即有数千人，可见保州境内奚民甚众。

6. 中都路：辽之南京，海陵贞元元年迁都后改为中都。海陵迁都时，不仅将大批女真猛安谋克迁到中都、山东、北京、河间等地，而且有不少奚族军民也被南徙。《金史》卷八四《高桢传》："是时，奚、霫军民皆南徙，谋克别术者因之啸聚为盗。海陵患之，即以桢为中京留守，命乘驿之官，责以平贼之期。贼平，封河

---

① 宇文懋昭：《大金国志校证》卷三六《屯田》，崔文印校证，北京：中华书局，1986年，第520页。
② 《金史》卷八二《萧恭传》，第1838页。
③ 《金史》卷一二八《范承吉传》，第2759页。
④ 《金史》卷二四《地理志》上，第577页。

内郡王。海陵至中京，桢警夜严肃。”[①]按，《金史·海陵纪》：天德三年四月海陵下诏迁都燕京，四年九月海陵至中京。中京奚民南徙大约就在此期间。这条史料虽未说明奚民南徙的地点，但估计应与同时迁徙的女真人差不多。

另外，还有一些在金政府中任职的奚人，更是游宦全国各地。如伯德特里补，历任安肃州、磁州知州，滨州、涿州刺史，同知东京留守，同知南京留守等职；梅只乞奴同知顺天军节度使事；伯德张奴摄永定军节度副使（永定军治雄州，在今河北雄县一带）[②]。

总之，金代奚人分布的地区，可考者即有金的北京路、上京路、咸平路、临潢府路、东京路、西京路、西北路招讨司、西南路招讨司、中都路、河北路、山东东路等处，实际上分布的地区还要广。地域上比辽代更广阔，杂居现象更普遍，这种特点，为奚族和其他民族的融合，提供了极其便利的条件。

四、奚族的社会组织

金代的奚族和女真、契丹一样都被编制在猛安谋克组织里面。《金史》卷七七《挞懒传》云：奚六路军帅挞懒在抚定奚部后，表请设官镇守。太祖曰：“依东京渤海列（例）置千户、谋克。”[③]在建州、兴中府的遥辇昭古牙投降后，“挞懒请以遥辇九营为九猛安。上以夺邻有功，使领四猛安，昭古牙仍为亲管猛安。五猛安之都

① 《金史》卷八四《高桢传》，第1890页。
② 《金史》卷八一《伯德特离补传》，第1825-1826页；卷一二二《粘割贞传》，第2675页。
③ 《金史》卷七七《挞懒传》，第1763页。

帅，命挞懒择人授之”[①]。从这个事例可以看出，原来的一个奚营相当于一个猛安（千户），故遥辇九营被编为九猛安。但被分出四猛安由他人统领，昭古牙亲管的五猛安的长官，也要由挞懒另外委任。这种措施的目的显然是为了削弱昭古牙的权力，以加强金人对这支奚军的控制。

辽代设有奚王（有时称为奚六部大王或奚六部长）和奚王府统率六部奚众，虽然圣宗统和以后奚王的权力也受到削弱[②]，但毕竟奚族有自己本民族的首领和统率机构，基本保留原来的部族组织形式。回离保称帝以后，金太祖曾对他招诱说："傥能速降，尽释汝罪，仍俾主六部族，总山前奚众，还其官属财产。"[③]回离保没有接受这个条件，始终未降。金朝在用武力征服了一些零散的奚部以后，当然不肯再保留通过奚王府来统治奚人这样一种旧的体制了。有的学者认为金朝也设置了名义上的奚王，其史料根据是《金史·徒单合喜传》中提到在徒单合喜派兵解德顺之围时，有一个前锋叫作"奚王和尚"的[④]。按奚族在金朝的地位虽不及辽时重要，但设置奚王毕竟是关系制度方面的大事，在《金史》上应有所记述，但没有这方面的材料。《金史》常在奚人姓名前冠以奚字以表示其族类，如"奚马和尚"、"奚回离保"之类，此处所云之"奚王和尚"，当亦作奚人王和尚解。金代设立奚王之说，在未找到更充足的史料根据之前，似尚难成立。

---

① 《金史》卷七七《挞懒传》，第1763页。

② 参看李涵、沈学明：《略论奚族在辽代的发展》，《宋辽金史论丛》第1辑，北京：中华书局，1985年，第277–294页。

③ 《金史》卷六七《奚王回离保传》，第1588页。

④ 杨若薇：《奚族及其历史发展》，《历史教学》1983年第7期。

以奚人为主要成员的猛安谋克组织，其猛安、谋克官员，大致以奚人或契丹人担任，早期也有以渤海人担任的，如大臭在收国二年曾任“东京奚民谋克”。既然没有奚王府，那么这些奚猛安又属哪些机构统辖呢？《金史》没有系统叙述这个问题。据日本学者三上次男的研究，金初在各路设都统司和军帅司，分掌各地的民政和军事，统率猛安谋克。太宗天会年间废除了原有的都统司和军帅司，而以路、州、县制为主。内地诸路设兵马都总管，州镇设节度使，沿边州则设防御使，由他们兼管民政和兵马。沿边地区则有统军司（设于与南宋、西夏接壤的河南、山东、陕西三路）和招讨司（西北路、西南路和东北路），驻在边地的猛安谋克就是隶属于统军司和招讨司的①。虽然三上次男所说的是泛指一般的猛安谋克，但我们认为对于奚猛安谋克也是适用的。前引《金史·兵志》：“时以奚未平，又置奚路都统司，后改为六部路都统司，以遥辇九营为九猛安隶焉。”②是天会年间，奚猛安隶属都统司的例子。大定十八年世宗命“西北路招讨司所管奚猛安，……遇丰年，多和籴”③。是奚猛安隶属沿边招讨司的例子。前引范承吉任顺天节度使绳治奚卒之为盗者，可作为奚卒隶于州镇节度使管辖的例子。

以上所说以奚人为主编成的猛安谋克是一种情况，还有一部分奚人因参加过窝斡起义，大定以后被分散编入女真猛安谋克中去，这部分奚人的处境肯定不如前一种奚人。《金史》卷八九《移剌子敬传》云：“大定二年，……是时，窝斡余党散居诸猛安谋克中，诏

---

① ［日］三上次男：《金代女真史研究》，金启琮译，哈尔滨：黑龙江人民出版社，1984年，第295-300页。
② 《金史》卷四四《兵志》，第1002页。
③ 《金史》卷五〇《食货志》五，第1118页。

子敬往抚之，仍宣谕猛安谋克，及州县汉人，无以前时用兵相杀伤，挟怨辄害契丹人。”[①]这里虽指的是散居在女真猛安谋克中的契丹人，处于同等地位的奚人，当也相去不远，但也没有材料说明他们已成为女真人的奴隶。

再有在历次战争中成为俘虏的奚人，如前述在大定二年金对不肯投降的奚营“尽杀其男子，以其妇女童孺分给诸军”[②]。仆散忠义在追袭遁入奚中的窝斡起义军时，金世宗下诏令其“就以俘获，均散军士”、“贼平，元帅府以俘获生口分给官僚”[③]。这些被分给军士和官僚的俘虏，自然成为他们的私有财产—奴隶。

还有一部分奚人被编入乣军，戍守边疆。如伯德窊哥，《金史》卷一二二本传中称其为“西南路咩乣奚人”[④]。据《金史·地理志》，咩乣详稳属西京路九处详稳之一。

总之，无论是分隶于不同主人的奚族奴隶，或是分散编入女真猛安谋克的奚民，或是被编入乣军的奚军，他们都已远离家乡，脱离了原来的部族组织，如同为伯德部人，有的在西南路充当乣军，有的则在泰州屯田。同姓之人，却散处异地不同组织之中，原有的氏族血缘关系被进一步破坏了。

辽代的奚族，除掉那些分隶于皇帝宫卫、头下军州和某些契丹部落的俘降奚户外，其主要的五部（遥里、伯德、奥里、梅只和楚里）组织仍保留下来，归奚王府统辖。虽然经过辽太祖和辽圣宗时的合并分置，增加了一个部，其他各部也有些变动，但其基本统治

① 《金史》卷八九《移剌子敬传》，第1988页。
② 《金史》卷六《世宗纪》上，第128页。
③ 《金史》卷八七《仆散忠义传》，第1937页；卷八八《移剌道传》，第1967页。
④ 《金史》卷一二二《伯德窊哥传》，第2660页。

机构未变，奚族内部多少还保留了一些自治权。到了金代，这点权力也被取消了。随着社会的发展，奚猛安谋克作为国家基层行政单位的性质日益加强，而氏族部落的色彩则日益冲淡。奚族社会组织的这种变化，无疑是向民族融合方向迈出的重要一步。

五、奚族的被融合

奚族与其他民族的融合经历了漫长的历史过程。早在北魏时期，奚族已与安州、营州的汉民参居、贸易。唐朝在奚区设饶乐都督府，任命其首领为都督，并与之通婚。这期间奚族与中原汉族王朝的政治、经济联系有所加强。唐初，奚人已开始内徙，开元年间，奚首领李诗琐高率五千余帐降唐，被安置在幽州界内居住。安史之乱中，又有不少奚人被安史叛军驱迫，转战中原，流落不返。五代时幽州刘仁恭父子将奚人“刺面为义儿，伏燕军指使”[①]。契丹强盛以后，俘虏了不少奚民，将他们迁到自己驻牧的地区，成为某些契丹部落的属部，如奚族迭剌迭达部被迁往临潢府的庆州居住，受契丹迭剌部的管辖，并以耶律为姓。契丹建国后，又征发不少奚军，驻守在北方边防线上。这些长期与契丹杂居的奚人自然逐渐契丹化了，而最早迁入河北、中原汉族地区的奚人则逐渐接受了汉文化。辽代最重要的变化莫过于奚族聚居的中京地区被陆续迁入了外族居民，大批迁入的是文化较高的汉族和渤海人民，同时还有部分契丹人和女真人。中京迅速成为多民族杂居的地区，又是宋朝

---

① 《宋会要辑稿》“蕃夷”一之一八，第7681页。

使臣前往辽国首都的交通要道，在汉与渤海先进的封建文化影响下，奚族地区的农业、手工业都有很快的发展，出现了封建的租佃关系[①]，不少奚人“通辽、汉文字”，萧蒲奴“聪敏嗜学。不数年，涉猎经史”。[②]

入金以后，奚人又与契丹一道被征服，置身于势头更猛的、以汉化为主流的民族融合的历史洪流中。由金初以迄金末元初，奚族的演变经历了三次大的转捩点。第一次是在金初灭辽时，奚人在被征服之后，打散了原来的组织，编入猛安谋克组织，并陆续调离原居住地区。第二次是在海陵王和金世宗时期，海陵王为了摆脱女真旧贵族势力，迁都燕京，奚人也有一部分随之南迁；此后平定移剌窝斡起义后，又有一部分奚人被迁往外地，有的甚至被分散到女真猛安谋克中。经过这样两次大的变动，奚人在血缘关系方面更加松散，奚族分布的地域比辽代更为扩大。辽代奚族战时可动员六万兵力，按五口抽一丁计，奚人总人口约三十万。入金之后，经历金初和中叶两次大洗劫，奚人总数当少于此数，这些人分散到金人控制下的地区，包括今天的河北、山东、山西、河南、内蒙古、辽宁等地区，其零散程度可想而知，当然易于被其他民族融合。加上金世宗以后，有意识地对奚、契丹实行同化政策，“俾与女直人杂居，男婚女聘，渐化成俗”[③]，更加速了这一进程。第三个时期，是金末元初时期，奚族经历了最后一次剧烈的动荡。当金末蒙古军南下时，留在辽西的契丹人和奚人有的直接投降了蒙古，如《元史·王

---

① 参看李涵、沈学明：《略论奚族在辽代的发展》，《宋辽金史论丛》第一辑，中华书局1985年版，第277–294页。

② 《辽史》卷九六《萧乐音奴传》，第1402页；卷八七《萧蒲奴传》，第1335页。

③ 《金史》卷八八《唐括安礼传》，第1964页。

珣传》云："（王珣）本姓耶律氏，世为辽大族。……契丹窝斡叛，祖成，从母氏避地辽西，更姓王氏，遂为义州开义人。……木华黎略地奚霫，珣率吏民出迎。"[①]义州在金北京路，为奚居住区，其所率吏民中当包括奚人。留在辽东的奚人很可能参加了耶律留哥的反金活动，史称耶律留哥自称辽王，"众至十余万……营帐百里，威震辽东"[②]。其基本队伍当包括大定十七年后自西北边地迁往东北的契丹人和奚人。耶律留哥之妻姚里氏就是奚人，留哥死后曾继领其众。耶律留哥后来也归附蒙古。因此这部分人也为蒙古汗国所统辖。

入元以后，统治者把原来属于金朝统治下的契丹（包括奚）、女真等被汉化的少数民族都称为汉人，列为第三等级，虽然包含着强烈的种族歧视在内，但在客观上却是对这一时期民族融合、也是对奚族与汉族相融合过程的历史性总结。元代"汉人"等级中所包括的女真、契丹等八个种族中[③]，已经没有奚族名称。此后，奚作为一个民族便逐渐消失在历史舞台上。

① 《元史》卷一四九《王珣传》，第3534页。
② 《元史》卷一四九《耶律留哥传》，第3511页。
③ 陶宗仪：《南村辍耕录》卷一《氏族》，北京：中华书局，1959年，第13–14页。

从曾布根究市易违法案的纷争看新党内部的矛盾与问题*

神宗熙宁七年（1074）三月，因不断有人控告市易务违法，神宗屡次诘问中书不得要领，于是派三司使曾布查明此案。曾布调查的结果认为的确存在违法现象，王安石不信，又增派吕惠卿参加处理此案，两人意见相左，为此大起冲突，由于王安石的支持，吕惠卿占了上风，而曾布被贬外任。这是新党内部第一次公开的冲突，特别斗争双方都是变法派的主要骨干，因此影响也就比较大。这场斗争的是非曲直究竟如何？怎样评价曾布这个人？他的抨击市易务是否出于投机？从宋朝到现在，一直有着不同的看法：吕惠卿说曾布想要“沮坏新法”；李焘则说他为了投机；当时也有人认为曾布是无辜受害而表示同情。近人的研究当中，如杨希闵等则认为他不盲目附和王、吕，正说明他有主见有原则，不是投机取巧之徒。[①] 但直到今天，有些同志仍把曾布抨击市易务的举动当作他背叛新

---

* 本文原刊于《宋史研究论文集》第三辑，浙江人民出版社1987年版。

① 参看杨希闵《曾文定公年谱》（1878年杨氏刊本《豫章先贤九家年谱》）附《曾文肃公事略》；王涣镳《曾南丰先生年谱》（上海：商务印书馆，1943年）。

法，反对王安石的标志，将他看成投机家。因此弄清市易案的真相，判明是非曲直，不仅对于评价曾布、吕惠卿及与此相关的人物有其探讨之必要，更重要的是通过这次纷争，了解变法派内部的矛盾和斗争，有助于探讨变法失败的原因。本文试图对此进行分析，提出自己的一些看法，供批评讨论。

一、市易务纷争的真相

曾布与吕惠卿是王安石创行新法时期的左右手，但当时他们两人并非同时共事的关系，而是前后任的关系。熙宁二年二月王安石设制置三司条例司，以吕惠卿为检详文字，负责拟订新法的具体工作。三年五月诏罢条例司，以其事还中书，青苗、免役、农田水利法付司农寺，仍以吕惠卿判司农寺，继续主管其事。新法中的均输、青苗、农田水利法颁布于熙宁二年，均出自吕惠卿之手[①]。三年九月吕惠卿因父丧去位，王安石乃推荐曾布接替他的工作。曾布同判司农寺以后，继续制订各项法令，积极推动变法运动，如保甲、免役，养马法皆陆续颁行于此时。其中免役法的制定实行，对于改革旧的不合理的差役制度，具有重要的进步意义，这方面曾布的贡献是不可磨灭的。此前，变法机构已确定了改差为雇的原则，并拟出了一些条目交给地方官吏去讨论。曾布在此基础上进一步修改完善，亲手拟订役法条文，熙宁四年初，首先在开封府界各州县试行，广泛听取百姓意见，然后再正式推行。可是新役法刚一公

① 吕惠卿自己说：“制置条例司前后奏请均输、农田、常平等敕，无不经臣手者。”《长编》卷二六八，熙宁八年九月辛未，第6567页。

布，就遭到反对派的攻击，议论纷纷，其中攻击最猛烈的是御史中丞杨绘和监察御史刘摰。杨绘明言有五难，刘摰则列举十害，断言新役法不可行。神宗批令司农寺答复："王荆公使张琥作十难以诘之，琥辞不为。曾布曰：'请为之。'"[①]曾布针对他们的质问，据理条驳，把他们驳得体无完肤，杨、刘因论免役法失实被贬官外调。在排除了重重阻力之后，免役法终于在全国颁布实行了。

曾布这期间兼职很多，其中尤以检正中书五房公事（亦称都检正）一职，最关紧要。这是直属中书的一个办事机构的长官，相当于宰相府办公厅主任，所有公文都要通过他。自曾布任此职后，王安石发布政令更加得心应手。杨绘尝说："外议哗然，咸谓虽涂注亦有只是宰臣王安石与都检正官曾布商议，而参知政事冯京、王珪或有不先预闻者。"[②]他还担任编修中书条例及详定编敕的工作，拟订了不少改革官僚制度的敕令条文，又曾于三司选吏二百人磨勘天下帐籍。由于他工作很出色，深受王安石的赞赏。有一次神宗想派他到河东去察访保甲法实施情况，王安石说："布今所领事，不可一日令它人为之。"[③]曾布对变法的态度是坚决的，王安石曾说："法之初行，议论纷纷，独惠卿与布终始不易，余人则一出焉，一入焉尔。"[④]他的才力和贡献也是突出的，试如刘摰所说："布为检正，判司农事，安石托以腹心，故其政皆出于布之谋，其法皆造于布之

① 邵伯温：《邵氏闻见录》卷一三，李剑雄、刘德权点校，北京：中华书局，1983年，第143页。

② 《长编》卷二二〇，熙宁四年二月甲子，第5347页。

③ 《长编》卷二三六，熙宁五年闰七月乙丑，第5746页。

④ 杜大珪：《琬琰集删存》卷三《曾文肃公布传》，上海：上海古籍出版社，1990年，第425页。

手。”[①]总之，在吕惠卿重回朝廷之前，王安石对曾布一直是十分信任和依靠的。

熙宁五年冬吕惠卿父丧服除，回到政府。这年十二月被任命为都检正，解除了曾布的这个兼职。熙宁七年（1074）二月又让他兼判司农寺，曾布则改任权三司使。在吕惠卿离职的两年多里，曾布由于成绩卓著，升擢很快，职位已在惠卿之上。吕惠卿是个“忌能、好胜、不公”[②]的人，对此很不服气，在他判司农寺以后，就挑剔前任的毛病，对神宗说：“司农寺事甚善，然尚未了五分事。”[③]又建议出榜谕令官吏诸色人揭发司农寺在推行新法中的违法事件和措置未尽之处。魏泰在《东轩笔录》卷十中说：“熙宁以来，凡近臣有夙望者，同列忌其进用，多求瑕累以沮之，百方挑抉，以撼上听。曾子宣罢司农也，吕吉甫代之，遽乞令天下言司农未尽未便之事件。”[④]结果并没有查出什么问题，他只有等待机会。

当时提举市易务的吕嘉问是枢密使吕公弼家的子弟。《宋史·吕嘉问传》：“嘉问窃从祖公弼论新法奏稿，以示王安石，公弼以是斥于外，吕氏号为‘家贼’”[⑤]。吕公弼是反对新法的，吕嘉问不同意吕公弼的政见是完全可以的，但所用手段未免卑鄙。他依仗有王安石的支持，态度骄横，欺侮市易务的上级三司使薛向。向忍气吞声，一切曲徇其意。这件事曾布早有所闻，曾布也是个强鲠

---

① 《长编》卷三六九，元祐元年闰二月甲辰，第8900页。

② 《通鉴长编纪事本末》卷六一《神宗皇帝》“吕惠卿奸邪”，广雅书局本，1893年，第6页上。神宗还说：“观惠卿兄弟，但才能逼己，即忌嫉之。”第6页上。

③ 《长编》卷二五〇，熙宁七年二月癸未，第6095页。

④ 魏泰：《东轩笔录》卷十，北京：中华书局，1983年，第112页。

⑤ 《宋史》卷三五五《吕嘉问传》，第11189页。

不怕事的人，上任以后，有心要杀一杀吕嘉问的威风。《长编》卷二五一，熙宁七年三月壬戌记事说：

> 初，吕嘉问以户部判官提举市易务，挟王安石势，陵慢三司使薛向，且数言向沮害市易事，安石信之。其实向于嘉问未尝敢与之校曲直，凡牙侩市井之人有敢与市易争买卖者，一切循其意，小则笞责，大则编管。嘉问自知不直，虑间己，故先以沮害加之，使其言不信于安石。市易本隶三司，而嘉问气焰日盛，三司固多出其下。及曾布代向为三司使，素知嘉问骄恣，怀不能平，又闻上数以市易苛细诘责中书，意欲有所更张，未得间也。[①]

三月二十日，神宗夜下手札，命曾布查明市易务有无违法情况。曾布奉命后找监市易务的魏继宗询问。魏继宗就是最初上书朝廷，建议实行市易法的人，而且一直在市易务工作，对于市易务建立以来的实际情况最清楚。《长编》卷二五一，熙宁七年三月壬戌记述此事说：

> 布先受命察访河北，辟魏继宗为察访司指使，继宗实监市易务，嘉问自初建议以至其后增损措置，莫不与闻。布因召继宗问之，继宗愤惋自陈，以谓市易主者榷固掊克，皆不如初议，都邑之人不胜其怨。布遂携继宗见安石，具言曲折，安石

① 《长编》卷二五一，熙宁七年三月壬戌，第6133页。

责继宗曰："事诚如此，何故未尝以告安石？"继宗曰："提举日在相公左右，何敢及此。"提举，谓嘉问也。安石默然。布谓安石曰："布翌日当对，欲悉以此白上。"安石诺之。

辛酉（三月二十四日），布对于崇政殿，具奏所闻于继宗者，曰："嘉问等务多收息以干赏，凡商旅所有，必卖于市易；或非市肆所无，必买于市易。而本务率皆贱买贵卖，重入轻出，广收赢余，诚如继宗所言，则是挟官府而为兼并之事也。"上览之矍然，喜见于色，问布曰："王安石知否？"又问："安石以为如何？"布皆对以实，且言："事未经覆案，未见虚实。"上曰："朕久已闻之，虽未经覆案，思过半矣。"①

从以上的记事看，查究市易务一案，是神宗主动交办的，曾布身为三司使，皇帝命他查明所属市易务违法的真相，他没有理由不认真执行。他受命后就向最了解情况的魏继宗调查，又召问行人（即行会商人，亦称行铺、行户）了解情况，在向神宗报告时，又说所了解的情况还需要复查核实，可见曾布的根究市易务案完全合理合法，所采取的手段也是正当的。何况在见神宗以前，他先将调查情况报告王安石，并得到安石的许可才上奏的。其做法是光明磊落的，并没有背后搞鬼借此打击王安石的意图。

再看曾布所揭发市易务的问题是否属实？据《东轩笔录》卷四页四六至四七所载：

① 《长编》卷二五一，熙宁七年三月壬戌，第6133–6134页。

曾布为三司使，极论京师市易不便，其大概以为天下之财匮乏，良由货不流通；货不流通，由商贾不行；商贾不行，由兼并之徒巧为挫抑。故朝廷设市易司于京师，以售四方之货，常低昂其价，使高于兼并之家，低于倍蓰之直，而官不失二分之息，则商贾自然无滞矣。虽然官中非觊利也，特欲抑兼并耳，必也官无可买，官无可卖，即是兼并不敢侵谋，而市易之法行也。今吕嘉问提举市易，乃差官于四方买物货，集客旅，须候官中买足，方得交易，以息钱多寡为官吏殿最，故官吏牙人惟恐裒之不尽，而取息不伙，则是官中自为兼并，殊非置市易之本意也。①

从以上曾布所论市易法的内容来看，曾布非但不反对市易法，而且是主张用市易法来平衡物价，抑制兼并，保护一般的商贾，以便货物流通，使天下财源充足的。他反对的是吕嘉问的做法，即为了多收利息以干赏，挟官府的势力，垄断市场，强迫商人货物必须先卖给市易务，在官中买足以后，方许自行交易，市场上可以买到的东西也一定要向市易务去买。而其大都是贱买贵卖，以牟取高利。他认为这样和那些大商人的做法又有什么两样，岂不是官中自为兼并，违反了当初置市易务的本意吗？从市易法实行以来的情况看，市易务所经营的范围的确比条例中规定的扩大了，原来只说“商旅物货滞于民而不售者，官为收买”，结果连水果、芝麻、梳朴也都成为收购对象，经营细碎，必然侵犯一般中等商人甚至小贩

① 魏泰：《东轩笔录》卷四，第46-47页。曾布论市易掊克之虐亦见《宋史》本传，但内容不及《东轩笔录》详明，故引《笔录》。

的利益。以致开封城内“市人籍籍怨谤，以为官司浸淫尽收天下之货，自作经营”①。

据苏辙《栾城集》卷三八《乞放市易欠钱状》说：“太府寺令岁终较课，以本理息及一分以上，具官员等第保明闻奏。自来市易官因此酬奖转官及请赏，皆所得无算。……内有吕嘉问系创行市易，害民最深。”②曾布在熙宁七年四月甲申的奏对中也提到吕嘉问奏称熙宁六年市易收息八十余万，乞推赏官吏的事。哲宗元祐元年正月监察御史孙升也说：“行法（指市易法）之初，吕嘉问实领其事，……引用兼并之徒，杜绝商贾之利，罔上坏法，肆为奸欺，簿账不明，首尾无据，官吏隐庇，曾无关防，以致蠹害之酷，奸弊之深。货物才行赊请，息钱已计分厘，县官所得虚名，官吏皆冒实赏。”③

市易务的官吏既以多收息钱为经营目标，自然是怎么能多赚钱就怎么办。于是扩大经营范围，垄断交易，贱买贵卖等违法现象随之发生。魏继宗和一般行户商人控告吕嘉问“榷固掊克，皆不如初议”，应是事实。

按照市易法的规定，市易务中可用商人充当行人、牙人和勾当人等办事人员，其中混进了不少奸商甚至大商人。如神宗问：“‘或

① 《宋会要辑稿》“食货”三七之一四，第5455页；《通鉴长编纪事本末》卷七二《神宗皇帝》“市易务”，第2页下—第3页上。邓广铭先生在《中国十一世纪时的改革家王安石》（修订本）第131页中也提到市易务经营范围较原条例规定的大为扩展，而且在购销货物之外，还用各种名目出放息钱如所谓“缓急”、“丧葬”等。

② 苏辙：《栾城集》卷三八《乞放市易欠钱状》，上海：上海书店，1989年，第15页下–第16页下。

③ 《宋会要辑稿》“食货”三七之三二，第5464页。

云吕嘉问少年不练事，所置句（勾）当人尽奸猾，嘉问不检察。’安石曰：‘嘉问所置句（勾）当人如沈可道、孙用勤若不收置务中，即必首为兼并害法，今置之务中，所谓御得其道，狙诈咸作使是也。’”[①]安石把他们置之务中的目的是便于控制，殊不知这些大商人哪会这么老实，他们与官吏通同作弊，谋求私利，结果市易务的贷款大部分流入“大姓”手里[②]，而且长期拖欠不还，大为降低了抑兼并的作用。看起来市易法在实行中的确是存在着一些问题，可惜安石已听信了吕嘉问等的谗言，认为曾布所揭发的不是实情，而是挟嫌报复，要求增派吕惠卿参与调查。“布所言既送中书，是夜上批问安石：‘恐嘉问实欺罔，非布沿忿移怒？’安石具奏，明其不然。于是有诏令布与吕惠卿同根究市易务不便事，诣实以闻。大抵安石意主嘉问，不以布所言为是，故使惠卿居其间也”[③]。

吕惠卿参加进来以后，采取种种不正当的手段，企图隐瞒事实真相，庇护吕嘉问，于是双方的冲突日趋剧烈：

> 曾布既受诏同吕惠卿根究市易事，或为布言：“中书每以不便事诘嘉问，嘉问未尝不巧为蔽欺，至于案牍往往藏匿改易，……”布又闻嘉问已呼胥吏持案牍还私家隐藏更改，遂奏乞出榜以厚赏募告者。明日，上批：“依奏付三司施行。”布

---

① 《通鉴长编纪事本末》卷七二《神宗皇帝》“市易务”，第3页上。

② 苏辙《栾城集》卷三八《乞放市易欠钱状》记载苏辙调查欠市易务贷款的户数情况有：“其间大姓三十五、酒户二十七，共欠钱一百五十四万余贯；小姓二万七千九十三户，共欠钱八十三万余贯。若将欠二百贯以下人户除放，共放二万五千三百五十三户，放钱四十六万六千二百余贯，所放人户九分以上，而所放钱，止及二分。”第14页下—第15页上。

③ 《长编》卷二五一，熙宁七年三月壬戌，第6135页。

即榜嘉问所居。又明日，惠卿至三司，魏继宗及行人问状，无一有异辞者。惠卿退，以继宗还官舍，诘布所以辟继宗为指使缘由，再三诱胁继宗，令诬布以增加所言。继宗不从，反具以告布。惠卿又遣弟温卿密造王安石言张膀事，且曰："行人辞如一，不可不急治继宗，若继宗对语小差，则事必可变。"而嘉问诉于安石尤切。[①]

值得注意的是，假如市易务没有问题，吕嘉问为什么要隐藏窜改案牍？在行人众口一词的情况下吕惠卿为什么要私下再三诱胁魏继宗改口，诬蔑曾布？这不是说明他们心中有鬼吗？曾布把以上情况报告神宗，并说惠卿不可与共事，要求另换官查问此案。吕惠卿则借口曾布所得行人状辞，是他未参与以前由曾布取得的，要求把行人都交给他进行复审。"时上意犹必欲按治，而王安石卒不肯舍惠卿用他官。惠卿奏请复审，盖谋独变此事也。上疑焉，故仍以付两人。"[②]直到这时，神宗仍是相信支持曾布的，听了曾布的申诉后说："惠卿诚不可更共事。"[③]又慰留曾布继续审理此案。

到了四月中旬左右，神宗的态度突然发生变化。从支持曾布转而支持吕惠卿，同意将魏继宗等交给吕惠卿审问。神宗为什么会这样来个一百八十度的大转弯？《长编》没有直接加以解释，但卷二五二熙宁七年四月甲申的记述，是颇值得玩味的。《长编》说：

---

① 《长编》卷二五一，熙宁七年三月乙丑，第6140页。
② 《长编》卷二五二，熙宁七年四月己巳，第6148页。
③ 《长编》卷二五二，熙宁七年四月己巳，第6148页。

曾布、吕惠卿同根究市易事，凡三五日一对，上初以布言为是，已而中变，从惠卿请，送魏继宗于开封府知在[①]。是日（四月十七日），布复对，上独指糯米收虚息事曰："此事极分明。"布因言："前后所陈事理，无不明白，圣意无不晓然，今独以此事为分明，则其他殆未明矣。"上默然。布又言："……今市易之为虐，固已凛凛乎间架、阡陌之事矣。近日嘉问奏称，熙宁六年收息八十余万，乞推赏官吏，其间有贴黄云，近差官往湖南贩茶，陕西贩盐，两浙贩纱，皆未敢计息。臣以谓如此政事，书之简牍，不独唐、虞、三代所无，历观秦、汉以来，衰乱之世，恐未之有也。"上笑而颔之。谓布曰："惠卿不免共事，不可与之喧争，于朝廷观听为失体。"退，与惠卿召行人于东府，再诘其所陈，如前不变。而王安石恳求去位，引惠卿执政，上既许之。[②]

从这段记载可以看出，神宗态度的改变，并不是由于发现曾布有奏对失实之处。因为在对话当中，不是神宗追问曾布，反而是曾布质问神宗，既然事理已很分明，为什么还不敢表态？神宗默不作声，反而劝曾布不可与惠卿公开争论，因为反正免不了要和吕惠卿共事的。这事的背景是：王安石请求去位，并推荐吕惠卿为参知政事以代己，神宗已同意了他的请求。当时变法派正处在守旧派的猛烈围攻之中，处境相当困难，神宗虽有动摇，但并不愿意废罢新

① 按此句语意不明，原注"此处疑有脱误"。据前面记有吕惠卿"乞下开封府暂追付臣处供析，即更不禁系"的话，此处应为将拘禁在开封府的行人交付宰相府审覆。

② 《长编》卷二五二，熙宁七年四月甲申，第6159页。

法，所以采纳了王安石的意见，用赞同新法的韩绛和吕惠卿接替首相和参知政事的职务。神宗正要倚重吕惠卿，怎么能再对市易务案深究下去呢？神宗这样安排，是从当时政治斗争的总形势考虑的，我认为这才是神宗“已而中变”的真正原因，因此曾布只有成为这场内部斗争中的牺牲品。

尽管吕惠卿在宰相府诘问行人，并没有捞到什么油水，行人仍坚持前所陈说不变。但他既然马上就要执政，可以凭借权势来压倒对方，已经稳操胜算了。次日二人相会，“惠卿颇有得色，诟骂行人及胥吏，以语侵布，布不敢校也”①。

自此以后，形势急转直下。王安石罢相后，吕惠卿在五月份请置狱根究市易务一案，命章惇、曾孝宽主持其事。章惇与吕惠卿关系密切，又与曾布有隙，以之治狱，其意可知。《长编》卷二五三熙宁七年五月辛酉记事说：

> 中书户房比对市易务及曾布根究市易违法事，诏章惇、曾孝宽就军器监置司根究以闻。吕惠卿又令户房会计治平、熙宁财赋收支之数，与布所陈皆不同，上令布分析所以不同因依具奏。后八日布对于延和殿，言户房所以不同之故，上以布言为然。布因言市易已置狱，朝夕窜黜，自尔必无繇复望清光。上曰：“卿为三司，案所部违法有何罪？”布曰：“陛下以为无罪，不知中书之意如何。况臣尝自言与章惇有隙，今乃以惇治狱，其意可见。”上曰：“有曾孝宽在，事既付狱，未必不

① 《长编》卷二五二，熙宁七年四月甲申，第6159页。

直。”布曰：“臣与惠卿争论职事。今惠卿已秉政，势倾中外。虽使臣为狱官，亦未必敢以臣为直，以惠卿为曲。然臣为翰林学士、三司使，地亲职重莫如；臣所陈之事，皎如日月，然而不得伸于朝廷，孤远之士何所望于陛下。都邑之下，人情汹汹，怨嗟沸腾，达于圣听，然而不得伸于朝廷，海隅苍生何所望于陛下。臣得罪窜谪，何所敢辞，至于去就，亦不系朝廷轻重，但恐中外之士，以臣为戒，自此议论无敢与执政不同者尔。”上慰劳之曰：“卿不须如此。”自尔不复请对，后八十余日乃贬。①

这里值得注意的有两点，其一，置狱所要追究的两件事，曾布在奏对时都已作了答复，一是曾布所陈治平、熙宁财赋收支之数与户部所上者不同，神宗对曾布的解释表示满意；再则对根究市易务违法事，神宗也认为曾布身为三司使按所部违法有何罪，以上证明神宗认为曾布是无罪的。其二，曾布满腹委屈，怪神宗不能伸张正道为他做主，他质问神宗的话，理直气壮，愤激之情，溢于言表。而神宗除了安慰几句外，无法回答他的质问。自此以后，他不再请见，因为他认为再说什么也是徒劳的了。

治狱的结果不出曾布所料，他的罪名是“不觉察吏人教令行户添饰词理，不应奏而奏，公罪杖八十”②。“而中书又言‘布所陈治平财赋，有内藏库钱九十六万缗，当于收数内除豁，布乃于支数除之。令御史台推直官蹇周辅劾布所陈，意欲明朝廷支费多于前日，

① 《长编》卷二五二，熙宁七年五月辛酉，第6198–6199页。
② 《长编》卷二五五，熙宁七年八月壬午，第6237页。

致财用缺乏，收入之数不足为出。当奏事诈不实，徒二年'”，落职知饶州。吕嘉问“亦坐不觉察杂买务多纳月息钱，公罪杖六十”，知常州[①]。根据前面的材料，曾布的这两条罪状都是不能成立的。吕嘉问的罪名反倒比他要轻，而且吕之治罪，只是为了应付士论，佯示公平而已。吕嘉问贬官不久，就被召回官复原职。而曾布则降职外任，一去多年。

二、曾布是坚定的变法派

曾布追查市易务违法案，揭发了吕嘉问的问题，他的动机究竟是什么？能不能因此说他已经背叛了新法呢？李焘是这样评论的：“初，市易之建，布实同之，既而揣上意疑市易有弊，遂急治嘉问。会吕惠卿与布有隙，乘此挤布，而议者亦不直布云。”[②]这就是说曾布做这件事是出于投机。把曾布描写成一个善于迎合的政客，首先见于《邵氏闻见录》卷一三。他说吕惠卿丁父忧去位后，曾布因“巧黠善迎合荆公意，公悦之”，因而受到重用[③]。《宋史·曾布传》说他到开封府后，上书言为政之本“大率皆安石指也”[④]。大概也就是根据像《邵氏闻见录》这样的材料编写的。邵伯温反对变法，对变法派有很深的成见，他对曾布的评论不能轻信。王焕镳在《曾南丰先生年谱》页三三的案语中说：“介甫行新法，布之力与为多，又始终以为可，不为出入之徒，不苟从温公之令，自甘外出。

① 《长编》卷二五五，熙宁七年八月壬午，第6237页。
② 《长编》卷二五五，熙宁七年八月壬午，第6237页。
③ 邵伯温：《邵氏闻见录》卷一三，李剑雄、刘德权点校，第144页。
④ 《宋史》卷四七一《曾布传》，第13714页。

是必有真知灼见而后能如此。”

> 缘今役法新改，方讲画条目，其事之首尾根本，皆在户部，而使布典领，虽朝廷命令，布无敢违，然诡情异意，必不肯以前日为非，而协力成就今日之新法，恚憾在职，实非所宜。[①]

曾布因此被免去户部尚书，再度贬出朝廷。假如曾布真是个贪恋禄位见风使舵的人，他完全可以屈从司马光废除免役法之命，而取得当权者的欢心，例如知开封府的蔡京就是这么做的。元祐元年的政治局势，对变法派来说，比之熙宁七年的第一次反变法浪潮期间要险恶得多，支持变法的神宗业已去世，反对新法最坚决的司马光在太皇太后的支持下重新执政，恨不得几天之内尽罢新法，其气焰之高，声势之猛，更是前所未有。在这种形势下曾布都能顶得住，敢于为维护免役法而抗争，为什么在熙宁七年反倒会为反对派的声势所震慑而向兼并势力投降呢？未免令人费解。

把曾布看作投机家、背叛者的同志，可能和他们对王安石变法的高度评价有关。似乎和王安石意见相左的人就一定是错误的，既要肯定变法，那就应事事拥护，不能有任何批评意见。事实上变法运动是一次范围广泛的改革运动，在新法创立之初，不可能件件都那么周密完善，尤其由于缺乏得力的官吏，在执行中更容易发生种种流弊乃至变质的情况。即使有人对某一项新法不赞成，也不能说

---

① 《长编》卷三六九，元祐元年闰二月甲辰，第8901页。

他就是反对整个变法运动，何况曾布反对的还不是市易法本身，而是吕嘉问在执行中违反初议的问题。曾布在哲宗绍圣年间积极恢复新法，直到徽宗即位之初，他唯恐有人动摇新法，谆谆劝告徽宗：沿边城寨不可舍弃退缩，免役法、常平法与茶马岁课不可废罢，这四件事一定要坚持下去①。把这些事结合起来看，曾布主张变法的基本态度始终未变，应该承认他是个坚定的变法派，不是投机家。

曾布始终是尊敬王安石的，他既没把王安石看作完美无缺的圣人，又对王安石根本方面给以很高的评价。例如他曾和章惇谈到王安石，"（章惇说）'王荆公，惇自来只知是王介甫，如今亦只见他是王介甫，却不曾唤他作真人、至人、圣人。'布曰：'谁以王荆公为真人、至人、圣人？'惇曰：'吕公著等皆有此语，后又非之。'布曰：'此毁誉皆过其实，何足道！'"②说明曾布主张实事求是地评价王安石，反对那种毁誉皆过其实的片面评论。元符二年在哲宗的一次谈话中，"上（哲宗）笑云：'安石性强。'余云：'安石以义理名节忠信自任，不肯为非。至于性强，自是以此骄人，故时有过举。岂他人可比？'上云：'安石诚近世之所未有！'余云：'此非可与章惇、蔡卞同日而语。其孳孳于国事，寝食不忘。士人有一善可称，不问疏远，识与不识，即日召用，诚近世所无也。'"③这段谈话表明，他对王安石的忠诚为国、勤于政事、大胆提拔人才及其为人品德，都是很崇敬的，认为是近世少有的人才。他还曾请求哲宗

---

① 曾布：《曾公遗录》卷九，第78页。

② 《长编》卷四八五，绍圣四年四月乙未，第11532页。

③ 曾布：《曾公遗录》卷八，第35页。

照顾王安石的老妻[①]。这些说明曾布对二十多年前的那段不愉快的往事并未耿耿于怀，他对王安石的看法还是公平恰当的。任何一个伟大人物都是现实生活中的人，不可能完全正确，没有一点缺点。有了缺点只要是次要的，也不妨碍其为伟大人物。我以为曾布对王安石的态度是正确的。

王安石原来也是很信任曾布的，市易务的事件发生后，曾布的看法与王安石不合，王安石认为他是有意反对新法，甚至怀疑他的品质有问题，从此不再相信他。熙宁八年十二月曾布的对手吕惠卿被罢免后，神宗有意召回曾布，下手札征求王安石的意见，王安石还是不肯再用他。王安石所以会如此痛恶曾布，吕惠卿、吕嘉问等起了挑拨作用。《东轩笔录》卷四说：曾布论市易务违法，“事下两制详议，而吕惠卿以为沮坏新法，王荆公大怒”[②]。前引吕嘉问对付三司使薛向的办法是：“嘉问自知不直，虑间己，故先以沮害加之，使其言不信于安石。”[③]他们对曾布也同样使用这种恶人先告状的手法，果然奏效。吕惠卿做了参知政事以后，因贪恋权位又想方设法地阻止王安石再相。王吕交恶以后，吕惠卿不择手段地打击王安石，在败坏王安石的声誉，特别是破坏神宗对王安石的信任方面，起了很坏的作用。吕嘉问这时则站在王安石一方，背着王安石同样采取一些不正当的手段来排挤吕惠卿，给王安石帮倒忙。这是继市易案后，新党内部第二次纷争。两次纷争中，吕惠卿等都起了

① 同上卷七第19页记曾布：“安石止有一妻，寓蔡卞（安石婿）家：今已七十五岁，零丁孤老，至亲唯一弟昊赜，亦颇有文学。……今安石妻欲其得一在京差遣。”结果得到哲宗同意。

② 魏泰：《东轩笔录》卷四，第47页。

③ 《长编》卷二五一，熙宁七年三月壬戌，第6133页。

很坏的作用。

当王安石实行新法时，朝中官僚多数持反对态度，越是元老重臣反对得越厉害，因此安石不能不从年纪轻资历浅的官员中，选拔一批赞同新法而又有才能的人来创置和推行新法。其中有真心拥护改革的人如曾布、章惇等。但里面也混进了不少投机分子，如吕嘉问、邓绾、蔡京之流。这些人一般说来都是有才干的，但参加变法的动机不同，这只有在实践当中来考验，逐步加以淘汰，才能得到真正可以依靠的骨干。在市易纠纷中，王安石支持二吕而抛弃曾布可谓烛理不明。这固然由于受二吕的蒙蔽，但与他听不得不同意见的个性也有一定的关系。刘子健说："当时公论以为曾布是新党中有才干而又较有操守的人。曾布贬出，是新党的一个损失。"又说曾布胜于吕惠卿、邓绾、吕嘉问等人，"曾布之不被王安石再用，就新法而言，未必得计"[①]。他的这种评论，是颇有见地的。队伍内部的蠹虫是最坏事的，新法的最后失败，不是失败在旧党身上，而恰恰失败在蔡京等投机分子手里。

曾布在处理市易务纷争中也不是没有缺点，最主要的一点就是没有考虑到当时新法正遭到各种反对势力的围攻，以王安石为首的新党正处于困难境地。也正因为如此，容易引起误解。王安石始终不肯原谅他与此有关。他和章惇之间早有嫌隙，绍圣初一度和解，但后来因在处理政务上意见不合，矛盾越来越大，到徽宗继位后，他利用章惇反对立徽宗这一点，把章惇、蔡卞都排挤出去，鹬蚌相争，结果被蔡京乘机掌握了大权。同是坚持新法的人，在发生矛盾

① 刘子健：《王安石曾布与北宋晚期官僚的类型》，《清华学报》1961年新2卷第1期。此文对曾布的评价比较公允，值得一读。

以后，也免不了互相倾轧，这是新党内部存在的另一个问题。

王安石领导的变法运动失败的原因不止一端，而新党内部的矛盾和问题也是其中一个重要的因素。投机分子的破坏作用和变法派彼此之间的不团结这两个弱点，在市易务纷争一事中都已初见端倪，这也是我们为什么要研究这一事件的缘故。

金初汉地枢密院试析 *

自金太祖天辅六年（1122）在广宁设立枢密院开始，到熙宗天眷三年（1140）取消燕京行台尚书省为止，前后共十八年，作为金朝统治汉地的政权机构，枢密院在这期间究竟发生了什么变化？为什么有这些变化？它的作用如何？是值得我们注意的问题。众所周知，金朝开始阶段是采用了与辽代南北面官制相仿的双重体制的官制的，即对新占领的汉族地区采用汉官制度，而在中央及东北、内蒙古等地仍采用女真制度。直到熙宗天眷初，颁行新官制，取消了女真旧有的勃极烈制，中央也改用汉官制度，才基本上结束了双重体制而成为一元化的官制。从结果上说，是代表汉文化的制度占了上风。在两种官制并行时，南面的汉官制度代表了金朝官制后来发展的趋向，因此在研究整个金朝官制的演变中占有重要的位置。本文拟从金初枢密院的设置沿革，枢密院的职能、组织机构、隶属关系，枢密院与燕人地主的关系等三个方面，进行初步探讨与分析。

---

*　本文原刊于《辽金史论集》第四辑，书目文献出版社1989年版。

一、枢密院的设置沿革

金建国之初，对所占领的辽地，一概采用女真制度来进行统治。如太祖收国二年（1116），攻克辽的东京州县以后，就宣布："除辽法，省税赋，置猛安谋克一如本朝之制。"[①]对于率众来降的辽官，无论属于何族，根据其部众的多寡，"率用猛安、谋克之名以授其首领而部伍其人"[②]。如天辅二年（1118）十月，"咸州都统司言，汉人李孝功、渤海二哥率众来降。命各以所部为千户。"[③]天辅三年七月，"辽人（通常指契丹人）杨询卿、罗子韦各率众来降，命各以所部为谋克。"[④]此后攻占辽的上京、中京等地，也莫不如此处理。但到进入燕云地区以后，情况就发生了变化。天辅六年（1122）十月，西京的蔚州投降，太祖任命降臣翟昭彦、田庆为刺史，徐兴为团练使。同年十一月，在攻下燕京前，更"诏谕燕京官民，王师所至，降者赦其罪，官皆仍旧。"[⑤]十二月攻克燕京，"辽知枢密院左企弓、虞仲文，枢密使曹勇义，副使张彦忠，参知政事康公弼，佥书刘彦宗奉表降。……命左企弓等抚定燕京诸州县。"[⑥]《金史》卷七五《左企弓传》云，左企弓等降后，"太祖俾复旧职，皆受金牌"[⑦]。次年，又在广宁设立枢密院，令左企弓等主持院事。

① 《金史》卷二《太祖纪》二，第29页。
② 《金史》卷四四《兵志》，第992页。
③ 《金史》卷二《太祖纪》二，第32页。
④ 《金史》卷二《太祖纪》二，弟33页。
⑤ 《金史》卷二《太祖纪》二，第39页。
⑥ 《金史》卷二《太祖纪》二，第39页。
⑦ 《金史》卷七五《左企弓传》，第1724页。

《金史》卷五五《百官志一》："天辅七年以左企弓行枢密院于广宁，尚踵辽南院之旧。"[①]应该说这是金朝采用汉官制度来统治汉人州县的重要开端。

当时为什么要把枢密院设在广宁呢？这是因为阿骨打已决定将燕京路归还宋朝，但保留平州路不放。平州（今河北卢龙）系阿保机从后唐手里攻取的，后改称辽兴府，以营、泺二州隶之，号平州路。照理金应该把枢密院设置在府治所在的平州，但因对平州的张觉不放心，所以暂时设在营州的广宁（今河北昌黎县），广宁就在平州东南不远，也可以就近监视张觉。

建立广宁枢密院的计划尚未实现，就因平州起兵反金而被打乱了。张觉原为辽兴军节度副使，知辽将亡，因此在平州练兵牧马，作应变的准备。辽兴军节度使时立爱则是辽萧后派去的，并无实权。金军攻克燕京后即派人诏谕平州，平州因时立爱的极力主张而降金。金升辽兴府为南京，张觉握有兵权，因以之为留守，而以时立爱为副留守。天辅七年四月，阿骨打命左企弓率金所得燕京的职官、富户、工匠等东归。燕民流离道路，不胜怨愤，五月间途经平州，向张觉哭诉说："公弼、企弓等不能守燕，致吾民如是。能免我者，非公而谁？"[②]张觉召部下商议，都赞成举兵反金，"纵燕人归燕"，于是数左企弓等四人之罪而杀之[③]。平州反金的直接原因是金的强迫徙民政策。《金史》卷一三三《叛臣张觉传》称："太祖每收城邑，往往徙其民以实京师，民心多不安，故时立爱因降表曾言

① 《金史》卷五五《百官志》一，第1216页。
② 《宋史》卷四七二《张觉传》，第13735页。
③ 《宋史》卷四七二《张觉传》，第13735-13736页。

及之。及以燕京与宋而迁其人，独以空城与之，迁者道出平州，故觉因之以作乱。”[①]平州的反抗相当激烈，如张觉兵败奔宋后，城中又推张敦固为都统，继续坚守，金人花了很大的气力，用了一年的时间，才在天会二年（1124）五月攻下平州。“凡攻击数月，州民数千溃围走，莫肯降”[②]。相邻的迁、来、隰、润四州之民被迁徙往沈州，居民纷纷据山寨自保[③]。汉族人民的反抗给女真统治者的教训是深刻的。《金史》卷四四《兵志》称：“平州既平，宗望恐风俗糅杂，民情弗便，乃罢是制，诸部降人但置长史，以下从汉官之号。”[④]事实上金朝决定采用汉官之制来治理汉地在天会二年以前，平州之叛只不过更加强了实行这个方针的决心罢了。

左企弓等被杀后，广宁的枢密院究竟成立没有呢？据《金史》卷三《太宗纪》天会元年载：“（十月）阇母及张觉战于兔耳山，阇母败绩。十一月壬子，命宗望问阇母罪，以其兵讨张觉。……癸亥，宗望以阇母军发广宁，下濒海诸郡县。”[⑤]说明宗望是驻军在广宁的。这与蔡絛《北征纪实》所述，“金人既得虏地，因分两道，燕山之东平营一带，斡离不（宗望）主之”相符[⑥]。《太宗纪》又云：“（天会二年）三月……宗望以南京反覆，凡攻取之计，乞与知枢密院事刘彦宗裁决之。”[⑦]可见广宁是建立了枢密院的，担任枢密院长官的就是刘彦宗。

---

① 《金史》卷一三三《叛臣张觉传》，第2844页。
② 《宋史》卷四七二《张觉传》，第13737页。
③ 《金史》卷三《太宗纪》，第48、50页。
④ 《金史》卷四四《兵志》，第993页。
⑤ 《金史》卷三《太宗纪》，第48页。
⑥ 徐梦莘：《三朝北盟会编·甲》“政宣上帙”二四，台北：大化书局，第236页。
⑦ 《金史》卷三《太宗纪》，第50页。

刘彦宗是什么时候到广宁的呢?《金史》卷七八《刘彦宗传》云:“太祖至鸳鸯泺,不豫,还上京,留宗翰都统军事,留彦宗佐之。及张觉败奔于宋,众推张敦固为都统,杀使者,乘城拒守,攻之不肯下。彦宗同中书门下平章事,知枢密院事,加侍中,佐宗望军。宗望奏,方图攻取,凡州县之事委彦宗裁决之。”[①]按阿骨打自燕京出居庸关往云中(今山西大同)追讨天祚时,刘彦宗随行。天辅七年六月阿骨打至鸳鸯泺,留彦宗佐宗翰军。同年十一月,金太宗命宗望讨张觉,张敦固乘城拒守,由此可知彦宗从山西来到广宁任知枢密院事应在十一月或稍早。

天会二年五月,平州被金攻克,枢密院随之迁往平州。这个时期,宋金关系日益恶化。次年十月金朝大举攻宋,由左副元帅宗翰率领的西路军自西京云中入太原;由南京路都统宗望率领的东路军自南京平州入燕山,刘彦宗受命兼领汉军都统随宗望出征。大约由于他离开南京的缘故,十一月命张忠嗣权签南京中书枢密院事[②]。十二月金军攻下燕京,宋守臣蔡靖等投降,太宗“诏彦宗凡燕京一品以下官皆承制注授”[③]。宗望随即挥师南下,攻入宋的河北州郡,并渡过黄河,包围宋的首都汴京,逼宋作城下之盟。回师后,“宗望分将士屯安肃、雄、霸、广信之境,留阇母、彦宗于燕京节制诸军。”[④]宗望伐宋,彦宗始终在军中。据《会编》靖康中帙二〇所载,斡离不还师至燕京在靖康元年(即天会四年)四月十五

① 《金史》卷七八《刘彦宗传》,第1769–1770页。
② 《金史》卷三《太宗纪》,第53页。
③ 《金史》卷七八《刘彦宗传》,第1770页。
④ 《金史》卷七八《刘彦宗传》,第1770页。

日。[1]枢密院自平州迁到燕京，可能就在宗望还师之后。

同书同卷又引张汇《金虏节要》曰："斡离不初寇燕山，粘罕初寇河东，称都统府。至是改曰元帅府，乃刘彦宗之建议也。……东路之军斡离不主之，西路之军粘罕主之，虏人呼作东军、西军。东路斡离不建枢密院于燕山，以刘彦宗主院事；西路粘罕建枢密院于云中，以时立爱主院事，虏人呼东朝廷、西朝廷。"[2]说明当时不仅燕京有枢密院，在云中也建有枢密院，两院东西并峙，这是适应金朝侵宋时兵分两路的实际状况的。那么，云中枢密院究竟建立于何时呢？这里无妨追溯一下主院事的时立爱的行踪：当张觉起兵反金时，时立爱在平州几乎被杀，赖旧部曲为之说情得免，乃逃归新城故里，杜门不出。据《时立爱墓志铭》云："天会三年乙巳冬，太宗文烈皇帝诏元帅府大军复收燕蓟，公欣然率子侄及诸孙持武元（金太祖）旧所授宣敕趋谒麾下。右元帅许国口（按即宗望）见之流涕，复其旧秩，仍命其子丰、侄孙长国、替国从军而南。四年，权签书枢密院事，数从元帅府征讨，其在军中独以二府礼自处，从容吁谟，廷无畜（留）事。"[3]据此知时立爱权签书枢密院事在天会四年，不过他所从征的元帅乃是宗翰，而非宗望。不仅前引《节要》说他是在粘罕（即宗翰）所建的云中枢密院供职，而且当天会五年，宋朝派往见宗翰的通向使傅雱，在云中还见到过他。傅雱说："希尹与右监军耶律伊都、知枢密院事时立爱，席地重毡，参坐堂

① 徐梦莘：《三朝北盟会编·甲》"靖康中帙"二〇，第449页。
② 徐梦莘：《三朝北盟会编·甲》"靖康中帙"二〇，第449–450页。
③ 河北省文化局文物工作队：《河北新城县北场村金时立爱和时丰墓发掘记》所录《时立爱墓志铭》与《时丰墓志铭》，《考古》1962年第12期。

上。兵部尚书高庆裔立其傍。”[1]可能由于刘彦宗被调往东面佐宗望军以后，西面军中缺乏这类人才，时立爱是个适当的人选，因而从宗望处被调往宗翰军中的吧。《金史》卷七八《时立爱传》说他“从宗望军数年，谋画居多”[2]，乃是一种误解。时立爱主持枢密院事在天会四年，宗翰侵宋后回到西京，据《金史·太宗纪》在天会四年三月，大约云中枢密院的建立也就在这一年。

燕京枢密院所管辖的大约就是宗望东路军所占领的燕京路、平州路及宋的河北路部分州县，云中枢密院所管辖的是宗翰西路军所占领的西京及宋河东路部分州县。这种东西两“朝廷”分别统治汉地的情况大约维持了三年，及至天会六年（1128），因刘彦宗的病故，又发生了变化。《大金国志》卷五记载说，天会七年“领燕京枢密院事刘彦宗以病死，并枢密院于云中。除云中韩企先为相，同时立爱主之。粘罕以彦宗之故，命其子筈（筈）佥书院事，又以通事高庆裔知云中，兼西京留守。”[3]《金史》卷七八《韩企先传》也说：“宗翰为都统经略山西，表署西京留守。天会六年，刘彦宗薨，企先代之，同中书门下平章事、知枢密院事。”[4]与《大金国志》所述相符。我认为刘彦宗的去世并不能成为合并燕京枢密院的理由，只能说是提供了一个机会而已。更重要的是燕京枢密院的靠山，右副元帅宗望在天会五年六月病死，虽然金朝派宗辅接替他的职务驻守燕京，但宗辅的威望远不能与宗翰抗衡，这才是燕京枢密院被归

---

① 李心传：《建炎以来系年要录》卷八，建炎元年八月，第208页。
② 《金史》卷七八《时立爱传》，第1776页。
③ 宇文懋昭：《大金国志校证》卷五《纪年》“太宗文烈皇帝”三，崔文印校证，第84页。
④ 《金史》卷七八《韩企先传》，第1777页。

并的真正原因。以云中枢密院来统辖河北、山西的汉地行政，主持院事的韩企先、时立爱等又都是宗翰的亲信僚属，这件事意味着宗翰权力的进一步扩大。

自从灭亡北宋后，金的势力已扩展到河北山西的南部，不仅是燕云，而是整个华北地区了。《大金国志》卷五《太宗文烈皇帝三》云："（天会七年）九月，……国主行下枢密院，分河间府为河北东路，真定府为河北西路，平阳府为河东南路，太原府为河东北路。"[①]这件事也反映了枢密院管辖的范围。两枢密院的合并，结束了分治的局面，统一了管辖华北汉地的事权。为了统治这一地区，从政治、经济条件以及地理位置上说，云中都比不上燕京，因此金朝终于又把枢密院迁回燕京。

到底在什么时候枢密院又从云中迁回燕京的呢？因缺乏直接记载，需结合粘罕势力的消长来考虑。据《要录》卷七七绍兴四年（即天会十二年）夏有"迁西京枢密院于归化州"[②]的记载。《大金国志》卷九说："天会十三年春，……封左副元帅粘罕晋国王、领三省事，……除知燕京枢院事韩企先尚书右丞相、西京留守高庆裔尚书左丞、萧庆尚书右丞。三人皆粘罕腹心，故不欲用之于外。"[③]据《金史·熙宗纪》宗翰封晋国王，领三省事在天会十三年三月，

① 宇文懋昭：《大金国志校证》卷五《纪年》"太宗文烈皇帝"三，崔文印校证，第84页。《金史》卷二五《地理志》中第599页云"天会七年析河北为东、西路"，但卷二六《地理志》下第629页云"天会六年析河东为南、北路"，比《大金国志》所记早一年。

② 李心传：《建炎以来系年要录》卷七七，绍兴四年，第1272页。

③ 宇文懋昭：《大金国志校证》卷九《纪年》"熙宗孝成皇帝"一，崔文印校证，第136–138页。

高庆裔、萧庆调中央在同年十一月[1]，但《金史·韩企先传》说企先任尚书右丞相在天会十二年[2]，比《大金国志》所记早一年。如他调中央以前的职务是知燕京枢密院事的话，似乎在天会十二年（1134）内，枢密院便又从归化州迁到燕京了。

燕京枢密院保持了大约四年左右，由于金国在废除伪齐后对河南地区的政策发生急剧变化，直接引起燕京枢密院的变动。《金史·百官志一》记载此事说："行台之制。熙宗天会十五年，罢刘豫，置行台尚书省于汴。天眷元年（1138），以河南地与宋，遂改燕京枢密为行台尚书省。天眷三年，复移置于汴京。"[3]《金史·熙宗纪》说：天眷元年八月以河南地与宋，九月"丁酉，改燕京枢密院为行台尚书省"[4]。说明金既决定以河南地与宋，即将新设立的行台尚书省迁到燕京，与原来的枢密院合并，称为燕京行台尚书省，而取消了枢密院的名称。后来金重新攻占河南，又把行台尚书省迁回汴京。但燕京枢密院从此再没有恢复，而是把华北地区划归中央直接统治了。

燕京枢密院的上述变动，又是和这个时期金朝内部各统治集团之间的激烈斗争与力量的消长直接关联的。宗翰在汉地独当一面的地位和权势，引起朝廷的猜忌。熙宗即位以后，就以都元帅宗翰为太保、领三省事，以元帅左监军完颜希尹为尚书左丞相兼侍中，把他们调回中央。《大金国志》卷九评论此事曰："二帅乃金主所忌，

① 《金史》卷四《熙宗纪》，第70页。
② 《金史》卷七八《韩企先传》，第1777页。
③ 《金史》卷五五《百官志》一，第1219页。
④ 《金史》卷四《熙宗纪》，第73页。

故以相位易兵柄。”[①]对韩企先、高庆裔、萧庆的内调，也是因“三人皆粘罕腹心，故不欲用之于外”[②]。果然，天会十五年六月高庆裔以贪污罪被诛。张汇《金虏节要》曰：“高庆裔，粘罕用事者，吴乞买之长子宋国王宗磐欲挫粘罕，故先折其羽翼。”粘罕救之不得，“绝食纵饮，恚闷而死”[③]。据《时立爱墓志铭》所载，时立爱始终在枢密院任职，可能韩企先调走后，燕京枢密院即由他继续主持。但自天会十四年起，他“连表告老，乞解政机”，终于在天会十五年十一月致仕[④]。时立爱的坚请退休，恐与宗翰一派失势的政治气候也有关系。

宗翰死后，以太宗长子宗磐为首的一派女真贵族在朝廷里占了上风，他与左副元帅挞懒、左丞相宗隽三人合议以废齐旧地与宋。另一派以太祖长子宗干为首的反对无效，因此天眷元年金将陕西、河南地归还南宋，而把设在汴京的行台尚书省移到燕京。次年宗干联合完颜希尹及握有兵权的右副元帅宗弼，发动政变，杀宗磐、宗隽，“以挞懒属尊，有大功，因释不问，出为行台尚书左丞相”[⑤]，夺其兵权。但挞懒任职不过一个月，就以“谋反”罪被杀。继续领导燕京行台的就是派往燕京诛挞懒的宗弼。天眷三年正月宣布以都元帅宗弼领行台尚书省事。熙宗下诏曰：“‘诸州郡军旅之事，决于

---

① 宇文懋昭：《大金国志校证》卷九《纪年》“熙宗孝成皇帝”一，崔文印校证，第137页。
② 宇文懋昭：《大金国志校证》卷九《纪年》“熙宗孝成皇帝”一，崔文印校证，第138页。
③ 徐梦莘：《三朝北盟会编·丙》“炎兴下帙”七八，第518页。
④ 河北省文化局文物工作队：《河北新城县北场村金时立爱和时丰墓发掘记》所录《时立爱墓志铭》，《考古》1962年第12期。
⑤ 《金史》卷七七《挞懒传》，第1765页。

帅府。民讼钱谷，行台尚书省治之。’宗弼兼总其事”[①]，一身兼军政二职，大权独揽。皇统元年，熙宗又诏：“以燕京路隶尚书省，西京及山后诸部族隶元帅府。”[②]

燕京枢密院名称的取消，是金朝进行官制改革的结果。天会十二年至天眷初年的官制改革，取消了女真传统的勃极烈制，尚书省成为朝廷最高的行政中枢，行台尚书省则表明是中央尚书省派驻在地方上的行政机构。既然从中央到地方都采用了汉官制度，那么标志着双重体制的枢密院名称自然也就没有存在的必要了。皇统元年以燕京路隶尚书省，西京及山后诸部族隶元帅府的决定，将河北、山西地区直隶中央，不再设立专门的机构来管辖，既说明金对华北的统治已经比较巩固，另一方面也表明金朝加强中央集权的意图。因此，燕京枢密院的废罢，在金朝政治制度的改革中是有重要意义的。虽然由于金的首都仍然僻处东北一隅，要直接统治华北是很不方便的。这一矛盾，直至海陵迁燕以后，才得到解决。

二、枢密院的职能、组织机构与隶属关系

首先考察一下枢密院的职掌和作用，这从枢密院长官刘彦宗的经历中可以得到反映。《金史·刘彦宗传》云：“彦宗同中书门下平章事，知枢密院事，加侍中，佐宗望军。宗望奏，方图攻取，凡州

---

① 《金史》卷七七《宗弼传》，第1754页。

② 《金史》卷七七《宗弼传》，第1755页；另同书卷二四《地理志上》：“皇统元年，以燕京路隶尚书省，西京及山后诸部族隶元帅府。”第564页。

县之事委彦宗裁决之。天会二年，诏彦宗曰：'中京等两路先多拒命，故遣使抚谕，贳其官民之罪，所犯在降附前者勿论。卿等选官与使者往谕之，使勤于稼穑。'未几，大举伐宋，彦宗画十策，诏彦宗兼领汉军都统。蔡靖以燕山降。诏彦宗凡燕京一品以下官皆承制注授，遂进兵伐宋。……师还。宗望分将士屯安肃、雄、霸、广信之境，留阇母、彦宗于燕京节制诸军。"①从上面的记述并结合其他史料，可以归纳出以下几点：

（一）枢密院有统率汉军的任务。《金史·兵志》云："燕山既下，循辽制立枢密院于广宁府，以总汉军。"②知枢密院事刘彦宗即兼领汉军都统，他在燕京与阇母节制诸军时，想必主要也是节制汉军。《辽史》卷四七《百官志三》云："太宗入汴，因晋置枢密院，掌汉人兵马之政。"③可见枢密院兼管汉人军政，亦系沿自辽制。

（二）配合金的军事行动，进行招抚汉民的工作。由于金军的俘掠，辽的州县已降复叛和人民四散逃亡的事屡见不鲜。刘彦宗、时立爱"数从元帅府征讨"，主要就是对汉人州县进行招谕和安抚，以减少抵抗活动，并使之安心农业生产。

（三）选授汉人官吏，统治新占领的州县。一种是对辽、宋的降官，重新加以任命，如刘彦宗对"燕京一品以下官皆承制注授"，即属此类。另一种是通过开科取士，从汉族知识分子中选拔州县官吏。如《金史·太宗纪》称：天会五年八月诏曰："河北、河东郡县职员多阙，宜开贡举取士，以安新民。其南北进士，各以所

---

① 《金史》卷七八《刘彦宗传》，第1770页。

② 《金史》卷四四《兵志》，第1002页。

③ 《辽史》卷四七《百官志》三，第773页。

业试之。”[①]就属于后者。这些都是通过枢密院来进行的。

（四）征收汉地租赋，供应京师和外地的军需。《金史·韩企先传》对这一点叙述得十分清楚：“初，太祖定燕京，始用汉官宰相赏左企弓等，置中书省、枢密院于广宁府，而朝廷宰相自用女直官号。太宗初年，无所改更。及张敦固伏诛，移置中书、枢密于平州；蔡靖以燕山降，移置燕京，凡汉地选授调发租税皆承制行之。故自时立爱、刘彦宗及企先辈，官为宰相，其职大抵如此”[②]。卷末传赞曰：“太祖入燕，始用辽南、北面官僚制度。是故刘彦宗、时立爱规为施设，不见于朝廷之上。军旅之暇，治官政，庀民事，务农积谷，内供京师，外给转饷，此其功也。”[③]既征调租税，又要将征到的粮食、金帛转运到京城及各地，供应朝廷和军队的需要，这是枢密院所承担的一项十分繁重而又非常紧要的任务。

（五）出谋划策，参与谋议。由于枢密院的官员，特别是担任长官的刘彦宗、时立爱等，富有统治经验，又熟悉辽、宋情况，深为宗望、宗翰所倚重，在如何统治汉地，如何对付宋朝方面都出了不少的主意。如刘彦宗在伐宋前曾“画十策”，建议改都统府为元帅府，金军包围汴京后，又建议收宋车服、图籍及复立赵氏等；时立爱则请遣官招谕州县。此外在对外交涉中也往往有枢密院官员参与。据《建炎以来系年要录》和《会编》中宋人的记载，在汴京围城后，宋遣使往金营议和时，刘彦宗曾多次出面接谈；金册立张邦昌，又是刘彦宗以“行府”的身份出面册封的[④]。时立爱在云中时

① 《金史》卷三《太宗纪》，第57页。
② 《金史》卷七八《韩企先传》，第1777页。
③ 《金史》卷七八《韩企先传》，第1779页。
④ 李心传：《建炎以来系年要录》卷四，建炎元年四月庚申，第88页。

也参加接见宋朝的通问使傅雱，已见前述。可见枢密院是女真军事统帅的参谋咨询机关，同时也兼管涉外事务，特别是对宋的交涉。

关于枢密院内部组织机构的情况，《金史》缺乏直接的记述，但既然金初的枢密院是循辽制建立的，那么辽代枢密院的组织机构就有很大的参考价值了。下面准备参照辽制，对金代的一些零星片段的材料，进行考释。《金史·韩企先传》在追述了金初建立枢密院的过程后，接着说："斜也、宗干当国，劝太宗改女直旧制，用汉官制度。天会四年，始定官制，立尚书省以下诸司府寺。"①现在要问，这个尚书省究竟建立在什么地方？是在上京会宁，还是在汉地？回答是就建立在汉地。因为金朝以尚书省作为中央的行政中枢，至早是在天会十二年以后的事。因此在天会四年所成立的尚书省仍是统治汉地的机构，关于这一点，已有人指出②。但尚书省和汉地的枢密院之间，究竟是什么关系，尚未见有人论及。按《辽史》卷四七《百官志三》云："其始，汉人枢密院兼尚书省，吏、兵、刑有承旨，户、工有主事，中书省兼礼部，别有户部使司。以营州之地加幽、冀之半，用是适足矣。"③同书在南面朝官，汉人枢密院条下载有枢密使、知枢密使事、知枢密院副使事、枢密直学士、枢密都承旨、枢密副承旨、吏房承旨、兵刑房承旨、户房主事、厅房即工部主事。④又宋人史愿所著《亡辽录》记辽国官制曰：

① 《金史》卷七八《韩企先传》，第1777页。

② ［日］三上次男：《金代政治制度之研究》，中央公论美术出版社，第268至269页，认为天会四年的尚书省建在燕京或附近要地。蔡美彪等：《中国通史》第六册第260页也认为尚书省建在汉地。

③ 《辽史》卷四七《百官志》三，第771页。

④ 《辽史》卷四七《百官志》三，第773–774页。

“辽国，……分置南面汉官，左右参知政事，枢密院直学士，主治汉事州县。中书门下共一省，兼礼部，有堂后主事、守堂官各一员。尚书省并入枢密院，有副都承旨，吏房、兵房、刑房承旨，户房、厅房即工部也，主事各一员。”[①]三段材料所述基本相同。值得注意的是《辽史》指出“汉人枢密院兼尚书省”这一特点，《亡辽录》所记应为辽末情况，也仍然说“尚书省并入枢密院”。因此尚书省所辖的六部自然也随之并入枢密院。不过辽代称之为房，又由于中书省（《亡辽录》称为中书门下省）兼礼部的职务，所以枢密院内只设吏、兵刑、户、厅四房（兵刑似并为一房）。吏、兵、刑地位较重要，设有承旨，户房、厅房仅设主事。在五房之上还设有都承旨和副都承旨，似相当于尚书省的左右司官。金朝在广宁建立枢密院之始就“尚踵辽南院之旧”，那么在组织上也仿照辽代的汉人枢密院，把尚书省所辖各单位放在枢密院内，不是很自然的事吗？其次，金的建立尚书省以下诸司府寺恰恰也在天会四年，正是枢密院从平州迁往燕京那一年，这能说仅仅是巧合吗？第三，从实际需要上来说，枢密院既然承担了应由尚书省六部承担的许多行政事务，就必须设立相应的办事机构来完成这些任务，而不必要另外设立一个职能重复的机构，或者是有名无实的机构。假如尚书省是个独立的能起作用的机构，为什么《金史》中缺乏记录它的活动的材料呢？因此我认为天会四年所成立的尚书省所辖的诸司，并不是单独的机构，恰恰是枢密院本身的组成部分，是为了充实完善枢密院的组织机构而设立的。

---

① 徐梦莘：《三朝北盟会编》“政宣上帙”二一，第152页。

基于上述理解，下面再对金代有关材料进行解析。《金史·韩企先传》说他本为辽臣，“都统杲定中京，擢枢密副都承旨，稍迁转运使”[①]。这条材料可惜太简略。按杲取中京在天辅六年正月，为企先降金之时，“擢枢密副都承旨”在何时何地，未见说明，只能说金之枢密院也设有副都承旨一职。《金史》卷八三《张通古传》则说：“宗望复燕京，侍中刘彦宗与通古素善，知其才，召为枢密院主奏，改兵刑房承旨。天会四年，初建尚书省，除工部侍郎，兼六部事。高庆裔设磨勘法，仕宦者多夺官，通古亦免去。”[②]这段史料可说明三点：1. 在建尚书省以前，枢密院已设有主奏（可能即令史一职）和兵刑房承旨等职。与辽代汉人枢密院之职官相同。2. 天会四年立尚书省后，枢密院内设有六部，长官有侍郎，如张通古即为工部侍郎。改房为部，改承旨为侍郎，说明提高了六部的地位，这是金对辽制的改进。但当时诸事草创，分工不可能像后来那么细，六部未必同时设置，故通古以工部侍郎兼管六部事。3. 通古后在高庆裔磨勘官员时被免职。前引《大金国志》所说天会十年粘罕“谕枢密院磨勘文武官员出身、转官、冒滥，以云中留守高庆裔参主之”[③]。通古是尚书省的工部侍郎，在磨勘之列，也说明尚书省是在枢密院的管辖之下的。当时称为尚书六部，不过借用已有的官名，聊备一格，不能与正常的六部地位相等。

与燕京枢密院并立的云中枢密院的设官情况如何呢？据《建炎以来系年要录》卷四，建炎元年（天会五年）四月庚申条所载的

---

① 《金史》卷七八《韩企先传》，第1777页。
② 《金史》卷八三《张通古传》，第1859页。
③ 宇文懋昭：《大金国志校证》卷七《纪年》“太宗文烈皇帝”五，崔文印校证，第115页。

金檄书中，提到在册立张邦昌时，寻请知枢密院事汉军都统制刘侍中彦宗、礼部侍郎刘思、应奉御前文字高庆裔，同诣具导其由[①]。又前面述及天会五年八月宋朝派到云中的通问使傅雱，也曾见到兵部尚书高庆裔。看来，云中枢密院也设有尚书省的六部职官，如尚书、侍郎之流，其组织机构应与燕京枢密院大体相同。

此外，由于枢密院还有统领汉军的任务，所以在早期还设有称为“行营”的附属军事机构。如时立爱率子侄迁往燕京投拜宗望时，其子时丰被授予“领枢密院行营都提点”之职[②]。由于材料有限，所知有关枢密院组织的情况大致如此。

最后谈谈枢密院的隶属关系。枢密院并不直隶中央，而是受所在地区军事统帅领导的。金初，对于受命出征的军事统帅给以很大的机动权。如《金史·太宗纪》云，天会元年十月壬辰，“诏以空名宣头百道给西南、西北两路都统宗翰，曰：‘今寄尔以方面，如当迁授必待奏请，恐致稽滞，其以便宜从事。’”[③]对受命讨平州的宗望也发给空名宣头五十、银牌十。天会二年二月“乙巳，诏谕南京官僚，小大之事，必关白军帅，无得专达朝廷。……丁未，命宗望，凡南京留守及诸阙员，可选勋贤有人望者就注拟之，具姓名官阶以闻”。[④]可见新占领区的一切军政大权都掌握在女真军事统帅（初称军帅或都统，后改为元帅）之手，他们可以不待奏请而“便宜从事”，只要事后申报一下就可以了。直到太宗末年，才将元帅府的

---

① 李心传：《建炎以来系年要录》卷四，建炎元年四月庚申，第88页。
② 河北省文化局文物工作队：《河北新城县北场村金时立爱和时丰墓发掘记》所录《时丰墓志铭》，《考古》1962年第12期。
③ 《金史》卷三《太宗纪》，第48页。
④ 《金史》卷三《太宗纪》，第49页。

用人权收归中央，《金史·太宗纪》天会十一年八月戊戌诏曰："比以军旅未定，尝命帅府自择人授官，今并从朝廷选注。"[①]因此汉地枢密院只是元帅府下面的执行机关，用现代语言说是占领军下的军政府，不同于宋、元时期以及金朝官制改革后的枢密院。而所谓汉人宰相的知枢密院事不过是都统或元帅的僚属而已。

三、枢密院与燕人地主的关系

初步考查一下枢密院官员的籍贯，就可以发现，其中大多数都是辽燕京路所统各州县人。最早被任命为广宁枢密院长官的左企弓等四人，其中左企弓家于苏州，康公弼家于宛平县，曹勇义是营州广宁人，只有虞仲文是西京道武州人。实际担任枢密院长官的刘彦宗等三人，其中刘彦宗宛平人，时立爱涿州新城县人，韩企先燕京人。担任过枢密院令史的张通古是易州易县人，孟浩泺州人，赵元涿州范阳人，任熊祥燕人[②]。按辽的南京道包括燕京和平州两路，燕京统顺、檀、涿、易、蓟、景六州，析津、宛平等十一县；平州路统平、营、泺三州。上面我们统计的十一个人中，属燕京路的八人，属平州路的二人，属西京道的仅一人。因此在枢密院官员中，燕京及所统州县的人居绝大多数，当时通称他们为燕人。

再考查这些人的资历和家世，上述十一人均出身于进士，无一例外。其中有的人并以博学能文著称，如张通古被称为"读书过目

---

① 《金史》卷三《太宗纪》，第65页。

② 分见《金史》卷七五，卷七八，卷八三，卷八九，卷九〇，卷一〇五有关各传。

不忘，该综经史，善属文”[①]。说明他们都有较高的文化素养，其中不少人从担任枢密院令史开始，即主管文字工作。有的人长期担任地方官。“吏事通达，若素官于朝”[②]，具有较丰富的统治经验。有的善于理财，担任过三司使、转运使之类的职务。总之，他们的这些能力和经验，都是女真人所缺乏，而又是统治汉人州县所需要的。

从家世来说，他们多出身于辽的名门望族。这些大族在社会上有广泛的联系，在汉人地主中有很大的政治影响。又由于累世仕宦，他们的子弟耳闻目睹，熟悉前代仪礼制度的兴废沿革，富有政治经验，因而特别受金人重视。如韩企先天会十二年被召到上京，正逢“（朝廷）方议礼制度，损益旧章。企先博通经史，知前代故事，或因或革，咸取折衷”[③]。正是由于他具备这方面条件的缘故。

时立爱虽出身于一般地主，但以财雄乡里。他父亲在荒年曾开仓济贫，在宗族乡里间有一定影响。时立爱是通过科举而进入仕途的，历任云内、马城、文德等县的县令，被称为通达吏事，“老吏猾胥，噤不敢窥议”，“片言决狱，无不允当”[④]，所在有治声。但与韩、刘相比，时立爱似不如他们受重视。例如时立爱一直主持云中枢密院事，但当天会七年两个枢密院合并时，却调韩企先来担任长官，时立爱则退居副职，即是一证。韩企先、刘彦宗在金世宗大定

① 《金史》卷八三《张通古传》，第1859页。
② 河北省文化局文物工作队：《河北新城县北场村金时立爱和时丰墓发掘记》所录《时立爱墓志铭》，《考古》1962年第12期。
③ 《金史》卷七八《韩企先传》，第1778页。
④ 河北省文化局文物工作队：《河北新城县北场村金时立爱和时丰墓发掘记》所录《时立爱墓志铭》，《考古》1962年第12期。

十一年都被列为金朝的功臣，画像于衍庆宫。韩企先尤其受到金世宗的高度评价，说他所立下的功劳，前后汉人宰相无能及者。韩、刘的受尊重，固然与本人的才能贡献有关，但他们出身官族的社会地位和影响，应该也是重要原因之一。

应该说金朝依靠汉人地主，采用汉官制度来统治境内汉地的做法，是有成效的。枢密院建立后，对于金朝建立并巩固华北地区的统治，无疑发挥了重要的作用。事实上汉地枢密院的作用和影响，远远超出了华北的范围，关系到中央的官制改革。

自天会十二年起，金朝开始了全面的官制改革。韩企先被从燕京召到会宁，参加“议礼制度，损益旧章”①的工作。当时参加的还有燕人翰林学士韩昉、宋降臣宇文虚中等。新的官制既参考了辽制，也参考了宋制。《金史·百官志》称：“至熙宗颁新官制及换官格，……而后其制定。然大率皆循辽、宋之旧。”②在参加者当中，韩企先无疑是起主要作用的关键人物，所以世宗说：“丞相企先，本朝典章制度多出斯人之手”③。韩企先所熟悉的自然是辽制，特别是汉地枢密院的规章制度。经过十几年来实行的结果，对其中利弊得失应已了然于胸。从这个意义上说，汉地枢密院客观上成为金朝实行汉官制度的试点，或者说是样板，其影响是长久的。

① 《金史》卷七八《韩企先传》，第1778页。
② 《金史》卷五五《百官志》一，第1216页。
③ 《金史》卷七八《韩企先传》，第1778页。

试论宋朝的检正与都司
——从宰相属官的变化看相权的扩大 *

关于宋朝的相权问题，是宋史研究者历来感兴趣的课题，论列者甚多，但是对于宰相的属官，则研究者尚少①。事实上自熙宁三年设置检正以来，宰属的地位与权力有明显的提高，官制改革后，检正之职为尚书左右司所取代。但不论名称和机构有什么变动，作为宰相的权力不断加强的势头，一直延续到南宋，并未减弱。这种现象和相权的扩大有何关系，是值得注意的问题。本文拟就宋朝的检正都司设置沿革、职权以及它所发挥的作用，略抒浅见，以就正于方家。

一、建置沿革和职权

宋初，循唐制以中书门下平章事为宰相。宰相议事办公的处

---

* 本文刊于《刘子健颂寿纪念宋史研究论集》，日本同朋舍，1989年9月版。

① 我的学生吴怀连在其硕士毕业论文《史弥远擅权考察》中，曾论述过检正都司与宰相擅权的关系，但限于篇幅，未能详细论证。

所称中书门下，简称中书。中书下面具体办事的机构为制敕院，内分孔目房、吏房、户房、兵礼房、刑房等五房，各房设有堂后官、录事、主书、守当官若干人，分别处理有关公文的收受、呈报、交办、发布等事务。太宗淳化四年又在五房之上置提点堂后官五房公事一员，以总其事。

堂后官等人员，当时被称为堂吏，自唐到五代，多从在京百司的胥吏中抽补，宋初也是如此。太祖开宝六年，始令吏部从州县幕职官中拣选适合的人才来充任堂吏。《宋会要辑稿》称："太祖知堂吏擅中书事权，多为奸脏，故令吏部选授，堂吏用士人自此始也。"①又规定以三年为一任，岁满无过错的可以升官；稍有罪愆，从重处分。太宗雍熙元年以后，渐以京官、朝官担任堂后官，以提高堂吏的素质②。

熙宁三年，由中书建议，又设置了中书检正官。《续资治通鉴长编》卷二一五，熙宁三年九月戊子记事：

> 中书言："中书统治百官以佐天子政事，而所置吏属尚仍旧制，谓宜高选士人，稍依先王设官置辅之意。请置检正中书五房公事一员，每房各置检正公事二员，并以朝官充，见宰相、参知政事如常朝官礼。检正五房公事官位提点上，诸房检正与提点序官位堂后官上。"③

① 《宋会要辑稿》"职官"三之二二，第2408页。
② 《宋会要辑稿》"职官"三之二二，第2408页。
③ 《长编》卷二一五，熙宁三年九月戊子，第5230页。

在讨论中书属官的接遇礼数时，同书同卷记录了神宗和王安石的一段对话说：

> 上初议令执政不与坐，以为今欲除一谏官，且不能得人，计中书置属必不能得第一等人才，不杀其礼，即恐分权害事。王安石曰："中书属官，须精择可以备谏官、侍从者。若杀其礼，则自爱重者不肯为，非自爱重者乃可忧其招权害事。宰属用士人，自古尧、舜以来如此，前代圣人岂不熟计利害？然至屏远士人而专用曹吏，则止自姚元崇、常衮始，而二人后皆为曹吏所累，此即前事之监也。"①

据上述材料可以看出，自设置中书检正以后，宰属的地位有明显的提高。表现在：其一，宋初虽已开始选用士人为堂吏，最初是用选人，后来渐用京、朝官充当。按宋制，京官以上由中书注授差遣，而幕职州县官由吏部铨选注授差遣，故称选人，是低级文官。凡在朝廷做官而未能参加常参者称为京官，是中级官吏；能参加常参者称朝官，是高级官吏。现在规定检官一律以朝官充当，提高了对他们资历的要求。其二，提高了对他们的礼遇，过去即使是以朝官充任的堂后官，参见宰相时，也是"礼同胥吏"的，现在则以常朝官礼参见宰执，可以有座位，以示尊重。其三，规定检正中书五房公事官位在五房提点之上，诸房检正官位在堂后官之上。最后，要精选有学识有能力的第一流人才担任检正的职务，王安石说他们

---

① 《长编》卷二一五，熙宁三年九月戊子，第5230–5231页。

应该成为台谏、侍从的后备力量。在宋朝，谏官和文学侍从是很荣耀的职任，事实上，曾担任检正中书五房公事的曾布和吕惠卿，果然先后被擢升翰林学士；担任检正中书礼房的刘挚，不久即转任御史之职。这说明检正在出职以后，所受的待遇也是十分优渥的。

检正的执掌大致可以分为三个方面：

（一）检正督促中书五房公文的处理。中书是政府的行政中枢，四方文移、奏报都集中到这里，有的要奏禀皇帝，有的交有关下级处理。层次多，手续繁，公文在运转中常常出现稽留现象。各房检正官的主要职责就是检查本房在公事的处理上是否得当，公文在运转中有无积压，如有上述情况，则加以检举催促[①]。检正中书五房公事负责全面工作，故又称都检正。

（二）负责考核中书吏员的功过。《宋会要》记述孝宗时臣僚言："熙宁中，创置检正五房公事官一员，每房又各置检正官二员，书功过簿以核群吏之失，其程督之严盖如此。"[②]检正既有检查五房文书工作之权，根据检查结果，记录在簿，届时考核所属吏员的功过得失，也是顺理成章的事。

（三）编修有关文件。由于检正官熟悉中央和地方上吏、户、礼、兵、刑、工各方面的行政情况，掌握档案材料，所以有时受命编纂包括"内外事务"的纲目，其中最著名的要算毕仲衍所撰的《中书备对》一书。徽宗大观四年六月二十日新差知邓州李夔奏："臣窃惟神宗皇帝元丰间，命检正官毕仲衍纂集内外事务纲目为《中书备对》，以知官吏流品、户口钱谷之数，以知礼法文物、军

---

① 《宋会要辑稿》"职官"三之四六，第2420页。

② 《宋会要辑稿》"职官"四之二三，第2448页。

兵名额之数，以知刑罚赦宥之事、夫役之数。小大精粗，无乎不备。”他建议命左右司也照样编一本，以供皇帝参考，得到批准[1]。可见在大观年间也编过类似的书，但不及前书著名。据《宋史·毕士安传》附仲衍传说他“撰《中书备对》三十卷，士大夫家争传其书”[2]。

另外，曾布在任检正户房公事前即曾受命编修中书条例，以后升任检正中书五房公事，仍在继续编修，对旧有条例进行改革，其中就包括了对中书吏员的保引、补试、赏罚条例的重新规定[3]。

元丰年间，在神宗的亲自主持下，进行官制的大改革，宰相制度发生很大的变化，相应地引起宰相机构的变化。

新官制废除了原来的以同中书门下平章事为宰相的制度，仿照《唐六典》，实行三省制，即令“中书取旨，门下覆奏，尚书施行”[4]，以尚书省的左仆射兼门下侍郎为首相（亦称左相），尚书省右仆射兼中书侍郎为次相（亦称右相）。左相行门下封驳之职，右相行中书取旨之职。门下省、中书省另设侍郎各一人，掌本省之事，尚书省由左、右丞管理省务，以此四人为执政，代替了原来的参知政事。

尚书省的长官即成为宰相，尚书省又是执行政令的机构，下属六部的职权也得到充实和加强。于是原来隶属于中书的检正官及下设五房均被取消，其职务分别被尚书、中书、门下三省的有关官员所接管。《宋会要》职官三之四六：“三年官制行，罢检正，职务分

① 《宋会要辑稿》“职官”四之二一，第2447页。
② 《宋史》卷二八一《毕士安传》，第9523页。
③ 《长编》卷二一七，熙宁三年十一月甲辰，第5278页。
④ 《长编》卷四三一，元祐四年八月癸卯，第10410页。

归中书舍人、给事中、左右司郎官。”[①]应该说原由检正主管的大部分职务都划归尚书省的左右司郎官了，但遇有大事需进呈取旨则由中书舍人负责，得旨后需送门下省给事中覆奏画可，因此这两省也都分房设吏，办理有关事务。

尚书省左右司，亦称左右曹，因为掌举诸司之纲纪，故号为都司。尚书省左右司郎中，始置于隋。《通典》卷二二职官四云：“左右司郎中：隋炀帝三年，于尚书都省初置左、右司郎二人，品同诸曹郎，从五品，掌都省之职。”[②]这个官职经历唐、五代，到了宋朝已成为阶官，无实际执掌了。元丰改制后，才成为有实职的官职。作为宰相的属官，具有以下的职权：

（一）受付六曹诸司出纳之事而举正其稽失。《宋会要》“职官”四之一九称：“左司郎中、右司郎中各一人，正六品；左司员外郎、右司员外郎各一人，从六品，掌受付六曹诸司出纳之事，而举正其稽失，分治省事。左司治吏、户、礼、奏钞班簿房；右司治兵、刑、工、案钞房；而开拆制敕、御史、催驱、封桩、知杂、印房则通治之。凡文书至，注月日于牍背，付所隶房讫，拟所判赴仆射请笔，然后授之有司。”[③]这里明确指出，左右司是掌管接受、发付六部诸司的文书，并且检查他们在处理公事中有无稽留和失当的地方。这项职责一直到南宋嘉定年间，相沿不变。“凡文书至省，必分入检正都司，拟一呈字，宰相命之拟，则检正都司犹云合与不合

---

① 《宋会要辑稿》“职官”三之四六，第2420页。
② 杜佑：《通典》卷二二《职官》四，北京：中华书局，1988年，第601页。
③ 《宋会要辑稿》“职官”四之一九，第2446页。

送部勘当，或且候，若合字得笔，然后别拟送部。”①

（二）考核六曹郎官的功过。《宋会要》记宣和二年臣僚疏云：“神考肇建中台，分六官而设之属，以御史纠其稽违，复令都司较其功过，令文左右司岁考六曹郎官治状，以功过对折，分等惟三，而上下等又有优劣，次年春申省。”②哲宗绍圣元年十月又诏尚书都司“岁终检察六曹诸部行遣迁滞、措置乖谬者”，于来春申尚书省取旨③。可见在纠察吏员的稽失、考核其功过方面，都司的职责和以前的检正相较原来的中书制敕院更加庞杂，因此都司的职责比以前加重了。此外都司也有编修有关文件的职务，前举大观四年诏令左右司编纂类似《中书备对》的书，即为一例。

（三）弹劾御史失职并考课其殿最。元丰六年，都司又增加了一项新的任务，即弹劾监察御史并考核其工作成绩，为此还成立了名为御史房的专门机构。《宋会要》称元丰六年正月：“尚书省乞都司置御史房，主行弹纠御史察按失职并六察殿最簿。从之。”“七年正月二十二日，尚书左右司状：御史房置簿，书御史六曹官纠劾之多寡、当否为殿最。岁终取旨升黜。御史房举发逐察不当及失察不尽等事，岁终亦乞比较。从之。”④

作为宰属的都司，其监察范围竟扩大到监察机构本身，是件值得注意的事。按宋沿唐制，御史台下设台院、殿院和察院三院。自唐大历十四年命监察御史分察尚书省六司，因此号称六察官。“元

---

① 魏了翁：《鹤山先生大全文集》卷一八《奏议》“应诏封事”，上海：商务印书馆，1929年，第4页下—第5页上。

② 《宋会要辑稿》“职官”四之二二，第2447页。

③ 《宋会要辑稿》“职官”四之二一，第2447页。

④ 《宋会要辑稿》“职官”四之一九至二〇，第2446页。

丰三年，李定请复六察，于是以御史专领六察”[①]。后改官制，以“六察官为监察御史，掌吏、户、礼、兵、刑、工之事，在京百司，而察其谬误”[②]。监察御史隶台院，其任务恰是监察尚书省的六部。神宗将监督考核六察的权力交给尚书省的都司，其目的大约是使他们互相监察，以收彼此牵制之效吧？同时也反映这时的宰相可以运用其下属的这种权力，对监察机关进行反击。总之，在元丰改制之后，宰属的权力并没有缩小，反而有所扩大。

在实行三省制以后，由于三省分权，造成公文在三省之间往返旅行，行政效率降低。早在哲宗元祐时已改为三省合班奏事，分省治事。及至高宗建炎三年，索性将中书、门下合并为一省，称中书门下省，改中书侍郎、门下侍郎为参知政事，而废尚书左、右丞。尚书左、右仆射各兼同中书门下平章事，表示左、右相通治三省之事。

中书门下省成立不久，由于尚书省的建议，在其下又设置了中书门下省检正诸房公事二员。《宋会要》记载：

> 建炎三年五月二十二日都省言：自中兴以来，天下多事，四方行移倍增于前日，而宰相精力疲耗于案牍，致边防军政所当急者，却致稽缓。……以中书别无属官故也。契勘元丰以前有中书省检正官六房文字，后又因置左右司遂不差（除），致朝廷及应报四方行移，往往稽留，无官检举催促。今欲差官两员充中书门下省检正诸房公事，内一员检正吏、礼、兵房，一员检正户、刑、工房。其请给人从并视左右司，序位在

① 《文献通考》卷五三《职官考》七，第483页。
② 《文献通考》卷五三《职官考》七，第488页。

上。……所有左右司郎官却裁减两员。[①]

看来新设检正的职务和过去的中书检正差不多，是检查下属各房文书有无稽失的，包括检查通进司“每日承受、进降、给发等事”[②]。通进司是掌管收受各种奏章案牍，然后转呈皇帝，以及发布命令的机构，原隶属门下省给事中，现在也并到中书门下省来了。此外检正官还有书拟文件之责，如绍兴三十二年十一月四日诏“尚书省吏房、兵房、三省枢密院机速房，尚书省刑房、户房、工房，三省枢密院看详赏功房，尚书省礼房，令左右郎官四员，从上分房书拟；其中书门下省诸房令检正书拟”[③]。

检正和都司分隶于两省，其执掌似亦有分工，但由于均为宰相属官，在有关材料中经常被联称，如孝宗淳熙十四年七月十四日“诏付下封事，可令检正都司逐一看详，有合施行事件，开具申尚书省。亦庶几求言，不为虚文”[④]。到嘉定以后，二者竟难于区分，似合并为一个单位了。南宋魏了翁说：“至嘉定以来，（宰相，此指史弥远）虑其权之分于六曹也，每事付检正都司，而宰掾之权又重。凡文书至省，必分入检正都司，拟一呈字，……而况检正乃中书门下省之属，都司则尚书省之属，而今混为一区，宁复有可否者乎？”[⑤]

---

① 《宋会要辑稿》“职官”三之四六至四七，第2420-2421页。
② 《宋会要辑稿》“职官”三之四七，第2421页。
③ 《宋会要辑稿》“职官”三之四七，第2421页。
④ 《宋会要辑稿》“职官”三之四八，第2421页。
⑤ 魏了翁：《鹤山先生大全文集》卷一八《奏议》“应诏封事”，第4页下—第5页下。

二、检正都司的地位和作用

检正、都司是宰相属吏之长，用今天的话来说就是办公厅主任，朝廷的政令发布和重要的认事任免都要通过他们，被称为“都司以弥纶省闼为职，事无不预”[①]。由于参与机要，他们往往可以干预当时的政事。宋朝皇帝很清楚这一点，因此十分重视宰属的人选，如高宗就说过：“神宗圣训云：左右司便是学为宰相，岂可不谨择。”[②]王安石在设置检正时，就主张精选第一等人才担任此职。

宋朝对于中央政府吏员的方针，历来是“出职恩例特优，而请谒漏露之禁亦严。盖朝廷之上，政令所出之地，理应严密”[③]。为了防止私人请托和泄露机密，在熙宁三年设置检正时就规定“非亲属、寺观、职事相干，不许出谒”[④]。孝宗乾道二年又诏尚书省左右司说：“并系所掌朝廷机要文字，不许出谒及接见宾客”[⑤]。

王安石执政以后，为了推行新法，必须配备得力的助手。他一方面倡议设置了中书检正官，提高了宰属的地位和职权；另一方面任命一批有才干有学识又赞成变法的人担任检正，如坚决的变法派曾布、吕惠卿先后任都检正，沈括曾任检正中书刑房公事，邓润甫曾任检正中书户房公事。这一措施收到了明显的效果，《长编》云：“（曾）布每事白王安石即行之。或谓布当白两参政，指冯京及王

① 《文献通考》卷五一《职官考》五，第472页。
② 《宋会要辑稿》“职官”四之二三，第2448页。
③ 《宋会要辑稿》“职官”三之三二，第2413页。
④ 《长编》卷二一五，熙宁三年九月戊子，第5230页。
⑤ 《宋会要辑稿》“职官”四之二四至二五，第2448–2449页。

珪也。布曰：'丞相已议定，何问彼为！俟敕出令押字耳！'"[1]御史中丞杨绘弹劾说："臣又闻诸房检正官每有定夺文字，未申上闻，并只独就宰臣王安石一处商量禀覆，即便径作文字申上，其冯京等只是据已作成申上者文字签押施行。……是致外议哗然，咸谓虽涂注亦有只是宰臣王安石与都检正官曾布商议，而参知政事冯京、王珪或有不先预闻者。"[2]可见安石得到都检正与诸房检正的协助，减少了参知政事对他的牵制和干预。

元丰改制，虽废除了检正，而以尚书左右司为宰属。检正的职务有小部分分给了中书省的中书舍人和门下省的给事中。当时三省并立，如尚书省的政令失当，给事中有对驳之权；除授非人，中书舍人有退还词类之制；目的均在审查纠正尚书省在执行中的错误，防止宰相专擅。都司直接隶属宰相，自然凡事听命，和宰相的关系更密切。南宋章如愚批评说："给舍封驳，犹存审覆之意，未免时有异同之论；都司纲记六官，凡所奉行，与宰臣无所可否矣。此给舍所以易疏，而都司所以易亲也。夫宰相既兼三省之权，而都司复居易亲之地，造令行令皆与知而与行之矣。熙丰大臣倚是以为羽翼之助，而行其变政易令之私而已。"[3]这说明在熙丰变法期间，检正和都司加强了宰相推行政令的权力，对新法的实行发挥了重要作用。

南宋魏了翁认为："都司重而六曹轻，乃历朝权臣窃柄之大

---

① 《长编》卷二二〇，熙宁四年二月甲子，第5346页。
② 《长编》卷二二〇，熙宁四年二月甲子，第5346-5347页。
③ 章如愚：《群书考索·续集》卷三〇"官制门"下，北京：书目文献出版社，1992年，第1096页。

端。”[①]自王安石首开其端，章惇、蔡京、韩侂胄继起仿效，到史弥远而益甚。他说：“宰旅、宰士之名，其来虽久，而职任甚轻。迨熙丰以后，检正分察诸房，都司治六官，而事权始尊。”[②]南宋以后，“韩侂胄盗权之始，犹分其责于宰丞。侂胄不过于中日以宣押入内，密赞万机，三省六曹之统体未尽废也。自侂胄平章军国，然后二府属官益重，而六曹长贰益轻。……至嘉定以来（指史弥远专权以来），虑其权之分于六曹也，每事必付检正都司，而宰掾之权又重”[③]。“都司逢迎宰相，与闻机事，而外与制、总诸司、沿边将帅相赂以利，其权任反出执政、台谏上”[④]。可以说都司的权位到此时达到前所未有的高度。但它的权力大小，仍取决于宰相本身的权力大小和对它依靠的程度。即“凡权在大臣，则宰掾遂为窃弄威柄之地”[⑤]。而检正、都司也可以利用其职权，助长宰相的专擅，如“其有事关机速，则上不伺勘当，下不俟勘当，而有云尚先行者矣；凡所谓奉圣旨，依奉圣旨不允，有未尝将上，先出省劄者矣；有豫取空头省札，执政皆先佥押，纳之相府，而临期书填者矣”[⑥]。

综观宋代宰属制度的变化，其发展趋势是宰属地位不断提高，权力不断增大，而熙、丰期间检正、都司的相继设立，是一个重要的分水岭，从此奠定了以后宰属制度的格局和基础。这种

① 魏了翁：《鹤山先生大全文集》卷一八《奏议》“应诏对事”，第6页上。
② 魏了翁：《鹤山先生大全文集》卷一八《奏议》“应诏对事”，第6页上。
③ 魏了翁：《鹤山先生大全文集》卷一八《奏议》“应诏对事”，第4页上、下。
④ 魏了翁：《鹤山先生大全文集》卷一八《奏议》“应诏对事”，第6页上。
⑤ 魏了翁：《鹤山先生大全文集》卷一八《奏议》“应诏对事”，第4页上。
⑥ 魏了翁：《鹤山先生大全文集》卷一八《奏议》“应诏对事”，第5页下。

变化本身既是宋朝宰相权力增长的结果，同时又为相权的扩大提供了组织上的便利条件，二者是互为因果的。也许可以这样说：南宋不断出现权相，固然原因是多方面的，但宰属制度的变化也是因素之一。

一九八七年十月写于武汉珞珈山

章献刘皇后擅政与寇准之死*

宋真宗的皇后刘氏，死后谥曰章献明肃，通称章献皇后。从真宗天禧四年到仁宗明道二年她逝世时止，前后约十三年间，宋朝的最高权力掌握在她手里，成为事实上的皇帝。此事对宋朝当时的政局颇有影响，如以忠义闻名天下的社稷之臣寇准即因此谪死。刘后是用什么办法击败其强劲的对手寇准、李迪而独揽大权的？在她称制的十一年间表现如何？她与仁宗间的关系究竟怎样？考察这些问题，或可有助于了解宋朝这段历史，以及与之相关的人物。

一、刘后是如何登上政治舞台的

刘氏出身寒微，本来是没有资格正位中宫的。《宋史》卷二四二《章献明肃刘皇后传》云："其先家太原，后徙益州，为华阳人。……父通，虎捷都指挥使、嘉州刺史，从征太原，道卒。……后在襁褓而孤，鞠于外氏。善播鼗。蜀人龚美者，以锻银为业，携之

* 本文原刊于《纪念陈寅恪先生诞辰百年学术论文集》，北京大学出版社1989年版。

入京师。后年十五入襄邸……真宗即位，入为美人。以其无宗族，乃更以美为兄弟，改姓刘。”[①]刘氏因其父早卒，少时已流落为播鼗的献艺女子，被带到京师，献与尚为襄王的真宗。既贵之后，因无宗族可寻，只好令龚美改姓刘，作为她的哥哥。正是由于出身卑贱，所以当郭皇后去世，真宗有意立她为后时，曾遭到大臣们的反对。本传继称："自章穆崩，真宗欲立为皇后，大臣多以为不可，帝卒立之。”[②]同书卷三一〇《李迪传》亦云："初，上将立章献后，迪屡上疏谏，以章献起于寒微，不可母天下。章献深衔之。”[③]

刘后虽出身不高，但人很聪明能干，有心机，有手腕。本传称其："性警悟，晓书史，闻朝廷事，能记其本末。真宗退朝，阅天下封奏，多至中夜，后皆预闻。宫闱事有问，辄传引故实以封。”[④]这是她能够预政的个人条件。

真宗诸子皆早亡，最后才生了仁宗。仁宗的生母李氏原是刘后的侍女，刘后本人没有生育过，因此仁宗生下来不久，就被从母亲的怀抱中夺走，作为刘后之子，交给与她关系密切的杨淑妃抚养[⑤]。《宋史》卷二四二《李宸妃传》云："李宸妃，杭州人也。……初入宫，为章献太后侍儿，庄重寡言，真宗以为司寝。……初，仁宗在襁褓，章献以为己子，使杨淑妃保视之。仁宗即位，妃嘿处先朝嫔御中，未尝自异。人畏太后，亦无敢言者。终太后世，仁宗不自知

① 《宋史》卷二四二《章献明肃刘皇后传》，第8612页。
② 《宋史》卷二四二《章献明肃刘皇后传》，第8613页。
③ 《宋史》卷三一〇《李迪传》，第10173页。
④ 《宋史》卷二四二《章献明肃刘皇后传》，第8613页。
⑤ 《宋史》卷二四二《杨淑妃传》："益州郫人。……妃通敏有智思，奉顺章献无所忤，章献亲爱之。故妃虽贵幸，终不以为己间。”第8617-8618页。

为妃所出也。”[①]将唯一的皇嗣据为己有，这件事大为加强了刘后的政治地位，并为以后的垂帘听政，创造了有利条件。

真宗晚年多病，政事多取决于中宫，刘后的权力逐渐膨胀。特别是天禧四年顷，真宗中风以后，艰于语言，而且神志恍惚，说过的话，许诺过的事，转眼就忘记了。这种状况，已难于正常处理政事，这就为刘后进一步擅权，提供了可乘之机[②]。但是她的预政遭到一些大臣的强烈反对，其中最主要的对手是宰相寇准。寇准是太宗时的老臣，在建储中，曾大力支持过真宗作继承人，又在澶渊之盟中立有大功，是在朝野均享有重望，地位很高的名臣。支持他的还有参知政事李迪、翰林学士杨亿等，也都是有名望的大臣。但寇准性刚直，好使气，得罪的人很多。刘后就利用和他有宿怨的枢密使曹利用、丁谓等来收拾他。“先是，准为枢密使，曹利用副之，准素轻利用，议事有不合者，准辄曰：‘君一夫尔，岂解此国家大体耶。’利用由是衔之。而丁谓以拂须故，亦恨准，及同为枢密使，遂合谋欲排准。翰林学士钱惟演见谓权盛，附离之，与讲姻好。而惟演女弟实为马军都虞候刘美妻。时上不豫，艰于语言，政事多中宫所决，谓等交通诡祕，其党日固。刘氏宗人横于蜀，夺民盐井，上以皇后故，欲赦其罪，准必请行法，重失皇后意，谓等因媒孽之。”[③]

天禧四年（1020）六月，为了防止皇后预政，寇准秘密建议真宗令太子监国，并择方正大臣为羽翼，又说丁谓是佞人，不可用他

① 《宋史》卷二四二《李宸妃传》，第8616页。

② 《宋史》卷二八一《寇准传》：“时真宗得风疾，刘太后预政于内。”第9532页。

③ 《长编》卷九五，天禧四年六月丙申，第2196–2197页。

来辅佐少主。真宗表示同意，于是寇准密令杨亿草表请太子监国，并打算用杨亿来取代丁谓。不料事机不密，消息被泄露出去，丁谓等大惧，急忙跑到真宗面前告状，要求罢免寇准。真宗忘记了自己的许诺，竟同意了丁谓的意见，召翰林学士钱惟演草制。惟演又乘机说寇准专恣，应予重谴。真宗不肯，仍以优礼的方式将其罢相，授寇准太子太傅，封莱国公[①]。

七月，真宗擢参知政事李迪为相，接替寇准，又用冯拯为枢密使。寇准虽罢相，仍留在京师，而且受到真宗的优待。当真宗召宗室、近臣到后苑观看嘉谷并赐宴时，仍邀寇准参加。丁谓、钱惟演等害怕寇准复相，极力在真宗面前说他的坏话，想把他早日赶出京师。《长编》卷九六，天禧四年七月癸亥条称："惟演又言：'寇准宜早令出外。准朋党盛，王曙又其女婿，作东宫宾客，谁不畏惧。今朝廷人三分，二分皆附准矣。'"[②]真宗虽打算放寇准外任，但仍无远贬之意。正在这时，发生了一起未遂的宫廷政变，给丁谓进一步打击寇准一派提供了机会。

这次政变的发动者是深受真宗宠信的宦官周怀政。周怀政曾跟从真宗封禅泰山，修宫观，刻天书。仁宗被立为皇太子，真宗即升周怀政为入内副都知，管勾左右春坊[③]。宋朝管理宦官的机构有两个，《宋史》卷一六六《职官志》六："入内内侍省与内侍省号为前后省，而入内省尤为亲近。通侍禁中、役服亵近者，隶入内内侍省。拱侍殿中、备洒扫之职、役使杂品者，隶内侍省。入内内侍省

---

① 《长编》卷九五，天禧四年六月丙申，第2197页。
② 《长编》卷九六，天禧四年七月癸亥，第2206页。
③ 《宋史》卷四六六《周怀政传》，第13614–13615页。

有都都知、都知、副都知、押班、内东头供奉官、内西头供奉官、内侍殿头、内侍高品、内侍高班、内侍黄门。”[①]周怀政为入内副都知，是入内内侍省中相当高的职务，又兼管太子左右春坊的事务，其地位十分重要。《长编》卷九六，天禧四年七月甲戌条载：“大中祥符末，上始得疾，是岁仲春，所苦浸剧，自疑不起，尝卧枕怀政股，与之谋，欲命太子监国。怀政实典左右春坊事，出告寇准。准遂请间建议，密令杨亿草奏。”[②]从上述记载可以看出两点：其一，真宗对怀政十分亲信，故能参与密谋，他既典管东宫事务，属于拥护太子一派，而与皇后对立；其二，怀政将此机密告知寇准，可见二人关系之密切，寇准先知真宗有此意图，故敢建议以太子监国。可惜寇准此谋未能实现，反遭罢斥，由此激起周怀政铤而走险，采取第二步行动。

同书同卷同条继云：“已而事泄，准罢相。丁谓等因疏斥怀政，使不得亲近，然以上及太子故，未即显加黜责。怀政忧惧不自安，阴谋杀谓等，复相准，奉帝为太上皇，传位太子，而废皇后。与其弟礼宾副使怀信潜召客省使杨崇勋、内殿承制杨怀吉、合门祗候杨怀玉议其事，期以二十五日窃发。”[③]不料被杨崇勋、杨怀吉所出卖，他们在前一天晚上“诣谓第告变，谓中夜微服乘妇人车，过曹利用计之，及明，利用入奏于崇政殿。怀政时在殿东庑，即令卫士执之”[④]。结果周怀政被处斩，与他有牵连的宦官谭元吉等均被决杖发配远州。

---

① 《宋史》卷一六六《职官志》六，第3939页。
② 《长编》卷九六，天禧四年七月甲戌，第2208页。
③ 《长编》卷九六，天禧四年七月甲戌，第2208页。
④ 《长编》卷九六，天禧四年七月甲戌，第2209页。

丁谓等马上又派人往陕西永兴军去追捕周怀政的党羽朱能等。据《宋史·周怀政传》，朱能与此次政变并无关系，只是靠妄言神怪，取得周怀政的信任而得官，他“于终南山修道观，与刘益辈造符命，托神言国家休咎，否臧大臣。时寇准镇永兴，能为巡检，倚准旧望，欲实其事。准好胜，喜其附己，多依违之”[①]。寇准曾代为上奏说有天书降于乾祐山中。追查天书妖妄本来是没有什么意义的事，因为所有天书都是伪造的，始作俑者应该说是宋真宗。丁谓等追查朱能，本来是醉翁之意不在酒，想借此把寇准牵连进去。后因朱能拒捕，杀死了中使，事情越发闹大了，结果凡是拒捕者均受到残酷的镇压。而寇准因此被降官贬知相州，不久徙知安州，再徙道州。朝中及永兴、凤翔等地的官吏，凡是和寇准关系密切的都受到降黜的处分，寇准一派的力量受到很大削弱。

但是继寇准为相的李迪，仍是刘后的老对头，把他留在朝廷，总是不能放心的。于是由钱惟演出面，说：中书不能只用李迪一人，应该把丁谓从枢密院调过来。结果丁谓进入中书任平章事以后，处处排斥、压抑李迪。李迪气愤已极，就在真宗面前控告丁谓奸邪弄权，又说：“寇准无罪罢斥，朱能事不当显戮，东宫官不当增置。又钱惟演亦谓之姻家。臣愿与谓、惟演俱罢政柄，望陛下别择贤才为辅弼。”[②]真宗原打算将丁谓与李迪同时罢免的，但钱惟演为丁谓说情，丁谓本人也表示愿留。结果只把李迪一人罢相，出知郓州，丁谓则仍留任宰相。《长编》指出此事的关键在于刘后，说

① 《宋史》卷四六六《周怀政传》，第13615页。

② 《长编》卷九六，天禧四年十一月乙丑，第2223页。

"迪所以不得留，非但谓等媒孽，亦宫中意尔"[1]。其背景是："先是，上久不豫，语言或错乱，尝盛怒语辅臣曰：'昨夜皇后以下皆之刘氏，独留朕于宫中。'众皆不敢应，迪进曰：'果如是，何不以法治之？'良久，上寤，曰：'无是事也。'后适在屏间，闻之，由是恶迪。"[2]其实刘后恨李迪，不止这一桩事，早从他反对立后时起，就已经给他记下一笔账了。

寇准、李迪相继被斥，丁谓掌握了中书大权。枢密院方面除曹利用为枢密使外，不久又擢钱惟演为枢密副使[3]。至此，两府均掌握在刘后一派手中，政府中已无劲敌。宫中则铲除了以周怀政为首的异己力量，而安排了自己的亲信。早在一年前，刘后就提拔掌管禁军的夏守恩为殿前都虞候，权领殿前步军司；安排其兄刘美为马军都虞候，权领马军司事。这样，就把禁军中最精锐的殿前军掌握在自己手中。《长编》卷九三，天禧三年五月己未条指出："龙、神卫四厢都指挥使夏守恩为捧日、天武四厢都指挥使，依前泰州防御使。洛苑使、勤州刺史、同勾当皇城司刘美为龙、神卫四厢都指挥使，领昭州防御使。上不豫，中宫预政，以守恩领亲兵倚用之，故与美并命。守恩寻前迁殿前都虞候，美迁马军都虞候。守恩仍权领殿前步军司，美权领马军司事。"[4]其中"中宫预政，以守恩领亲兵倚用之"是句点眼的话。刘后既掌握了殿前军，负责宫城出入禁军及宿卫的皇城司又由刘美掌管，就不怕别人发动政变。周怀政手中

---

① 《长编》卷九六，天禧四年十一月己巳，第2225页。
② 《长编》卷九六，天禧四年十一月己巳，第2225页。
③ 《长编》卷九六，天禧四年八月乙酉条："以枢密副使任中正、礼部侍郎王曾并参知政事，翰林学士钱惟演为枢密副使。"第2211页。
④ 《长编》卷九三，天禧三年五月己未，第2145页。

没有兵权，临时去求助于没有深交的杨崇勋等[①]，以致为其所卖，其失败是必然的。

总之，经过天禧四年六月至十一月，这半年以来，一场又一场惊心动魄的夺权斗争，刘后终于顺利地排除了她的主要政敌，朝廷内没有敢与之公开抗争的力量，这就为她以后的临朝称制，铺平了道路。贬斥寇准、李迪并非真宗本意。《宋史》卷二八一《寇准传》称："降准为太常卿、知相州，徙安州，贬道州司马。帝初不知也，他日，问左右曰：'吾目中久不见寇准，何也？'左右莫敢对。帝崩时亦言惟准与李迪可托，其见重如此。"[②]但由于真宗的健康状况恶化，国家政事已经不能完全由他做主了。

二、刘后垂帘听政时期的作为

乾兴元年（1022）二月真宗去世。遗诏尊皇后为皇太后，军国事兼权取皇太后处分。草制时丁谓打算把"权"字取消，王曾说："政出房闼，斯已国家否运，称权尚足示后，且言犹在耳，何可改也？"[③]权取处分，表示听政是暂时的，待仁宗长大以后，应即还政。丁谓想去掉"权"字是为了讨好太后，因王曾反对而未能成功。此事也说明王曾的态度，是不赞成母后听政的。

刘后听政后，立即进一步迫害寇、李二人。将道州司马寇准

① 《宋史》卷二九〇《杨崇勋传》称崇勋曾任"马军都虞候，并代州马步军副都总管，留为客省使、领群牧使"，第9713页。他与军队有较多的关系，或是周怀政要借重他的原因。
② 《宋史》卷二八一《寇准传》，第9533页。
③ 《长编》卷九八，乾兴元年二月戊午，第2271页。

贬为雷州司户参军，知郓州李迪贬为衡州团练副使，并播告其罪状于中外。寇准的罪名是与周怀政交通，李迪则是与寇准结为朋党。按宋朝的家法是不能随意诛杀大臣的，贬到岭南就算是很重的处分了。雷州在今天的海南岛，是当时的边徼蛮荒之地，把他贬到这里，无异置之死地。《长编》卷九八，乾兴元年二月戊辰条载："谓恶准、迪，必欲置之死地，遣中使赍敕赐二人。中使承谓指，以锦囊贮剑揭于马前，示将有所诛戮状。至道州，准方与客宴，客多州吏也，起逆中使，中使避不见，问其所以来之故，不答。众惶恐不知所为，准神色自若，使人谓之曰：'朝廷若赐准死，愿见敕书。'中使不得已，乃受以敕。准即从录事参军借绿衫着之，短才至膝，拜敕于庭，升阶复宴，至暮乃罢。及赴贬所，道险不能进，州县以竹舆迎之，准谢曰：'吾罪人，得乘马幸矣。'冒炎瘴，日行百里，左右为之泣下。"[①]又云："中使至郓州，迪闻其异于他日，即自裁，不殊，其子东之救之，乃免。……迪客邓余怒曰：'竖子欲杀我公以媚丁谓耶？邓余不畏死，汝杀吾公，我必杀汝！'从迪至衡州，不离左右，迪由是得全。"[②]

从上面记述，可以看到寇准临危不惧、镇定自若，其器局超过李迪。毕士安曾称赞他"兼资忠义，善断大事，此宰相才也"[③]。王旦也赞其忠直敢言，在临死前曾力荐他继己为相。这两个人是宋朝的名相，是能识才用才的。寇准虽对逆境处之泰然，但毕竟年纪大了，雷州又是烟瘴之地，因此只一年多就病故了。

---

① 《长编》卷九八，乾兴元年二月戊辰，第2274–2275页。
② 《长编》卷九八，乾兴元年二月戊辰，第2275页。
③ 《宋史》卷二八一《毕士安传》，第9519页。

刘太后临朝之初，也办了一件大快人心的事，就是贬黜了丁谓及其党羽，被誉为“太后称制，虽政出宫闱，而号令严明，恩威加天下”[①]。丁谓被贬起因于雷允恭的得罪。雷允恭原是给事东宫的一个宦官，因告发周怀政而受到升迁，《宋史》卷四六八本传称：“周怀政伪为天书，允恭豫发其事，怀政死，擢内殿崇班，迁承制。再迁西京作坊使、普州刺史、入内内侍省押班。章献后初临政，丁谓潜结允恭，凡机密事令传达禁中，由是允恭势横中外。山陵事起，允恭请效力陵上。”[②]在营建真宗陵墓的过程中，允恭因擅移皇堂及盗窃内库金银的事，被下狱审问。当时丁谓任山陵使，王曾想借机除掉他，于是乘间向太后“具言谓包藏祸心，故令允恭擅移皇堂于绝地，太后大惊”[③]。继而又发现丁谓与雷允恭互相勾结，借太后名义擅弄威权的情况，太后大怒，甚至想杀掉丁谓。枢密使冯拯说：“谓固有罪，然帝新即位，亟诛大臣，骇天下耳目。谓岂有逆谋哉？第失奏山陵事耳。”[④]结果雷允恭被杖死，丁谓罢相。不久又因丁谓引女道士入宫装神弄鬼被揭发，于是将丁谓贬至崖州。距离寇准被贬，不到半年。李焘评论说：“谓所坐但私庇允恭，不忍破其妄作，未必真有祸心也。然天资险狡，多阴谋，得政岁久，要不可测，虽曾以计倾之，而公论不以为过也。”[⑤]丁谓是不得人心的。寇准被贬时，京师流传着两句话：“欲得天下宁，当拔眼

① 《宋史》卷二四二《章献明肃刘皇后传》，第8614页。
② 《宋史》卷四六八《雷允恭传》，第13654–13655页。
③ 毕沅：《续资治通鉴》卷三五，北京：中华书局，1957年，第801页。
④ 《宋史》卷二八五《冯拯传》，第9611页。
⑤ 《长编》卷九八，乾兴元年六月庚申，第2286页。

中‘丁’；欲得天下好，莫如召寇老。”[1]刘后贬斥丁谓，是为了惩治敢于弄权者，起个杀一儆百的作用，同时又可以收买人心，可谓一举两得。七年后枢密使曹利用也被认为弄权而被贬死。因此《宋史·章献明肃刘皇后传》：“丁谓、曹利用既以侮权贬窜，而天下惕然畏之。”[2]总之，起了树立自己威信的作用。此二人与刘皇后的关系本来不深，刘后只为了排斥政敌而不能不依靠他们，目的既已达到，也就可以狡兔死走狗烹了。寇准之谪死，天下人都痛恨丁谓，实际上在幕后发踪指使的是刘后。

真正受刘后信任厚待的是她的亲戚和宦官，尤其刘美一家备受宠遇。刘美并无军功，却被升擢为马军都虞候，刘后称制时刘美已去世，于是加恩于其子刘从德。《宋史》卷四六三《刘美传附子从德》云：“父美卒，年十四……太后临朝，从德以崇仪使真拜恩州刺史，改和州……从德齿少无才能，特以外家故，恩宠无比。其在卫州，县吏李熙辅者善事从德，乃荐其才于朝。太后喜曰：‘儿能荐士，知所以为政矣。’即日擢熙辅京官。……从德妻，嘉州王蒙正女也。蒙正家豪右，以厚赂结纳至郎官，为郡守。既而从德病，召还，道卒，年二十四。赠保宁军节度使，封荣国公，……太后悲怜之尤甚，录内外姻戚门人及僮隶数十人。……御史曹修古、杨偕、郭劝、推直官段少连上疏论之，皆坐贬。”[3]刘美的女婿马季良本来没有什么学问，却被授以馆职。《长编》卷九八，乾兴元年四月壬寅条云：“以光禄寺丞尉氏马季良，家本茶商，刘美女壻也，于是召

① 《长编》卷九九，乾兴元年七月己卯，第2294页。
② 《宋史》卷二四二《章献明肃刘皇后传》，第8615页。
③ 《宋史》卷四六三《刘美传附子从德》，第13550页。

试馆职，太后遣内侍赐食，促令早了。主试者分为作之。”[1]钱惟演以妹妻刘美，成为太后的姻戚，因此也受到信用，太后的意图往往通过他来传达。

张耆原只是真宗藩邸的一个小官，因过去对刘后有恩而受厚待。《宋史·章献明肃刘皇后传》称刘后始入襄邸时：“王乳母秦国夫人性严整，因为太宗言之，令王斥去。王不得已，置之王宫指使张耆家”。[2]同书卷二九〇《张耆传》云：“章献太后微时尝寓其家，耆事之甚谨。及太后预政，宠遇最厚，赐第尚书省西，凡七百楹，安佚富盛逾四十年。”[3]张耆为人贪鄙，“家居为曲阑，积百货其中，与群婢相贸易。……所历藩镇，人颇以为扰”[4]。

刘后晚年“任内宫罗崇勋、江德明等访外事，崇勋等以此势倾中外”[5]。用宦官刺探外事，说明对大臣的不信任，这种做法使宦官得以左右政事，骄横不法。曹利用的被贬黜，就与得罪宦官有关。《长编》卷一〇七，天圣七年正月癸卯条云：“初，太后临朝，威震天下。中人与贵戚稍能轩轾为祸福，而利用以勋旧自居，不恤也。凡内降恩，力持不予，左右多怨。……利用奏抑内降恩，或屡却而复下，则有黾勉从之者。久之，人测知其然，或绐白太后曰：‘蒙恩得内降，虽屡却于枢密院，今利用之家媪阴诺臣请，其必可得矣。’下之而验。太后始疑其私，颇衔怒。”[6]利用在被贬途中，

① 《长编》卷九八，乾兴元年四月壬寅，第2279页。
② 《宋史》卷二四二《章献明肃刘皇后传》，第8612页。
③ 《宋史》卷二九〇《张耆传》，第9711页。
④ 《宋史》卷二九〇《张耆传》，第9711页。
⑤ 《宋史》卷二四二《章献明肃刘皇后传》，第8615页。
⑥ 《长编》卷一〇七，天圣七年正月癸卯，第2491-2492页。

竟被护送的宦官逼得自杀。

刘太后特别喜欢从宫中直接降旨决定政事，即不通过两府大臣的商议讨论，通常称为“内降”。这种奖惩不论功过，专凭个人的喜怒好恶来决定升黜的做法，是最容易破坏官纪，使政治日益腐败的。韩琦后来上奏说：“国家祖宗以来，躬决万务，凡于赏罚任使，必与两制大臣于外朝公议，或有内中批旨，皆是出于宸衷。只自庄献明肃太后垂帘之日，遂有奔竞之辈，货赂公行，假托皇亲，因缘女谒，或于内中下表，或只口为奏求。是致侥幸日滋，赏罚倒置，法律不能惩有罪，爵禄无以劝立功。唐之斜封，今之内降，蠹坏纲纪，为害至深。”[①]

刘后精明强干，很有政治手腕，但缺乏远大的目标，更谈不上有什么政治上的抱负，因此在其称制的十一年中，并没有什么值得称道的建树，反而是朝政日坏，晚年要求她还政仁宗的呼声渐高。

三、刘后与仁宗之间的关系

刘后本传说：“太后保护帝既尽力，而仁宗所以奉太后亦甚备。上春秋长，犹不知为宸妃所出，终太后之世无毫发间隙焉。”[②]事实果真如此吗？

仁宗是真宗唯一的合法的继承人，所以还在襁褓之中，就被刘后作为己子收养，不仅负责护视仁宗的杨淑妃与刘后关系密切，就是仁宗的乳母，也是由她的心腹担任的。仁宗乳母“林氏，钱塘

---

① 《长编》卷一二三，宝元二年五月己亥，第2904页。
② 《宋史》卷二四二《章献明肃刘皇后传》，第8615页。

人，大中祥符初，繇刘美家入宫，天禧末，皇太后内管政事，林氏预掌机密云”[1]。仁宗一直在她的严密监视下长大，在真宗临终前更是“太子动息，后必躬亲调护，暂去左右，则继遣询问”[2]。至于仁宗非刘后亲生的事，自然更是严格保密的。

当时正直的大臣都是不赞成刘后预政的，但在寇准、李迪被贬后，他们已不能用公开的方式来反对，只有用较隐蔽的办法，极力维护仁宗的地位。其中王曾做得较策略，当李迪被贬后，他就通过钱惟演之口劝说刘后。《长编》卷九六，天禧四年闰十二月云：“时太子虽听事资善堂，然事皆决于后，中外以为忧。惟演，后戚也，王曾说惟演曰：‘太子幼，非中宫不立，中宫非倚皇储之重，则人心亦不附。后厚于太子，则太子安，太子安，乃所以安刘氏也。’惟演以为然，因以白后，两宫由是益亲，人遂无间。”[3]

有人为了讨好太后，曾建议她效法武则天，为刘氏立朝[4]。刘后虽未采纳，但她在礼仪、服饰等方面处处拟于天子，甚至要凌驾于仁宗之上。如皇太后的乘舆名曰大安辇，出入鸣鞭、仪卫及侍卫诸司应奉，悉如皇帝乘舆[5]。有一次与仁宗同幸慈孝寺，太后欲以大安辇走在皇帝前头，为参政鲁宗道谏止。在谒祭太庙时太后穿应由天子服用的衮冕。天圣五年元旦，仁宗欲先率百官上皇太后寿，即向太后跪拜祝贺，然后御天安殿受百官朝贺。太后表示谦让，王曾乘

---

① 《长编》卷九八，乾兴元年四月庚子，第2278页。
② 《长编》卷九八，乾兴元年二月甲寅，第2270页。
③ 《长编》卷九六，天禧四年闰十二月辛未，第2233页。
④ 《宋史·章献明肃刘皇后传》云：“先是，小臣方仲弓上书，请依武后故事，立刘氏庙，而程琳亦献《武后临朝图》，后掷其书于地曰：‘吾不作此负祖宗事。’”第8615页。
⑤ 《长编》卷九九，乾兴元年十一月乙亥，第2302–2303页。

机说："陛下以孝奉母仪，太后以谦全国体，请如太后命。"[①]仁宗不听，于是上太后寿的仪式照样举行。到了天圣七年的冬至节，仁宗要再次率百官上皇太后寿。秘阁校理范仲淹上奏说："天子有事亲之道，无为臣之礼；有南面之位，无北面之仪。若奉亲于内，行家人礼可也；今顾与百官同列，亏君体，损主威，不可为后世法。"疏入，不报[②]。不久仲淹又奏请皇太后还政，亦不报，遂乞补外，寻出为河中府通判。那时，仁宗已经成年，照理说可以亲政了，但太后贪恋权势，始终没有还政的意思，凡是要求还政的，多遭贬黜。如滕宗谅、刘越等均因此贬外[③]。刘太后去世前仍遗诏以杨太妃为皇太后，同裁制军国事。御史中丞蔡齐"入白执政曰：'上春秋富，习知天下情伪，今始亲政事，岂宜使女后相踵称制乎！'遂罢预政"[④]。

这里所说的执政是指宰相吕夷简，此人十分机智圆滑，老于世故，很善于处理两宫之间的关系，使太后和仁宗都觉得他是忠于自己的。有这样一件事，"初，荆王子养禁中，既长，夷简请出之。太后欲留使从帝诵读，夷简曰：'上富春秋，所亲非儒学之臣，恐无益圣德。'即日命还邸中。"[⑤]按荆王元俨为太宗第八子，真宗之亲弟。《宋史》卷二四五《周王元俨传》云其"严毅不可犯，天下崇惮之，名闻外夷。……仁宗冲年即位，章献皇后临朝，自以属尊望重，恐为太后所忌，深自沉晦"[⑥]。假如真宗没有后嗣的话，那么

---

① 《长编》卷一〇四，天圣四年十二月丁亥，第2428页。
② 《长编》卷一〇八，天圣七年十一月癸亥，第2526–2527页。
③ 《宋史》卷三〇三《滕宗谅传》，第10037页。
④ 《宋史》卷二八六《蔡齐传》，第9637页。
⑤ 《宋史》卷三一一《吕夷简传》，第10208页。
⑥ 《宋史》卷二四五《周王元俨传》，第8705–8706页。

最有资格入承大宝的，就是荆王或其子息。太后将荆王子允收养宫中，未始没有此意。吕夷简建议令允出宫，有免除后患的意思，也就是维护仁宗地位的一种措置。

明道元年，仁宗生母李宸妃去世，“初，章献太后欲以宫人礼治丧于外，丞相吕夷简奏礼宜从厚。太后遽引帝起，有顷，独坐帘下，召夷简问曰：‘一宫人死，相公云云，何欤？’夷简曰：‘臣待罪宰相，事无内外，无不当预。’太后怒曰：‘相公欲离间吾母子耶！’夷简从容对曰：‘陛下不以刘氏为念，臣不敢言；尚念刘氏，则丧礼宜从厚。’太后悟。”[①]于是以后服殓宸妃，用水银实棺。果然，在太后死后不久，就有人告诉仁宗他的生母是李宸妃。仁宗在改葬宸妃时发现是以后礼入殓的，才没有为难刘家，人们都佩服夷简有远见。

“初，刘涣上疏请太后还政，太后怒，使投岭外。属太后疾革，夷简请留之。至是，涣以前疏自言，帝擢涣右正言，顾谓夷简：‘向者枢密院亟欲投换，赖卿以免。’夷简谢，因曰：‘涣由疏外故敢言，大臣或及此，则太后必疑风旨自陛下，使子母不相安矣。’帝以夷简为忠。”[②]这固然是夷简自辩之词，但也有一定道理。仁宗如真的和太后闹僵了，对彼此都不利，并将引起政局的动荡不安。史家王称认为吕夷简能够调和两宫的关系，弥缝其间是他最大的功劳。他的作用“乃在于处仁宗母子之际，使人无可乘之隙，消患于未萌，制治于未乱，朝廷以之安静，公卿大夫亦赖以无祸”[③]。

刘太后称制期间，仁宗只是个傀儡。他表面上对太后十分恭

---

① 《宋史》卷二四二《李宸妃传》，第8616–8617页。

② 《宋史》卷三一一《吕夷简传》，第10208页。

③ 王称：《东都事略》卷五二《列传》三五，卷末《论》，扫叶山房本，第8页下—第9页上。

顺，实际上内心是不满的。他曾对章得象说："向者太后临朝，群臣邪正，朕皆默识之。卿清忠无所附，且未尝有所干请，今日用卿，职此也。"[①]仁宗亲政后，立即将两府大臣来了一个大换班，罢免了太后所亲信的枢密使张耆、夏竦，宰相吕夷简，参知政事陈尧佐、晏殊等；另外换了一批人接替他们的职务，其中就包括刘后的老对手李迪[②]。过去因得罪太后而遭贬斥的朝臣都受到升擢、奖赏，如因请求还政被贬的范仲淹、滕宗谅被召还分任右司谏和左正言，刘越已死，也受到追赠。台谏曹修古等因上章极谏刘从德死后恩典太重，忤太后而被贬，仁宗心里是不以为然的。富弼追述此事说："庄献大怒，陛下不得已，遂贬此四人，然心甚惜其去。庄献才往，陛下立行召命，优与恩奖，复处宪署。修古虽死，厚加赠典，如此者，盖陛下怜其忠耿，不避祸难尔。"[③]

最足以说明仁宗态度的一件大事，就是寇准、周怀政一案，得到彻底昭雪平反。《长编》明道二年十一月辛未条有："寇准以谪死，既十一年。庚寅赦书，始复太子太傅。甲戌，赠准中书令，复莱国公……仍令赍诏赐其家，祭酹之。又赠左骐骥使、英州团练使周怀政为安国节度使。"[④]次年，因应怀政之弟内侍押班周怀信之请，降黜杨崇勋，取消了他平章事的官衔。时杨怀吉已死，于是贬

① 《宋史》卷三一一《章得象传》，第10205页。
② 《长编》卷一一二，明道二年四月己未条："帝与夷简谋，以耆、竦等皆太后所任用，悉罢之。退告郭皇后，后曰：'夷简独不附太后耶？但多机巧，善应变耳。'由是并罢夷简。"第2613页。
③ 《长编》卷一一三，明道二年十二月富弼疏，第2652–2653页。
④ 《长编》卷一一三，明道二年十一月辛未，第2643–2644页。

黜其子弟，以示惩罚[1]。

当时追斥太后垂帘时政令的很多，范仲淹进言说：“太后受遗先帝，保佑圣躬十余年矣，宜掩其小故以全大德。”[2]仁宗接受了他的意见，下诏不许再议论太后的政事。只要在实际施政上改弦更张就够了，不必对太后的过失多加张扬，这样不仅保护了太后的令名，也成全了仁宗的孝道。这应该说是一种明智的做法。

范仲淹所说的“大德”是指刘太后始终没有自己称帝，仍维护了仁宗的地位。《宋史》卷二八六《鲁宗道传》称：“章献太后临朝，问宗道曰：‘唐武后何如主？’对曰：‘唐之罪人也，几危社稷。’后默然。时有请立刘氏七庙者，太后问辅臣，众不敢对。宗道不可，曰：‘若立刘氏七庙，如嗣君何？’”[3]可见刘后未尝没有效法武则天之意，但宋朝毕竟与唐代不同，大臣中始终有人明里暗里反对，使刘后不能不有所顾忌。王曾所说“中宫非倚皇储之重，则人心亦不附”[4]，就是对她的一个警告。因此富弼说：“昔庄献临朝，陛下受制，事体太弱，而庄献不敢行武后故事者，盖赖一二忠臣救护之，使庄献不得纵其欲，陛下可以保其位，实忠臣之力也。”[5]

刘后的母家地位卑微，刘美父子并无才能，去世亦早，虽倚仗刘后的恩宠而安享荣华富贵，但并未能造成外戚擅权的局面。随着刘后的去世，刘家对皇权的侵犯、威胁也就成为过去了。

---

① 《长编》卷一一五，景祐元年八月辛酉，第2693页。
② 《长编》卷一一二，明道二年四月己未，第2617页。
③ 《宋史》卷二八六《鲁宗道传》，第9628页。
④ 《长编》卷九六，天禧四年闰十二月辛未，第2233页。
⑤ 《长编》卷一一三，明道二年十二月富弼疏，第2652页。

元枢密院制度述略 *

元枢密院始立于世祖中统四年（1263年）五月。在此之前，蒙古国家没有综理全国军事的专门机构，军权分别由大汗、诸王和万户掌握。忽必烈夺取汗位、建元中统后，“援唐宋之故典，参辽金之遗制，设官分职”[①]，先后建置中书省、枢密院、御史台及其他各级官司。枢密院作为“秉兵权”的中枢部门，自中统迄至正，延续百余年，是元代中央政府中极其重要的机构。

众所周知，元朝统治者是以武功起家的，对军权极端重视，这就决定了枢密院在元代职官体系中所占的地位、对元代政治所产生的影响，都比宋、金时更为重要。因此，考察元枢密院制度本身，以及元朝统治者是如何掌握和运用这一制度的，将有助于进一步理解元代政治的特点。但是，对于元枢密院制度的研究，至今尚未受到应有的重视，除了在关于元官制、兵制的部分论著中有所涉及

---

* 本文原刊于中国蒙古史学会编《蒙古史研究》第三辑，内蒙古大学出版社 1989 年版。

① 《陵川集》卷三二《立政议》，第15页b面。

外，专门研究这个问题的论著极少[①]。

这次，我们选择了这个题目，试从元枢密院的组织机构、职能范围、人员结构及其与怯薛和宰相的关系四个方面做些初步的考察，意在抛砖引玉，希望能有更多的同志来共同探讨这类课题。

一、枢密院的组织机构

元枢密院的组织机构比较庞杂，除本院长贰官吏外，另有与之相关的断事官、客省使，以及地方分支机构—行枢密院和枢密分院。

（一）枢密长贰

元枢密长贰的名称与宋、金大抵相同，包括：枢密使、枢密副使、知枢密院事、同知枢密院事、佥书枢密院事、同佥书枢密院事。兹按设置的先后，分述如下：

1. 枢密使。《元史》卷八六《百官志二》叙枢密院时，对枢密使未作记载，这是《百官志》的疏漏。中统四年五月建枢密院时，最早设立的长官是"判枢密院事"。《元史・世祖纪二》："五月，……乙酉，初立枢密院，以皇子燕王守中书令，兼判枢密院事。"[②]这里的"判枢密院事"实际上就是宋、金时所谓"枢密使"。正因为如此，《元史》叙皇太子领枢密事时，或又直接称为"枢密使"，如延祐三年（1316年）硕德八剌为皇太子，"兼中书令、枢密使"[③]。

---

① 日本学者丹羽友三郎在60年代曾发表《元代的枢密院与行枢密院》一文（载《名古屋商科大学论集》第12期，1967年9月）。

② 《元史》卷五《世祖纪》二，第92页。

③ 《元史》卷二五《仁宗纪》二，第575页。

至正十三年（1353年）爱猷识理达腊“为皇太子、中书令、枢密使”[①]。元枢密使例由皇太子兼领，从不授予他人，表明蒙古统治者对军权的极端重视。有元一代正式册立的皇太子有八人，除成宗太子、文宗太子早逝外，其余六人中有四个兼领枢密使，除前已提及的三人外，另一个是爱育黎拔力八达，大德末为皇太子，“受玉册，领中书省、枢密院”[②]。皇太子虽领枢密使，实际上并不主持枢密院的日常事务，枢密使只是名义上的最高长官。

2. 枢密副使。简称“副枢”。中统四年建枢密院后，设副枢二员“以为皇太子副”[③]，负责处理日常事务，签署枢密院“常例文移”[④]。此后到至元七年同知枢密院事设立之前，副枢是枢密院的实际长官。其后员额屡有变动：成宗大德十年（1306年）增置五员；武宗至大三年（1310年）应中书省之请，裁枢密院官，副枢仍减为二员；仁宗延祐定制后，定为二员，秩从二品[⑤]。

3. 佥书枢密院事。简称“佥院”。作为枢密副使的助手，与之同时设立。最初为一员，至元二十三年（1286年）“铨定省、院、台、部官”，佥院定为二员[⑥]；大德十年增置五员，至大三年减为

---

① 《元史》卷四三《顺帝纪》六，第910页。

② 《元史》卷二四《仁宗纪》一，第536页。

③ 曾廉:《元书》卷二二《职官》上，宣统三年曾氏层漪堂刻本，第7页。

④ 《元史》卷一九《成宗纪》二云:“（大德二年十一月）知枢密院那怀言:‘常例文移，乞令副枢以下署行。’从之。”卷一七五《张珪传》记载，珪于皇庆元年（1312年）拜枢密副使，“徽政院使失列门请以洪城军隶兴圣宫，而已领之，以上旨移文枢密院，众恐惧承命，珪固不署，事遂不行”。可见枢密院一般公文例由副枢签署。

⑤ 参见《元史》卷八六《百官志》二，第2155页。

⑥ 《元史》卷一四《世祖纪》一一，第291页。

一员[1]。延祐以后定制二员，秩正三品[2]。元顺帝至正十五年（1355年）四月枢密院增加副职员额，佥院得添设一员[3]。

4. 同佥书枢密院事。简称“同佥”。始置于何年不详，据《元史》卷一五九《商挺传》、卷一七三《崔斌传》，二人皆于至元六年（1270年）除同佥枢密院事，可知至迟在至元六年已有同佥。初设时员额不详，大德十年置三员，至大三年减为一员，延祐以后定制二员，秩正四品。

5. 同知枢密院事。简称“同知”。至元七年始置。此时枢密院尚无“知院”，既先有了“同知”，这无非是因为知院与院使一样，在宋、金时期都是枢密院正长官的名称，元初不愿以此授人，故而太子兼领院使，院内只设副长官之职。同知始设一员，大德十年增置五员，至大三年减为二员，延祐五年（1318年）又增加一员。以后定制为四员，秩正二品，地位在副枢与佥院之上[4]。

6. 知枢密院事。简称“知院”。枢密院设立后的较长时间中，除皇太子真金兼领院使外，院内实际上没有正长官。至元二十二年（1285年）底真金病逝，枢密院连名义上的最高长官也没有了，于是有了知院的出现。《元史·百官二》称知院始置于至元二十八年（1291年），然而，“知院”之名至迟在至元二十六年（1289年）就已出现。同书卷一五《世祖一二》：至元二十六年二月，“丁卯，幸

---

① 《元史》卷二三《武宗纪》二。佥院一员作“二员”，今暂从卷八六《百官志》二，第2155页。

② 参见《元史》卷八六《百官志》二，第2155页。

③ 《元史》卷四四《顺帝纪》七，第923页。

④ 参见《元史》卷八六《百官志》二，第2155页。

上都。以中书右丞相伯颜知枢密院事，将北边诸军”[①]。卷一二七《伯颜传》：“（至元）二十六年，进金紫光禄大夫、知枢密院事，出镇和林。和林置知院，自伯颜始。”[②]尽管伯颜知院，“出镇和林”，不在中央枢密院主事，但他毕竟带有知院之名，《元史·百官二》只说知院始置于至元二十八年，是不准确的。枢密长贰中，知院人数最多。最初设一员，大德十年（1306年）增置二员，以后又有增加。至大三年（1310年），“省枢密院官，存知枢密院七员”[③]。“省”后仍有七员，可见其多！延祐元年（1314年）再次“敕减枢密院冗员”，第二年“以分镇北边”，又“增知院一员”。后定置六员，秩从一品[④]，是枢密院的最高正官。知院偶尔又称“枢密使”。如月赤察儿，至元三十年（1293年）为知院、宣徽使，第二年成宗即位后，加开府仪同三司、太保、录军国重事，“枢密、宣徽两使如故”[⑤]，这里所谓枢密使，实际上就是知枢密院事。

（二）属官和吏员

据《元史·百官二》，枢密院属官有七种：

枢密院判官，简称“院判”。至元七年（1270年）与同知一起设立，初为一员，二十八年增一员；大德十年定为二员，以后没有变动。延祐以后定制仍为二员，正五品。

参议，二员，正五品。

经历，二员，从五品。

---

① 《元史》卷一五《世祖纪》一二，第320页。
② 《元史》卷一二七《伯颜传》，第3114页。
③ 《元史》卷二三《武宗纪》二，第522页。
④ 曾廉：《元书》卷二二《职官》上，第7页。
⑤ 元明善：《太师淇阳忠武王碑》，《元文类》卷二三，第290页。

都事，四员，正七品。

承发兼照磨，二员，正八品。

架阁库管勾，一员，正九品。

架阁库同管勾，一员，从九品。

经历、都事是沿用金制旧称，其余皆是元代新置。

院吏达数十人之多，包括：掾吏、译史、通事、司印、宣使、铨写、蒙古书写、典吏、院医等，《百官志》记载甚详，可参阅。

（三）客省使与断事官

这是元代特有的职官。

客省使掌选举差遣之事。分为大使（从五品）和副使（从六品），各定置二员。下辖令史二人①。

断事官，“掌处决军府之狱讼”。定置八员，正三品。下辖经历及令史、译史、通事、知印、奏差、典吏等②。

（四）行枢密院和枢密分院

为了保证对幅员广袤的帝国进行有效的统治，元王朝的行政、监察、军事及其他中央部门，在各地都设有自己的分支机构。枢密院的地方分支机构是行枢密院和枢密分院。

1. 行枢密院，简称“行院”。

《元史·百官二》“行枢密院”条云：“国初有征伐之事，则置行枢密院。大征伐，则止曰行院。为一方一事而设，则称某处行枢密院。”③此段记载至少有两处欠准确：其一，行枢密院之设并不限

① 《元史》卷八六《百官志》二，第2156页。
② 《元史》卷八六《百官志》二，第2156页。
③ 《元史》卷八六《百官志》二，第2156页。

于“国初”,《元史·百官志》同卷同条下文有关各行枢密院的记载即可证明；其二，“行院”并非为大征伐所设之机构的专称，而是“行枢密院”的简称，无论是为大征伐而设，或是为一方一事而设的行枢密院，均可简作“行院”[①]。

世祖中统四年（1263年）七月“以成都经略司隶西川行院”，可视为设置行院的开端。此后至顺帝至正末年，元廷在各地先后设立了二三十处行院。如：西川、东川、四川、山东、荆湖等路，淮西、江西、江淮、甘肃、河南、岭北、湖广、江西、江浙、淮南、江北等处，河南、山东等处，福建、江西等处[②]，云南[③]、陕西[④]、阿难答察罕脑儿[⑤]。行院设官与中央枢密院相仿，有知院、同知、副枢、佥院、同佥，及院判、经历、都事、断事官等等[⑥]。

行院的设置，最初多半是为征伐用兵之事。如世祖平南宋前后，在大江南北设置了西川、东川、荆湖、淮西等行院；文宗至顺年间，以云南诸王秃坚叛，“立行枢密院讨云南”[⑦]。行院本是“方面有警则置”，“事已则废”[⑧]，所以在用兵结束后，有的行院随即罢废，或并入行省。但也有一部分行院并没有及时撤销，而是与当地行政机构并立，分掌军务，早在世祖至元时已有这种做法，当时就引起了部分臣僚，尤其是行省官员的不满。他们认为“枢密

① 有关这一点，日本学者箭内亘在所著《元朝制度考》中早有考述，可参阅。
② 《元史》卷九二《百官志》八，第2333页。
③ 元明善《太师淇阳忠武王碑》,《元文类》卷二三，第228页。
④ 《元史》卷四五《顺帝纪》八，第937页。
⑤ 《元史》卷四七《顺帝纪》一〇，第980页。
⑥ 《元史》卷八六《百官志》二，第2157页。
⑦ 《元史》卷三四《文宗纪》三，第759页。
⑧ 《元文类》卷四一,《经世大典序录·政典总序》,“军制”，第591页。

置行院于各省，分兵民为二，奸人植党自蔽”，极力加以反对。至元二十八年，湖广行省平章哈剌哈孙便“因入觐极陈其不便”[①]，同年十月世祖遂下诏“罢各处行枢密院，事入行省”[②]。但事隔不久，行院又重新出现，并再次遭到反对。成宗即位初，“江南三省累请罢行枢密院，成宗问于（知枢密院事）伯颜，……对曰：‘内而省、院各置为宜，外而军、民分隶不便。’成宗是之，三院遂罢。”[③]行院与行省没有隶属关系，其官员由中央直接任命；行院的职权远不如行省广泛。但是，行院的保留，使得地方上“兵民政分，势不相容”[④]，因而遭反对。然而，行院作为临时性的地方军政机构，具有相当的灵活性，一方有警即可设置，因而成为元朝君主用以控制辽阔疆域的一个有效工具。唯其如此，有元一代行院虽屡屡分合兴废，其治所也常常更换迁移，但从来不曾绝迹，直至元朝灭亡前夕——顺帝至正二十七年（1367年）八月，元廷在阿难答察罕脑儿仍最后一次设立行院。

2. 枢密分院，或称“分枢密院”，简称“分院”。

枢密分院始置于何时？《元史》语焉不详。《百官志八》云：“至正兵兴，四郊多垒，中枢、枢密，俱有分省、分院。”[⑤]其“枢密分院”条下仅列举了至正十五年以后所置卫辉、彰德、直沽、沂州等四个分院。后世学者往往据此而认为枢密分院出现于至正十五

① 《元史》卷一三六《哈剌哈孙传》，第3292页。
② 《元史》卷一六《世祖纪》一三，第351页。
③ 《元史》卷一二七《伯颜传》，第3116页。
④ 刘敏中：《中庵集》卷一五《丞相顺德忠献王碑》，《四库全书》本，第八页b面。
⑤ 《元史》卷九二《百官志》八，第2327页。

年（1355年）[1]。然而，仅就《元史》纪、传，便可发现与上述结论相抵牾的若干条材料：

延祐三年（1316年）六月，“甲申，给安远王丑汉分枢密院印”。（《元史》卷二五《仁宗纪二》）

致和元年（1328年）八月，“癸丑，铸枢密分院印”。（《元史》卷三二《文宗纪一》）

后至元三年（1337年）十二月，以知枢密院事马札儿台为太保，“分枢密院，往镇北边。”（《元史》卷一三八《马札儿台传》）

至正十一年（1351年）五月，“命同知枢密院事秃赤以兵讨刘福通，授以分枢密院印”。（《元史》卷四二《顺帝纪五》）

既然延祐三年（1316年）即给丑汉“分枢密院印”，那么，当时应已有枢密分院。丑汉是在皇庆元年（1312年）正月以知枢密院事受封“为安远王、出总北军”的，按照元人的习惯，“北边”往往即指以和林为中心的岭北地区，“北军”则指岭北地区的军队。据此推测，丑汉所领分院，很可能是和林枢密分院。

前面提到过，至元二十六年（1289年）以伯颜为知枢密院事，出镇和林，“和林置知院，自伯颜始”。文中虽未出现分院字样，但是枢密院既然设在大都，那么伯颜在和林所掌领的只可能是枢密行院或分院；据《元史·百官二》，元代并无和林行院，而岭北行院始置于天历二年（1329年）；联系到延祐时丑汉分院北边，以及后至元三年（1337年）马札儿台“分枢密院，往镇北边”，可以推

① 箭内亘《元朝制度考》、梁天锡《宋枢密院制度》和上海辞书出版社《中国历史大辞典·辽夏金元史》“枢密分院”条，均持类似观点。

测，伯颜所掌大约就是和林枢密分院。换言之，枢密分院大约在世祖至元间已经出现。

枢密分院不像行院那样遍布全国，而是仅限于元代最重要的两大地区——岭北和腹里。岭北地区是元朝的“祖宗根本之地”，世祖迁都燕京以后，岭北的地位虽有所下降，但始终仍是元朝的一个重要边区，是蒙古宗王贵族与中央朝廷争夺的主要目标，在政治上有着举足轻重的作用。自忽必烈起，元朝君主始终十分重视对岭北地区的统治，以蒙古重臣伯颜、马札儿台等“分院北边”便是加强统治的重要措施之一。腹里地区更是元王朝的心脏，由中央中书省直接节制。至正十一年（1351年）红巾军起义爆发后，元王朝的中央统治面临危机。特别是至正十四年（1354年）元廷百万大军溃于高邮后，元的统治危机更加严重。至正十五年（1355年）红巾军开始主动出击，大有直趋腹里之势，于是元廷慌忙在中书省所辖的卫辉、彰德、直沽等地设置枢密分院[①]，重重设防。第二年四月，又“以知枢密院事实理门分院济宁”；十一月“河南陷，……又于沂州设分枢密院，以兵马指挥使司隶之”[②]。至正十八（1358）年初，红巾军毛贵部挥师北伐，进至大都附近潮州枣林、柳林。元廷大震，又以参知政事崔敬“分院于潮州”[③]，屏蔽京师。由此看来，枢密分院虽不如行院普遍，但地位比行院重要。

枢密分院如何设官分职，史载不详。但根据上引资料，及《元史·百官志八》所云“彰德分院添设同知、副枢各一员，都事一

---

① 《元史》卷九二《百官志》八，第2329页。
② 《元史》卷四四《顺帝纪》七，第931、933页。
③ 《元史》卷九二《百官志》八，第2334页。

员"，"直沽分院添设副枢一员、都事一员"[①]，可知分院大约有两种类型，一类属于枢密院临时特派员，以分院名义执行任务，并无一定的机构，如秃赤；另一类是枢密院的派出机构，有官署、属官，设官大约与枢密院相似，如彰德、直沽分院。

（五）大抚军院

至正二十七年（1367年）八月至二十八年（1368年）闰七月，在枢密院系统之外出现了又一个管军机构——大抚军院。它的出现是皇太子爱猷识理达腊专以备御扩廓帖木儿的，是军阀混战的产物。二十七年八月丙午，诏命皇太子总天下兵马，随即建立大抚军院"专掌军机"，除了"迤北军务，仍旧制枢密院管，其余内外诸王、驸马、各处总兵、统兵、行省、行院、宣慰司一应军情，不许隔越，径行移大抚军院"[②]。枢密院的事权基本被大抚军院所取代。但不久后，明兵攻克河南，占领卫辉、彰德、广平等地，进逼大都。元顺帝不得不罢大抚军院，重新启用扩廓帖木儿，以拒明兵。因大抚军院前后仅存在一年，故对枢密院没有太大影响。

二、枢密院的职能范围

自赵宋以枢密院"与中书对持文武二柄，号为'二府'"以来[③]，枢密院即成为专掌军机的中枢机构。元代枢密院仍以"秉兵

---

① 《元史》卷九二《百官志》八，第2329页。
② 《元史》卷四七《顺帝纪》一〇，第980页。
③ 《宋史》卷一六二《职官志》二，第3798页。

柄”为专职，但在“本朝最偏重者无若军政”的元代[①]，枢密院的职能范围比宋、金时广，权力比宋、金时大。

《元史·百官志二》叙述枢密院云：“掌天下兵甲机密之务。凡宫禁宿卫，边庭军翼，征讨戍守，简阅差遣，举功转官，节制调度，无不由之。”[②]概括起来，枢密院的职掌包括三大类：其一，军队的管领与调发；其二，武臣的奏举与铨选；其三，军人的赏罚与存恤。

（一）领兵与调兵。这是元枢密院最主要、也是最重要的职能。

管领军队与调发军队本是军政机关统一的职能。但宋时为了强化君主集权，分化臣僚事权，管军机构除枢密院外，兵部仍然保存，又增设了“三衙”[③]。枢密“有发兵之权，而无握兵之重”；三衙“有握兵之重，而无发兵之权”[④]；兵卫、武举和民兵、厢军等另由兵部负责；行军作战之时，朝廷又临时任命领军将帅，军权被分割成若干部分。金时，枢密院的权力与宋代大致相同，仍有调兵权而无统军权。元代则大不相同，军队的管理训练、征发调遣，统一由枢密院负责。

元廷军队分为宿卫和镇戍两大系统。宿卫军包括蒙古国以来的怯薛和忽必烈之后相继建立的诸卫，镇戍军分别镇守腹里地区和全国各地。除了怯薛直属于皇帝外，其余诸军皆由枢密院节制，兹图

---

① 胡祗遹：《紫山大全集》卷二二《杂著·军政》，《四库全书》本，第三十七页b面。

② 《元史》卷八六《百官志》二，第2155页。

③ 即殿前都指挥使司、侍卫亲军马军都指挥使司和侍卫亲军步军都指挥使司。

④ 何坦：《西畴老人常言》，《丛书集成初编》本，第369册，第十六页。

示如下：

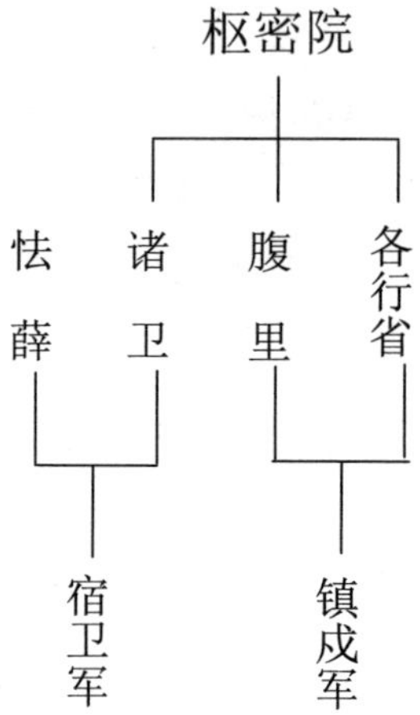

枢密院节制诸军的方法不尽相同：京城侍卫军右卫、左卫、中卫、前卫、后卫、武卫、隆镇卫等，其全部事务归枢密院主持；镇戍腹里的诸都万户府，亦由枢密院调遣。各地镇戍军的管领分为两个部分：日常军务由所在行省主持，枢密院进行监督。成宗元贞二年（1296年）即"遣枢密院官整饬江南诸镇戍军"①，英宗至治元年（1321年）也曾"命枢密遣官整视各郡兵马"②。征发更防等重要军务则直接由枢密院负责。至元时，御史中丞阿剌帖木儿弹劾中书右丞卢世荣擅权，罪状之一即"不与枢密院议，调三行省万二千人置济州"③。朝廷有事需用兵，须由枢密院调动，如至元十七年

① 《元史》卷一九《成宗纪》二，第407页。
② 《元史》卷二七《英宗纪》一，第614页。
③ 《元史》卷二〇五《卢世荣传》，第4569页。

（1280年）五月，“枢密院调兵六百守居庸南、北口”[①]；二十三年（1286年）八月，“枢密院遣侍卫军千人扈从北征”[②]；至大二年（1309年）十二月，“上尊号，百官行朝贺礼，枢密院调军一千人备仪仗”[③]。

枢密院不仅有握兵与发兵权，行军作战的领兵将帅也往往冠以枢密官衔。仅以元末为例，至正十一年（1351年）五月农民起义爆发后，首先率领阿速军和各路汉军至颍州镇压农民军的就是枢密同知赫厮和秃赤。九月，顺帝又遣枢密知院也先帖木儿等率兵十余万前往镇压刘福通主力红巾军。十月，再派知院老章增援。至正十四年（1354年）高邮之战时，元百万大军的统兵将领之一即知院雪雪。至正十七年（1357年）进兵山东镇压毛贵红巾军的是枢密知院孛兰奚。第二年在柳林屠杀毛贵军的又是同知刘哈剌不花。在镇压红巾军的战争中，元军将帅多人败死，其中的脱欢、达国珍和达礼麻识理、卜颜帖木儿，分别是枢密佥院、副使和知院。仅据《元史》卷四二至四七《顺帝纪》粗略统计，当时直接领兵参与镇压农民起义的枢密院官多达二十余人，包括知院十八人，同知五人，副使三人，佥院和同佥各一人。

元代军队主要用于战守，此外还要开展屯田、应付多种力役，这类事务也由枢密院管领。

元代大规模的屯田活动，始于忽必烈时期。“内而各卫，外而行省，皆立屯田，以资军饷”[④]。屯田分别属于枢密院、大司农

① 《元史》卷一一《世祖纪》八，第224页。
② 《元史》卷一四《世祖纪》一一，第291页。
③ 《元史》卷九九《兵志》二，第2534页。
④ 《元史》卷一〇〇《兵志》三，第2558页。

司、宣徽院、中书省及各行省管辖。各卫屯田即属于枢密院，“枢密院各卫皆随营地立屯，军食悉仰足焉。”[①]与屯田有关的调拨土地、防治水旱、传播农艺、统计岁收等具体事务，枢密院都得过问。大德七年（1303年）正月，成宗即“令枢密院选军士习农业者十人教军前屯田”。[②]

元代役的负担很重，不仅民户要承担名目繁多的各种杂泛差役，军队也常被发遣应役。如至元二十一年（1284年）七月，“命枢密院差军修大都城”[③]；至大元年（1308年）正月，“敕枢密院发六卫军万八千五百人，供旺兀察都建宫工役”[④]；至顺二年（1331年）五月，“命枢密院调军士修京城”[⑤]；至正十年（1350年）九月，“命枢密院以军士五百修筑白河堤”[⑥]。至顺元年（1330年）二月修建佛寺，还曾“诏谕枢密院，以屯田子粒钱万锭助建”，以此换取军卒免除土木之役[⑦]。按赵世延等《经世大典序录》的说法，“军之役土木者，率以筑都城、皇城，建郊庙、社稷、宫殿、籍田、官府、寺舍、仓庾，治道、筑堤堰、闸坝，造桥梁，开漕河，大祭祀扫除坛壝之类。余则建佛寺、起塔、树幡竿，修寺僧之水碾，为大臣筑第、拽碑石，与伐船材、斫苇被城上，理鹿圈、黄羊圈”[⑧]，这种种名目，还只是畿内的工役，外郡之事尚不包括在内。诸军力

① 《元文类》卷四一《经世大典序录·政典总序》，“屯田”，第597页。
② 《元史》卷二一《成宗纪》四，第447页。
③ 《元史》卷一三《世祖纪》一〇，第268页。
④ 《元史》卷二二《武宗纪》一，第493页。
⑤ 《元史》卷三五《文宗纪》四，第785页。
⑥ 《元史》卷四二《顺帝纪》五，第889页。
⑦ 《元史》卷三四《文宗纪》三，第753页。
⑧ 《元文类》卷四一《经世大典序录·政典总序》，“工役”，第595页。

役之重，可以想见；枢密院事务之繁，不言而喻。

（二）奏举官属，铨调武臣。两宋时期，负责军官任免进退的机构除枢密院外，还有北宋前期的三班院和审官西院，神宗元丰改制以后的吏部尚书右选和吏部侍郎右选①。

元代，铨选武臣成为枢密院的专职。至元十三年（1276年）十一月，曾明令下诏："管民及理财之官由中书铨调，军官由枢密院定议。"②枢密院根据武臣的武艺、战功及出身、资历，决定其升降、品秩。"枢密院所辖都元帅府、万户府各卫并屯田等司官吏，俱从本院定夺、迁调"，"见役令史，自用者考满"，也由本院定夺③。万户子弟袭领军职者，也归枢密院负责④。

自世祖以来，枢密院用人可以自行举奏，不必经由中书省。有元一代，除少数时期外（如成宗大德九年十月，"帝谕中书省、枢密院、御史台臣曰：'自今用人，非与'右丞相'答剌罕共议者，悉罢之。'"）⑤，这一制度基本得以遵循。元贞元年（1295年）、大德七年（1303年）、至大三年（1310年）、至治三年（1323年）等时期，有关枢密院铨授官"得自奏闻"的诏令，就屡被重申⑥。枢密院与御史台、宣政院一样，是中书省以外独立的任官系统。

枢密院既握有用兵权，又掌有用人权，其地位更加重要。

（三）赏罚与存恤。对军人的赏功罚罪，主要由枢密院负责。

---

① 《宋史》卷一六二《职官志》二、卷一六三《职官志》三。
② 《元史》卷九《世祖纪》六，第186页。
③ 《元史》卷八四《选举志》四，第2103页。
④ 《元史》卷二一《成宗纪》四，第453页。
⑤ 《元史》卷二一《成宗纪》四，第466页。
⑥ 参见《元史》卷一八《成宗纪》一、卷二一《成宗纪》四、卷二三《武宗纪》二、卷二九《泰定帝纪》一。

《元史·刑法志·职制上》云“诸枢密院及各省所部军官，其麾下征者、戍者、出者、处者，饥寒不赡，役使不均，代以私人，举债倍息，在家曰逃，有力曰乏，惟单穷是使，惟货贿是图，以苦士卒，以耗兵籍”之人，皆应治罪，办法是“百户有罪，罪及千户，千户有罪，罪及万户。万户有罪，从枢密院及行省帅府以其状闻，随事论罪”①。行省虽有权“以其状闻”，但不能自行断决，仍需报枢密院核准。延祐五年（1318年）九月，仁宗就曾下诏：“军官犯罪，行省咨枢密院议拟，毋擅决遣。”②不过，为防止枢密院官吏徇情枉法，《职制下》又规定：“诸军官不法，各处宪司就问之，枢府不得委官同问。”③大约在宪司问明行状后，枢密院才可以奏闻治罪。

军官有战功，由枢密院奏闻论功行赏。如英宗即位之初，枢密院臣便奏万户塔海的部将不剌兀赤“与北兵战，拔军士三百人以还，弃其子于野，杀所乘马以啖士卒，请赏之”，于是得“赐钞五千贯”④。天历初年，帝位之争激烈，战事频繁，文宗靠兵权在握的钦察贵族燕帖木儿等支持，夺取了帝位。事后，必然要对诸军行赏。至顺二年（1331年）四月，遂由枢密臣与中书官共议赏格，奖赏“诸领军与敌战者”：“诸王各金百两、银五百两、金腰带一、织金等币各十八匹，诸臣四战以上者同，三战及一战者各有差。”⑤

军士劳苦、阵亡、疾病或军户贫乏等，枢密院有责任存恤。所

---

① 《元史》卷一〇二《刑法志》一，第2616页。
② 《元史》卷二六《仁宗纪》三，第586页。
③ 《元史》卷一〇三《刑法志》二，第2625页。
④ 《元史》卷二七《英宗纪》一，第604页。
⑤ 《元史》卷三五《文宗纪》四，第781页。

以至元三十一年（1294年）诏：军人“贫杂单弱不能起遣者，从枢密院定夺优恤”[①]。大德二年（1298年）二月“诏枢密院合并贫难军户”[②]；延祐五年（1318年）十二月“敕枢密院核实蒙古军贫乏者，存恤五年”[③]，至治元年（1321年）八月，“以军士贫乏，遣知枢密院事铁木儿不花整治”[④]。

《元史·商挺传》对于他任枢密官时所为，有一段较详细的记载，分类转录如下：

> [商挺，至元六年（1269年）为同佥；七年（1270年）迁佥书；八年（1271年）升副使。]
>
> 数军食，定军官品级，给军吏俸。使四千人屯田，开垦三万亩，收其获以饷亲军。汰不胜军者户三万户，一丁者亦汰去；丁多业寡，业多丁寡，财力相资，合出一军。[⑤]

可以说，这段记载简明准确地概括了枢密院的主要职能。

除以掌军为专职外，元枢密院还参与政事刑事、典礼外交及其他多种事务，《元史·百官志》虽未提及这一点，但《纪》《传》部分及其他史著中的大量材料，足以说明这一点。

（一）参谋议论。征伐之事，常由枢密官商议。如至元六年

---

① 《通制条格》卷七《军防》“存恤”。编者按：今用方龄贵校注本（北京：中华书局，2001年）校对，第327页。
② 《元史》卷一九《成宗纪》二，第417页。
③ 《元史》卷二六《仁宗纪》三，第587页。
④ 《元史》卷二七《英宗纪》一，第613页。
⑤ 《元史》卷一五九《商挺传》，第3740页。

（1269年），枢密臣与中书臣议出兵耽罗[①]；至元二十年（1283年）“命枢密院集军官议征日本事宜”[②]。对其他军政问题，枢密官亦须参与。如史天泽任副枢，“议建三卫，及留兵寓农之策”；张文谦“拜枢密副使，首议肃兵政、汰冗员、选练将士而优恤其家”；赵良弼“授同佥枢密院事，首议军律，若赏功罚罪、兵符、军籍、教练之类，条具三十余事”[③]。

枢密官是朝廷重臣，常在皇帝左右，因而得以利用这一地位，对时政发表意见。元初，世祖“尝问佥院赵良弼：‘高丽小国，匠人、棋人皆胜汉人，至于儒人，通经书、学孔孟。汉人只是课赋吟诗，将何用？’良弼对奏：‘此非学者之病，实在国家所尚。尚诗赋，则人必从之；尚经学，则人亦必从之矣。’”[④]延祐以后，仁宗开科举，规定“试艺则以经术为先，词章次之。浮华过实，朕所不取”[⑤]。这多少是受了赵良弼之言的启发。又如，至正十七年（1280年），左丞相太平得罪了皇太子爱猷识理达腊，太子“决意去太平政柄”。知枢密院事纽的该得知，深感不平，因而“数于帝前左右之，以故皇太子之志未及逞”[⑥]。至正二十二年（1285年），“枢密副使李士瞻上疏极言时政”，包括罢造作、省佛事、去姑息、开言路、明赏罚、公选举、充实卫兵、分道进取等共二十事，

---

① 《元史》卷二〇八《外夷传》一，第4624页。
② 《元史》卷一二《世祖纪》九，第253页。
③ 《元朝名臣事略》卷七“史天泽”、“张文谦”，卷一一“赵良弼”。
④ 《元朝名臣事略》卷一一“枢密赵文正公（良弼）”，《丛书集成初编本》，第189–190页。
⑤ 程钜夫：《行科举诏》，《元文类》卷九，第113页。
⑥ 《元史》卷一四〇《太平传》，并参《铁木儿塔识传》《达识帖睦迩传》，第3370页。

涉及财政、行政、军政各个方面[①]。

（二）治理刑狱。治狱是刑部和御史台的专职，但遇有诸王宰臣违法之要案、大案，虽与军队、武臣无关，也常以枢密臣参与同治：

元贞二年（1296年），“忻都言晋王甘麻剌，……有异图，诏枢密院鞫之”[②]。

至顺元年（1330年），“辽阳诸王老的、蛮子台诸部扰民，敕枢密院、宗正府及行省，每岁遣官偕往巡问，以治其狱讼”[③]。

至元十六年（1279年），崔斌等言平章政事阿合马不法，“有旨命相威及知枢密院博罗，自开平驰驿大都共鞫之”[④]。

至大四年（1311年），以丞相脱虎脱等“变乱旧章，流毒百姓，命中书右丞相塔思不花、知枢密院铁木儿不花等参鞫”[⑤]。

（三）其他。作为朝廷重臣，枢密长贰还常受皇帝差遣，临时参与正式职掌之外的其他多种事务，包括：

礼仪差遣。行南郊等礼，往往以宰相、枢密等重臣充使。大德十一年（1307年）七月甲子，命知院塔鲁忽带等“以即位告谢南郊”；壬申，又以副枢孛兰奚等“以即位祇谢太庙”；壬午，再命塔鲁忽带等“以即位告社稷”[⑥]。至治元年（1321年）正月享太庙，以“知枢密院事阔徹伯终献”[⑦]。泰定元年（1324年）三月命知院

---

① 参见《元史》卷四六《顺帝纪》九，第961–962页。
② 《元史》卷一九《成宗纪》二，第403页。
③ 《元史》卷三四《文宗纪》三，第765页。
④ 《元史》卷一二八《相威传》，卷一七三《崔斌传》略同。第3130、4038页。
⑤ 《元史》卷二四《仁宗纪》一，第537页。
⑥ 《元史》卷二二《武宗纪》一，第483、484页。
⑦ 《元史》卷二七《英宗纪》一，第609页。

阔徹伯“摄祭太庙，以册皇后、皇太子告”①。

预财政。至元十二年（1275年）二月，“以同佥枢密院事倪德政赴鄂州，省治财赋”②。

掌编修。至元十三年（1276年），“更造新历，以枢密副使张易董其事”③。至治二年（1322年），令副枢完颜纳丹等审定《大元通制》④。

参与科考。顺帝复行科举，以佥书枢密院事韩镛等为御试读卷官⑤。

充任使臣。至元二十八年（1291年），同佥书枢密院事洪君祥“奉使高丽，还，改佥书枢密院事”；大德二年（1298年），再次诏使高丽，因“台臣劾君祥以他事，中道追回，已而事罢”。次年，又“奉使江浙，问民间疾苦”⑥。

与宋、金相比，元枢密院的职掌更为广泛。所以《续通志·职官略四》评论：元枢密院“设院同于金，而元制尤重，官属亦繁。……盖唐宋之制，屯田营缮综于工部，扈卫统于十六卫，率府统于詹事府，各有攸属，而元悉于枢密院隶之。领之以重秩，综之以庶政，职既不同，制亦迥异”⑦。这一评价，是符合事实的。

---

① 《元史》卷二九《泰定帝纪》一，第645页。
② 《元史》卷八《世祖纪》五，第161页。
③ 《元史》卷九《世祖纪》六，第183页。
④ 参见《元文类》卷三六，《通制条格》卷首《大元通制序》。
⑤ 参见《元史》卷一八五《吕思诚传》，第4249页。
⑥ 《元史》卷一五四《洪君祥传》，第3632–3633页。
⑦ 《续通志》卷一三三《职官略》四，《三通馆浙江书局》本，第十一页。

三、枢密长贰的人员结构

（一）民族成分

众所周知，民族四等级制的划分，是元代政治的一大特色。与此相应，元中枢机构官员之设置，“长则蒙古人为之，而汉人、南人贰焉”[①]。掌“天下兵甲机密之务”的枢密院，其长贰的选用，更是遵循这条原则。

枢密院名义上的最高长官枢密使，例由皇太子兼领，所谓“皇太子兼枢密使，节制天下兵”[②]，前已详述。

实际主事的正长官知枢密院事，除一特例外，其余的都由蒙古人和色目人担任。这一个特例即贺均，至正十七年（1357年）任知枢密院事。这是由贺家的特殊地位所决定的。据《元史》记载，贺家祖孙几代都是元朝的重臣，非一般汉人可比。贺均的曾祖贺仁杰，世祖时为宿卫，从征云南等地，官至中书右丞。祖父贺胜，蒙古名伯颜，世祖时亦为宿卫，从征乃颜，深得世祖信任，“直武帐中，虽亲王不得辄至”。乃颜败，世祖君臣还都，“乘舆夜行，足苦寒，胜解衣，以身温之”。某次世祖狩猎返回，途中“舆象惊，奔逸不可制”，又是贺胜“投身当象前”，制服了大象，自己却受了重伤[③]。贺胜可算是世祖麾下的大功臣，至元末任参知政事、佥枢密

---

① 《元史》卷八五《百官志序》，第2120页。
② 《元文类》卷四一，《经世大典序录·政典总序》，“军制”，第591页。
③ 《元史》卷一七九《贺胜传》，第4149页。

院事等职，大德时为上都留守，至大三年（1310年）官至左丞相。贺均的父亲贺惟一，由顺帝特赐以蒙古姓，改名太平，先后担任过枢密副使、同知枢密院事、参知政事、平章政事等中枢要职，官至左丞相①。像贺均这样的功臣后代，实际上已不被当作汉人看待，连姓名也改用了蒙古人名（如贺惟一名太平，贺均名也先忽都，父子二人皆以蒙古名行世，其原名反而很少使用），所以才能破例担任枢密院正长官。而其作为汉人的后裔，在有元一代知枢密院事中所占的比例，仅仅是1∶129，实在是微乎其微。

副长官同知枢密院事，主要仍由蒙古人和色目人担任。可以确定的担任过同知的汉人、南人只有五人，他们是：高丽人洪君祥、蔡州人高兴、蠡州人史弼、江西人刘哈剌不花和前面提到的京兆人贺惟一。在同知总数中所占的比例，也不过是六分之一。②

为了保证本族的地位，蒙元君主竭力用蒙古人控制中枢各个部门：为了征服和治理“汉地”，蒙元君主又不得不利用汉人为之效力。因此，枢密院的次级副长官枢密副使、佥院和同佥院，比较多地任用汉人③，据初步统计，约有三十四人，占这类职务总数六十三人的一半稍强。

有关汉人枢密长贰的情况，可参见下表：

---

① 《元史》卷一四〇《太平传》，第3367–3370页。

② 元枢密长贰的统计数字，主要是依据《元史》而得来的，虽不完备，但已能说明问题，故从之。其详参见《元史》。

③ 此处及下文所说的汉人，包括元时期的汉人和南人。为方便起见，总称为汉人。其民族成分主要是汉族，少数是女真、契丹和高丽等人。

元代汉人枢密长贰表

姓名	蒙古名	籍贯	入院时间	职称	家庭背景	入院前武功	科别
			年号年份				
史天泽		永清	至元三、四	副枢	土豪、官宦	领兵灭金。攻宋枣阳、襄阳。从征阿里不哥。平李璮。	
赵　璧		云中	至元四	副枢		从攻南宋，围鄂州，入城与宋臣贾似道谈判。从征阿里不哥、李璮。	
崔　斌	燕帖木儿	马邑	至元六	同佥	官宦	攻宋扬州，“多所杀获”。	
商　挺		曹州	至元八、二十	副枢	官宦	助忽必烈谋取汗位。	
赵良弼		女真人	至元十一	同佥			
倪德政			至元十二	同佥			
董文炳		真定	至元十五	佥院	官宦	从忽必烈征大理，征南宋。从伯颜灭宋。	
董文忠		真定	至元五、十八	佥院	官宦	从征南诏。攻宋，败宋兵于阳逻堡，进围鄂州。	

续表一

姓名	蒙古名	籍贯	入院时间 年号年份	职称	家庭背景	入院前武功	科别
张文谦	张阿亦伯	邢州	至元十九	副枢		忽必烈攻大理、攻鄂州，皆从行。	
张易		太原	至元九、十九	副枢			
刘国杰		女真人	至元二十二	佥院		镇压建宁黄华起义。	
崔彧	拜帖木儿	弘州	至元二十三	同佥			
董世选		真定	至元后期	佥院	官宦	从攻宋水军于焦山，追击至海。从征乃颜。镇压赣州刘贵、刘六十等起义。	
洪君祥		高丽人	至元二十四至大	佥院同知			
贺胜	伯颜	京兆鄠县	至元三十	佥院	官宦	从世祖征乃颜。	
刘正		清州	大德元	同佥			

续表二

姓名	蒙古名	籍贯	入院时间 年号年份	职称	家庭背景	入院前武功	科别
王庆瑞		真定	大德二	佥院	官宦	平李璮。从世祖征乃颜。	
高　兴		蔡州	大德十	同知		随元军灭南宋，屡立战功。镇压漳州、建宁、婺州、处州、温州、徽州等地人民起义。领兵侵爪哇，兵败而还。	
石　珪		顺州	大德末年	副枢	官宦		
吴元珪		广平	大德末年至大元延祐	佥院	官宦		
谢　让		颍昌	至大三	同佥			
史　弼	塔剌浑	蠡州	至大三	同知		从攻南宋，破樊城，取扬州。镇压淮西、南康、建宁、婺州、台州反元起义。领兵侵爪哇，兵败而还。	
贾　钧		真定	至大、皇庆	佥院 佥院	官宦		
张　珪		易州	皇庆元	副枢	官宦	从父、祖久历行阵。镇压宜城、徽州等地人民起义。	

续表三

姓名	蒙古名	籍贯	入院时间 年号年份	职称	家庭背景	入院前武功	科别
王约		真定	延祐二	副枢			
完颜纳丹		女真人	至治	副枢			
贺惟一	太平	京兆鄠县	元统元	副枢 同知	官宦		
韩镛		济南	元统	佥院			进士
姚庸			至正二	副枢			
韩元善		汴梁	至正三	佥院			国子监生释褐
李稷		滕州	至元十二、十九	副枢	官宦	从丞相脱脱出师征徐州。	进士
许有壬		汤阴	至元十五	副枢			进士
贺均	也先忽都	京兆鄠县	至正十七	知院	官宦		
吕思诚		平定	至正中期	副枢	官宦		进士

续表四

姓名	蒙古名	籍贯	入院时间 年号年份	职称	家庭背景	入院前武功	科别
	刘哈剌不花	江西	至正十七	同知		镇压颍、亳人民起义。	
郭择善			至正十八	同佥			
丁好礼		真定	至正后期	副枢			
王保保	扩廓帖木儿	沈丘	至正二十二	知院		镇压元末起义。	
李士瞻*		新野	至正二十二	副枢			进士
任　亮			至正二十三	同佥			
陈祖仁		汴	至正后期	副枢	官宦		进士

*李士瞻先世为新野人，后徙居荆门（见《经济文集》卷首）。

备注：一、同一人在同一帝时数次入院的只记其官位最高的一次。

二、表中所收仅限于身份可以确定的汉人枢密官，并不完备，待补。

主要资料来源：《元史》《元史氏族表》。

元代枢密官参用汉人的历史，大致可分三个时期：前世祖时期，后顺帝时期，和中间各帝在位时期。前、后两个时期比较多地参用汉人，汉人枢密长贰分别占当时枢密官总数的百分之四十和十七；中间时期，即元贞迄至顺的三十八年，汉人枢密官则只占同时期院官总数的9.8%。

世祖时期参用汉人掌枢密，是当时形势的需要。忽必烈用来攻打南宋的军队，很大一部分就是北方的汉军，加上后来华中的降军，既要倚重汉军，就不得不用汉人将领；加以企图进一步吸引汉人中的军事人才，忽必烈因此任用了部分汉人参掌枢密。这些人一般都有其深厚的历史背景：或为元勋宿将，如史天泽、董文炳；或是潜邸旧臣，如商挺、赵璧；而且多数立有战功，其详可参见上表。以至元十九年（1282年）为界，忽必烈参用汉人掌枢密又可分为前后两个阶段。如上表所示，前一阶段任用的汉人较多，共十人，其中五人任品秩较高的枢密副使。至元十九年发生了阿合马被杀事件后，忽必烈鉴于汉人枢密副使张易曾发兵助王著起事，对汉人的不信任感日渐加强，并因而定下一条制度：凡皇帝幸上都时，京师大都“枢府官从行，岁留一员司本院事，汉人不得与”。[①]枢密长贰也较少参用汉人了。在此后的十多年间，汉人得官枢府的只有六人，其中五人为品秩较低的佥院、同佥，仅商挺一人担任过枢密副使，属于至元八年（1271年）原职的复叙，而且“俄以疾免”[②]。

至正时期，枢密官重新较多地参用汉人，这同样是迫于形势

① 《元史》卷一五四《郑制宜传》，第3637页。
② 《元史》卷一五九《商挺传》，第3741页。

的要求。一则需要用汉人将领来镇压以汉族农民为主体的元末农民大起义；二则企图以此笼络人心，特别是广阔的汉地的人心。至正十二年（1352年）三月，顺帝下诏：“南人有才学者，依世祖旧制，中书省、枢密院、御史台皆用之。”[①]正如清人赵翼所说，“是时江淮兵起，故以是收拾人心，然亦可见久不用南人，至是始特下诏也。”[②]诏书虽说要用南人，但据我们所知，在枢密长贰中，严格意义上的南人仍然没有一个被任用。刘哈剌不花的原籍虽是江西，但多年居燕、赵，为探马赤军户，也算不上南人[③]。任用的较多的，只是元代所谓汉人。如上文《汉人枢密长贰表》所示，顺帝时掌枢密的汉人共十五人，除四人是元统间和至正前期入院的外，其余大多数都是至正二十年（1360年）以后得以官枢府的。在镇压元末起义中，这些人有的为元廷出谋献计，如许有壬“倡招降之策”[④]，李士瞻上疏请“依唐广宁故事，分道进取”[⑤]；有的则直接领兵镇压，前面提到的刘哈剌不花在柳林屠杀毛贵红巾军就是一个典型例证。这些人果然不负蒙古统治者的“厚望”，充当了元廷镇压人民的得力工具。

如上所述，汉人不得为枢密院之长，少数得以为贰。不仅如此，即使得以为长贰，也不能参与枢密院的核心机密。最能说明这一点的，即“天下兵马总数目，皇帝知道，院官里为头儿的蒙古官

① 《元史》卷四二《顺帝纪》五，第896页。
② 《廿二史札记校证》卷三〇“元制百官皆蒙古人为之长”，北京：中华书局，2013年，第721页。
③ 参见《元史》卷一八八《刘哈剌不花传》，第4306页。
④ 《元史》卷一八二《许有壬传》，第4203页。
⑤ 《元史》卷四六《顺帝纪》九，第962页。

人知道”[①]，而“汉人不阅其数”，因“兵籍系军机重务”[②]。至于其他不在枢密院任职的汉人，对事关兵籍者，更不能染指。延祐六年（1319年）司计李处恭被问罪，主要就是因为“汉人不得点围宿军士，图籍系军数者，虽御史亦不得预知，此国制也”，而李处恭奉中书之命“巡视守仓库军卒”时，“擅取军数”[③]，犯了蒙古统治者的大忌讳。

在枢密长贰的作用上，蒙古统治者十分注重其民族成分，以此牢牢地控制军权，进而保证自己的政治统治。可见，这种民族歧视，实际上是元代统治政策的一个组成部分，其根本目的还在于加强对各族人民的军事控制。

（二）家族势力

元枢密院制度是忽必烈“行汉法”的产物，但它仍在一定程度上渗入了蒙古旧习。枢密长贰往往有父子相传、兄弟继立的，带有半世袭色彩，这仍来自蒙古国家军职世袭制传统的影响。

蒙古、色目贵族的某些家族，父子两代甚至祖孙父子三代相继掌枢府大权。两代者有蒙古贵族月赤察儿、博罗欢、月阔察儿、答失八都鲁和康里贵族脱脱等五家；三代者则有蒙古贵族玉昔帖木儿、马札儿台、伯颜，钦察贵族土土哈，以及唐兀贵族暗伯等五户。在这些家族中，往往又是兄弟数人都先后入官枢府。上述十家中，兄弟二人官枢府的有六对：伯颜和马札儿台，脱脱和也先铁木儿，买的和囊加歹，燕铁木儿和撒敦，阿乞剌和亦怜真班，伯都和

---

① 《宪台通纪·照刷枢密院文卷》，《永乐大典》卷二六〇八，北京：中华书局，1986年，影印本，第1284页。

② 《元史》卷九八《兵志》一，第2509页。

③ 《元史》卷九九《兵志》二，第2532页。

也先铁木儿；兄弟三人的有三起：阿鲁图、纽的该和咬咬，塔剌海、脱儿赤颜和也先铁木儿，铁木儿塔识、玉枢虎儿吐华和达识帖歧睦迩。各家族中祖孙父子叔侄兄弟间的亲属关系，见下面的简示。

元代枢密长贰家族势力简示：

（1）玉昔帖木儿（蒙古人，世祖时知院）—木剌忽（仁宗、武宗时知院）—阿鲁图（顺帝时知院）、纽的该（顺帝时知院）、咬咬（顺帝时知院）。

（2）月赤察儿（蒙古人，成宗时知枢密事）—塔剌海（马剌，成宗、文宗时知院）、佩头（即脱儿赤颜，武宗、仁宗时知院）、也先铁木儿（英宗时知院）—完者帖木儿（塔剌海子，顺帝时知院）。

（3）伯颜（蒙古人，文宗时知院）、马札儿台（泰定帝、顺帝时知院）—脱脱（马札儿台子，顺帝时知院）—也先铁木儿（马札儿台子，顺帝时知院）—三宝奴（脱脱子，顺帝时知院）。

（4）伯颜（蒙古人，世祖时同知、成宗时知院）—买的（成宗时佥院）、囊加歹（副枢，入院时间不详）—相嘉失礼（囊加歹子，同佥，入院时间不详）。

（5）博罗欢（蒙古人，世祖时佥院，《元史》本传作“署枢密院事”）—伯都（成宗时佥院）、也先铁木儿（仁宗时知院）。

（6）答失八都鲁（蒙古人，顺帝时知院）—孛罗帖木儿（蒙古人，顺帝时知院）。

（7）月阔察儿（蒙古人，顺帝时知院）—也速（蒙古人，顺帝时知院）。

（8）土土哈（钦察人，世祖时副枢，成宗时同知）—床兀儿（成宗、武宗、仁宗时知院）—燕铁木儿（泰定帝时同佥、佥院，文宗时知院）、撒敦（文宗时知院）。

（9）暗伯（唐兀人，世祖时知院）—阿乞剌（泰定帝、文宗时同知，顺帝时知院）、亦怜真班（文宗时知院）—马的室理（亦怜真班子，佥院，入院时间不详）。

（10）脱脱（康里人，武宗时知院）—铁木儿塔识（文宗、顺帝时同知）、玉枢虎儿吐华（顺帝时同知）、达识帖睦迩（顺帝时同知）。

从上面的简示可知，蒙古、色目贵族的这十个家族（家庭）中，共三十四人入官枢府，而且绝大多数担任正长官，官至知院者达二十七人，占总数的百分之七十九；任其他次级副职的仅七人，占总数的百分之二十一。

这些人世代掌兵权，是蒙元统治者重要的依靠力量，而在一定条件下，这些人又可以拥兵自重，乃至废立皇帝、左右政局。这方面最典型的代表莫过于钦察贵族燕帖木儿。燕帖木儿一家自祖父土土哈时便掌枢密兵柄，其父床兀儿历任成宗、武宗、仁宗三朝的知枢密院事，他自己在泰定年间先后官同佥、佥院。一家人权势极盛，可谓炙手可热。致和元年（1328年）夏，泰定帝死于上都，留守大都的燕铁木儿谋立武宗之子。“时燕铁木儿方佥枢密院事，实握兵柄”[①]，掌枢密符印，遂与西安王阿速忒纳失里等共同发难。二人“入守内庭，分处腹心于枢密”，“封府库，拘百司印，遣兵守

① 《元史》卷一八四《任速哥传》，第4236页。

诸要害”[1]，并迎立武宗次子怀王图帖睦儿，是为文宗。上都、大都皇位争夺战以大都的胜利而告结束。大都能取胜，原因是多方面的，而其中最重要的一点即燕铁木儿掌握了兵权。与此相反，上都的失败，与泰定皇太子阿剌吉八没有如常例兼领枢密使，不无关系。在接踵而至的明宗、文宗二兄弟的暗斗中，燕铁木儿是站在文宗一边的。明宗于天历二年（1329年）正月即位，四月即下诏“凡省、院、台、百司庶政，询谋佥同，摽译所奏，以告于朕”，并强调“军务机密，枢密院当即以闻，毋以夙夜为间而稽留之”[2]，这不能不说是针对燕铁木儿之事而发的。八月，明宗不明不白地猝然死去，由燕铁木儿拥立的文宗最终稳坐皇位。

除蒙古、色目人外，极少数汉人家庭也几代入居枢府。三代者有前面提到过的贺胜、贺惟一和贺均，祖、父、子三人；两代者有董文炳、董士选父子，而董家又有文忠在院，与文炳、士选分别是兄弟、叔侄关系[3]。他们各自的入院时间及职务，请参看“元代汉人枢密长贰表”。

（三）文武比重

既不同于五代专门用武将，又不同于宋朝一味用文臣，元枢密长贰的任用采取的是以武人为主，参用文士的结构。

蒙古、色目人枢密官多数出身武将，或起于行伍，或承袭武职[4]。少数是文人，如至正时知枢密院事的蒙古人普颜不花，即

---

① 《元史》卷一三八《燕铁木儿传》，第3326–3327页。

② 《元史》卷三一《明宗纪》，第697页。

③ 据《新元史》和《蒙兀儿史记》，兄弟官枢密院的还有崔斌、崔彧二人。说斌、彧为兄弟，不知何据，今暂不取。

④ 参见《元史》各本传。

"由国子生登右膀进士第一人"[①]。康里人铁木儿塔识和达识帖睦迩兄弟二人则都是"国子诸生"[②]。其他如达礼麻识理，曾"从师授经史，……砥砺于学"；赵世延"喜读书，究心儒者体用之学"；福寿"幼俊茂，知读书，尤善应对"；哈剌哈孙"善骑射，工国书，又雅重儒术"[③]；这些人即便不算文武双全之辈，也可说是粗通文墨之人，与赳赳武夫多少有些不同。他们的存在，使蒙古、色目枢密官的构成不以清一色武人的面貌出现。

汉人枢密官则有不少文人。特别是顺帝一朝，十五名汉人中有六人出身进士，一人由国子监生释褐，换言之，百分之四十六的人有科名。其详参见"元代汉人枢密长贰表"。此外，在延祐开科以前入官的其他汉人，也有很多是文人。依据《元史》各传，他们当中部分是熟读经史的儒生，如赵璧，"（世祖）呼秀才而不名"，"又令蒙古生十人，从璧受儒书"；商挺"东平严实聘为诸子师"；张文谦，"幼聪敏，善记诵"，与刘秉忠是同学；王约，"博览经史，工文辞"。部分是通达政术的文士，如崔斌，"善骑射，尤攻文学，而达政术"；吴元珪，"好深沉之思，凡征谋治法、律令章程，皆得于家庭之所授受"。另有如"幼颖悟好学"的谢让，"幼读书，渊默有容"的贾钧，以及"年十五，知读书，习吏事"的刘正等人。甚至连以戎马生涯起家的董氏父子和贺家三代，《元史》本传也说他们知晓经义，似乎全是文武兼备之人。如董文炳，"师侍其先生，警敏善记诵"；董文忠，年少时亦从师读书；董士选，"幼从文炳居兵

① 《元史》卷一九六《普颜不花传》，第4429页。
② 《元史》卷一四〇《铁木儿塔识传》《达识帖睦迩传》，第3372、3375页。
③ 参见《元史》各本传。

间，昼治武事，夜读书不辍”；贺胜“尝从许衡学，通经传大义”；贺惟一，“尝受业于赵孟頫，又师事云中吕弼”；贺均，“少好学，有俊才”[①]。本传所云难免有夸饰之词，但多少反映出汉人枢密官一般都具有一定的封建文化修养。

元代枢密长贰以武人为主、参用文士，这一结构的形成，其原因大致不外以下几点：其一，有元一代战事频仍，武夫劲卒不仅是蒙古统治者打天下的功臣，而且始终是守天下的柱石，自然得到重用。其二，元代虽说并非“十儒九丐”，但文人的地位的确不高，科举取人既少，出仕又多“淹于常调”[②]，能跻身于枢府者更是屈指可数。其三，枢密院的职能决定了它不仅是领兵、统兵的部门，而且是进行军事决策、处理军政事务的机构，单靠武人是不能胜任这些职责的，必须参用文士。其四，与元的民族歧视政策相联系，枢府官既以蒙古、色目武将为主，又要参用文化程度较高的汉人，这就势必造成文武相参，武胜于文的格局。另外，作为后来者，蒙古统治者多少吸取了五代武人专枢密、宋代文人领军队，都对当时政事造成危害的教训，得以依据形势的需要制定用人的原则。总的来看，元枢密长贰以武将为主、参用文人的结构，既是人为的结果，又有客观的需要，是多种因素共同作用所造成的。

① 参见《元史》各本传。
② 苏伯衡：《苏平仲集》卷七《送楼用章赵国学序》。

四、枢密与怯薛与宰相的关系

（一）枢密与怯薛

作为元朝皇帝的禁卫军，怯薛与"秉兵柄"的枢密院不无关系，作为高官重臣的入仕捷径，怯薛与枢密更有着千丝万缕的联系。

如前所述，怯薛是不受枢密院节制的，"惟天子之所指使，比之枢密各卫诸军，于是为尤亲信者也"[①]。怯薛的分立，多少意味着对枢密院的制约，皇帝直接掌握着怯薛这支最为强悍的亲信军队，足以消除其他诸军可能构成的威胁。不过，对于怯薛的一些具体事务，枢密院和中书省、御史台都可以过问。至顺元年（1330年）八月，枢密臣和省、台官曾"奉旨裁省卫士"，"定大内四宿卫之士"，裁减冗员；并重申此后各宿卫不得容匿汉人、南人的规定[②]。早在至元十一年（1274年）五月，怯薛歹合丹等受命核实"蒙古军每十人月食粮者"，暗中"多籍二千六百七十人"。枢密臣觉察此事后加以告发，世祖遂"敕杖合丹，斥无入宿卫，谪往西川效死军中，余定罪有差"[③]。

自枢密院成立之日起，四怯薛就各派代表一人"参决枢密院事"[④]。但是，元史史料中有关这方面的事例却很少见，因而难以说明怯薛参与枢密议事的具体形式。《元史·世祖纪》载，至元

① 《元史》卷九九《兵志》二，第2525页。
② 《元史》卷三四《文宗纪》三，第765页。
③ 《元史》卷八《世祖纪》五，第155页。
④ 《元史》卷一三《世祖纪》一〇，第272页。

二十二年（1285年）正月“癸巳，枢密臣言：‘旧制四宿卫各选一人参决枢密院事，请以脱列伯为佥院。’从之”。[①]似乎四怯薛选人入官枢密院即为参决院事。但仅凭这条材料，显然仍不能说明问题。

怯薛出仕在元代是被目为“好根脚出身”的，因而很多成员得以入官枢府。特别是四怯薛长的子弟，往往就是枢密院的一品高官。具体来说，四怯薛长中，除赤老温的后人没有袭职，也没有入官枢府外，其余三人的后裔多有先长怯薛，而后长枢府的。上文所列“枢密长贰家族势力简示”中，博尔术的孙子玉昔帖木儿和月赤察儿即分别袭任过怯薛长。玉昔帖木儿子木剌忽、孙阿鲁图和咬咬；月赤察儿的儿子塔剌海、佩头、也先铁木儿，孙子完者帖木儿等，也都曾担任过怯薛长。如表中所示，他们这些人在枢密院的职务又都是从一品官知枢密院事。此外，木华黎的七世孙笃怜铁穆迩至正时担任知枢密院事，他也曾袭其父拜住之职，做过怯薛长[②]。至于一般怯薛成员被委以枢府职务的，也是大有人在，不胜枚举。元人常论“凡入官者，首以宿卫近侍”[③]，事实的确如此。

（二）枢密与宰相

1. 兵部分掌邮驿屯牧。兵部作为相府的下属机构、历来以掌军为专职的部门，在元代，它与枢密院的关系如何？这是论及枢密与宰相的关系时必然先要涉及的问题。

---

① 《元史》卷一三《世祖纪》一〇，第272页。

② 上述诸人任怯薛长之事，参见《永乐大典》卷二六一〇引《南台备要》，《元文类》卷二三元明善《太师淇阳忠武王碑》，《元典章》卷三二、卷四九，蔡美彪《元代白话碑集录》等。

③ 朱德润：《存复斋集》卷四《送强仲贤之京师序》，明成化十一年项氏刻本。

元代兵部的职掌，按《元史·百官志一》的记载，是："掌天下郡邑邮驿屯牧之政令。凡城池废置之故，山川险易之图，兵站屯田之籍，远方归化之人，官私刍牧之地，驼马、牛羊、鹰隼、羽毛、皮革之征，驿乘、邮运、祗应、公廨、皂隶之制，悉以任之。"[①]所谓"邮驿屯牧之政令"，用现代术语来说，就是通信和后勤事务。以此与枢密院的职掌相对照，显而易见，二者各自独立，兵部与枢密院的职能范围区分得比较明确，兵部实际上服务于枢密院。正因为如此，宋、金时常见的兵部与枢府相互争权或推诿的事件，在元代较少发生。

2. 宰相总领军国之务。以宰相与枢密二府并立，分掌文武的体制，始肇于五代后周，完备于宋朝，赵宋君主通过枢密院来分割相权，控制军权，宰相与枢密院的并立，使相权受到了削弱。

元世祖有鉴于汉地世侯"尽专兵民之权"从而割据一方的弊害[②]，在平定李璮之乱后不久即设立枢密院"以治军旅"，与"总机务"的中书省分立，其本意正在于使"治民者不与兵事，治兵者不与民事，其所以防闲之道，截然有不可犯者"[③]。中书与枢密并立、互相制约的体制，虽有利于君主集权，但也往往影响到朝廷政令的统一执行；特别是在战争时期，二者职权关系上的矛盾所造成的消极影响更加突出。这一点，在宋朝就已充分暴露，当时人对此多有批评，感叹"夫战守大事也，安危所寄，今中书欲战，密院欲

① 《元史》卷八五《百官志》一，第2140–2141页。
② 《元朝名臣事略》卷六《元帅张献武王》，《丛书集成初编》本，第80页。
③ 许有壬：《至正集》卷七七，《公移》，"正始十事"，《四库全书》本，第四页下。

守，何以令于下！”[①]为了调整这种关系，适应延绵不断的战争需要，元朝统治者采取了多方面的措施，诸如：在形式上，以皇太子兼领令、使，在品秩上使枢密位亚于宰相，在实施中以宰相总枢密事等，从而实现了从皇帝到宰相，至枢密及百官的一元化统治。

元“惟皇太子立，必兼中书令、枢密使”[②]，以此既表明了天子直接控制军权、政权，也从形式上确立了军政一体的体制。

元代中书与枢密有皇帝左、右手之称[③]，但事实上二者不再是并列的二府，而是密院低于中书。从品秩来看，中书左、右丞相官至正一品，而知枢密院为从一品，与中书次级职务平章政事相同[④]。从行文来说，中书交付枢密院用上行下之“札”，反之用“呈”[⑤]。这一规定，据说是至元五年（1268年）立下的。当时，世祖诏许衡等考定官制，兼议省、院、台行移之体。许衡认为“中书佐天子总国政，院、台宜具呈。”商挺在枢密，高鸣在台，皆不乐，欲定为咨禀，便劝衡曰：“台院皆宗亲大臣，若一忤，祸且不测。”衡曰：“吾论国制耳，何与于人！”三人相质于帝前。世祖曰：“朕亦与衡合。”其制遂定[⑥]。在封建时代，各机构间行移的级别是有严格规定的，不可逾越，是表示各机构地位高下的重要标志之一。不过，从改官来看，并不完全依照先枢密后宰相的序列，而是

① 王明清：《挥麈后录》卷一《宰相枢密分合因革》，《四部丛刊续编》本，第二十八页。
② 陶宗仪：《南村辍耕录》卷二二“皇太子署牒”，北京：中华书局，1959年，第269页。
③ 叶子奇：《草木子》卷三下《杂制》：“世祖尝言，中书朕左手，枢密朕右手，御史台是朕医两手的。”北京：中华书局，1959年，第61页。
④ 参见《元史·百官志》一，《元史·百官志》二。
⑤ 参见《元典章》卷九，（清）邵远平《续弘简录》。
⑥ 参见《元典章》卷九，（清）邵远平《续弘简录》。

升降不定的。以伯颜历官为例：至元二年（1265年）拜光禄大夫、中书左丞相，四年（1267年）改中书右丞，七年（1270年）迁同知枢密院事，十一年（1274年）拜中书左丞相，十三年（1276年）复拜同知枢密院事，二十六年（1289年）进金紫光禄大夫、知枢密院事，成宗即位拜开府仪同三司、太傅、录军国重事，依前知枢密院事[①]。伯颜自丞相改同知并非降职，而只是形势的需要。这种情形多少表明了元代将相的区分、品秩的高低都不很严格，职官的任免陟黜带有一定的随机性。元人自枢密改宰臣（或反之）的情况，参见下表。

元枢密长贰中书、密院改官表

姓名	改官时间	由密院改中书		由中书改密院	
	年号年份	原任	改任	原任	改任
赵　璧	至元　元			平章	副枢
史天泽	至元　三 至元　四	副枢	左丞相	右丞相	副枢
伯　颜	至元　七 至元　十一 至元　十三	同知	左丞相	右丞 左丞相	同知 同知
合　答	至元　七	同知	平章		
张　易	至元　九			平章	副枢
别乞里迷失	至元　十三 至元　十六	佥院	右丞	右丞	同知

① 参见《元史》卷一二九《伯颜传》，《元朝名臣事略》卷二《丞相淮安忠武王》。

续 表

姓 名	改官时间	由密院改中书		由中书改密院	
	年号年份	原任	改任	原任	改任
瓮吉剌带	至元 十九			右丞相	同佥
札 散	至元 二十			平章	副枢
阿忽台	大德 七	知院	左丞相		
憨剌合儿	大德 十一			平章	知院
塔剌海	大德 十一	知院	左丞相		
床兀儿	大德 十一			平章	知院
阿沙不花	至大 元			平章	知院
康里脱脱	至大 二			左丞相	知院
秃忽鲁	至大 二	知院	左丞相		
贯 钧	至大 三	佥院	参政		
铁木儿不花	至大 四			右丞相、知院	知院
张 珪	皇庆 二	副枢	平章		
铁木儿脱	延祐 七	知院	平章		
也先铁木儿	至治 三	知院	右丞相		
塔失帖木儿	泰定 二	知院	右丞相		
乃马歹	泰定 三			平章	知院
铁木儿补化	天历 元	佥院	左丞相		
钦察台	天历 二	（八月）知院	平章	（正月）平章	知院
伯 颜	至顺 元 元统 元	知院	右丞相	左丞相	知院
秃儿哈帖木儿	至顺 三			平章	知院
定 住	至元 元	知院	平章		

续 表

姓 名	改官时间	由密院改中书		由中书改密院	
	年号年份	原任	改任	原任	改任
阿乞剌	至元 元	知院	平章		
阔里吉思	至元 元			平章	知院
铁木儿不花	至元 二	知院	平章		
塔马赤	至元 四			平章	知院
汪家奴	至元 六	（四月）同知	平章	（十月）平章	知院
铁木儿塔识	至元 六	同知	右丞		
纳 麟	至元 六			参政	同知
马札儿台	至元 六	知院	右丞相		
脱 脱	至正 元	知院	右丞相		
也灭怯歹	至正 二	知院	平章		
韩元善	至正 三	佥院	参政		
阿鲁图	至正 四	知院	右丞相		
达铁帖睦迩	至正 四	同知	右丞		
钦察台	至正 九	知院	平章		
玉枢虎儿吐华	至正 九	同知	参政		
悟良哈台	至正 十二	副枢	参政		
月阔察儿	至正 十四	知院	平章		
斡 栾	至正 十五	同知	右丞		
许有壬	至正 十五	副枢	左丞		
也 速	至正	知院	平章		
貊 高	至正 二十七	知院	平章		

主要资料来源：《元史》各纪、传。

元代以宰相总枢密事的途径主要有两条：其一，以宰相参议院事；其二，以宰相兼领院官。

以宰相参议院事，又有两种方式，一是带“议事平章”头衔，参预枢密院事；二是应诏与枢密院官集议。“议事平章”的全称是“中书平章商量院事”[①]，属于加衔性质。中书平章政事或左、右丞，参加政事加有此衔，便可以名正言顺地过问枢密院事。以平章商量院事，据《元史·百官志二》记载，始于至元二十七年（1290年）。但早在至元二十一年（1284年），即“以范文虎为左丞，商量枢密院事”；二十四年（1287年）又“以范文虎为中书右丞，商议枢密院事”；后改官尚书右丞，仍商议枢密院事[②]。文虎所官虽非平章，但性质与议事平章一样。议事平章作为加衔，并不常授，而是因人、因事时兴时废。据《续通考》卷九四《职官》云：“成宗大德十年，革去议事平章”；“至正间复置议事平章二人”。但《元史》卷二三《武宗纪二》云，至大二年“敕以海剌孙，……知兵事，可授平章政事、商议枢密院事”[③]。据此推论，革去议事平章，最早不会超过武宗至大二年（1309年）[④]，“大德十年”疑误。根据《元史》纪、传，从至元到至大年间，以宰臣加衔商议院事的，除范文虎、海剌孙以外，尚有：

李庭，至元后期为尚书左丞、商议枢密院事，改平章政事、商

① 参见《续通考》卷九四，《元史》卷八六。“商量院事”又多作“商议院事”，故简称“议事”。

② 《元史》卷一三《世祖纪》一〇、卷一四《世祖纪》一一，第270、295–296、297页。

③ 《元史》卷二三《武宗纪》二，第514页。

④ 《新元史》卷五六称，议事平章是至大三年废止的，当是。

议枢密院事，提调诸卫屯田，成宗即位初，“依前荣禄大夫、平章政事、商议枢密院事”①。

陈天祥，大德九年（1305年）“拜中书右丞、议枢密院事，提调诸卫屯田”②。

千奴，武宗即位初，“拜荣禄大夫、平章政事、商议枢密院事”③。

至于至正间复置议事平章之事，除《续通考》所云，暂未见其他记载。

议事平章既不常设，以宰臣与枢密共同议事则成为宰相参议院事的主要方式。在本文第二部分“枢密院的职能范围”中曾提到过枢密院参谋议论之职，实际上，这种参谋议论常常是和中书官一起进行的，有时还加上御史台、翰林院、集贤院诸臣。这类事例极多，除上文列举过的枢密、中书议出兵耽罗，省、院、台官共奏裁省卫士等，再举数端如下：

成宗大德七年（1303年）二月，诏“枢密院、宗正府等，自今每事与中书共议，然后奏闻”④。

同上三月，“都城火，命中书省与枢密院议增巡防兵”⑤。

武宗初立，欲更钱法，“命中书与枢密院、御史台、集贤、翰林诸老臣集议以闻”⑥。

---

① 《元史》卷一六二《李庭传》，第3798–3799页。
② 《元史》卷一六八《陈天祥传》，第3950页。
③ 《元史》卷一三四《千奴传》，第3259页。
④ 《元史》卷二一《成宗纪》四，第448页。
⑤ 《元史》卷二一《成宗纪》四，第449页。
⑥ 《元史》卷二二《武宗纪》一，第490页。

同上，武宗诏枢密副使吴元珪等二十余人“议政中书，若惜人力、严选举、节财用、定律令、谨赏罚、建科举、课农桑、汰冗员、易封赠，皆切于世务者”[①]。

至正十年（1350年），欲更造至正交钞，以右丞相脱脱及“枢密院、御史台、翰林、集贤院诸臣议之”[②]。

以宰相参议院事，既体现了“中书，政本也，军国之务，大小由之”的原则[③]，也有利于军、政的沟通与协调，克服宋朝“枢密使每朝奏事与中书先后上，所言两不相知，以故多成疑贰”的弊端[④]。

以宰相兼领院官，是承袭南宋的做法。南宋自宁宗开禧以后，宰相兼枢密使成为定制，以应付当时日趋激烈的国内外战争。

元代自至元迄至正，始终有宰臣兼枢密者，其详参见下表：

元宰臣兼领枢密简表

姓 名	兼领时间		省、院职务
	年号	年份	
董文炳	至元	十五	中书左丞，佥枢密院事如故。
张 易	至元	十八	平章政事，枢密副使。
哈剌哈孙	大德	七	中书右丞相，知枢密院事。
高 兴	大德	九	平章政事，仍枢密副使。

① 《元史》卷一七七《吴元珪传》，第4125页。
② 《元史》卷一三八《脱脱传》，第3345页。
③ 参见《元典章》卷九、（清）邵远平《续弘简录》卷一。
④ 王明清：《挥麈后录》卷一《宰相枢密分合因革》，《四部丛刊续编》本，第二十八页。

续表

姓名	兼领时间		省、院职务
	年号	年份	
塔剌海	大德	十一	中书左丞相，预枢密院事。
铁木兀不花	至大	元	左丞相，知枢密院事。
床兀儿	至大	四	平章政事，知枢密院事。
燕铁木儿	天历	元	中书右丞相，依前知枢密院事。
别不花	天历	元	知枢密院事，依前中书左丞相。
孛罗帖木儿	至正	二十四	平章政事，兼知枢密院事。
扩廓帖木儿	至正	二十五	中书左丞相，知枢密院。

据此表可知，元宰臣虽兼枢密，但并非常制，只是间或为之，人数也不多，与南宋宰相例兼枢密、总领兵民而造成权相政治的局面大不相同。据台湾学者林天蔚统计，南宋一朝宰相六十一人，其中兼枢使的四十四人，占总数的百分之七十二①。而元代左、右丞相七十六人次，兼枢密事的仅六人（次），不过是总数的7.8%。即使将兼院事的平章、左丞都计算在内，也只能再加五人次；而有元一代平章以下宰臣多达六百一十八人次②。

遇有大征伐时，还可使宰相"行"行枢密院事，可视为宰相兼领院官的又一种形式。如至元十年（1273年）四月，谋大伐南宋，便"以平章军国重事史天泽、平章政事阿术、参知政事阿里海牙行

① 林天蔚：《宋史试析》，台北：台湾商务印书馆，1978年。
② 有关宰丞的统计，参见《元史·宰相表》。

荆湖等路枢密院事，镇襄阳；左丞相合丹，……行淮西等路枢密院事，守正阳"[①]。不过，这种事并不多见。

元朝统治者以宰相节制枢院事，但又不让宰相独专兵柄，比较成功地实现一元化统治。

① 《元史》卷八《世祖纪》五，第149页。

从寇准的遭际看
北宋前期君权与相权的矛盾 *

寇准是宋太宗、宋真宗朝的大臣，曾任三司使、参知政事、同中书门下平章事等要职，位列二府，受到过皇帝的重用。他在澶渊之盟中建有大功，因此名传遐迩，又以秉正嫉邪忠直敢言，受到群众的爱戴。但他一生中屡遭贬谪，仕途并不顺利，未能建立更多的功业，其故安在？这和他本人的思想、性格与作风有何关系？与当时的历史环境又有什么关系？本文试从他与皇帝特别是与真宗关系的角度进行一些考察。

一、寇准与宋太宗

寇准字平仲，华州下邽（今陕西渭南）人。他少年英迈，通过科第很早就进入仕途。端拱二年寇准承诏极陈北边厉害，受到宋太宗的器重，擢为机密直学士。淳化二年寇准揭发了参知政事王沔包

---

* 本文原刊于《国际宋史研讨会论文集》，河南大学出版社1992年8月版。

庇其弟贪污罪的问题，王沔因此罢官，寇准被擢为枢密副使[1]。寇准奏事切直，《宋史》卷二八一本传称："尝奏事殿中，语不合，帝怒起，准辄引帝衣，令帝复坐，事决乃退。上由是嘉之，曰：'朕得寇准，犹文皇之得魏徵也。'"[2]太宗鼓励寇准直言，是希望他能揭发大臣中违法的事，免得自己受蒙蔽，对于他敢和自己争论，甚至挽衣留谏，其实是不高兴的。

寇准和枢密院的同僚张逊意见不合，二人常在太宗面前争论。有一天寇准和温仲游偕行，道逢狂人迎马呼万岁。张逊嗾使人告发说"民迎准马首呼万岁"，借机陷害寇准。太宗查问时，寇准说那天明明与温仲舒偕行，为什么单单告我呢？两人在太宗面前争论激烈，"逊执宾奏斥准，辞意甚厉，因互发其私，上怒，故贬逊而罢准"[3]。明明是张逊诬陷，是非曲直已很清楚，为什么连寇准也一起罢免呢？说明太宗就是要对他这种面折廷争的作风加以惩罚。

寇准出知青州后，太宗也觉得自己做得有点过分，想起来常闷闷不乐。这时太宗身体欠佳，为立储的事犹疑不决，想找个人商量商量，认为寇准临事明敏，善断大事，再度召用，想必尽心，于是在淳化五年又把寇准召回中央。在寇准的参谋下，决计立襄王元充为皇太子，即后来的真宗。寇准则被任命为参知政事，进入中书，成为执政大臣。

不久，吕蒙正被罢免。参知政事吕端代之为相。吕端为人谨慎，认为自己原和寇准同列，现在先居相位，怕寇准不服，于是

① 《续资治通鉴长编》（以下简称《长编》）卷三二，淳化二年三月己巳条、四月辛巳条，第714页。

② 《宋史》卷二八一《寇准传》，第9527页。

③ 《长编》卷三四，淳化四年六月壬申条，第750页。

请求以参知政事与宰相分日押班知印，同升政事堂，享受同等的礼遇。太宗为了安慰寇准表示同意①。新擢升的参知政事张洎，过去是寇准的僚属，以善于趋奉取得寇准的信任，在寇准推荐下任参政后，“奉准愈谨，事一决于准，无所预”②。所以寇准虽是副职，但在中书是有实权的。

至道二年，举行南郊典礼，照例中外官吏皆进秩，由中书议除拜，后寇准被人控告除拜不均，擅弄威权。《长编》卷四〇至道二年七月丙寅条对此事记载道：

> 先是，郊祀行庆，中外官吏皆进秩，准遂率意轻重，其素所喜者，多得台省清秩；所恶者及不知者，即序进焉。广州左通判、左正言冯拯转虞部员外郎，右通判、太常博士彭惟节乃转屯田员外郎，拯尝与准有隙，故准抑之。惟节自以素居拯上，章奏列衔皆如旧不易。准怒，以中书札子升惟节于拯上。切责拯，仍特免勘罪。拯忿曰：“上日阅万机，宁察见此细事？盖寇准弄权尔。”因上疏极言，并及岭南官吏除拜不均凡数事，又封中书札子以进。而岭南东路转运使康戬亦具奏，且言：“吕端、张洎、李昌龄皆准所引，端心德之，洎曲奉准，昌龄畏懦，皆不敢与准抗，故得以任胸臆，乱经制，皆准所为也。”上大怒，准适祀太庙摄行事，召端等责之。端曰：“臣等皆陛下擢用，待罪相府，至于除拜专恣，实准所为也。准性刚强自任，臣等忝备大臣，不欲忿争，虑伤国体。”因再拜请

① 《长编》卷三七，至道元年四月戊子条，第812页。
② 《长编》卷三七，至道元年四月癸未条后，第811页。

罪。……既而准入对前殿，上语及冯拯所诉事，准抗言与端等同议除拜。上曰："若廷辩是非，又深失执政之体矣。"准犹力争不已。上先已厌准，因叹曰："雀鼠尚知人意，况人乎？"翌日，准又抱中书簿领，论曲直于上前，上益不悦，遂罢之，寻出知邓州。①

从以上记载可以看出，太宗对于大臣廷辩是非和大臣为自己辩解都是不喜欢的，因为这意味着对君主的不敬。他对寇准这种喜欢争辩的脾气，早就不耐烦了，所以说寇准太不懂人主的心意，连雀鼠都不如！但是真正让太宗发火的还不是这些，而是怀疑寇准擅权。在同一段记载中提到太宗特别注意中书札子的事：

上又曰："前代中书有堂帖指挥公事，乃是权臣假此名以威服天下。太祖朝，赵普在中书，其堂帖势重于敕命，寻亦令削去，今何为却置札子，札子与堂帖乃大同小异尔。"张洎对曰："札子盖中书行遣小事，亦犹京百司有符帖、关刺，若废之，则别无公式文字可以指挥。"上曰："自今大事须降敕命。合用札子，亦当奏裁，方可施行也。"②

可以看出，太宗深恐中书札子又会变成堂帖，出现赵普为相时中书堂帖重于天子敕命的情况，担心寇准会成为第二个赵普，而这是太宗绝不能容许的事。寇准罢任不久，太宗又下了一道诏令："自

① 《长编》卷四〇，至道二年七月丙寅条，第846-847页。
② 《长编》卷四〇，至道二年七月丙寅条，第847页。

今中书门下只令宰相押班、知印。其参知政事，殿廷别设砖位，次宰相之后，非议军国政事，不得升都堂”[①]，取消了原来提高参政地位的决定。皇帝要防止在执政大臣中出现权臣，其防范对象固不限于宰相，因此寇准这次与太宗的冲突性质，仍属于相权与君权的矛盾。寇准贬外不到一年，宋太宗去世，因此终太宗之世，未再召用。

二、寇准与毕士安

真宗即位以后，寇准的官职又逐渐升迁，咸平五年五月权知开封府，明年调充三司使，景德元年八月更被任为同中书门下平章事，成为宰相。寇准此次被重用，与当时的形势有关，而毕士安的大力推荐也起了不小的作用。《宋史》卷二八一《毕士安传》云：

李沆卒，进士安吏部侍郎、参知政事，入谢。……真宗曰：“朕倚卿以辅相，岂特今日。然时方多事，求与卿同进者，其谁可？”对曰：“宰相者，必有其器，乃可居其位，臣驽朽，实不足以胜任。寇准兼资忠义，善断大事，此宰相才也。”真宗曰：“闻其好刚使气。”又对曰：“准方正，慷慨有大节，忘身徇国，秉道疾邪，此其素所蓄积，朝臣罕出其右者，第不为流俗所喜。今天下之民虽蒙休德，涵养安佚，而西北跳梁为边境患，若准者正所宜用也。”真宗曰：“然，当藉

① 《长编》卷四〇，至道二年闰七月辛未条，第848-849页。

卿宿德镇之。”未阅月，以本官与准同拜平章事。士安兼修国史，居准上。[①]

这里说的“西北跳梁”是指夏州李继迁父子。自太宗时起，一再用兵讨伐李继迁，屡遭失利。咸平五年灵州又被攻陷，次年李继迁死，子德明继立，在契丹的支持下，继续与宋朝抗衡。契丹也经常派游骑剽掠边境，这时又传来将大举入侵的消息，构成对北方边境的严重威胁。在国家危难时刻，必须用有见识、有魄力的人才，方能应付局面，毕士安指出寇准“兼资忠义，善断大事”、“慷慨有大节，忘身徇国”，目前正需要用这样的人才，可谓能识才用才，是寇准的真正知己。

不难看出，真宗对毕士安的信任远超过对寇准，这一则是有历史渊源的。早在真宗为藩王和皇太子时，毕士安就曾任僚属，可算是藩邸旧臣。再则，毕士安谦虚谨慎，凡交游无党援，这些都是让真宗感到放心的。在他死后，真宗说：“毕士安善人也，事朕南府、东宫，以至辅相，饬躬慎行，有古人之风。”[②]在任相时，把他置于寇准之上，是为了监督牵制寇准。

寇准因疾恶如仇，又好直言，得罪的人多，常有人想陷害他，毕士安总是极力保护。“准为相，守正嫉恶，小人日思所以倾之，有布衣申宗古告准交通安王元杰，准惶恐，莫知所自明，士安力辩其诬。下宗古吏，具得奸罔，斩之，准乃安”[③]。

---

① 《宋史》卷二八一《毕士安传》，第9519–9520页。
② 《宋史》卷二八一《毕士安传》，第9522页。
③ 《宋史》卷二八一《毕士安传》，第9520页。

在并相期间，两人能够和衷共济，合作得很好。在澶渊之役中，寇准之能取得成功，也是二相同心协力的结果。

当契丹大举深入时，人心惶惶，当时主张真宗亲征最有力的是寇准，面斥王钦若、丁谓等南逃谬论的也是寇准。到达澶州后，“帝尽以军事委准，准承制专决，号令明肃，士卒喜悦”[①]。在前线指挥一切的还是他，应该说寇准在澶渊之役中建有首功，但毕士安对这次和议的影响也是不可低估的。

景德元年九月，当宋廷获悉契丹将南侵的情报时，真宗召集辅臣商议对策，宰相毕士安、寇准与枢密使王继英，在决议亲征并选定澶渊为驻跸之地上，意见是一致的，只在出发的时间上，有所不同：寇准主张速往，毕士安主张延至仲冬，最后采纳了毕士安的意见。真宗对是否亲征十分犹豫，假如只是寇准一人的意见，而没有毕士安的合议，未必能被采纳。

在对于当时敌我形势的估计上，二人也有共识。《宋史·毕士安传》称：

> 初，咸平六年，云州观察使王继忠战陷契丹。至是，为契丹奏请议和，大臣莫敢如何。独士安以为可信，力赞真宗当羁縻不绝，渐许其成。真宗谓敌捍如此，恐不可保。士安曰：“臣尝得契丹降人，言其虽深入，屡挫不甚得志，阴欲引去而耻无名，且彼宁不畏人乘虚覆其巢穴，此请殆不妄。继忠之奏，臣请任之。”真宗喜，手诏继忠，许其请和。[②]

---

① 《宋史》卷二八一《寇准传》，第9531页。
② 《宋史》卷二八一《毕士安传》，第9520页。

毕士安认为契丹虽然其势汹汹，其实屡挫不甚得志，是虚张声势而已，且有被宋军乘虚捣其后方之危险，因此求和是可信的，可以利用这个机会与之讲和。寇准也认为敌劳我逸，胜算在我，但不急于讲和，而应利用时机给契丹以重创，则可保百年无事。在这一点上，两人又是主张不同的。但是真宗急于讲和，寇准也阻止不住，双方遣使往返交涉的结果，终于缔结了和约，其中一条就是宋朝每年给契丹银绢三十万，作为岁币。真宗亲征时，毕士安因病未能随行，等他病愈赶赴澶渊，盟约已商定。“岁遗虏银绢三十万，是时朝论皆以为过。士安曰：‘不如此，虏所顾不重，和事恐不能久。’众未为然也。然自景德以来，百有余年，自古和好所未尝有，议者以士安之言为得焉。”[①]以重贿来要其久盟，就是毕士安在议和中的一种策略，从此开宋朝岁币外交的先例。但是宋辽议和以后，双方通互市、开铁禁、招流亡、广储蓄，对于宋辽双方的经济文化发展是有积极作用的。

三、寇准与王旦

澶渊之盟以后，情况发生了变化，景德二年十月毕士安病故，寇准一人继续任相，又过了五个多月，到景德三年二月，寇准即被罢免，这期间宋真宗对寇准的态度有个变化过程。毕士安的死，使寇准少了个在真宗面前为他弥缝辩解的人，寇准的宿怨王钦若乘机在皇帝面前挑拨离间，说什么澶渊之盟是城下之盟，不仅不值得称

---

① 王称：《东都事略》卷四一《毕士安传》，第2页下。

道，而且是个耻辱，寇准把陛下为孤注，置于危地，是无爱君之心等等。真宗听信了他的话，对寇准渐渐冷淡下来。但是招致真宗对寇准不满的原因还在用人问题上。

> 准在中书，喜用寒畯，每御史阙，辄取敢言之士。他举措多自任，同列忌之。尝除官，同列屡目吏持例簿以进，准曰："宰相所以器百官，若用例，非所谓进贤退不肖也。"因却而不视。戊戌，中书侍郎兼工部尚书、平章事寇准罢为刑部尚书。以尚书左丞、参知政事王旦为工部尚书、平章事。旦入谢，便坐，上谓曰："寇准以国家爵赏过求虚誉，无大臣体，罢其重柄，庶保终吉也。"既而命准出知陕州，将行，又遣近臣传旨戒约。[①]

寇准喜提拔寒士，用敢说话的人充当御史，并不算错，他认为考察百官，根据其政绩好坏，奖进贤人，黜退不肖，正是宰相的职责，假如只是根据例簿，按资升迁，那不过是吏员的职务，还要宰相干什么？考核百官究竟应以政绩为主还是应以年资为主？这牵涉到一个升黜的标准问题，寇准的做法肯定为其同列不满，因为暗示胥吏持簿以进的正是他的同列。这段材料未指明同列的姓名，但当时与准同在中书的有参政王旦和冯拯，他们是赞成按例簿序进的。更重要的是寇准的做法，引起了真宗的猜忌，结合下面的材料就可以看得更清楚。

---

① 《长编》卷六二，景德三年二月丁酉条，第1389–1390页。

《宋史·寇准传》谈到，寇准罢相后，王旦继任后入谢，真宗说："寇准多许人官，以为己恩。俟行，当深戒之。"[①]过了几个月，真宗在和辅臣的谈话中，又重申了这种看法。"上谓辅臣曰：'执政之地，百僚具瞻，品藻拟伦，当务公共，轻诺寡信，怨是用长，不可不戒也。寇准之居相位，多致人言，岂不由此？'冯拯曰：'吕蒙正尝云：准轻脱好取声誉，不可不察。'"[②]

大中祥符七年，寇准被召回任枢密使，但不到一年，又被罢免。"先是，准恶三司使林特之奸邪，数与忿争，特以河北岁输绢阙，督之甚急。准颇右转运使李士衡而沮特"[③]。林特是有名的奸险小人，与王钦若、丁谓、陈彭年、刘承珪并称为"五鬼"，可是他因善于搜括，有宠于真宗。真宗对寇准的反对林特大不高兴，"谓王旦等曰：'准年高，屡更事，朕意其必能改前非，今观所为，似更甚于畴昔。'旦等曰：'准好人怀惠，又欲人畏威，皆大臣所当避，而准乃以为己任，此其所短也。'"[④]

王旦指出寇准的短处是"好人怀惠，又欲人畏威，此皆大臣所当避，而准乃以为己任"。的确一语破的，切中要害。寇准与宋真宗矛盾的焦点就在于刑赏之权的掌握上。宋琪说过："赏罚二柄，乃御世之衔勒，若马无衔勒，何以控御？"[⑤]赵普认为刑赏者，天下之刑赏，非皇帝之刑赏，岂得以喜怒专之？司马光《涑水记闻》卷一记了这样一件事：

---

① 《宋史》卷二八一《寇准传》，第9532页。
② 《长编》卷六四，景德三年十一月己未条，第1434页。
③ 《长编》卷八四，大中祥符八年四月壬戌条，第1922页。
④ 《长编》卷八四，大中祥符八年四月壬戌条，第1922–1923页。
⑤ 《长编》卷二四，太平兴国八年十一月壬子条，第556页。

> 太祖时，尝有群臣立功，当迁官。上素嫌其人，不与，赵普坚以为请，上怒曰："朕固不为迁官，将若何？"普曰："刑以惩恶，赏以酬功，古今之通道也。且刑赏者，天下之刑赏，非陛下之刑赏也，岂得以喜怒专之？"上怒甚，起，普亦随之；上入宫，普立于宫门，久之不去。上寤，乃可其奏。①

在赵普看来，皇帝假如赏罚不当，宰相有权加以谏止、纠正。寇准认为宰相既总领百揆，应有权协助皇帝进退百官。但在真宗看来，爵赏之柄只能操于君主一人之手。有一次枢密院长官王钦若等，因不候奏禀擅自提升王怀信官秩，真宗知道后怒曰："钦若等……始则稽留不行，终又擅自超擢，敢以爵赏之柄高下为己任，近位如此，朕须束手也。"②爵赏之柄绝不容许大臣插手，假如因此使人怀恩畏威，那就会影响君主的权威，可见真宗和寇准对相权的看法是有很大分歧的。

继寇准为相的王旦，对皇帝的这种心理，了解得很透，也许是以寇准为戒吧，他的举措作风和寇准迥然不同，两人恰成鲜明对比。表现在：

（一）荐贤而不市恩。王旦荐参政之子李惟简，使者不知其住处，真宗令至中书问王旦，然后人们才知惟简为王旦所荐。"旦务匿名迹，远权势，它所荐士尤多，类不以告人。其后史官修真宗实录，得内出奏章，乃知朝廷士多旦所荐者云。"③

---

① 《涑水记闻》卷一《赵普固请赏功》，北京：中华书局，1989年，第10页。
② 《长编》卷八二，大中祥符七年六月乙亥条，第1883页。
③ 《长编》卷八三，大中祥符七年九月壬子条，第1898页。

（二）有谤而不辩。陈彭年与王曾、张知白参预政事，“同谓旦曰：‘每奏事，其间有不经上览者，公批旨奉行，恐人言之以为不可。’旦逊谢而已。一旦奏对，旦退，曾等稍留，帝惊曰：‘有何事不与王旦来？’皆以前事对。帝曰：‘旦在朕左右多年，朕察之无毫发私。自东封后，朕谕以小事一面奉行，卿等谨奉之。’曾等退而愧谢。旦曰：‘正赖诸公规益。’略不介意。”①在处理与寇准的关系上，王旦也表现得十分宽宏大度。“寇准数短旦，旦专称准。帝谓旦曰：‘卿虽称其美，彼专谈卿恶。’旦曰：‘理固当然，臣在相位久，政事阙失必多。准对陛下无所隐，益见其忠直，此臣所以重准也。’帝以是愈贤旦。”②王旦也从不在皇帝面前廷争，“每与同列论事上前，或枉正相戾，虽未尝廷争，然自守直道，不为曲辩所迁”③。

（三）慎交游，无结党之嫌。“旦为相，宾客满堂，无敢以私请，察可与言及素知名者，数月后，召与语，询访四方利病，或使疏其言而献之。观才之所长，密籍其名，其人复来，不见也。”④对于内侍，王旦更是敬而远之。《宋史》本传云：“旦为兖州景灵宫朝修使，内臣周怀政偕行，或乘间请见，旦必俟从者尽至，冠带出见于堂皇，白事而退。后怀政以事败，方知旦远虑。”⑤

总之，凡是容易引起疑忌的事，王旦都尽量避免。“匿名迹，远权势”，处处小心翼翼，因此深受真宗信任。“帝久益信之，言无

---

① 《宋史》卷二八二《王旦传》，第9548页。
② 《宋史》卷二八二《王旦传》，第9547页。
③ 《长编》卷九〇，天禧元年七月丁巳条，第2073页。
④ 《宋史》卷二八二《王旦传》，第9549页。
⑤ 《宋史》卷二八二《王旦传》，第9549页。

不听，凡大臣有所请，必曰：'王旦以为如何？'"[1]王旦安居相位十二年，是真宗朝任期最长的一个宰相。对比之下，王旦为什么受信任，对于寇准为什么被怀疑屡遭贬谪的原因也就容易理解了。

《涑水记闻》卷二记载了寇准在第一次任相前，与王禹偁之子王嘉祐的对话：

> 嘉祐曰："外人皆云丈人旦夕入相。"莱公（寇准封莱国公）曰："于吾子意何如？"嘉祐曰："以愚观之，丈人不若未为相为善，相则誉望损矣。"莱公曰："何故？"嘉祐曰："自古贤相，所以能建功业、泽生民者，其君臣相得，皆如鱼之有水，故言听计从，而功名俱美；今丈人负天下重望，相则中外有太平之责焉，丈人之于明主，能若鱼之有水乎？此嘉祐所以恐誉望之损也。"[2]

在封建专制时代，特别是君主集权更加发展的宋代，宰相如不能得到君主的十分信任和支持，那是什么都干不成的。寇准之不能建功立业的关键就在于他不能得到宋真宗的完全信任。嘉祐此语可谓是一针见血，揭露了问题的实质。

寇准本身当然也有一些缺点，如刚强自任，不善于处理与皇帝及同僚的关系，有强人从己的毛病；而他的喜欢别人附和，有时往往被一些小人如张洎、丁谓之流所利用，他由于城府不深，常常做些傻事。如召两制（知制诰与翰林学士）会饮私第，闭门苛留至夜

---

① 《宋史》卷二八二《王旦传》，第9545页。
② 《涑水记闻》卷二《王嘉祐论寇准入相》，第34页。

分，出守外藩时终日游宴，服用奢侈等，都是引人注目的事。但他并无政治野心，在紧急关头，能挺身而出，不顾个人安危。他晚年反对刘皇后预政，斗争失败后，被远贬到雷州，身死荒徼[①]。事虽不成，但也是“忘身殉国”之一例。

王旦的理想就是做一个优游无事的太平宰相。当年李沆为相时，王旦是参知政事，“以西北用兵，或至旰食。旦叹曰：‘我辈安能坐致太平，得优游无事耶？’沆曰：‘少有忧勤，足为警戒，他日四方宁谧，朝廷未必无事。’”[②]及王旦任相后，“会契丹修和，西夏誓守故地，二边兵罢不用，真宗以无事治天下。旦谓祖宗之法具在，务行故事，慎所变改”[③]。可见他在政治上无所作为，是十分保守的。对于天书封禅这类自欺欺人、劳民伤财的事，王旦明知不对，但不敢违抗真宗的意旨而不能直谏。又“亲见王钦若、丁谓等所为，欲谏则业已同之，欲去则上遇之厚，不忍去”[④]，对佞臣不能排除。王旦临终前，遗令削发披缁以殓，说明是感到内疚的。“议者谓旦逢时得君，言听谏从，安于势位而不能以正自终，或比之冯道云”[⑤]。在大是大非面前，王旦缺乏寇准那种敢言极谏，为国忘身的斗争精神，在大节上与寇准相去甚远，不可同日而语。

以上谈寇准与毕士安的关系，寇准与王旦的对比，都是为了说明寇准与真宗的关系，寇准能否被信用，关键人物是真宗。经太

---

① 此事本末详见拙文《章献刘皇后擅政与寇准之死》，载《纪念陈寅恪先生诞辰百年学术论文集》。

② 《宋史》卷二八二《李沆传》，第9539页。

③ 《宋史》卷二八二《王旦传》，第9545页。

④ 《长编》卷九〇，天禧元年九月己酉条，第2080–2081页。

⑤ 《长编》卷九〇，天禧元年九月己酉条，第2081页。

祖、太宗两朝的经营，宋朝已建立起一个强固的君主专制政体，皇帝的权力、地位比前代大为加强，并得到制度上的保障与观念上的承认。真宗这个继体之君，虽然在能力上比不上他的父辈，但在强化君主权威，防止大臣擅权方面，却秉承太祖、太宗以来的手法，始终是抓得很紧的。在这样的政治环境下，像寇准这样忠直而有才干的人，只因锋芒太露而遭忌，乍升乍降不能久任，无法充分施展其才能，能够被信赖而久任的，只能是像王旦那样谨小慎微的畏谨之士。朝廷进退升黜的用人标准，标志着提倡什么反对什么，直接影响着一代的政风。宋代前期因循守旧，不求有功但求无过的形成，不是偶然的。真宗时，宋初建立的一些制度法令的弊病已经产生，冗官冗吏冗兵等问题已经露头，但是在当时保守的政风下，不能得到及时的解决，终于形成积重难返之势。

宋真宗将爵赏之权操于一人之手，又不许大臣直谏廷争，君主犯了错误就无人能够制止。如天书之降，人皆知其虚妄，但一直到真宗死后才停止。真宗以无事治天下，则大臣皆拱默无为，不敢有所更张。其结果是使皇帝陷于孤立，辅相无从发挥辅佐作用，政府不能有效地行使职权，被削弱的仍是宋朝统治本身。

岳飞在湖北 *

南宋名将岳飞是我国历史上有口皆碑的民族英雄。在他近二十年的戎马生涯中，有很长一段时间是在湖北度过的，尤其是从绍兴四年至十一年（1134至1141年），他担任湖北、京西方面的宋军统帅期间，其主要活动都是在今湖北省境内或以湖北为基地而展开的。本文即对岳飞在湖北的事迹略加叙述，以见湖北与岳飞关系之密切。

一、初入湖北

岳飞最初进入今湖北省境，是在绍兴元年（1131年）五月间。这年初，岳飞奉命率所部离开江阴军（今江苏江阴市），开赴江南西路，接受江淮招讨使张俊的指挥，参与讨伐李成、张用等军贼。在整个春季，岳飞转战于江西路各州县，给贼寇以沉重的打击。三月中，李成部因连续失败，乃退居江北蕲州（治蕲春，今湖北蕲春

* 本文原刊于《荆楚文史》1992年第1期。

县）一带。五月中旬，岳飞指挥部队与张俊大军一起渡过长江，继续追击李成。大军进至黄梅（县治在今湖北黄梅城关西北），与贼寇遭遇，展开激战。宋军取得胜利，阵斩贼将孙建、马进等。岳飞部是此役的主力，战功最大。追到蕲州，岳飞又降服了一万五千多贼兵，获马二千余匹，李成败走伪齐。

张俊、岳飞随即移师进逼鄂州（治江夏，今湖北武昌），占据鄂州的另一支军贼张用受到大军压迫，就转移到咸宁（今湖北咸宁市）方面。张俊乘战胜之余威，命岳飞前往降服。岳飞领兵经武昌（今湖北鄂州市）进抵金牛镇（在今鄂州市西南），张用即逃往江西。岳飞遣使持书招降，张用接受收编，岳飞“汰其老弱，得精兵万余人以归俊”[①]。

因讨伐李成、张用有功，这年七月，岳飞被宋廷任为神武右副军统制（十二月升为神武副军统制），屯驻洪州（治今江西南昌市）。绍兴二年二月，又以本职权知潭州（治长沙，今湖南长沙市），兼荆湖东路安抚使、都总管。荆湖东路辖鄂、岳（治今湖南岳阳）、潭、衡（治今湖南衡阳）、永（治今湖南零陵）、郴（治今湖南郴州）、道（治今湖南道县）等州和桂阳军（治今湖南桂阳），安抚使是负责一路军务治安的长官，所以在名义上，鄂州军务归岳飞节制。但实际上，当时岳飞奉命讨伐曹成，从洪州直接开赴潭州，之后转战于今湖南及广西境内，并未进入湖北；而且就在本年五月以前，宋朝废罢了荆湖东、西路，重新恢复荆湖南、北路（荆湖东、西路乃绍兴元年改置），鄂州拨归湖北路建制，岳飞的

① 岳珂编、王曾瑜校注：《鄂国金佗稡编》卷五，《行实编年》卷二，《鄂国金佗稡编续编校注》，北京：中华书局，1989年，第164页。

职务也随之改为湖南路安抚使。

讨平曹成后，岳飞仍回驻江西路，至绍兴三年九月，以镇压虔（治今江西赣州）、吉（治今江西吉安）农民起义功，授镇南军承宣使，任江西路制置使，屯江州（治今江西九江）。不久，为了加强江防，又将江北属淮西路的舒州（治今安徽潜山）和蕲州拨归他管辖，其职务称为“江南西路、舒、蕲州制置使”。按蕲州所辖蕲春、蕲水（今浠水）、广济（治所在今县北）、黄梅、罗田（治所在今县东）诸县，均在今湖北境内。

二、收复襄汉六郡

襄阳是京西南路的首府（治今湖北襄樊市），地处汉江中游，控扼江、汉上流，襟带吴、蜀，“天下之腰膂也。中原有之，可以并东南；东南得之，亦可以图西北者也”[①]，战略地位十分重要。绍兴三年，南宋神武左副军统制、襄阳知府李横及李道、翟琮等人举兵北伐，因轻进无援，被伪齐与金朝联军打败；李横、李道等部退往淮西、江西路，新复各州县以及邓州（治穰城，今河南邓县）、襄阳府、随州（治随县，今湖北随州市）、郢州（治长寿，今湖北钟祥县）相继失陷，伪齐李成部进据襄汉，南宋的长江防线出现了一个巨大的缺口。

这时，岳飞虽然驻在江州，却密切注意着京西方面的战事。他除了布置加强沿江防务外，还招募“硬探”，前往襄阳等处伺察

① 《读史方舆纪要》卷七五《湖广方舆纪要序》，第3484页。

敌情。在得到李成企图联合洞庭湖地区的农民起义军，策划南北夹攻、先占荆湖，再顺流而下，消灭南宋政权的情报后，岳飞立即上奏朝廷，提出先破李成，收复襄汉，后攻杨幺，荡平洞庭的计划，并要求出征。他说："今日之计，正当进兵襄阳，先取六郡，李成不就絷缚，则亦丧师远逃。于是加兵湖湘，以殄群盗，要不为难。"而且"襄阳六郡，地为险要，恢复中原，此为基本"[①]。而在朝廷方面，高宗君臣对于收复襄阳的意见也是一致的。于是，朝廷决定由岳飞出师"措置荆、襄"，而令淮东宣抚使韩世忠出泗上为疑兵；淮西刘光世选精兵出陈、蔡（今豫东南地区），以助其声势；以鼎州（治今湖南常德）方面的王瓔部牵制杨幺起义军。

绍兴四年三月中，宋廷以"三省枢密院同奉圣旨"的名义，给岳飞下达了出兵的"省札"[②]。

这项省札到达岳飞军营当在三月下旬。四月十九日，岳飞即率军自江州出发，向鄂州挺进。当时岳飞本部兵员不足三万，连同暂拨归他指挥的湖北各军，岳飞用于攻取襄汉的总兵力，应在三万五千人左右。

岳家军由鄂州溯汉江而上。五月六日攻克伪齐在京西路最南端的重镇郢州，杀伪知州荆超及其谋主刘楫。之后，岳飞率主力直扑襄阳，李成仓皇逃遁；五月十七日，岳家军兵不血刃，进入襄阳。而部将张宪和徐庆则引兵自郢州攻击东北方向的随州，后在牛皋的支持下，于五月十八日攻下随州城，俘获守将王嵩及士卒五千人。

---

① 《鄂国金佗稡编》卷十《乞复襄阳札子》，《鄂国金佗稡编续编校注》，第841页。

② 《鄂国金佗续编》卷五《朝省行下事件省札》，《鄂国金佗稡编续编校注》，第1209–1210页。

李成不战而逃，实力并未受到损伤，得到伪齐与部分金军的增援后，遂于六月初自新野回军反扑，企图夺回襄阳。五日，岳家军击溃敌军前锋；六日，与敌军在汉江畔展开激战。伪齐军大败，士卒死者无数；岳家军追亡逐北，敌军横尸二十余里。

此后，岳家军在襄阳休整了一段时间。七月上旬，岳飞挥师继续北上，令王贵等部取道光化军（治所在今老河口市西北），张宪部出横林路，向邓州进击。七月十五日，两军在距邓州城三十里处击败敌军的抵抗，七月十七日，攻克邓州。至此，伪齐与金军在京西前线的主力基本被消灭。七月二十三日，宋军收复唐州，同一天，东路崔邦弼军收复信阳军，襄汉六郡全部克复。

这次襄、汉之役，收复了大片失地，这是南宋立国以来进行局部反攻的一次大胜利。宋高宗君臣都非常高兴。八月，宋廷赏襄汉功，授岳飞清远军节度使。宋承唐制，"建节"视为重典，荣耀无比。

襄汉六郡收复以后，岳飞就开始筹划有关的防务。六郡久经战乱，破坏十分惨烈，百姓或遭杀戮，或被驱虏，或逃亡他乡，人口稀少，生产一时难以恢复。而襄阳距鄂州千余里，转饷十分困难。因此，岳飞对襄汉防务的部署，是大军回屯鄂州，而在襄阳六郡前沿只留少量兵力，以备境内治安与平日的防守；若敌军大举进攻，则自鄂州发兵拒守。同时，在安州（即德安府，治安陆，今湖北安陆市）、复州（治景陵，今湖北天门市）和汉阳军（治汉阳，今湖北汉阳）也驻扎部分军马，以"兵势相援"，保障漕运；而以江陵、荆门方面驻军（荆南镇抚使司的部队，不久代以王彦著名的"八字军"）作为声援。照这个计划，岳飞认为需"正兵"六万，才能确保荆湖奠安。然而岳飞本部兵员不足三万，宋廷又无能为力，岳飞只得左右支吾，小心“措置”。

严防守必先慎将选。岳飞命张旦任唐、邓、郢州、襄阳府安抚使，牛皋任安抚副使，李道为四州都统制，辅以孙革、李尚义、王升、李霖等属官，配备军士二千人，守卫襄阳；命周识、李石守郢州，孙翚和蒋庭俊守随州，高青、单藻守唐州，张应、党尚友和邵俅守邓州，舒继明守信阳军。这些人员中，既有文臣，也有武将，“多由小吏识拔”，任后均能安集百姓，恪守职责。其中牛皋、李道等都曾长期转战于京西地区，舒继明则是信阳军罗山（今河南罗山）人，他们都熟悉当地情况，岳飞任为守将，可谓知人善任。岳飞命令这些官员整治城壁楼橹，修葺防城器械，加强守备；同时，召集流亡，劝课农桑。经过军民们的多年努力，襄汉六郡终于成为强固的前沿阵地。绍兴五、六、七年间，伪齐虽仍不时袭扰襄阳六郡，但总的说来，已无力重占这一地区了。

三、以荆襄为基地南征北伐

绍兴四年八月，宋廷任命岳飞为湖北路、荆、襄、潭州制置使。南宋初年，湖北路治鄂州，辖江陵、德安二府及鄂、岳、归（治今湖北秭归）、峡（治今湖北宜昌）、复、澧（治今湖南澧县）、辰（治今湖南沅陵）、沅（治今湖南芷江）、靖（治今湖南靖县）、鼎十州与汉阳、荆门（治今湖北荆门）二军；荆、襄、潭三处皆置有安抚使司。襄阳六郡在北宋时属京西南路，至此，以六郡并作襄阳府路（绍兴六年二月，经岳飞建议，恢复京西南路的旧称，并将金、均、房三州归隶本路），仍由岳飞“制置”。于是，岳飞成为南宋在湖北、京西战场的军事统帅。

按照宋廷的计划，岳飞在克复襄汉后，即当移师湖南，镇压洞庭湖流域的农民起义军。但岳飞刚回军鄂州不久，九月间，金、齐联军忽然分路渡过淮河、进攻两淮。宋廷一面布置韩世忠等军进行抵抗，一面令岳飞加强荆湖方面的戒备，同时分兵驰援淮西。岳飞奉诏后，即令牛皋、徐庆带两千骑为先锋，自己率兵八千为后继，自鄂州出发，赴援淮西。牛皋、徐庆两将进至庐州（治今安徽合肥），挫败敌军前锋，金军恰因金太宗病危撤退。于是，岳飞乃领兵暂驻江东路的池州（治今安徽池州）进行休整。

绍兴五年二月，岳飞升任神武后军都统制，荆湖南、北、襄阳府路制置使，“将所部平湖贼杨幺”。因为杨幺起义军以洞庭湖为基地，活跃在鼎、澧、潭、岳、荆南（即江陵）、峡州千余里的广大地区，“东犯岳阳，至临湘县；西犯江陵之石首，至枝江县；北犯江陵，至荆门；南犯潭州，至巴溪”[①]，所以岳飞“制置”的区域兼及荆湖南北路。

岳飞到湖南后，采取招降和进攻软硬兼施的策略，很快瓦解了杨幺起义军。六月，洞庭湖各义军水寨尽被宋军攻破。岳飞对十多万起义军分别做出处置：裁汰老弱，令其归业；拣选强壮，籍为军兵。因此，镇压杨幺后，岳飞的兵力大为扩充：起义军的“丁壮”有五六万人，大都编入岳家军；加上拨隶岳飞的官军，岳家军由三万人陡增至十万人以上。岳飞原无水军，是役虏获大批“水寇”

---

① 《鄂国金佗稡编》卷六、《行实编年》卷三，《鄂国金佗稡编续编校注》，第296页。

和战船，于是，“鄂渚水军之盛，遂为沿江之冠”①。

镇压杨幺后，岳飞领军回屯鄂州。不久，宋廷命他兼任蕲、黄（属淮西路）制置使；十二月，又将他擢升为湖北、襄阳府路招讨使（招讨使地位较制置使要高，然岳飞不再节制湖南）。同时，宋廷也划分了各大将的防区：张俊屯建康（今江苏南京）守江东，韩世忠屯承（治今江苏涟水）、楚（治今江苏山阳）守淮东，刘光世屯太平州（治今安徽当涂）、和州（治今安徽和县）以保淮西；岳飞和王彦分屯鄂州与江陵，共守荆湖；吴玠屯兴元（治今陕西汉中市），扼守秦岭山脉。

荆襄地区地处长江中游，北接中原，西通巴蜀，东扼江淮，南控三湘，自古为争战之地。南宋立国，以长江为最主要的屏障，形成了面向北方的两淮、荆襄、四川三大防区。在这种态势下，荆楚一带的战略地位就显得特别突出：金军得之，即可沿江而下，直取两浙；南宋守住，既可上接川陕，策应两淮，又可北向中原，恢复旧疆。作为湖北、京西路战区的统帅，岳飞清醒地认识到这一点。他立足于湖北、京西战场，逐步形成了一个囊括全局的战略思想。这一战略思想，概括起来说就是：聚大军于襄汉，枕戈待命；同时派人联络河朔忠义之士，以做内应。时机一旦成熟，即提兵出襄阳，趋京洛，逐鹿中原；而由淮东韩世忠、张俊等部进击京东路，作为声援。若敌军主力入侵两淮，或分兵犯四川，各部即当采取守势；而荆襄主力则乘虚而入，直驱敌巢。收复河南、陕西以后，再

---

① 《鄂国金佗稡编》卷六、《行实编年》卷三，《鄂国金佗稡编续编校注》，第331页。

“分兵濬、滑，经略两河”[①]。

岳飞的这一战略思想，要求宋廷掌握全局，各军密切配合，然宋廷无意北伐，张俊等人似乎也无此才略，岳飞的北伐宏图遂难以实现。尽管如此，岳飞还是分别于绍兴六年和绍兴十年，配合当时的战局，依靠荆湖方面的兵力，进行了两次北伐。

由荆湖北伐，主要有三条通道：一是由襄阳西北出武关（在今陕西丹凤县东四十里）溯丹江西北上，趋关中，即所谓“商洛道”；二是由襄阳北上经南阳盆地出方城，然后分向汴、洛；三是从鄂州出发，北上出“义阳三关”［即平靖关、武阳关（今武胜关）、黄岘关］进抵黄淮平原上的重要城镇陈、蔡两州（分别治今河南淮阳、汝南）。第二条线出方城、第三条线出三关后，即进入大平原，在这里作战利于金军骑兵驰骋，却正是缺马的宋军之所短；第一条线途经商洛山区，通道狭窄，不适宜大部队进军，且关中屯有金军劲旅，不易攻取。所以，绍兴六年北伐，岳飞独辟蹊径，以牛皋领偏师自邓州出方城，向颍昌（治今河南许昌市）、陈、蔡方面佯攻；而亲率主力自襄阳趋光化军（今湖北老河口市）、出淅水河谷，相继攻取伪齐虢州（治今河南卢氏县）及朱阳（今河南灵宝县西南）、虢略（治今灵宝县）、栾川（治今河南栾川县）三县，然后西取商州（治今陕西商县），东攻伊阳（伪齐顺州州治，今河南嵩县），下长水（今河南洛宁县西南）、永宁（治今洛宁县）、福昌（今洛宁县东北）诸县，直逼洛阳。虢略、商州均为战略要地，北可控扼黄河，东可取洛阳，西可入关中，几乎把

① 《鄂国金佗稡编》卷一一《乞出师札子》及《鄂国金佗续编》卷一，所录绍兴七年岳飞之上书。《鄂国金佗稡编续编校注》，第856、1144页。

伪齐的统治区一劈两片。

岳飞长驱伊洛，出敌意料，所以进展迅速，收复了大片失土，为“十余年来所未曾有”[①]。但此举实为用兵之一险着：淮东韩世忠早已退师，岳家军实际上已成孤军；关中金军与汴、洛的伪齐部队虎视两翼，正准备夹攻，河北金军亦随时可能南下；而淅川道“长途莽莽，杳无居民”，前线距后方太远，路途险阻，粮饷难继，所以岳飞虽然占据了有利的战略地位，终于不得不停止进攻，率主力撤回荆襄。

岳飞班师不久，就奉诏二援淮西，而敌军则乘机向兵力薄弱的京西路前线发动进攻。岳家军的前线部队在张宪、王贵等将领的指挥下，击退了敌军的进攻，并由防御转入反攻，王贵部插入了伪齐控制的蔡州地界。岳飞自淮西回鄂后经德安府抵达蔡州城下，见城池坚固，防守严密，而已方兵力单薄，难以强攻急下，乃下令撤兵。

岳家军这次扫荡宛、叶，加兵陈蔡，并非战前谋定。但此役却使岳飞认识到，自鄂州出兵三关，不失为北伐一条较理想的路线。既然要恢复中原，则大平原作战势不可免；而出兵三关这条路既没有“商洛道”那样险阻，也不像“淅川道”那样迂远，饷运较为方便；宋军又据有信阳，尽占三关之险，不虞敌军扼断后路；与两淮宋军的距离也较近，可以相互策应。总结“长驱伊洛”的经验教训，岳飞决定选择京西路东部的平坦原野作为新的北伐战场。

因此，岳飞绍兴十年北伐，即首先命张宪领一部精兵经淮西

---

① 李纲：《梁溪全集》卷一二八《与岳少保第二书》，《四库全书》本，第十三页。

进援刘锜，然后以武赳部出襄阳趋虢略，切断川陕金军与中原的联系；牛皋、孟邦杰、李宝等部经略伊洛，牵制并进而消灭洛阳敌军；而岳飞则率主力部队，出平靖关直趋陈、蔡，径取中原。

岳飞采用这种战略，就不可避免地在大平原上遭遇到金军主力，所以，当岳家军收复洛阳等州县之后，即停止正面推进，收缩兵力，向开封附近集结，继而与金军主力在郾城、颍昌、朱仙镇展开激战，给金军以打击。正当岳家军胜利向前推进之时，宋廷下令撤兵。在宋高宗十二道金牌的催召下，岳飞只得忍痛班师，致使“十年之力，废于一旦”！

岳飞返回鄂州，而战争仍在进行。绍兴十一年初，金军以重兵突入淮西，宋高宗又急令岳飞前去增援。二月中，岳飞领军第三次赴援淮西，经蕲、黄道，进抵庐州定远县，挫败金军前锋，金军渡淮而去。之后，大军撤回鄂州，而岳飞本人则自舒州转赴临安，四月，即罢兵权，旋罹冤狱被害，再也没有回到湖北。

四、整军练兵与营田

从绍兴四年克复襄汉起，除平杨幺与两次北伐外，岳家军一直屯驻在湖北、京西路境内，岳飞把大本营设在鄂州，岳家军的大部分也都在鄂州驻扎，水军则屯泊于汉阳。虽然绍兴六年三月宋廷任岳飞为湖北京西路宣抚副使（翌年二月升宣抚使）时，曾明令“置司襄阳”，而岳飞在绍兴六年北伐回师后仍驻军鄂州。这除了战略上的考虑以外，主要的原因是鄂州有长江水运之便，利于转饷；如果再溯汉水到达襄阳，则要增添许多困难。这段时间里，岳飞本人除了去临安朝见和在庐山小住外，主要也是留驻在鄂州。其著名的爱国主义诗词《满江红》就是在鄂州时期写的；另一首词《小重山》，大抵写于绍兴七、八、九年间，反映了他反对向金乞和，有志难伸的苦闷。

岳家军十万人马，连同几十万家属的供应，一直是十分困难的问题。岳家军的支费非常庞大，绍兴六年，每月费钱三十九万缗，岁计四六〇万缗[①]；绍兴八年，月用钱五十六万缗，米七万余石，军马刍秣尚不包括在内[②]。这样庞大的开支，连同各种各样的军需品，都要依靠湖北、湖南、江西三路的百姓供应，虽然地方官极力"措办"，仍常感不足，而且"财用愈窘，民力愈困"，以至于岳飞"每调军食，必蹙频，谓将士曰：'东南民力耗弊极矣！'"[③]而荆襄地区在南宋初年破坏极为严重，岳家军的粮饷主要从江西、湖南运输，路程遥远，难以为继。绍兴六年北伐，前线粮饷不继就是班师的原因之一；而当时后方留守部队中甚至有饿死的。

因此，要准备大举北伐，必须首先解决粮饷问题。荆襄地区的荒芜土地很多。"荆襄之间，沔汉上下，膏腴之田七百余里。襄汉之北，土宜麻、麦，古谓之租中"[④]。所以，当绍兴四年克复襄汉六郡之初，岳飞就提出"行营田之法"，并付诸实行。"营田"是封建性官田的经营方式之一，多募民耕种，官给种子耕牛，收获后除种

---

① 《中兴小纪》卷二〇，绍兴六年九月戊子，《丛书集成初编》本，第237页。

② 庄绰：《鸡肋编》卷下《绍兴神武五军军费》，北京：中华书局，1983年，第93页。

③ 《鄂国金佗稡编》卷九、《行实编年》卷六"遗事"，《鄂国金佗稡编续编校注》，第746页。

④ 《宋会要辑稿》"食货"六三之九六，绍兴四年九月二十六日，第6034页。

子外，或由官府收租四成，或实行对分租；也有为鼓励垦荒，初期每亩只收租一二斗的。

绍兴六年二月，宋廷命诸大将兼任营田使或大使，岳飞遂兼任湖北、京西路营田使（翌年升大使）。岳飞“分委官吏，责成大功。……行之二、三年，流民尽归，田野日辟”[①]。当然，营田是对农民的一种剥削，湖北营田也不免有“抑配百姓，人不聊生，有破产不能偿者”的弊端，但湖北、京西路营田解决了岳家军的部分军食，减轻了一些运输的负担。绍兴十二年，两路营田收获的稻谷达十八万石，约可供应两个半月的军粮[②]。

此外，岳飞“又为屯田之法，使戎伍攻战之暇，俱尽力南亩，无一人游闲者。其疆理沟洫之制，皆有条绪”[③]。屯田主要用军兵，其具体办法是：“于军中籍不堪擐甲者，分拨屯驻于所属州郡有旷土可耕之处者，每五百人用一部将，元系良家通晓稼穑者为之统率，官给耕牛，薄收租税，假以岁月，责其成效。”[④]屯田的效果如何，我们没有材料说明，但毫无疑问，屯田对荆襄地区农业生产的恢复与开发起了一定的促进作用。

为了增加收入，岳家军还开辟其他“利源”，经营典库、回易、酿酒、房产，以其收入补贴军用。所谓“回易”就是以公用钱作本，经营商业、借贷业或倒卖钞券。岳飞任李启为回易官。李

---

① 《鄂国金佗稡编》卷九、《行实编年》卷六“遗事”，《鄂国金佗稡编续编校注》，第746页。

② 《建炎以来系年要录》卷一四四，绍兴十二年三月庚戌，第2317页。

③ 《鄂国金佗稡编》卷九、《行实编年》卷六“遗事”，《鄂国金佗稡编续编校注》，第746页。

④ 《宋会要辑稿》“食货”六三之一一二，绍兴十年二月十八日，第6042页。

启精明强干，善于理财，所获利润甚多。据绍兴十二年统计，岳家军在鄂州、襄阳等处经营典库、酒库、房产及回易所得，每年可达二百余万缗[①]，接近于岳家军三个半月的支出。

经过长期努力，岳家军粮饷供应紧张的问题得到缓解，所以，岳飞绍兴十年北伐，就没有粮饷的困难。袁燮谓“中兴之初，岳飞、韩世忠之流皆有不可胜用之财，此所以能擒敌而制胜也”[②]。虽失于夸张，却也不为无理。

此外，为加强防务，岳飞还对湖北、京西路部分州县的城池作了一些调整。城壁毁坏无法防守的，或相度地势，移到险要易守的山寨中；或另建军寨，作为据点。如岘城，就是岳飞所建，直到南宋末年抵抗蒙古军时仍发挥作用。对于已废弃而地位重要的城池，则力加修复。如汉阳城，自绍兴初残破后一直荒废，湖北安抚使司曾一度废军设县。岳飞将汉阳城重新修葺，建为水军营寨，并恢复汉阳军建制，使它成为鄂州江北最重要的据点。

岳飞相继任湖北、京西路的制置使、招讨使、宣抚使，虽然是军事统帅，但收复襄汉时，宋廷就有“随宜措置，差官防守”之命，故岳飞得任命六郡州县官员。绍兴六年初，经岳飞陈请，宋廷规定两路知州、通判以下缺员，允许岳飞选择“强明清干”者任之，而两路州县官中若有“蠹政害民，脏污不法”者，亦许岳飞自行处置，然后申奏朝廷。这些规定，实际上将两路官吏的任免、监察权交给了岳飞。到绍兴九年，岳飞才上书免去这种“便宜处置”

---

① 《建炎以来系年要录》卷一四四，绍兴十二年三月庚戌，第2316页。

② 袁燮：《絜斋集》卷二《轮对熙宁三年太白昼见札子》，《丛书集成初编》本，第20页。

之权[1]。因此，自绍兴五年到九年五月，岳飞实际上可以说是湖北、京西路的军政长官。

五、湖北人民的怀念

绍兴十一年底，岳飞被害于临安狱中。翌年初，消息传到鄂州军中，三军大哗，鄂州军民无不为之垂涕。虽然宋廷派人前往“宣谕”岳飞“罪状”，将士仍然不服。三月，宋廷派田师中为鄂州驻军都统制，因为惧怕军情不稳，竟然自带数千人作为亲兵，以便弹压。后来，岳飞幕僚朱芾、李若虚、王良存，部将杨浩、王敏求、邢舜举等人先后受到迫害（牛皋后被毒死），在宋高宗、秦桧等的专制淫威之下，人们只有钳口不言。

但千秋功罪，自有人民评说。就在岳飞死后一周年的忌日，鄂州驻军将领在武昌“骑戏”，有一个士卒感慨于岳飞的忠义恩信，写下了一首诗：

> 自古忠臣帝主疑，全忠全义不全尸。
> 武昌门外千株柳，不见杨花扑面飞。

曲折地表达了对岳飞的怀念[b]。绍兴三十二年（1162年），宋孝

① 《鄂国金佗续编》卷七《照会踏逐辟差官先次供职省札》《从申刺举本路州县官省札》，《鄂国金佗稡编》卷一二《乞免便宜辟置札子》，《鄂国金佗稡编续编校注》，第1233、1234–1235，863页。

② 谢起岩：《忠文王纪事实录》卷四，《古逸丛书》三编本，北京：中华书局，1987年，影印北京图书馆藏咸淳七年跋刊本，第六页。

宗即位，追复岳飞原官，御史中丞汪澈宣谕荆襄，鄂州军校捧牍讼岳飞之冤，请求朝廷给以彻底昭雪。当汪澈答应将向朝廷转达时，军中哭声如雷，大家都说："为我岳公争气，效一死！"军中如此，民间更甚。宋孝宗乾道间（1165至1173年），岳飞被害已三十年，而"遗风余烈，邦人不忘（邦人指鄂人），绘其像而祀者，十室而九"[a]。江汉荆襄间，"父老往往能道岳公事，至于垂涕者，曰：'微岳公，吾属久为虏矣。'"[b]直到南宋灭亡，人们还常常想念岳飞，"遗老相逢问年岁，白头闲话岳将军"[c]。

宋宁宗嘉泰四年（1204年），宋廷追封岳飞为鄂王，就因他长期在湖北活动。在此之前，宋孝宗乾道六年（1170年），经湖北转运使司陈请，宋廷批准在鄂州建立了忠烈祠，祭祀岳飞。宋孝宗淳熙十五年（1189年），郢州也建立了忠烈行祠。襄阳则于嘉定三年（1210年）由守臣刘光祖刻石立碑，表彰岳飞的英雄业绩。鄂州岳飞祠嘉定间曾经重修，改称武穆祠，元朝时废毁，明初重建。至明清时，岳飞已成为传奇人物，湖北各州县几乎都有岳武穆祠。建庙立祠，是封建时代人民表达怀念之情的一种方式。

湖北人民之所以特别怀念岳飞，主要有两个方面的原因：一是岳飞驻军湖北时，军纪严整，秋毫无犯，深受人民的拥护；而岳飞旧部后来都散居荆襄，成为"鄂人"，他们传播岳飞生前事迹，称

---

① 《鄂国金佗续编》卷一四《湖北转运司立庙牒》，《鄂国金佗稡编续编校注》，第1331页。

② 《鄂国金佗续编》卷三〇《郢州忠烈行祠记》，《鄂国金佗稡编续编校注》，第1645页。

③ 苏泂：《泠然斋诗集》卷七《武昌》，《四库全书》本，第五页。

赞岳飞“精忠报国”和仁义恩信，从而使岳飞的业绩在湖北广为人知。更重要的是，岳飞始终坚持抗金，代表了南宋人民的要求，使地处前线的湖北人民免遭金与伪齐的蹂躏与奴役，保障了人民生命与财产的安全，并为湖北地区农业生产的恢复做出了一定的贡献。结果这样的人竟无辜被害，千古冤狱，更增加了人民对他的同情与怀念。

作者按：本文在写作过程中，参考了邓广铭先生的《岳飞传》、王曾瑜先生的《岳飞新传》及《鄂国金佗稡编续编校注》；文中所引地名今址，主要参考《岳飞新传》和谭其骧《中国历史地图集》第六册。

黄
河
开封
朱仙镇
洛阳
福昌
永宁
虢略
长水
伊阙
水
卢氏
洛
商州
伊阳
伊
颍昌府
陈州
郾城
武关
蔡州
汉
水
邓州
唐州
光化
襄阳
信阳
黄岘关
武阳关
随州
平靖关
郢州
德安府
荆门
汉阳
长
蕲州
鄂州
金牛镇
江陵
江
江州
战场
1134年岳飞北伐路线
1140年岳飞北伐路线

附图2. 岳飞北伐路线图

《范仲淹传》前言*

一九四六年我在燕京大学历史系所写的毕业论文《范仲淹传》，是我的指导老师聂崇岐先生给我出的题目，从此和这个历史人物结下了缘分。一九八一年，和我的学生沈学明同志合作，为中华书局编辑的《中国历史小丛书》撰写了《范仲淹传》的小册子。一九八二年，指导杨果同志写作她的毕业论文《作为教育家的范仲淹》，我自己则写了《论范仲淹在御夏战争中的贡献》一文。总之，对于这个人物的了解越多越深，就越增加了对他的敬意和好感。他虽然是十一世纪的一位古人，但从他的诗文书信中所流露出来的思想感情，仍然是有血有肉，活生生的，使人读起来十分亲切，具有很强的生命力和感染力。觉得应当对这个人物从更多的方面，更深的层次进行挖掘，以便能更真实地反映他的全貌。《范仲淹》的小册子，篇幅有限，许多问题无法充分展开论述。因此从一九八二年起我就有写作一部更为详尽的范仲淹传记的愿望，但被其他事情牵扯着，迟迟未能动笔。此后的几年间，我和刘经华同志

* 本文是为作者与刘经华合著的《范仲淹传》（中州古籍出版社1991年2月版）所写的前言。

在阅读搜集史料的同时，一直注意了解国内外与此有关的研究成果，从早期出版的专书、论文，直到近两年的作品，如一九八六年出版的程应镠先生的《范仲淹新传》，一九八七年出版的陈荣照先生的《范仲淹研究》，凡是能够看到的，我们都认真地阅读和比较，从中得到不少启发和教益，采用了其中若干有价值的论点和精辟的分析，也学习了一些好的写作的方法。同时也保持了我们自己的一些看法和做法，例如，写历史人物，不能把他看作孤立的个人，而应该写他与同时代人物的关系。这个原则我们是完全赞同的，但在具体处理上，我们又是围绕着重要事件来进行的，如写景祐党争时，我们不能不写他的对立面吕夷简，他的支持者欧阳修、尹洙、蔡襄等。但是为了突出重点，对于范仲淹一般的社会交往，亲友关系，我们则大体上从略了。在写法上我们采取了夹叙夹议的方法。在叙事的过程中发表我们对于某些人物与事件的评论。酝酿时间虽长，但写作时间却较短，从去年夏天开始动笔，我和经华（他既是我的学生也是我的朋友）边讨论、边写作、边修改，直到今年六月脱稿，前后不过一年的时间。由于思想水平和学术功力的限制，再加上时间的匆促，粗疏错误，在所难免。所谓多方面深层地探讨，实际上也只能是相对而言，未能完全做到，如对范仲淹在文学方面的革新主张与实践，在书中就未加论述。学术上的探讨是没有止境的，这本小书譬如登泰山的一级石阶，就让它作为后来攀登者的踏脚石吧。

宋代处于我国封建社会后期继续发展的阶段。经过唐中叶封建生产关系的重大调整，给生产力留有充分发展的余地，因而无论是农业、手工业的生产、还是商品经济的发达，都取得了超越前代的显著进步。在社会经济和阶级结构变化的基础上，思想文化方面也要求有摆脱前代陈规陋习能充分体现自己时代风貌的新东西，如在儒学上，反对汉唐以来治经限于章句训诂之学的旧学风，提倡以经世致用为目的，着重探讨儒家经典义理的新儒学，即以宋学代替汉学；文风上批判五代那种专门追求华词丽藻、内容空虚、无病呻吟，"因人之尚，忘己之实"的浮靡之风，提倡写作韩愈式的古文，也即用明白朴素的散文代替过去的骈体文；士风上纠正五代以来不讲廉耻的颓风，大力提倡气节操守，开士大夫敢言直谏之风。上述学风、文风与士风上推陈出新的显著变化，都发生在宋代中期，而仁宗朝成为一个分界线。在此期间知识分子的思想特别活跃，富有创新精神，他们在哲学、史学、文学等许多方面都取得了光辉的成就，开辟了新的蹊径，对后代产生了深远的影响。在这种时代潮流的激荡中，范仲淹是一个十分重要的开拓者和倡导者。而他一生不遗余力地兴办州郡学校，推广教育，奖掖人才，与学术界、教育界的广泛联系，更扩大了他在士子中的影响和作用。

范仲淹生活的时代，又处在宋朝由盛转衰的转折点。宋初为加强中央集权所实行的强干弱枝政策和压抑武人政策所造成的边备不修和地方空虚的弊病，在西夏发动战争以后已暴露无遗，而地方吏治的腐败更达到令人担心的地步。从青年时代起就"慨然有志于天下"的范仲淹，每遇国家危难之际，他总是挺身而出，站在斗争的最前列。在举目风沙荒凉穷苦的陕西边塞，他和广大将士一起艰苦奋战了三年多，经过在前线的大量调查研究，制定并推行了一条符合实际的战略方针，终于挡住了西夏进犯的兵锋，使宋朝西北边陲转危为安。接着，他又以更大的勇气，和他的同道者一起，领导了一场整顿宋朝官僚政治的改革运动，即历史上有名的庆历新政。虽然由于种种原因，改革很快地失败了。但改革派所面临的问题，他们提出的改革方案，他们失败的原因和经验教训，对于我们今天还是有一定的借鉴意义的。

范仲淹影响后世最大的地方，并不在于他政治上的建树和功绩，而在于他的振作士风，也即是对民族精神的振奋。他所提出的“先天下之忧而忧，后天下之乐而乐”的名言，代表着当时优秀的士大夫的一种共同的抱负。他们是从庄田地主中涌现出来的先进知识分子。当时土地转换频繁，地主阶级内部的升降加速，中小地主数目增多了。在科举制发达的条件下，地主阶级的下层，一些寒士可以通过科第而参加政府，取得在政治上的发言权，其中仕途顺利者，并可望致身高位，施展抱负。这种政治上的优越地位，大大鼓励了士人从政的积极性，增强了他们的责任感，由此养成了“为天地立心，为生民立命，为往圣继绝学，为万世开太平”的宏大气象，同时也培育了一种深沉博大的忧患意识，“居庙堂之高，则忧其民；处江湖之远，则忧其君”。强烈关心国家兴亡，把挽救危难，振兴民族视作自己不可推卸的责任，这是在宋代士大夫中萌发出来的一种时代精神。这并不是范仲淹个人所独有的，而是早已蕴藏在同时代人心中的一种时代使命感，由范仲淹率先呼唤出来，因而取得了登高一呼，四方景从的效果。正如《宋史》本传所说“每感激论天下事，奋不顾身，一时士大夫矫厉尚风节，自仲淹倡之”。他的召唤之所以感人，是因为他自己一生立身行事的确是把天下的忧乐放在第一位，而不计较一身的利害得失。“先天下之忧而忧，后天下之乐而乐”表现出一位政治家的伟大宽阔的胸襟，和为国为民的炽热的心。从他的这种精神中受到鼓舞激励的绝不限于宋人，九百年来多少仁人志士从中汲取了很大的力量，如戊戌变法维新中献身的刘光第在少年时就表示要效法范仲淹[①]。我国的一些无产阶级革命家也爱背诵他的这两句名言。作为封建时代的政治家，范仲淹当然有很大的局限，但是他这种先忧后乐的精神，却代表着我国士大夫的优秀传统，是封建文化遗产中的精华，可以超越时代的限制，成为我们在建设具有中国特色的社会主义精神文明中的养料。在今天进行改革、开放、振兴中华的大潮流中，不是更需要提倡这种以天下为己任的献身精神吗？假如本书在这方面能多少发挥一点作用，算是达到我们写作此书的目的了。

在本书即将问世的时候，我首先要感谢先师聂崇岐先生对我的启蒙和诱导，使我踏进了宋史研究的园地。感谢前辈邓广铭先生的鼓励并惠赠珍藏的范仲淹画像照片。本书在写作过程中还得到王曾瑜、许汉忠同志无私地支持和鼓励，特别遗憾的是老友汉忠未及见到此书，就在今年六月二十五日突然逝世了。中州古籍出版社的编辑同志为本书的编辑出版给予很大的支持和帮助。洛阳古墓博物馆的黄明兰同志代为拍摄了范仲淹墓地与祠堂的照片，王克陵、高申东同志为本书绘制了地图。对于一切帮助过我们的师友们、同志们，统在此表示衷心的感谢。

于武昌珞珈山一九八八年七月十四日

---

① 见《自流井》1985年第1期《君子遗风应犹在——刘光第二三事》。

《中国翰林制度研究》序言*

翰林学士作为代皇帝起草诏命、参与机要的文秘班子，在中国封建社会后期的中央政府中占有特殊的地位，发生过重要作用。本书系统考察了翰林学士制度从唐迄清一千余年中产生、发展与衰落的全过程，对历代翰林院机构的演变及其政治运作进行了整体研究。正如过去一些研究者所指出的那样：在君主专制的政体下，一切权力来源于君主，凡是与君主亲近的个人和机构，都容易借君主的信任、依靠和差使获得权力。在中国古代历史上有一种为皇帝起草诏书、传达命令的职官，开始地位不高，但由于接近皇帝，参与机要，其权力逐渐加大而成为实际的宰相。但当其地位提高成为真正的宰相后，皇帝和他的关系就疏远了，重新委派低级官吏充当上述职务。历史上尚书令、中书令、翰林学士、内阁学士的依次出现与取代，都是走的从内到外、从小官到大官的同样道路。上述职官的设立与演变都反映了君权和相权的矛盾与相互制约，因此研究翰林制度的变化，可以从一个层面说明君权为制约相权而采取的一

* 本文是为杨果所著《中国翰林制度研究》写的序言，该书在武汉大学出版社1996年7月出版。

种运作方式，是研究这段历史时期君主专制制度与官僚政治发展的一个不可缺少的方面。再者，由于中唐以后中国封建社会进入后期阶段，在经济关系、阶级结构、政治、军事制度以及思想文化诸方面，都发生了明显的变化，在这样的社会背景下，翰林制度有着自己的时代特点，不同于汉至唐前期职官的变化，如它与科举制有着千丝万缕的联系，即是一端。因此研究这一课题有其重要的学术价值，对现实也有一定的借鉴意义。

本书共分七章，其中四章是研究宋代翰林制度的，可见全书研究重点所在。这不仅由于作者此项研究是从宋代入手的，更主要的是因为宋代处于翰林制度发展的重要阶段。翰林学士此时已从唐代临时性的使职差遣发展为正式职官，各项制度日趋完备，是翰林制度发展成熟的时期。自兹以后，翰林学士的权力和影响日趋下降，步入衰落阶段了。其次，从国内外已有成果看，对于唐、元、明、清各代翰林学士的某些方面已有人作过个案研究，发表过若干专题论文，而五代、宋、金翰林学士的研究，基本上尚属空白，因此以宋代的翰林学士作为研究的重点是有必要的。

本书有关宋代翰林的研究共分四个方面，对宋代翰林学士院的组织机构（含职官构成、选拔标准、任免升降、翰林院与学士院的关系、衙署），翰林学士的职掌（含起草诏命、参谋顾问、临时差遣），有关制度（含员额限制、俸赐润笔、入直锁院、主要文书制度），翰林学士的政治文化功能分别作了详尽的考论。其中对翰林学士的选拔归纳出“由进士而迁学士，经州县而入翰林，先外制而后内制”三条标准。在地域分布上，指出随着时间的推移，北宋中期以后翰林学士出自南方的日益超过北方，占绝对优势。如仁宗以前翰林学士中北方人居多，仁宗朝则南方人所占比重从不超过百分之三十猛增到百分之六十，以后各朝保持了这个趋势。南宋时期高、孝两朝尚有少数南迁的北方人入居翰苑，以后就全部是南方人了。在翰林学士出身与出路上，统计出在有资料可考的翰林学士三百九十七人中，有三百五十人是进士出身，占总数的百分之八十八点二，由其他科名而入的十六人，占百分之四，说明非经科举不得入学士院几乎成为定例。统计出两宋时期由翰林学士位至宰执的共一百九十三人，约占总人数的百分之五十，说明翰林学士在政治上的出路之好。对翰林学士的职掌，因关系到其地位与作用，作者用力尤勤，除了本职的起草诏命、参谋顾问之外，还对各种临时差遣作了详细的分析归纳。对翰林学士的政治文化功能提出了自己的独到见解。受杨鸿年教授的启发，用衙署的位置来说明职官与皇帝关系的远近，作者对翰林学士院的位置也作了具体生动的描述，既饶有兴味，又足以说明问题。凡此种种，均能委曲深入，探究秘奥，为本书精彩之作。对有关翰林学士的种种制度，如文书制度、序位立班、赞引导从、服饰等具体问题，均不厌其详地作了细致入微的考述。总之，有关宋代翰学的方方面面，基本上包罗在内了。前辈邓广铭先生曾说过官制是治史的四把钥匙之一，在读宋史时遇到有关翰林学士的问题，本书或可有一定的参考作用，省却青年学者一些翻阅资料之劳。

本书的其他三章是论述唐、五代、辽、金、西夏、元、明、清各代的翰林制度的。我以为研究典章制度的变化，必须考察其发展的全过程，不能仅限于一朝一代，这样才能对某一断代的典章制度有更全面、更透彻的理解。本书虽把重点放在宋代，但上溯其源至于唐，下察其流至清末，旁及辽、金、西夏、元各代，上下左右进行对比研究，因而在理论分析上比过去的研究，大大深化了一步。前人有成果的，如唐、元、明、清的翰林制度，作者都尽量汲取其成果并加以综合整理，对其中某些方面，如唐代翰林学士的考试、入直、员额等规定，明代翰林学士地位由重变轻的两期四阶段的划分，都是进行了独立探讨而得出新的解说。对于五代、金、西夏等尚未有人涉及的领域，也进行了拓荒性的探讨。经过作者多年的努力，终于对中国古史中的翰林制度演变过程进行了系统研究，勾勒出这一职官制度发展的基本线索。当然，由于这是首次尝试，而且最后一段时间迫促，对宋以外各朝的制度论述较为简略，特别是要说明各朝制度的特点与演变的原因，牵涉到多方面的因素，尤其是辽、金、西夏、元、清等朝，其中还夹杂着民族因素，更非短期能够说清楚的，有待今后更多学者的共同探讨。

在方法上，作者把翰林学士权位的消长放在封建社会中枢权力转移的大背景中加以考察，是值得肯定的。又如采用数量统计的方法来说明宋代翰林学士的出身、出路、地域分布等问题，共制作各种图表十余种，极为耗时费力，但由于是从大量资料中归纳出来的数据，有较强的说服力。

本书内容翔实，所掌握的资料十分丰富，以宋代为例，作者共阅读基本史籍三百余种，积累原始资料卡片四千余张，反映了严肃的治学态度与刻苦钻研的精神。至于写作上的条理清晰、逻辑性强、文笔流畅洗练，则尤其余事。

在这里顺便说几句题外的话。回忆起几年前王曾瑜同志告诉我，他在美国与台湾的宋史专家黄宽重先生晤面时，谈起国外，特别是日本研究宋史的成就，两人十分感叹，认为宋史研究中心理应在中国，为了做到这一点，必须高度重视宋史人才的培养。曾瑜同志说他认为培养青年一代，比自己多出成果更为重要。他们这番心愿所表现出来的拳拳爱国之情与学术眼光，深深打动了我。自忖在宋史研究方面所能做出的贡献极其有限，许多比我年轻的同志硕果累累，早已超过了我，但由于身在高校，在培养学生方面，比科研单位有一些便利的条件，有心在这方面多出点力，可惜经过十年动乱，一切机会对我来得太晚，等到自己能够招研究生时，不过七八年就到了退休年龄。前后只招了两届共五名硕士生，他们都很用功，但临到毕业时，由于求职困难，两名被迫改行，只有三名留在高校继续搞历史专业的教学与科研工作，仍从事宋史研究的只有杨果一人，可见自己虽有此宏愿，实际上能够做到的也十分有限。

值得提出的是，在我培养研究生及本科生的过程中，曾瑜同志曾给以大力支援，把我的学生当作他自己的学生一样地关心爱护，凡是踏踏实实有志于学的青年，他都给以无私的指点和帮助，受他帮助的不止杨果同志一人。而杨果同志从开始写作学位论文起，就受到他的指导和鼓励。还有朱瑞熙同志，在评审她的学位论文时，也给以很大的鼓励，并提出中肯的意见。近一年来在申请青年科研基金的过程中，又得到唐长孺先生的大力支持和直接点拨，进一步明确了本课题的指导思想和结构框架。综观她的成长过程，本身的刻苦努力固然重要，但是年长一辈学者的扶植培养也是不可缺少的。她是我的学生，但不仅仅是我的学生，她的成长是许多师长共同培育的结果。

本书是在作者硕士学位论文《宋代翰林学士考述》的基础上发

展而成的。自一九八四年开始写作，迄今已十易寒暑。这些年来她经历了不少风风雨雨，特别在商品大潮的冲击下，史学研究很不景气，史学队伍很不稳定，杨果同志一不想做官，二不想经商，有其学术上的抱负与追求，能够安贫乐道，在已有基础上，孜孜矻矻，不断充实修改，数易其稿，终于写成现在这样的规模与格局，应该说是殊为不易的。本书出版的过程也颇为艰难，靠她自己的努力，靠师友的关心支持，终于能够付梓，是件令人欣慰的事。她在研究职官制度方面已积累了一定经验，以此为起点，可以进一步扩宽研究领域，增加对史学、地理学各方面知识的积累，长期坚持不懈，相信能够更上一层楼，有更高质量的学术著作陆续问世，为中国史学的发展做出自己应有的贡献，这是我们所期待的。

一九九四年四月十五日写于珞珈山

金代的“驱”不是奴婢吗？
——与张博泉先生商榷 *

张博泉先生在《金代奴婢问题的研究》[①]文中提出：“驱不是奴婢，而是奴婢放免后才能成为驱。”“驱的地位虽低于一般良民，但却高于奴婢。”[②]在其以后发表的论著《金代经济史略》[③]和《辽金“二税户”研究》[④]中，张先生仍然保持同样观点。我们对此持有不同的看法，写出来向张先生求教与商榷。

首先是驱的来源问题。张文认为金代契丹族的驱奴，可能即由辽时的部曲和一部分私奴婢放免而来，统被称为“驱”。张文举出《金史·兵志》所载，“在西北边则有分番屯戍军及永屯军、驱军之别。驱军则国初所免辽人之奴婢，使屯守于泰州者也。”[⑤]以

---

* 本文原刊于《江汉论坛》1986年第11期。系与易学金合著。李涵老师编集论文集时，没有收入本文。侯甬坚老师提醒我们注意此文的价值，经与杨果、石莹老师商量，我们收入了这篇文章——编者。

① 张博泉：《金代奴婢问题的研究》，《史学月刊》1965年第9期。

② 张博泉：《金代奴婢问题的研究》，第40页。

③ 张博泉：《金代经济史略》，沈阳：辽宁人民出版社，1981年，第218–222页。

④ 张博泉：《辽金“二税户”研究》，《历史研究》1983年第2期。

⑤ 《金史》卷四四《兵志》，第997页。

此作为驱是由辽人奴婢放免而来的论据。但我们认为对这条材料完全可以做不同的理解。驱军的名称是为了表明这支军队成员原来的身份是驱奴，而不能说明他们一定是由奴婢放免后才被称为驱的。按泰州属东北路招讨司，据《金史·地理志上》泰州条有“边堡，大定二十一年三月，世宗以东北路招讨司十九堡在泰州之境，及临潢路旧设二十四堡障参差不齐，遣大理司蒲察张家奴等往视其处置。……上令无水草地官为建屋，及临潢路诸堡皆以放良人戍守。”[①]可见金代以放良人戍守泰州、临潢一带边堡的做法，到世宗时仍沿袭不变。但这些放良人并不限于金初所放免的辽人之奴婢，其中还包括正隆、大定之际契丹人反金大起义中被放免的奴隶。据《金史·移剌窝斡传》所载，当时有不少奴隶参加了这次起义，因此金世宗在大定二年二月下诏“应诸人若能于契丹贼中自拔归者，更不问元初首从及被威胁之由，奴婢、良人罪无轻重并行免放。……内外官员郎君群牧直撒百姓人家驱奴、宫籍监人等，并放为良。”[②]据《金史·食货志一》“凡没入官良人，隶宫籍监为监户；没入官奴婢，隶太府监为官户。”[③]监户和官户都属于官奴婢，驱奴则属于私人奴婢。根据诏书，无论是驱奴还是监户，只要脱离起义队伍投降，都可得到放免为良人的待遇。在起义平息后，金朝统治者为了防止契丹人再起，将原来屯驻在西北、西南路的“契丹余党”大批地迁徙到女真人容易控制的东北的乌古里石垒部、上京、泰州以及临潢等地。这些放良奴隶同样有不少被迁往上述各

① 《金史》卷二四《地理志》上，第563页。
② 《金史》卷一三三《移剌窝斡传》，第2852页。
③ 《金史》卷四六《食货志》一，第1032页。

地。如《金史·世宗纪》云："（大定）十七年正月……诏西北路招讨司契丹民户，其尝叛乱者已行措置，其不与叛乱及放良奴隶可徙乌古里石垒部，令及春耕作。"[①]上述材料说明这些原来的驱奴、奴隶、监人都是放免为良人后，才能组成军队屯戍边境，而不是被放免后才成为"驱"的。

张文用以证明驱是私人占有的农奴，不是奴隶的另一主要论据是金朝解放二税户的材料，特别是《金史·食货志》中的有关记载。对于辽、金二税户的问题，由于史料有限而且记载之间有歧义，研究者对同一材料有不同的理解，因而得出的结论也不一样。这个问题比较复杂，需要继续探讨，本文只能就放免二税户与驱奴有关的部分，提出己见。

《金史·食货志》载："章宗大定二十九年十一月，上封事者言，乞放二税户为良。省臣欲取公牒可凭者为准，参知政事移剌履谓：'凭验真伪难明，凡契丹奴婢今后所生者悉为良，见有者则不得典卖，如此则三十年后奴皆为良，而民且不病焉。'上以履言未当，令再议。省奏谓不拘括则讼终不绝，遂遣大兴府治中乌古孙仲和、侍御史范楫分括北京路及中都路二税户，凡无凭验，其主自言之者及因通检而知之者，其税半输官、半输主，而有凭验者悉放为良。明昌元年……六月，奏北京等路所免二税户，凡一千七百余户、万三千九百余口，此后为良为驱，皆从已断为定。"[②]据此，则被放免为良的二税户只限于有凭验者，无凭验而其主自言之者及因通检而知之者，其税半输官、半输主，即恢复其二税户的地位。张

① 《金史》卷七《世宗纪》中，第166页。
② 《金史》卷四六《食货志》一，第1035-1036页。

博泉先生因而推论说："明昌元年六月记载的'此后为良为驱，皆从已断为定'的良，即是因有凭验而被放免的；驱即指'其主自言之及因通检而知之者，其税半输官，半输主'的无凭验而被放免的'二税户'。"[①]他认为二税户的身份既然类似农奴，那么驱的地位也就相当于农奴了。

金朝放免二税户的活动从金世宗大定初年开始。《金史·食货志一》："世宗大定二年，诏免二税户为民。初，辽人佞佛尤甚，多以良民赐诸寺，分其税一半输官，一半输寺，故谓之二税户。辽亡，僧多匿其实，抑为贱，有援左证以告者，有司各执以闻，上素知其事，故特免之。"[②]在大定间解放寺院二税户的过程中，以李晏的事例最为典型。《中州集》卷二《李承旨晏》下李晏小传记此事较《金史》本传更为详细，兹引录如下：

> 初，辽人掠中原人，及得奚、渤海诸国生口，分赐贵近或有功者，大至一二州，少亦数百，皆为奴婢，输租为官，且纳课给其主，谓之二税户。大定初，一切免为民。闾山寺僧赐户三百，与僧共居，供役而不输租，故不在免例。诉者积年，台寺不为理。又诉于致美（李晏字），致美上章，大略谓：天子作民父母，当同仁一视……岂可使天下有一民不被其泽者！且沙门既谓之出家，而乃听其与男女杂居乎？[③]

① 张博泉：《辽金"二税户"研究》，第125页。
② 《金史》卷四六《食货志》一，第1033页。
③ 《中州集》卷二《李丞旨晏》，《四部丛刊》本，第二十四页。

由于世宗时放免二税户只是局部的，因而又有章宗初年大规模检查和放免二税户的活动。从上述材料可以看出，辽代的二税户，有隶属于契丹领主头下军州的，有隶属于寺院的。尽管二者来源不尽相同，头下军州的二税户是由俘虏、奴婢组成的，寺院的二税户则主要来自辽帝或契丹贵族的赠予，其中包括有良民，但既然其税半输官、半输主，二税户就不是完全意义的奴隶，而是对领主有人身依附关系的属民。入金以后，寺院的二税户仍然保留下来，但其中有不少被寺院主变成奴隶，不再向国家纳税了。原来属于契丹领主的二税户还有没有呢？史学界对此有不同的看法[①]。从前引《食货志》所记大定二十九年金廷讨论放免二税户时，耶律履关于“契丹奴婢”的那段话，以及金廷遣人分括北京路（北京路即辽的中京道与上京道，为头下军州主要分布的地区）及中都路的二税户的事实看，我们认为还是有的。因为辽亡以后，头下军州虽然不存在了，但契丹上层分子仍有相当的潜势力，他们还拥有不少的奴隶，如《金史》卷九四《内族襄传》说，章宗时“时议以契丹户之驱奴尚众，乞尽鬻以散其党，襄以为非便，奏请量存口数，余悉官赎为良”。[②]看来，这些契丹奴婢中有些就是原来隶属契丹领主的二税户。金朝所以要一再放免二税户，既有增加纳税人口的目的，又寓

---

① 张博泉先生认为金代的“二税户”专指寺院所属的民户，属于契丹贵族的“二税户”已经不再存在。佟家江同志在《关于辽金二税户》（《内蒙古大学学报》1984年第1期）一文中则认为辽亡以后原头下军州的部分二税户，与自己昔日的主人依然保持着固有的关系。但是金时寺院二税户大于契丹贵族的二税户。张正明同志在《契丹史略》第118页则认为章宗大定二十九年放免二税户的记载“不但不能证明只有寺院所属民户才是二税户，相反，是证明了契丹的部曲多数（如果本非全部）是二税户”。我们也认为当时还存在相当数量的隶属于契丹领主的二税户。

② 《金史》卷九四《内族襄传》，第2090页。

有借此削弱契丹人反抗力量的深刻用意。

问题回到如何理解《食货志》上所说的“此后为良为驱，皆从已断为定”上来。首先应该明确当时金朝政府所要放免的只是那些被抑为奴隶的二税户，而不是一般的官、私奴隶。张博泉先生在《金代奴婢问题的研究》中说：“章宗即位，大定二十九年二月正式颁布了一道比较彻底废除奴隶制的法令，即‘宫籍监户及奴婢悉放为良’。”按清人李有棠所撰《金史纪事本末》中确有此段文字，但《金史》卷九《章宗纪》大定二十九年二月戊辰条所记则为：“诏宫籍监户旧系睿宗及大行皇帝、皇考之奴婢者，悉放为良。”此处大行皇帝指金世宗，睿宗为世宗之父，皇考指章宗之父显宗允恭，他们是章宗的曾祖、祖父和父亲。将隶属于他们的宫籍监户放免为良，是章宗的一种恩赦举动。但此次所放免的监户为数有限，李有棠在转录此段文字时漏掉了“旧系睿宗……之奴婢者”一段，显系出于疏略，故不足为凭。又《金史》卷九六《李晏传》：“初，锦州龙宫寺，辽主拨赐户民俾输税于寺，岁久皆以为奴，有欲诉者害之岛中。晏乃具奏：‘在律， 僧不杀生，况人命乎。辽以良民为二税户，此不道之甚也，今幸遇圣期，乞尽释为良。’世宗纳其言，于是获免者六百余人。”[①]这里李晏要求将他们“尽释为良”的理由是：辽以良民为二税户，已经是“不道之甚”，后来又被没为奴隶，就更不应该了。《中州集》所述李晏解放闾山寺赐户三百事，与此为同一案件。这些赐户因“与僧共居，供役而不输租，故不在免例。”也有力地证明了这次只放免那些“输租为官且纳课给

① 《金史》卷九六《李晏传》，第2127页。

其主”的二税户，完全为主人役使的奴隶则“不在免例”。判断究竟是否二税户的身份，有无“公牒”，“凭验”这种文字证件是非常重要的。金的同知北京留守刘玑因“曲法放免奴婢诉良者”而被贬官。《金史》卷九七《刘玑传》：“上（世宗）曰：‘朕闻玑在北京，凡奴隶诉良，不问契券真伪辄放为良，意欲徼福于冥冥，则在己之奴何为不放？’又曰：‘玑放朕之家奴，意欲以此邀福，存心若是，不宜再用。’”[①]刘玑的获罪，虽与放免了世宗的家奴有关，但也说明如不问契券真伪，放免了不应放免的奴婢，同样要受到处罚的，可见金朝并不鼓励放免奴隶。基于上述理解，我们认为大定末明昌初金朝对北京路、中都路二税户进行拘括通检后，根据有无凭验对所检括的对象，作了三种不同的处理：一、对有凭验的二税户悉放为良；二、虽无凭验，但其主出白作证或因通检而知其为二税户者，可以恢复其二税户的身份；三、既无凭验，又无其他方法可以证明其原为二税户者，依旧为驱奴。“此后为良为驱，皆从已断为定”中的良指的是前两类，驱指的是第三类。经过历时半年以上对二税户的大检查，金朝政府认为何者为良，何者为驱，已经审查清楚，今后如有纷争，即以此次的审查结果为准。此事与元朝太宗时乙未年（1235年）对中原户籍的大检查有类似之处。《元文类》卷五八李谦《中书左丞张公（文谦）神道碑》云：“至元三年，……还朝，诸势家告有户数千当从属为私奴，朝议久不决。公言：奴与良，法当以乙未户帐为断。若乙籍为奴，或奴之未占籍者，归势家可也。其余皆国家良民，必无为奴之理。其议遂定，至今守以

① 《金史》卷九七《刘玑传》，第2158页。

为法。”[①]

据上分析，我们认为将二税户与驱联系起来的解释是很勉强的，更难得出“驱不是奴婢，而是奴婢放免后才能成为驱”的结论。张先生说：“金代驱丁亦可代充军为阿里喜，但奴婢在金代是禁止代主人充军的。”[②]以此作为驱的地位高于奴婢的证据。《金史》卷四四《兵志》称：大定三年，“诏河北、山东等路所签军，有父兄俱已充甲军，子弟又为阿里喜，恐其家更无丁男，有误农种，与免一丁，以驱丁充阿里喜，无驱丁者于本猛安谋克内验富强有驱丁者签充。”驱丁能够充军为阿里喜，是否说明其地位提高了呢？这取决于阿里喜的地位究竟如何。同书同卷又称：“士卒之副从曰阿里喜。”[③]而阿里喜所得廪给、赏赐皆低于正军，也可反映出阿里喜之地位低下。可见，驱丁充当阿里喜后，其地位并无多大改变。金代有禁止以奴婢代主人充军的记载，但那是指正军，而不是指的阿里喜[④]。

又据《金史·仆散忠义传》载：“（大定四年）忠义奏官军一十七万三千三百余人，留马步军一十一万六千二百屯戍。上（金世宗）曰：‘今已许宋讲好，而屯戍尚多，可除旧军外，选马一万二千，阿里喜称是，步军虞候司军共选一万五千，及签军一万，与旧军通留六万。富强丁多者摘留，贫难者阿里喜官给，

---

① 《元文类》卷五八，北京：商务印书馆，1958年，第845页。

② 张博泉：《金代经济史略》，第220页。

③ 《金史》卷四四《兵志》，第994、992页。

④ 《金史》卷四四《兵志》记载大定二十年“诏戍边军士年五十五以上，许以其子及同居弟侄承替，以奴代者往罪之”（第995页）。

富者用其奴……”[1]这是用奴婢充当屯戍军的阿里喜的明确记载。由此可见在一定条件下，驱丁和家奴均可差充阿里喜，二者并无差别，不能用以证明驱的地位高于奴婢。

《辽金“二税户”研究》中又说：“猛安谋克户奴婢被放免为良民后，止隶本部为正户，即成为区别于女真本户的驱户”。按《金史·食货志》户口载有“猛安谋克之奴婢免为良者，止隶本部为正户”之语，并没有将正户解释为驱户，不知张先生何所据而云然？况且驱丁本非良人，与“奴婢免为良者”的正户根本不同，这在《金史》中分别得很清楚。《食货志·叙》在列举各种户计时，就是将正户与奴婢户加以区别的。

实际上在金代史籍中，“驱”“驱奴”“驱丁”“驱婢”等词倒是可以和“奴婢”“奴隶”“奴”等互相代称的。如《金史·熙宗本纪》云：“（皇统四年）十月，……陕西、蒲、解、汝、蔡等处因岁饥，流民典雇为奴婢者，官给绢赎为良，放还其乡。”[2]同书《食货志》则称，“熙宗皇统四年诏，陕西、蒲、解、汝、蔡等州岁饥，百姓流落典雇为驱者，官以绢赎为良，丁男三匹，妇人幼小二匹。”[3]两处材料所记同属一事，前者称“奴婢”，后者称之为“驱”，二者显系同一概念。

金末杨云翼曾奏请括驱丁为兵说：“何谓括驱丁？盖天下之奴隶，自幼及壮，备尝勤劳艰苦之事，其筋体气力之所服习，驰走负任之所惯狃，岂常人之所能及哉！如简其人材之胜甲胄者，免当房

---

① 《金史》卷八七《仆散忠义传》，第1940页。
② 《金史》卷四《熙宗本纪》，第81页。
③ 《金史》卷四六《食货志》一，第1033页。

之贱，籍之为兵，则所得皆能战之人，且有乐战之心矣。”[①]这是“驱丁”即“奴隶”的又一例证。

元代史籍中驱与奴婢可互称，如陶宗仪《南村辍耕录》卷十七云：“今蒙古、色目人之臧获，男曰奴，女曰婢，总曰驱口。”[②]郑思肖《心史》下卷《大义略叙》亦云：“鞑虏……被虏男女曰驱口，即江南之奴婢。”[③]

从上引材料可知，金、元时代的驱（驱口、驱奴、驱婢）的称谓与奴婢为同一概念。

综上所述，我们认为张博泉先生断定驱不同于奴婢且其身份高于奴婢的论据是不充分的。正确的理解应该是，金代史籍中的“驱”（驱奴、驱婢、驱口、驱丁）就是私人奴婢，他们是同一身份地位的人在金代的不同称谓而已。

---

① 见王恽《秋涧先生大全文集》卷九三《玉堂嘉话》引金文献公杨尚书正大间所陈奏议，《四部丛刊》本，第十一页。查《金史》卷一一〇《杨云翼传》，杨云翼正大二年为礼部尚书，卒谥文献，应即此人。

② 陶宗仪：《南村辍耕录》卷十七，《四部丛刊三编》本，第七页。

③ 郑思肖：《心史》下卷，《宋集珍本丛刊》第90册，北京：线装书局，2004年，第510页。

附录
李涵老师的治学和育人

一、家世与身世

李涵老师，原名缪希相，祖籍江苏江阴。江阴缪氏是当地的望族，李涵师家一支从祖父缪启泉起便宦游四方，与家族联系甚少。父亲缪秋杰是国民政府的高级盐务官，从事盐务三十余年，做过全国盐务总局局长，为盐务近代化改革做出了重要贡献，李涵师主撰的《缪秋杰与民国盐务》一书便是为了纪念缪老先生而作的。李涵师的中学时代先后在北京女一中、贝满女中和四川自贡蜀光中学度过。蜀光时的历史课老师是翟宗沛先生，他的学识和人格给学生很大影响，日后李涵师以历史学作为一生的学术追求，最早正是从翟先生接受启蒙教育的。考入燕京大学后，李涵师选择了历史学作为自己的专业，在陈寅恪、聂崇岐、翁独健等先生的指导下学习。李师不仅修习了聂先生开设的历代官制史课程，而且在聂先生亲自指导下写作本科论文；同时，在翁先生讲授的蒙古史课堂上，李师第一次接触到神奇的蒙古国历史，由此萌发出对宋史、辽金蒙元史研究的浓厚兴趣。

也是在燕大读书期间，追求进步的李师积极投身于学生民主运动，一九四八年九月进入华北解放区，在正定华北大学学习。为防止国民党政府对留在国统区家人的迫害，李师改名换姓，从此以“李涵”一名行之于世。

新中国建立后，李涵师服从组织安排，先是进入文化部，担任文物局秘书科科长、业务秘书等职，做业务管理工作；后调到武汉大学，从事历史学教学与研究，才算最终实现了自己的夙愿。

武汉大学历史系的李剑农先生，是李涵师最早的工作导师。李剑农在认真阅读了李涵师的大学毕业论文后很赞赏，欣然决定让李师做他的科研助手，准备整理《宋会要》。另一位前辈学者——唐长孺先生也很欣赏李师的学术资质，加上对辽金元史有共同兴趣，因而常与李师一起纵论民族史话。李师的《蒙古前期的断事官、必阇赤、中书省和燕京行省》一文即是在唐先生鼓励下写作的。文章完稿后，唐先生力邀李师把该文放在他当时主编的《武汉大学学报》上发表。这篇文章，也就成为李师研究蒙元史最早的作品。可惜，好景不长，接踵而来的先是李剑农因眼疾失明，继之是大大小小、各式各样的政治运动，不仅《宋会要》的整理工作被迫搁浅，民族问题的研究几成“禁区”，其他教学、研究工作也都受到严重干扰，李师的一些研究论著亦或多或少地受到“极左”风气的影响，打上了那个时代的烙印。

“文革”十年，本应是李师学术上积累日深、最可出成果的时期，她却和其他教师一样，被发配到“五七干校”，远离书本，终日劳作，心头充满了惆怅与无奈，聊以自慰的是丈夫能平安地活着，女儿正在一天天长大。

“文革”结束后，随着科学春天的到来，历史学也进入到最好的发展时期，李涵师以空前的热情投身于教学与研究。她为武大历史系本科生开设宋元明清通史课、宋辽金元史专题课，招收宋元史方向的研究生，担任中国宋史研究会、中国蒙古史学会两个全国性学术团体的理事，撰写了一批学术论著。李师的《范仲淹传》《金元之际汉地七万户》《金初汉地枢密院试析》《也论郝经》等相继问世，奠定了其在宋史、辽金元史研究领域的学术地位。

一九八九年夏，李师从教学第一线离休，年近六十八岁。

离休后，李师一方面继续学术研究，同时整理旧作，撰写回忆性文稿；另一方面，一如既往地在学业上、生活上指导与关心自己的学生，甚至扩展到学生的学生。

离休的李师，仍然活跃在教学、科研的领域。

二、学问人生

李涵师的学术研究，集中在两大方面，一是宋史研究，二是辽金蒙元史研究。宋史方面，除了继续早年未竟的范仲淹研究之外，主要从事北宋政治制度研究，从职官设置、政治人物、政治事件等多个角度入手，探讨北宋政治制度的变迁，重点探讨北宋加强君主专制集权以来所表现出的君权与相权的矛盾与冲突及其消极影响。辽金蒙元史方面，集中探讨政治制度与民族关系。相比之下，李师最关心的问题还是少数民族的政治制度变迁及其与汉民族的关系。李师认为，我国是一个统一多民族国家，经历了许多民族长期杂居、互相融合的过程，辽、金、元是其中重要阶段。当契丹、女真、蒙古等少数民族入主中原时，既要保持原有的旧俗，又不能不适应汉族较先进社会的新形势，他们的政治制度因之逐渐变化。一方面，他们在本民族原有习俗基础上建立了早期中央机构；另一方面，他们对所征服的汉地采用汉法，建立起另一套行政系统。以后，随着统治重心南移到汉族地区，其中央政府也随之改革为汉官制度，本民族旧制与汉制并存的“双轨制”终为以汉制为主的“单轨制”所取代。李师感兴趣的问题是，在这种带有规律性的变迁中，作为统治民族的女真、蒙古族是如何与当地的汉族（这里的汉族是广义的，包括已经汉化的其他少数民族）武装合作，如何依靠汉族文士为之出谋划策，进行统治的。李师的论文大都是围绕这些问题展开的。

李师治学的最主要特点，亦即主要的学术贡献，可集中概括为两个字：创新。李师发表论著不以数量为意，而是追求高质量。这种高质量，首先表现为，但凡下笔，必要有自己的心得，或发前人之所未发，或对前人的研究加以深化，绝不蹈袭前人。从研究选题到论证过程，李师往往能够另辟蹊径，从某些不为他人重视的独特角度切入，选择一些看似平常的资料，通过由表及里、逻辑严密、抽丝剥茧般层层深入的论证，得出令人信服的结论。从早期的论文《蒙古前期的断事官、必阇赤、中书省和燕京行省》，到晚年的著作《范仲淹传》以及《试论宋朝的检正与都司》《论章献刘皇后擅政与寇准之死》等诸篇论文，无一不是如此。

《蒙古前期的断事官、必阇赤、中书省和燕京行省》是李师最早的一篇论文，发表于一九六三年。该文选择蒙古早期的几个重要职官（机构），探讨蒙古国家为统治汉地而在机构上发生了哪些变化。文章对断事官、必阇赤的源流、变迁、地位和作用做了深入探讨，指出蒙古国早期中央政务机构的首脑是大断事官（蒙语称“札鲁忽赤”），主要由汉族或汉化的契丹、女真等族知识分子担任的必阇赤（即中书省）是协助大断事官处理国家事务的班子，它们共同构成了蒙古帝国的中枢机构，在促进蒙古统治者接受汉文化、蒙古国家走向大一统方面发挥了作用。李师指出，蒙古国早期的中书省与后来元朝中央集权制下的中书省性质完全不同，还澄清了中央大断事官和三行省大断事官的区别和联系，并提出了札鲁忽赤不属于怯薛执事官系统等独特的见解。这篇文章以其见解独到、考论严密、分析深刻而被公认为蒙古国家中央官制研究的经典之作，为后来的研究者经常引用，并在二十世纪八十年代国内的蒙元史研究重新恢复后，被收入南京大学元史研究室精选的第一部《元史论集》。

围绕辽金元时期的政治制度与民族关系问题，李师还撰写了《金初汉地枢密院试析》《金元之际汉地七万户》《也论郝经》以及辽金的奚族等一系列文章。《金初汉地枢密院试析》旨在探讨女真军队进入汉地以后至金熙宗全面改革中央官制前，金朝建立的汉地统治机构的情况；《金元之际汉地七万户》探讨蒙古统治者与汉族地主武装结合的过程，揭示了汉人世侯产生的原因、条件及其在帮助蒙古贵族治理汉地中所起的作用。虽然，对于因资料缺乏而一直未能落实的最后一个万户究竟是不是李璮的问题，学术界有不同意见，李师自己也认为可以继续探讨，但本文从七万户入手解剖蒙古政治变迁与蒙汉民族关系，其新颖的视角、开创性的工作得到学术界的公认。《也论郝经》一文之所以聚焦郝经，是认为郝经代表了少数民族政权中的汉族地主知识分子，包括汉化了的契丹、女真知识分子。郝经对蒙古政权以及他自身的民族认同，不是依据种族，而是依据文化，他所提出的“能用士而能行中国之道则中国之主”的思想，在中州士大夫中很有代表性，对于加深对我国统一多民族国家形成、发展史的认识很有意义。正是有了像郝经以及元好问、耶律楚材等这样一批各民族出身的地主阶级知识分子的广泛支持，忽必烈才能成为元王朝的大一统皇帝。奚族是古代北方重要民族之一，活跃于唐、五代，契丹耶律阿保机兴起后，逐步征服奚族各部，分设若干节度进行统治；入金以后，完颜阿骨打设置都统司、处置司统领奚人，并将之分徙各地；元代以后，在历史舞台上活动近千年的奚族已不见踪影。李师注意到，对于这样一个重要的民族，以往的研究多局限于某个时期、某些问题的论述，而对于奚族的来源与发展，特别是在辽、金两代，奚族如何通过民族迁徙与杂居，导致其原有氏族部落组织逐渐破坏的历程，以及奚族与契丹、女真、汉族等如何互相影响、逐步融合等重要问题，研究很不充分。李师遂以《略论奚族在辽代的发展》和《金代奚族的演变》二文，对上述问题进行了全面、系统的深入探讨，做出了令人信服的阐释。

宋代的相权是学术界十分关注的一个问题，李师对此亦饶有兴趣，与他人不同的是，李师的研究并不重复宰执制度本身，而是或对宰相属官加以诠释，或从相关人物侧面切入，发人所未发。例如，一九八七年写的《试论宋朝的检正与都司》一文，即是对以往不为人重视的宰相属官检正官和尚书左右司进行细致的研究，旨在通过宰相属官的变化看相权的扩大。研究认为，熙宁三年设置中书检正官，一律以朝官充当，提高了对其资历的要求，同时又提高了对检正的礼遇，而且规定检正官位在中书五房官之上，并要求精选有学识有能力的一流人才充任，这些意味着宰属的地位有明显提高。元丰改制后，中书检正官的职能为号称“都司”的尚书省左右司和新设的中书门下省检正官所取代，二者有权参与机要，因而往往得以干预当时的政事，在王安石变法期间起到了加强宰相推行政令的权力、促进新法实施的作用。文章指出，宋代宰属制度发展的趋势是宰属地位不断提高，权力不断增大，其中熙丰间检正、都司的相继设立是一个重要的分水岭，从此奠定了以后宰属制度的格局和基础。李师得出结论道，宰属制度的变化本身既是宋朝宰相权力增长的结果，同时又为相权的扩大提供了组织上的便利条件，二者互为因果，南宋不断出现权相，原因固然是多方面的，但宰属制度的变化也是因素之一。

从人物活动看政治变迁，是李师研究的一大特色。李师对宋元时的不少人物作过研究，如范仲淹、章献刘皇后、寇准、曾布、王安石、李纲、杨幺、岳飞、耶律楚材、郝经等等，除对范仲淹的研究是从全方位展开之外，其他多着眼于通过人物来考察政治变迁。其中如《论章献刘皇后擅政与寇准之死》与《从寇准的遭际看北宋前期君权与相权的矛盾》二文，堪称姊妹篇，主题都是以北宋名臣寇准为例，探讨宋代宰臣与女主、皇帝的关系及其对宋代政治的消极影响。李师指出，宋朝皇帝大权独揽，不许宰相有所作为，寇准这样的耿介忠直之臣屡遭猜忌，乍升乍降，只有像王旦那种谨小慎微之人才能久居相位，由此造成因循苟且、守旧无为的一代政风，宰执无从发挥辅佐作用，政府不能有效行使职权，终成积重难返之势。李师从人物活动入手研究政治制度，表现出独特的学术眼光、学术品味，不仅别具新意，而且也使制度史的研究变得新鲜活泼，充满生机。

即便是对于范仲淹这样一个妇孺皆知的“公众人物”，李师的研究也有不同于他人的创获，能见人所未见。

李师的范仲淹研究始于大学时代，在聂崇岐先生指导下进行，一九四七年完成了题为《范仲淹传》的毕业论文。限于时间与篇幅，这篇论文只能对研究论题进行提纲挈领的阐述，成为日后进一步深入研究的基础。二十世纪七十年代末史学开始繁荣之时，李师重新拾起范仲淹课题，着手展开系统的研究。一九八三年，李师主撰的《范仲淹》作为“历史小丛书”中的一种，由中华书局出版；不久，《论范仲淹在御夏战争中的贡献》一文发表。一九九一年初，中州古籍出版社正式出版了凝结李师多年心血的成果——《范仲淹传》。关于范仲淹的研究，并非一个新鲜论题，范氏其人更是早已家喻户晓。李师的过人之处就在于对这看似普通的选题，也能做出自己的新意。对于范仲淹在御夏战争中的活动及其评价，即是其中主要的创新之一。《范仲淹传》中有整整一章的篇幅铺陈这方面的观点。该章围绕“御夏战略的争论”展开讨论，对范仲淹的主守策与韩琦的主攻策，孰是孰非进行了详而不烦、全面深入的分析，指出：就宋夏双方军队的实力和地理形势来看，西夏利于速战速决，而宋朝不可能在军事上求得速胜，只能利用持久战，从经济上把夏国拖垮，然后迫使其就范，从而摈弃了那种对范仲淹主守是“区区过慎”的传统批评，得出评价说：范仲淹以防御为主的战略方针是冷静的、符合客观实际的方针，说明其具有实事求是的思想作风，高瞻远瞩通观全局的眼光，是个合格的帅才。宋朝在采取范氏主守战略后，实现了宋夏间的和局，对此应当怎样看待？今人常有微词，或曰仲淹居边，战绩平平，或曰增岁币，得失参半，不足称道。李师不袭旧说，根据评价历史人物“不能脱离他凭借的客观条件”这一原则，对仲淹御夏战争中的贡献进行了合乎实际的肯定。对范仲淹主持的庆历新政，李师也有自己的研究视角。以往的研究多集中在对新政的背景、措施及失败原因的探讨上，李师则对范仲淹何以能够入居宰辅从而实施新政的问题进行挖掘。李师吸取了刘子健先生的观点，特别强调言官在其中所起的作用。又，程应镠先生主张写历史人物不能视为孤立的个人，而应写其与同时代人物的关系，李师完全赞同这一原则，但在具体应用时又有自己的做法，即紧紧围绕着重要的政治事件写范仲淹的社会交往，诸如欧阳修、余靖、蔡襄等先后以言官奏罢宰相吕夷简、枢密使夏竦、参知政事王举正，将范仲淹推举到枢府，最终推举入中书，从而揭示出北宋中叶言官在政治生活中的重要作用，同时也说明了范仲淹不是作为个人，而是代表整个庄田地主中的改革群体来实践其政治主张的。在阐述新政的方案与实施过程时，李师的研究也与以往的不同，重在强调改革派对地方吏治的重视。像这类旧论题出新意，化平凡为神奇的创见，在《范仲淹传》中随处可见。

尽管李师以学术创新作为自己治学的出发点，但她并不刻意追求标新立异，而是主张求真、求实，有几分材料说几分话。唯其如此，李师的绝大多数论著才能经得住时间的考验，不断为后学开启前进之路。

至于李师的研究善于贯通比较，由此及彼，前后左右加以比较、考量，从而得出超越一时一事局限的科学结论；善于以小见大，从对具体问题的分析反映大场景的面貌，凡此种种，都是李师治学值得重视的特点。

由于各种原因，诸如工作性质的变动，政治运动的干扰，以及作为妻子、母亲须当兼顾家庭、子女，李师真正能全力投入学术研究的时间并不充裕，但李师能够坚持下来，并对学术发展做出富有成果的贡献，是殊为不易的。

三、教书育人

从一九五四年到武大执教，至一九八九年在武大离休，李涵师在历史教学的园地中辛勤耕耘了三十五年。

在李师看来，教书育人、培养学生是比自己读书写作更为重要也更有价值的事业。

我们几个研究生，多数是从本科阶段就直接受教于李师的，直到今日仍有机会得到老师的耳提面命。二十年来，我们受老师多方教诲与指引，人生所得岂能是区区一篇短文可以彰明的！这里只能就我们感受最深的略谈一二，真正是挂一漏万，聊表寸心而已。

我们感觉到，与其他老先生相比，李师培养学生的做法，有一些是大致相同的，但又明显地有着自己的特点，我们体会最深的至少有以下三个方面。

第一个方面是特别重视学生的志趣和悟性，采取多种方法开启悟性，发挥学生的主观能动作用。

李师认为，从事史学研究，首先要耐得住清贫、寂寞，不受外界的纷呈诱惑。在她为大三学生开设的宋辽金元史专题课上，第一堂课就送给同学们两句话“板凳宁坐十年冷，文章不教一字空”。李师招收研究生，不仅考查考生的业务，而且通过面试、交谈、向其他同学了解等方式，重点考察考生的动机和品质，对以考研作为择业“跳板”的不取，对通过读研为自己“贴金”的也不取，只关注那些有志于史学研究者。她说自己招收研究生的时间不多，不能无谓地浪费精力。她还自谦地说，自己记性不好，唯一长处就是有些悟性。悟性，也就是学术资质、学术前途，是李师十分看重的一点，她认为，为人师者就应当善于发现与开启学生的悟性，发挥学生的主观能动作用。在这方面，李师采用了不少独特的做法。

做法之一，让学生自我磨炼，反对“手把手”“抱着走”，授之以“渔”而非“鱼”。

李师认为，最好的教学方法是能够激发学生主动精神的方法，教学生不是教他们现成的结论，而是得出结论的过程，引导他们一起来实践这种过程。李师这种“Do It by Yourself”的主张，在指导我们写论文时表现得最为集中。在论文选题确定后，李师首先要求我们写出详细大纲，包括篇章布局、主要论点以及拟采用的史料，并对史料取舍的理由加以说明；大纲审阅通过后，开始动手写作文稿，其间可以向老师请教任何问题，但交稿只能是在我们自己认为已经完备之后。李师批阅文稿时，除了对少数错别字、标点符号顺手改正以外，很少直接替我们改作，而是做上记号，然后在面谈中把问题一一指出，让我们自己思考，提出修改方案。李师常说，科研能力只有在实践中才能提高，论文必须多写多练才能得心应手。她自己的论著就是反复锤炼，方公之于世的。《范仲淹传》就是一个典型，该书的写作经过了长期的积累、磨炼，从燕大时的毕业论文到八十年代的单篇论文，从写作历史读物，到出版专门著作，前后经历数十年，用“数易其稿”远不能概括其艰辛、认真。李师要求学生也是这样，不仅每门学位课程都要写作一篇课程论文，而且在入学的第二年必须完成一篇学年论文，作为毕业论文的准备。无论对研究生还是本科生，凡经李师指导的论文，每篇都要反复修改，不断完善，甚至不惜推倒重来。有的本科生毕业论文多次不能过关，学生当时不理解，难免感到委屈，甚至埋怨、焦急流泪，但日后回想起来十分感念，写信给李师说这段磨炼不仅练了论文写作，也练了心性、作风，是人生难忘的一课。

做法之二，带领学生参加学术会议，外出参观考察，学习书本以外的知识，开阔眼界，增长阅历。

在校听名师讲课与外出参加学术会议，在培养学生科研能力上有着各自不可取代的重要作用。李师十分重视借用校内外的学术资源来提高教学质量，只要有机会，就要安排我们外出考察，参加高水准的学术会议，以此打破学校相对封闭的环境，使我们增长见识，丰富阅历，接受更宽泛的学术熏陶。

中国宋史研究会是全国第一个断代史学会，每两年召开一次全国性学术会议，在李师的带领下，我们八二级研究生在三年的学习阶段，一次不落地参加了其间两届宋史研讨会，先是入学当年的郑州会议，再是第三学年的杭州会议；八六级研究生则先后参加了赤峰辽金史年会和石家庄宋史会议，惹得周围的同学们羡慕不已。每次参加会议，李师都要求我们必须提交学术论文，参与学术讨论，正是在这些会议上，我们得以了解学术前沿，领略学界风采，聆听前辈指教，并与同辈学人建立起学术友谊。所有这些，对于我们青年学子能尽快进入学术领域无疑有莫大的帮助。

但在当时，有的同学对参加全国性学术会议的意义认识得并不那么清楚，杭州会议期间，有两位研究生不听讨论私自出游西湖，李师知道后进行了严厉批评。李师并不是单纯反对游览河山，她甚至认为“游山玩水”也可以是一种学习，徐霞客不就是在广泛游历了西南的名山大川后写出了旷世之作《徐霞客游记》吗？游览河山还可增进对祖国历史与现状的感情。但是，李师指出，我们首先应当牢记参加学术会议的目的是什么，珍惜这难得的学习机会，也对自己的研究生形象负责。从此以后，这类事情再也没有发生过，而且，即使在多年以后，老师的这些教诲仍然犹如催征的号角，警醒在我们耳边。

为了让我们写作毕业论文能够掌握最新的研究动态、搜集尽可能丰富的资料，李师利用暑假亲自带领我们出外考察，北上北京、洛阳，南下南京、上海，每到一地，就带着我们熟悉当地的图书馆，查阅、复制在校内看不到的重要资料。炎炎烈日下，李师和我们一起在长途汽车上颠簸，在路边小店里用餐，而当时的李师，已是年逾花甲。先生如此不辞劳苦，只为让我们学生多一些收获。

第二个方面是强调创新、求实、严谨的学风，以自身的表率作用加以引导、教育，把学术规范的训练放在极其重要的位置。

有关学术规范的问题，20世纪九十年代中期开始了一场大讨论，至今方兴未艾，以至有“九十年代中国一大学案”之称。但在许多学界老前辈那里，做学问要讲究学术规范早已是其自觉遵守的准则，李师也不例外。例如，她写作《范仲淹传》，动笔之前就广泛搜罗同类研究有哪些重要的成果，尽可能找来原文原著，看前人解决了什么问题，是怎么解决的，解决得怎样，还有哪些问题没有解决，自己打算如何突破。不仅在国内广泛搜罗，海外、港台的也不放过。在八十年代初期，资讯交流远不如今日便利，李师托亲朋好友设法四处搜寻，能找来读的都读了，之后才开始自己的写作。李师通过指导我们写作论文，从学术、道德、操作等多个层面训练我们的学术规范，并把这种训练当作一项基本训练。所谓学术层面的训练，是要求我们重视在学术领域进行调查研究，充分掌握学术研究的前史、现状和发展趋向，把论文的创见与学术价值放在首位；道德层面的训练，是告诫我们严守学术道德，凡是引用他人论著必须注明出处，若是参考、吸取他人观点，虽非原文引用，也要以“参考文献”形式说明，不得“贪他人之功为己有”；操作层面的训练，则是教会我们作注的方法、格式，以及引用史料必须反复核对原文。李师对我们文章中的引文，不时抽查，个别舛误尚允许校订改正，错误多了就退回去重新做过。如此反复训练，使我们习惯成为自然，但凡引用资料，不核对几遍是不放心出手的。

第三个方面是重视基础知识、基本训练。

李师教我们研治宋史的基础知识分为四类：目录学、版本学等入门的工具，各种基本史籍、史料，中国史的基本构架，治史的基本理论与方法。

版本学、目录学、年代学等，是史学研究的基本工具，李师告诉我们二十世纪五十年代，邓广铭先生就把职官制度、历史地理、年代学和目录学形象地比喻为“四把钥匙”，掌握这四把钥匙，才能具备研究历史的最基本技能，得其门而入。研究生阶段的第一个学期，李师就为我们安排了这方面的课程，她请图书馆系的老师为我们讲授古籍版本与目录的课程，并把我们带到校图书馆线装书库，请资深馆员现场指导。陈垣先生的《校勘学释例》《二十史朔闰表》等更是我们的必读书。

对基本史料、史籍的熟悉，对史料运用方法的掌握，也是研究生伊始的必修课。整整一个学年，李师为我们开设了“宋辽金元史料学”“史籍阅读与指导”两门学位课程，史料学课程择要讲解宋辽金元基本史籍和考古发现，要求我们掌握这些基本史料的史源、内容、价值及使用中应当注意的问题；史籍阅读与指导课程则以自学为主，每周一次向老师汇报读书心得。李师要求我们前两年至少通读一部基本史籍，或《长编》，或《要录》，或《金史》；同时根据我们各自的研究方向选择阅读其他正史、政书；她还特别提醒我们注意宋金元文集、笔记对研究宋金元经济史、社会史、文化史的价值；分析陈寅恪先生“以诗证史”的意义，指导我们结合史籍的阅读认真领会。为了让学生尽早掌握史料解读与分析的基本功，老师在为大三学生开设的专题课上就开始训练学生，让学生阅读原始资料，在课堂上断句、标点、翻译，并概括史料的内容，从学生中发现苗子，加以个别辅导、培养。史料的取舍也是史学研究的一项基本功，李师认为，史料的搜罗要尽可能广泛，对史料的鉴别、比勘、考证要尽可能充分，但史料的运用则应作合理、精当的取舍，不赞成材料的堆砌，主张精选有代表性的关键材料来说明问题，从而撰写出有创见、有新意而又言简意赅的论著。

在对学生进行治史的基本训练方面，除了前述学术规范的训练、史料搜集与分析的训练外，李师还格外重视文笔、文风的训练，认为史笔是史才的重要组成部分，与史识、史德一样，不可或缺。李师喜欢语言简洁、文笔生动的论著，她自己的《范仲淹传》就在这方面作了成功的尝试。该书篇幅不大，但内涵相当丰富，文笔十分精练，人物形象饱满感人。李师要求我们，文字必须反复锤炼，尽量简洁，能用两句话说清楚的问题绝不用三句话，一个多余的字都不要。我们的文稿从十数页精简到数页是常有的事。还有的同学原来爱用半文半白的语言，在李师的指导下也得到更新，大家都以文风朴实、简练为追求。

为了加深我们对学科知识的基本了解、提高我们的教学实践能力，李师为我们开设了专题课，她是主讲，我们每人也有一个专题的任务，自己找资料备课，与老师讨论讲稿，然后在课上和大家交流，在过程中得到锻炼和提高。李师还指导我们处理好广博与专深的关系，强调在纵横比较中把握宋辽金元的历史，为此，她以本系为依托，指定我们修习唐长孺、吴于廑、石泉等先生讲授的魏晋南北朝史、隋唐五代史、世界通史导言、历史地理概论等课程，拓展知识的深度与广度。有的同学毕业后从事政治学或社会学的研究，成为该学科的学术骨干，追根溯源，是得益于研究生阶段的严格训练、宽厚基础。

为使学术薪火代有传人，老师为我们耗费了无穷心血。

正像加里宁所说："教育者影响受教育者的不仅是所教的某些知识，而且还有他的行为、生活方式以及对日常现象的态度。"李师对我们便是如此。李师生性耿直，疾恶如仇，为人坦诚，喜欢雪中送炭，不愿锦上添花，为此自己没有少吃亏，但也因此得到别人的信任，交了不少好朋友。她曾冒着风险为中学老师翟宗沛先生的政治冤案平反而奔走，使之终得昭雪；她曾在被打成"右派"家属的沈祖棻先生倍遭歧视之时登门探望，不计他人的议论；她的正直、率真，反对趋炎附势、淡泊名利的人生态度，昭示我们要做对社会负责、于他人有益的人；她严谨自律的人格为我们的价值定位树立起一杆尺规；她对事业的执着则激励我们对学问的追求。老师对学生的影响既是潜移默化，又是昭彰可鉴的。

作为严师的李师，同时又像慈爱的母亲，把学生当作自己的子女，不仅在学业上，而且在思想上、工作上、生活上全面关心学生的成长。这方面的事例，渗透到日常生活的方方面面，实难以文字概括。我们找工作，李师帮忙联系，大力推荐；我们走上教师岗位，李师教我们备课、板书直至讲台上的仪表；我们在婚恋、家庭上遇到麻烦，李师帮我们梳理、沟通；有同学病了，李师四处寻医问药，甚至亲自带学生上医院看医生；李师的家，对不少同学来说就是自己的家，他（她）们在这个家里自由自在地读书写作、饮食起居；对于那些有志于学但家庭贫困的青年学生，李师拿出自己有限的工资予以无偿资助，不在意他们是谁的学生，有时甚至不问他们的姓名，像这样的事情远不是一两次。在学生身上，李师倾注了全部的精力。

李师直接培养的研究生并不多，只有八二、八六级两届五人，但受教于李师的却不少，包括历史系的本科生，特别是直接在李师指导下写作毕业论文的同学，如今，他（她）们当中有高校教师、科研人员、国家机关干部等等，不少人成为所在单位的骨干或领导，他（她）们在努力继承老师的治学与为人，诚所谓“后浪推前浪”。

老师的人格力量、治学态度、学术精神，正在新的一代身上得到延续和张扬。

李涵老师是著名的宋辽金元史专家，也是我们尊敬的导师，值此李师八十华诞之际，我们写下这篇纪念性文字，内心充满了感激之情。

衷心祝愿敬爱的李涵老师健康快乐，福寿绵长！

学生：杨果、张星久、吴怀连、鲁西奇、高申东 合撰

（执笔人：杨果）二○○一年八月 珞珈山

李老师讲授的“宋辽金元官制史”课

李涵老师于1954年5月，从中央文化部文化文物局调到武汉大学历史系，任教员。翌年，根据系里的安排，她开始参与讲授历史系的基础课程“中国古代史”（三），即宋元明清史部分。头一年讲课，大概是考虑到她刚走上讲台的缘故，系里安排她讲元史和清史部分，宋史部分由石泉老师讲授，明史部分由李剑农先生讲授。1956年，她被评定为讲师，开始独立讲授中国古代史的宋元明清史部分。从此之后，直到1965年，然后再从1973年到1979年，她一直承担这门课程的教学工作，前后教过16届学生（包括工农兵学员）。为了配合教学，她编写过《元史讲义》（7.8万字，1956年由武汉大学出版科印行，油印本）、《宋元史讲义》（24.1万字，1960年由武汉大学出版科印行，油印本）等。我听孙继民、牟发松等好几位老师说起过他们当年听李老师上课的情形，都还有很深的印象。

1981年，李老师开设了一门新的专题课，“宋辽金元史”。为了配合教学，李老师编写了课程教材，以及一种《宋辽金元官制史参考资料》，由武汉大学出版科印行，油印本。我没有见过这种参考资料，这次编集李老师的论文集，也没有找到。

1983年，李老师开设了“宋辽金元史籍举要”专题课；1984

年，又开设了“宋史专题”。在此之前，1982年9月，李老师招收了三名硕士研究生（杨果、张星久、吴怀连），方向是宋辽金元史。这两门课，是为培养研究生开设的。李老师编了《宋史专题参考资料》（4.7万字，1984由武汉大学出版科印行，铅字本）。这本参考资料，我曾经有过，后来也丢失了。

我于1982年9月考入武汉大学历史系，1984年秋季学期，选修了李老师讲授的“宋史专题”。这是我所听的第一门李老师讲授的课程。1986年9月，我考上本系中国古代史专业的硕士研究生，跟从李老师学习宋辽金元史。三年里，李老师给我们（师兄高申东和我）上的专业课共有三门：“宋辽金元史籍举要”（1986年秋季学期），“宋辽金元史料阅读”（1987年全年），“宋辽金元官制史”（1988年春季学期）。我曾经记下详细的笔记，并认真完成课程作业和论文习作。可是，20世纪八九十年代之交的生活并不安稳，甚至有些窘迫，所有的笔记和大部分习作都遗失了。

因为编集李老师的论文集和杂忆集，这两年，我又经常性地回到当年石老师、李老师的家，和石莹教授一起找这找那。这样，我们就“发现”了一些与教学有关的材料，其中有三种，与我听过的“宋辽金元官制史”有关联。

第一种是李老师手录的三上次男《金代政治制度の研究》的目录和要点摘录，共7页。如第六章第四节“金末の尚书省（宣宗、哀宗时代）”，李老师摘录了如下内容：

卫绍王大安三年，蒙古入侵，军事机关实权自然增大。最高军事机关之枢密院原属尚书省管辖，贞祐二年十月以来枢密院之强化。同四年二月，皇太子对院事的控制。枢密院实际上脱离尚书省的管辖。贞祐四年以后，多数史料证明此点。

《金史》卷一〇九《陈规传》：“诏军旅之务，专委枢府。……”

《金史》卷一五《宣宗本纪》兴定元年二月条：“己酉，命枢密院汰罢软军士。”同年五月，“丙午，定河北求仕官渡河之法，曾经总兵者白枢密院，余验据听渡。”同二年七月，“甲午……遣官诣诸道选寄居守阙丁忧官及亲军入仕才堪总兵者，得一百六人，付枢密任使。”

兴定三年二月甲辰，胥鼎言：“军中诛赏，近制须闻朝廷。”

兴定五年十二月辛亥朔，“以大元兵下潼关、京兆，诏省院议之。”

兴定三年七月戊戌，“修襄城事”。

术虎高琪时省实权之恢复。

《金史》卷一〇六《术虎高琪传》：“高琪自为宰相，专固权宠，擅作威福，……自不兼枢密元帅之后，常欲得兵权。”

《金史》卷一一〇《杨云翼传》。卷十七《哀宗纪》，正大五年三月甲戌朔，“群臣请依祖宗故事，枢密院听尚书省节制，不从。”

《金史》卷十七《宣宗本纪》，天兴元年正月癸未，“置尚书省、枢密院于宫中，以便召问。……（四月）丙寅，以尚书省兼枢密院事。”

同书卷一一四《白华传》：并枢密院归尚书省。

又如，在《第八 金初の行台尚书省とてれをめぐる政治上诸问题》中，李老师摘录了第一章第六节关于“行台尚书省之废止”的部分资料和论点：

《金史》卷五《海陵本纪》天德二年十二月己未，“罢行台尚书省，改元帅府为枢密院。”

过去担任行台尚书省长官者多为元老宗室。天德二年九月，杀行台尚书左丞相撒离喝。行台尚书右丞相大臬与海陵貌合神离。海陵根据国内安定之情况，决定废止行台，将华北置于中央直辖之下，以建立君主专制之中央集权国家。

《金史》卷九〇《高德基传》：“会海陵欲都燕京，命德基摄燕京行台省都事。”

《金史》卷七〇《宗宪传》：“明年（大定二年），（宗宪）改西京留守。八月，改南京。仆散忠义自行台朝京师，宗宪摄行台尚书省事，召为太子太师。”

李老师认真研读三上次男关于金代政治制度的研究，显然是为准备金代官制部分的讲授而做的功课。记得那时我的日语还好，入学不久，李老师即命我认真阅读三上先生的著作。没想到李老师自己下了这么多功夫。

第二种是油印的讲义，《宋辽金之职官制度概论》，编号为88-202，应当是学校教材科于1988年印制的，共24页。内容分为“宋辽金之职官制度概论”和“参考史料摘录”两部分。“宋辽金之职官制度概论”是一份提纲，共8页：

第一讲 复杂多变的宋代官制

第一节 宋代中央政府

一、北宋的中央政府

1. 中枢机构

2. 中央政府其他部门

二、北宋前期官制的特点

1. 官与职分而以差遣行事

2. 事权分化

三、元丰改制

1. 改制的背景

2. 改制的内容

3. 评价

四、元丰改制后的宋代中央政府

1. 中枢机构

2. 中央政府其他部门

第二节 宋代地方政府

一、州的划分及其类型

二、县的建置

三、路的建立及其官属

第三节 各项有关制度

一、官员的选用

二、考课与磨勘

三、百官俸禄

四、其他

第四节 宋代官制简评

参考文献：

《宋史·职官志》，《宋会要辑稿·职官》，《文献通考·职官》，《建炎以来朝野杂记》，（明）王夫之《宋论》，（清）黄本骥等《历代职官表》。

王亚南：《中国官僚政治研究》。

聂崇岐：《中国历代官制简述》（《宋史丛考》上册），《宋代府州军监之分析》，《宋词科考》，《宋代制举考略》。

朱瑞熙：《官僚政治制度的产物——复杂多变的宋朝官制》，《文史知识》1986，1-4，7-8；《宋代官员致仕制度概述》，《南开学报》1983，3。

陈振：《北宋前期的宰相制度》，《中州学刊》1985，6。

金圆：《宋代监察制度特点》，《上海师院学报》1982，3。/《宋史研究论文集》（二）。

丁凌华：《宋代寄禄官制度初探》，《中国史研究》1986，4。/《宋辽金元史复印资料》1987，1。

俞宗宪：《宋代职官品阶制度研究》，《文史》1984总第21期。/《宋辽金元史复印资料》1984，3。

邓小南：《北宋文官考课制度考述》，《社会科学战线》

1986，3。/《宋辽金元史复印资料》1986，5；《北宋文官磨勘制度初探》，《历史研究》1986，6。/《宋辽金元史复印资料》1987，1。

张邦炜：《宋代避籍制度述评》，《四川师大学报》1986，1。/《宋辽金元史复印资料》1986，2。

郭正忠：《中国古代官僚机构的膨胀规律及根源——兼析两宋官冗的社会背景》，《晋阳学刊》1987，3。/《宋辽金元史复印资料》1987，4。

第二讲 蕃汉分治的辽朝官制

第一节 辽朝的建立与扩大

第二节 辽的南北面官制

一、 中央官制

1.北面朝官

2.南面朝官

3.四时捺钵

二、 地方统治机构

1.五京州县制

2.头下州军

3.斡鲁朵宫帐制

4.奚王府与东丹国

第三节 辽朝官员的选用

一、世选

二、科举

第四节 简单的评论

参考书目与论文：

蔡美彪等：《中国通史》第六册。

傅乐焕：《辽史丛考》。

陈述：《契丹政治史稿》。

舒焚：《辽史稿》。

张正明：《契丹史略》。

杨树藩：《辽金中央制度》。

（元）脱脱：《辽史》。（宋）叶隆礼：《契丹国志》。（宋）徐梦莘：《三朝北盟会编》。

（清）厉鹗：《辽史拾遗》。

杨若薇：《辽朝军政制度考索（博士论文提纲）》，《文献》1987，3；《辽代斡鲁朵官制探讨》，《中国史研究》1986，4。

蔡美彪：《蕃汉并行的辽朝官制》，《文史知识》1986，9。

赵云田：《辽朝北面官制度考》，《晋阳学刊》1985，6。

费国庆：《辽代的头下州军》，《曲阜师院学报》1963，1。

林荣贵：《从房山石经题记看辽朝方州官制的沿革》，《世界宗教研究》1982，4。

向南、杨若薇：《〈辽史·百官志〉辨误三例》，《社会科学辑刊》1982，3。

刘肃勇：《东丹国与东丹王耶律倍》，《辽宁师院学报》1982，3。

房广顺：《辽代汉官制度的演变（兼评韩德让）》，《辽宁大学学报》1984，3。

第三讲 金代政治制度的演变及其与汉地的关系

第一节 金的建国与疆域的扩大

一、金的建国与灭辽

二、宋金交涉与金占燕云

三、金灭北宋、占领两河与建立伪齐

第二节 金朝初期（太祖、太宗时期）的官制

一、金初期的统治政策

二、南北分治的二元官僚体制

第三节 熙宗时期的官制改革——一元化官制的建立

一、政治形势的变化

二、天眷官制

第四节 完颜亮进一步改革官制

一、完颜亮统治政策的变化

二、正隆官制

第五节 世宗以后的金朝官制

一、世宗时期统治政策的调整及其对官制的影响

二、章宗、卫绍王时代的变化

三、金末（宣宗、哀宗时期）官制的变化

第六节 金朝官吏的选用及其他

一、科举

二、门荫

三、考核与俸赐

四、胥吏

第七节 汉人地主在金政权中的地位与作用

结语

参考书目：

1.（元）脱脱：《金史》，中华书局。

2.（宋）宇文懋昭：《大金国志》，中华书局。

3. 徐梦莘：《三朝北盟会编》，武大馆藏光绪刻本、四库全书本，历史系有台湾王德毅标点本。

4.（宋）李心传：《建炎以来系年要录》，中华书局印商务馆“国学基本丛书”圈点本。

5.（金）元好问：《中州集》，四库全书本。

6.（金）刘祁：《归潜志》，中华书局。

7. 蔡美彪等著：《中国通史》第六册。

8. ［日］三上次男：《金史研究·金代政治制度研究》（日文），（日）中央美术公论出版。

参考论文：

1. 漆侠：《女真建国与建国初期的社会情况》，《教学理论与实践》1958，7。

2. 张博泉：《论猛安谋克在女真社会发展中的作用》，见辽宁版《辽金史论文集》。

3. 李薇：《关于金代猛安谋克的分布和名称问题》，《黑龙江文物丛刊》1984，2。

4. 周清澍：《金代官职》，《文史知识》1986，11。

第四讲 蒙元时代官制的变化

第一节 成吉思汗建国时期的政权机构

一、大断事官

二、怯薛与怯薛执事官

三、蒙古的分封制与千百户制

四、蒙古对华北与辽西的经略

第二节 窝阔台至蒙哥时期对中原汉地的统治

一、汉地万户的割据

二、蒙古的分封制推行到中原

三、中书省的成立

四、燕京行省的成立

第三节 忽必烈时期的官制改革与元朝官制的建立

一、忽必烈其人与蒙古统治重心的转移

二、元朝中央机构

1.中书省

2.枢密院

3.御史台

4.宣政院及其他机构

三、元朝地方机构

1.削夺汉地万户之权

2.设置行中书省以及行台、行院

3.省以下地方机构

四、元朝官吏的选用与铨叙制度

参考文献：

《元史》卷85-87《百官志》。

韩儒林主编：《元朝史》上册，人民出版社出版。

《中国大百科全书·中国历史》，《元史》卷，大百科全书出版社出版。

周清澍：《元代官职》，《文史知识》1986，12；1987，2-3。

李涵：《蒙古前期的断事官、必阇赤、中书省和燕京行省》，《武汉大学学报》1963，3，又载人民出版社出版的《元史论集》。《也论赫经》，《元史论丛》第三期。

唐长孺、李涵：《金元之际汉地七万户》，《文史》第十一辑。

"参考史料文摘"与"概论"相对应，也分为四个部分，共16页。"一、关于宋代官制"节录了《宋史·职官志》的总叙、宰相、枢密院三部分，赵翼《廿二史札记》卷二五"宋制禄之厚""宋恩荫之滥"两条，未加标点，盖为训练学生的阅读能力。"二、关于辽朝官制"节录了《辽史·百官志》"序"有关南北面官的概述，《武溪集》卷十八《契丹官仪》，《三朝北盟会编》卷二一引《亡辽录》，《续资治通鉴长编》卷一一〇有关契丹官制的记载，以及《辽史》卷四五《百官志》一关于北面朝官的记载，卷三五《兵卫志》中关于斡鲁朵制度的总述，卷四七《百官志》三关于南面朝官的记载，卷四八《百官志》四关于南面方州官的记载（均加标点），以及赵翼《廿二史札记》卷二七"辽官世选之例"（未加标点）。"三、关于金代官制"节录了《三朝北盟会编》卷四重和二年正月丁巳日下关于女真制度的记述，《金史》卷四四《兵志》关于猛安谋克兵制的记载，《金史》卷五五《百官志》一关于金代官志的总叙，《金史》卷五一《选举志》一关于金代科举制度的概述，《三朝北盟会编》卷二四宣和七年十二月所引《金虏节要》,《金史》卷五五《百官志》一关于“行台之制”的记载，刘祁《归潜志》卷七关于金末益政院、行路御史的记载（以上均有标点）。“四、关于元代官制”节录了《元史》卷八五《百官志》一总序部分、关于断事官的记载，卷八七《百官志》三关于断事官、怯薛的记载,《元文类》卷四〇《经世大典序录》“治典总叙·制官”“各行省”两部分。摘录的史料皆与各讲内容相配合，在教学过程中也便于引证及供学生阅读、理解。

第三种是李涵老师手写的讲义,《宋辽金元官制史讲义》（部分），存第二讲、第四讲（当是第三讲）。讲义整齐地写在300字的稿纸上，共49页，一些页边上有补入的小字。内容大致与上述油印提纲相对应（但并不完全相合），应当是李老师的备课讲义。从李老师留在稿纸上的标记可知，这部分讲义正是1988年春季学期讲课用的。

第二讲 蕃汉并行的辽代官制

第一节 辽朝的建立与扩大

一、族源和早期情况

唐与契丹的战争过程。人名不必多讲。契丹与唐安禄山之战。

二、辽朝的建立和扩张

第二节 辽有南北面官制

一、南北面官释义

916年，建国。921年，正班爵。

德光。汴梁。

余靖《武溪集》“契丹官仪”：“胡人之官，领蕃中职事者皆胡服，谓之契丹官。枢密、宰臣则曰北枢密、北宰相。领燕中职事者，虽胡人亦胡服，谓之汉官。执政则曰南宰相、南枢密。”

《长编》卷一一O：“其官有契丹枢密院及行宫都总管司，谓之北面，以其在牙帐之北，以主蕃事。又有汉人枢密院，中书省、行宫都总管司，谓之南面，以其在牙帐之南，以主汉事。”

《辽史·萧孝忠传》：“国制，以契丹、汉人分北、南枢密院治之。孝忠奏曰：‘一国两枢密，风俗所以不同。若并为一，天下幸甚。’”

《辽史·刑法志》：“太平六年下诏曰：‘朕以国家有契丹、汉人，故以北、南二院分治之。’”

二、中央官制

（一）北面朝官

1. 北枢密院，北、南宰相府，大惕隐司，大于越府，夷离毕院，大林牙院。

《辽史·百官志》：契丹：北枢密院、南枢密院。

汉人枢密院。

一国三枢密之说，源自《百官志》，为现在史学界通常说法。杨树藩《辽金官制》、张正明《契丹史略》、蔡美彪《中国历代官制讲座》三十（《文史》）、赵云田《辽朝北面官制度考》均主此说。此说与《辽史》纪传所记并不相合。当以北、南二枢密院为是。

2. 北宰相府。二十部，后五十余部。夷离堇。后圣宗时均改称节度。

北南大王院。五院部、六院部。

3. 大惕隐司。908年说。

4. 大于越府。

（二）南面朝官

两类：一为后唐后晋降官，仍用原名，但非实任。一为太祖以来任用汉人，仿唐制任命的，虽与原义不合，但为实任。大体沿袭唐制，以为式样。

汉儿司：以韩知古主之。

1. 南枢密院，又称汉人枢密院。太宗初创，世宗完成。

命张砺、李崧、冯道等管汉人事务。十年前，以赵延寿任枢密使，韩延徽亦任枢密使，只是沿用后唐、后晋官制。第一任枢密使为高勋，兼管尚书省大部分职掌。六部，除礼部由中书省管外，其他五部均隶枢密院，称房：吏、兵、刑、户、工五房，前三房设承旨，后二房设主事。最高长官为南面枢密使，位高权重。

2. 政事省与中书省。韩知古总知汉儿司，后任中书令（虚衔）。

950年世宗设政事省，仅次于南枢密院。承天太后（萧燕燕）执政时，韩德让拜南枢官使，兼政事令，对政治制度进行改革，汉人地位有所加强。

政事令亦称大丞相，下有左、右丞相。1043年，圣宗改政事省为中书省，只是管汉人事务的长官，地位不能与南枢密院相比。

3. 翰林院。除撰写诏令外，也管汉人事务，如刑狱。后期契丹人也进入翰林院，称南面林牙。

4. 大理寺。司法机构，长官大理卿、提点大理寺、大理正。

5. 御史台。设于太宗时，938年。弘和六年规定御史台可受大理寺已决之案，复查刑狱。

（三）四时捺钵

1. 捺钵释义。为皇帝四节外出渔猎所设行帐，称捺钵，即行在。

2. 捺钵与辽代政治。冬、夏各开一次大政会议。汉官大都回中京。

三、辽代的地方统治机构

也是两套：

1. 五京州县制。五京下设五道，设州县，共三级政府。

谭其骧认为辽后期，1007年以后，政治中心在中京。

2. 头下军州。租是田租，税是课税。以部曲充焉。

3. 斡鲁朵（行宫）。每个皇帝的后裔均属原斡鲁朵，继为帝者另立斡鲁朵。

管理体系：契丹行宫都部署，汉人行宫都部署。与北、南枢密院是平行机构。任都部署的，均高官。

汉人行宫都部署，掌斡鲁朵中的汉、渤海人的军、民二政。

4. 奚王府和东丹国制。

东丹国三省（宣诏、中台、政堂）并为一省，设左右大相、左右次相，共四相。年号甘露，自为一国。东丹，即东契丹国之义。928年，太宗迁大批渤海人到东平郡，改称南京。二年后，耶律倍奔后唐，太宗撤销东丹国，建中台省管理东丹故地。世宗继位，恢复东丹国，以安端为东丹国主，设二相。圣宗后，又撤销东丹国。

第三节 辽的选官制度（辽朝官员的选用）

汉、渤海人入仕之途，在前期无一定除授之法，主要看其社会地位。后期则以科举入仕，但界限并不明显，少数显贵家族也可有世选特权。末期，契丹人亦有科举出身者。

契丹、奚等族则用世选。《辽史·逆臣传》“论”：“秉国钧，握兵权，节制诸部帐，非宗室、外戚不使。”

景宗时，976年，设礼部贡院；圣宗时，988年，始开科举，建国已六十余年。分乡、府、省三级考试。乡曰乡荐，府曰府解，省曰及第。兴宗时，1036年，又增加了殿试。四中始得进士资格。试诗赋经义，有诗赋状元、经义状元。后改经义为法律。诗为正科，法为杂科。每次只考中二至四人，最多六人。1006年（统和二十四年）以后，录取人数增长，从数十到上百人。奴隶、医卜、屠贩不许参加考试。

第四节 简评

特点：

一、南北双重体制。

二、中央集权程度不高。贵族权大，把持朝政，往往可称兵作乱，杀掉皇帝。

第三讲 金代政治制度的演变及其与汉地的关系

一国的政治制度通常是随着这个国家的政治局势的变动而变化的，金朝也不例外。女真族建立金朝以后，随着疆土的不断扩大，所包括的汉族人民日益增多，在从以部落制为基础的雏形国家制度向一个中央集权国家体制发展的过程中，其官制也由女真制度变为女真制和汉制并用的制度，最后则变为单一的汉制。为了考察金朝官制的演变过程，有必要先回顾一下金朝发展的历史。先抄一下金的帝系表。

一、金的建国与疆域的扩大

金是女真族建立的国家，女真是我国东北古老的少数民族之一，在南北朝时名勿吉（共有七部），隋时改成靺鞨（共有几十个部落）。唐初，其中最大的两部称粟末靺鞨、黑水靺鞨。各部发展不平衡，粟末靺鞨与唐来往较多，文化较发达。唐武则天时粟末靺鞨因受契丹攻击，东迁到牡丹江上游、长白山以北，以粟末部为中心，建立了包括汉人、高丽人和东北境内其他族人民在内的政权，即渤海国。王室姓大氏，经济文化相当发达。开元八年（713），唐封其王大祚荣为渤海郡王，从此改成渤海国。“有文字、礼乐、官府、制度”，有五京、十五府、六十二州，有户十余万。其疆域东至于海，北至于黑水（黑龙江），西接契丹（包括开原、长春、农安等地），南至朝鲜的德源。渤海经常派留学生到长安太学学习，并将汉文书如《三国志》《晋书》等带回国内。后唐天成元年（926），渤海为契丹所灭，阿保机把大批渤海贵族和人民西迁到西辽河流域和辽东半岛，建立东丹国作为辽的一个封建诸侯王国。

黑水靺鞨在粟末靺鞨之北，今松花江和黑龙江中下游，曾附属高丽。开元中，唐在黑水部所在地设黑水府，以其部长为都督。渤海强盛后，黑水部受其役属。五代时，渤海为契丹所灭，改附属于契丹。因避兴宗讳（名宗其），改称女真。其住在南面的号熟女真，其中豪右数千家，被辽迁于辽阳之南，编入契丹户籍；北面的称生女真，不在契丹籍，居住在长白山以北到混同江一带，千余里之地。混同江亦称黑龙江，所谓“白山黑水”是也。实分布在今黑龙江上游的松花江一带。生女真尚处于氏族社会末期，计十余万户。他们从事游牧，同时从事渔猎采集，如从森林中捕得的青鼠、貂鼠、鹰、鹘，和采集的人参、蜜蜡、松实，生金和大珠都是著名的土产，还有名马、牛、羊、猪。半穴居。完颜部长绥可（十世纪中叶以后）时，“耕垦树艺，始筑室”，定居于安出虎水（今阿什河，在阿城县东）之侧（在今哈尔滨东南）。随着生产的发展，生女真逐渐强大。十一世纪中，乌古迺为部长时，又以重金向契丹、高丽购买甲胄等铁器，自己也能烧炭炼铁了（1961年在阿城发现金初采矿和冶铁遗址）。他们“力农积谷，练兵牧马”，渐渐吞并附近部落，并用条约治理本部人民。乌古迺接受辽“生女真部族节度使”的称号（被追赠为景宗），依靠辽的威势而扩大自己的势力。又过了几代，传到乌骨迺的孙子阿骨打为完颜部部长时，统一了生女真各部，其羽翼已丰，又看到辽的腐败无能，而辽对生女真压迫更加横暴，于是在1114年起兵反辽。

［当乌古迺第五子盈歌（史称穆宗）为部长时，仅有甲兵千人。］首先攻下了辽的军事重镇宁江州（吉林五家站），当时女真甲兵不过2500人。以后又攻下了出河店（今吉林扶余县附近），合并了一些部族，兵始满万。

1115年正月，完颜阿骨打称帝，国号大金，年号收国，以会宁府（今黑龙江阿城县）为国都。

1116年正月，渤海人高永昌起兵反辽，占领了东京及其附近州县，想恢复渤海国，不愿向金称臣。于是金于四月进兵。高永昌兵败被杀。于是东京州县及南路系辽籍女真（即熟女真）皆降于金。"诏除辽法，省税赋，置猛安谋克一如本朝之制，以斡鲁为南路都统。"（《金史·太祖纪》）中间与辽停战了几年，往返交涉谈判。不久又开始了与宋的交涉，讨论联合灭辽的条件。

1120年五月，金攻取了辽的上京临潢，并和宋缔结了夹攻辽的盟约。

1122年金按与宋之约，先后攻占了辽的中京大定府（正月）和西京大同府及西路州县（三月），而宋军攻燕京失利。至十二月，燕京又为金所攻占，辽之五京先后落入金手。1123年八月，阿骨打从燕京回上京途中去世。除燕京外附近州县交给宋朝。至1125年（天会三年），辽的天祚帝被擒，辽亡。金乃占领辽之全境。时阿骨达已死，为太宗吴乞买时事。以上为金国发展之第一阶段。

由于争夺燕云十六州问题，宋金关系逐步恶化。1125年金兵南下攻宋。次年攻陷宋都开封。1127年，俘虏宋徽、钦二宗北去，遂占领河北、山西、山东，并进兵蹂躏河南、陕西。但此时金并无直接统治中原的力量。因此，在河南、陕西先后建立伪楚、伪齐政权，使之作为宋金间的缓冲。1137年，金废刘豫，把河南、陕西一度归还给宋，但不久毁约。此后，宋金间连年战争，直到1141年双方议和为止。此为金国发展第二阶段。

1141年，绍兴和议，规定东自淮水，西自大散关，为宋金两国的分界线。金和西夏也划定了边界。时为金熙宗皇统元年（1141年）。河南、陕西由金直接统治。此时金的疆域包括东北、内蒙古及整个黄河流域。此为金国发展的第三阶段。

随着金国疆域的扩大，境内汉族的人数越来越多，所面临的问题也越来越复杂。政治形势的这种变化，不能不引起官制的变化。现分成几个阶段，叙述其演变的过程。（旁注：88.4.20，共二节。）

二、金朝初期的官制（1115—1137）

从金国建立以后，到熙宗天眷元年（1138）改官制以前，大致相当于金国发展的第一、二阶段，包括金太祖、太宗和熙宗初年。

（一）此时期金之统治政策

其一，政区地理。此时仍以东北为中心，表现为移民以实京师（首都在会宁府，熙宗天眷元年，始号上京）或内地。《金史》卷一三三《叛臣·张觉传》称："太祖每收城邑，往往徙其民以实京师，民心多不安。"如攻下泰州、沈州等地，均徙民内地。天辅六年（1122），迁山西诸州民于会宁；

七年，迁山西诸部族于岭东（大兴安岭以东之地）。又如下燕京，以之与宋，而迁其人，并包括澶、顺、涿、易、幽、蓟六州之民，因此引起张觉据平州反金。1123年，平州附近的迁、来、隰、润之民被迁往沈州，居民纷纷据山砦自保。金既持东北重心政策，其武力愈向西南发展，其核心亦愈扩大，其外辅（外围）亦层层外延，由会宁而临潢，由临潢而燕云，最后一层则宋属河北、河东地。于是人民之政治地位亦因之而异。凡金不打算占领地方的人民，则掠到或迁到自己势力范围以内。随着占领区的扩大，被金视为自己领土的地方，纷纷移民以实之。

其二，文化上为实行女真本位的同化政策。自太祖至熙宗之初，虽已接受契丹所传播之汉文化，但仍守旧俗，一度强迫汉人接受胡俗，以统一于同一文化之下。“既归本朝，宜同风俗”，否则认为是怀念旧国的表现。如在河北实行易俗令。天会七年六月，“禁民汉服，及削发不如式者死。”有人因削发不如式或服汉服而被斩于市，使“布帛大贵，细民无力，坐困于家，莫敢出焉”。后因遭到汉人反抗，实行不通，故得河南后，未再推行。

其三，组织形式上，采取女真本身的组织形式来统治。如以猛安谋克制来编制降人，无论契丹、渤海、汉人，一律处于同一组织形式之内。“置猛安谋克，一如本朝之制”，是初期攻下东京、上京、西京时的办法。到1122年攻下燕京后，有所改变。（旁注：4.14.第二节。）

（二）初期官制

1. 勃极烈制。太祖建国以后，任命了一批贵族，担任勃极烈，成为金朝的行政中枢。勃极烈，是女真语“官长”之意。女真语称部长为孛堇，亦有译作勃堇者，清转译为贝勒，二者语源相同。我怀疑与勃极烈均为同音异译的词汇。在女真社会中，孛堇一词应先出现，后乃用勃极烈来称呼大官。

补：《太祖纪》收国元年七月戊辰，“以弟吴乞买为谙班勃极烈，国相撒改为国论勃极烈，辞不失为阿买勃极烈，弟斜也为国论昃勃极烈。”同年九月，“以国论勃极烈撒改为国论忽鲁勃极烈，阿离合懑为国论乙室勃极烈。”

《金史》卷五五《百官志》一对勃极烈制的介绍很简单，它说：“金自景祖（乌古迺）始建官属，统诸部以专征伐，嶷然自为一国。其官长，皆称曰勃极烈，故太祖以都勃极烈嗣位，太宗以谙版勃极烈居守。谙板，尊大之称也。其次曰国论忽鲁勃极烈，国论言贵，忽鲁犹总帅也。又有国论勃极烈，或左右置，所谓国相也。其次诸勃极烈之上，则有国论、乙室、忽鲁、移赉、阿买、阿舍、昃、迭之号，以为升拜宗室功臣之序焉。其部长曰孛堇，统数部者曰忽鲁。凡此，至熙宗定官制皆废。”

《金史》最末附有《金国语解》官称：“都勃极烈，总治官名，犹汉云冢宰。谙版勃极烈，官之尊且贵者。国论勃极烈，尊礼优崇得自由者。胡鲁勃极烈，统领官之称。移赉勃极烈，位第三曰‘移赉’。（《松漠纪闻》云：阿卢里移赉，彼云第三个官人，亦呼为相公。）阿买勃极烈，治城邑者。乙室勃极烈，迎迓之官。札失哈勃极烈，守官署之称。（不知是否即指阿舍？）昃勃极烈，阴阳之官。迭勃极烈，倅贰之职。”

显然，勃极烈制是从原有的氏族部落组织演变发展而来的。《百官志》告诉我们，随着女真社会内部的阶级分化，从乌骨迺时期逐渐建立官署，但是最早有哪些官职，其任务为何？在建立国家之后，又增加了哪些官职？其性质、地位又发生了什么变化？这些都未明确交代。要找答案，只有从《金史·本纪》中去找。一是查阿骨打的先世，《本纪》第一叙述了阿骨打以前十代部长的历史。再就是查阿骨打建国后，从太祖、太宗和熙宗本纪，去找建国后官职的变化。其次是从担任过勃极烈的人的列传中去查。最后从其他书籍如《大金国志》《松漠纪闻》等书去查。把这些有关史料汇集起来加以分析、归纳，就可得出比《百官志》更详细具体的一些答案。

都勃极烈在《本纪》中，也有写作众部长、诸部长者，是各部落联盟的领袖，其下为谙班勃极烈。太祖以弟吴乞买为之，是皇帝的继承人（皇储）。但这个名称未见于太祖称帝以前的《世纪》，似乎是建国后新设的。而国论勃极烈（亦有意译为国相者）的历史，则要比它早得多。《金史》卷一《本纪》称：“国相之称，不知始何时。初，雅达为国相。……景祖以币马求之于雅达，而命肃宗为之。肃宗（颇刺淑，景祖乌古迺第四子，继世祖劾里钵为节度使）自幼机敏善辩。当其兄（指世祖劾里钵）时，身居国相，尽心匡辅。……用兵之际，肃宗屡当一面。尤能知辽人国政人情。凡有辽事，一切委之肃宗专心焉。……大安八年（1092），自国相袭位。”（补：

《金史》卷一《世纪》有肃宗在大战前，下马，名呼世祖，复自呼其名而言曰："若天助我当为众部长，则今日之事神祇监之。"）又据《金史》卷六七《桓赧传》：其父雅达，亦完颜部人，居邑屯村。"雅达称国相，不知其所从来。景祖尝以币与马求国相于雅达，雅达许之。"从这两段史料可以看出：一、国相一职，在乌骨迺以前就已存在了。其产生最早，大约本来于部人推选，但这时已成为雅达的专有权利，可以用一定财物为代价转让给别人了。二、国相的职责是辅佐都勃极烈，用兵时独当一面，并负责对辽的外交事务。三、以国相身份继承其兄为都勃极烈，在国相之上并无谙班勃极烈存在。颇剌淑为都勃极烈后，国相职位由谁担任，史无明文。我推测很可能由盈歌担任。（补：因（1）不可能空缺。（2）颇剌淑的前例，国相为都勃极烈的继承人。（3）盈歌任众部长之后，乃命撒改继。《撒改传》有"继肃宗为国相"之语。《欢都传》则有"君相皆渠辈为之，奈何"之语。）《世纪》称盈歌（后谥为穆宗）"以兄劾者子撒改为国相"。以后在康宗乌雅束和太祖阿骨打任都勃极烈期间，以至金国建立后，一直担任国相。（补：但盈歌死后，继位的非国相撒改，而为世祖长子乌雅束；乌雅束死后，则由其弟阿骨打继位。世祖死前，曾对盈歌说："乌雅束柔善，若办集契丹事，阿骨打能之。"似世祖死前对后事继承问题，与诸弟已有协议。）《金史》卷七〇《撒改传》云："穆宗初袭位，念劾者长兄不得立，遂命撒改为国相。……康宗没，太祖称都勃极烈，与撒改分治诸都，匹脱水以北太祖统之，来流水人民撒改统之。"以后劝阿骨打称帝及伐辽大计，都受到撒改的赞成与支持。“撒改自以宗室近属，且长房，继肃宗为国相，既贵且重，故身任大计，赞成如此，诸人莫之或先也。”又称其“为人，敦厚多智，长于用人，家居纯俭，好稼穑。自始为国相，能驯服诸部，讼狱得其情，当时有言：‘不见国相，事何从决。’”可见国相之地位很高，权力甚大，参与国家大计之决策（劝阿骨打称帝，伐辽），所掌有稼穑、讼狱等职务。太祖即位后，仍继续任国相。半年后，七月，“始封官”，以吴乞买为谙班勃极烈，国相撒改为国论勃极烈，辞不失为阿买（治城邑者）勃极烈，弟斜也为国论昃（阴阳之官）勃极烈。这时始将吴乞买的地位置于国相之上。过了两个月，九月，以撒改为国论忽鲁勃极烈，阿离合懑为国论乙室勃极烈（迎迓之官，三上次男考证为主管外交事务者）。由此可见，国论忽鲁勃极烈是建国后才设立的，其义为总理国务大臣。（补：忽鲁有都统、辖、总管之意）。这些勃极烈虽地位有高下，但都是能“参议国政”的。他们构成了全国的统治核心。勃极烈会议，成为最高的权力机关，和清初的议政王大臣会议类似，都是氏族社会末期贵族议事会的遗俗。金国皇帝不过是贵族的首领，并不是后来意义的专制帝王。《金虏节要》称他们：“虽有君臣之称，而无尊卑之别，乐则同享，财则同用，至于舍屋、车马、衣服、饮食之类，俱无异焉。……君臣宴然之际，携手握背，咬头扭耳，至于同歌共舞，莫分尊卑而无间。……情通心一，各无觊觎之意焉。”（补：《大金国志》卷十：“女真之初，尚无城郭，星散而居。国主晟尝浴于河，牧于野，屋舍、车马、衣服、饮食之类与其下无异。金主所独享者，惟一殿，名曰乾元。……其殿宇绕壁尽置大炕，平居无事则锁之，或时开钥，则与臣下杂坐于炕，后妃躬侍饮食。”）和一般女真人也比较接近。洪皓《松漠纪闻》说：“胡俗旧无仪法，君民同川而浴，肩相摩于道，民虽杀鸡亦召其君同食。”

当时文武不分，勃极烈出将入相，在有大的军事行动时，则从勃极烈中任命统帅，称为都统。

2. 猛安谋克制

《金史》卷四四《兵志》：“金之初年，诸部之民无它徭役，壮者皆兵，平居则听以佃渔射猎习为劳事，有警则下令部内，及遣使诣诸孛堇征兵，凡步骑之仗糗皆取备焉。其部长曰孛堇，行兵则称曰猛安、谋克，从其多寡以为号，猛安者千夫长也，谋克者百夫长也。谋克之副曰蒲里衍，士卒之副从曰阿里喜。部卒之数，初无定制。至太祖即位之二年，既以二千五百破耶律谢十，始命以三百户为谋克，谋克十为猛安。”以上材料说明金初是实行全民皆兵的，有时则向诸部长孛堇征兵，武器糗粮均由士兵自备，是义务兵制。平日，其部长称孛堇，行军时称猛安或谋克，根据其人数多少而定。千人左右为猛安，百人左右为谋克。“部卒之数”。太祖虽规定三百户为谋克，三千户为猛安。实际上并不能认真做到。我们看到的许多实例，一般均不足此数。猛安谋克，本来是部落武装。有事时作战，平时从事生产。建国后，由于战争频繁，其军事性质越来越强，内迁后被汉人称为屯田军。但女真人男女老幼均被编制在内，所以也是地方行政组织。

初期，对于降附的其他各族人民，也一律用猛安谋克的组织形式加以编制。《金史》卷四四《兵志》：“继而诸部来降，率用猛安、谋克之名以授其首领而部伍其人。出河之战兵始满万，而辽莫敌矣。及来流、鸭水、铁骊、鳖古之民皆附，东京既平，山西继定，内收辽、汉之降卒，外籍部族之健士。尝用辽人讹里野以北部百三十户为一谋克，汉人王六儿以诸州汉人六十五户为一谋克，王伯龙及高从祐等并领所部为一猛安。”

在猛安之上，又设有万户。万户地位相当于女真的都孛堇。都孛堇，即几个部落之长，地位在孛堇之上。行军则成为万户。后来降服的汉人，也有授万户的。

为了对外用兵的需要，又陆续设立了更大的军事机构都统司，《金史》卷四四《兵志》云：“收国元年十二月，始置咸州军帅司，以经略辽地，讨高永昌，置南路都统司，且以讨张觉。天辅五年袭辽主，始有内外诸军统之名。时以奚未平，又置奚路都统司，后改为六部路都统司，以遥辇九营为九猛安隶焉。与上京及泰州凡六处置，每司统五六万人。”都统有时亦称军帅，或平时称军帅，战时称都统。每都统司统五六万人之多。金对新占领区在初期实行军事统治，所以都统司（后改为元帅府）就成为地方上最高的统治机构，独当一面，有很大的权力。

3. 汉地枢密院之设置

从名称上看，似乎是金的中央机构，其实不然，它只是设在地方上，专治汉地的机构。

天辅六年年底（1122），金国攻下燕京后，在次年设中书省枢密院于广宁（今辽宁北镇）。命令辽的降臣左企弓前往主持其事。左企弓是在燕京陷落时投降的。根据宋金盟约，本应由宋负责攻取燕京的，结果为金所攻克，宋朝付了很大的代价，金才答应将燕京归还给宋。但在走前大肆掠夺，并将城里的居民一起掠走。这些被强迫迁徙的人背井离乡，满腹怨恨，当路过平州（河北卢龙）时（1123年四月），便鼓动平州的守将张觉（亦作縠）起兵反金，杀了随迁民一起前往广宁的降官左企弓等。于是金又命刘彦宗接替他的职务，辅佐负责镇压讨伐平州的大将宗望。金军驻广宁。《金史》卷七八《刘彦宗传》称："及张觉败奔于宋，众推张敦固为都统，杀使者，乘城拒守，攻之不肯下。彦宗同中书门下平章事，知枢密院事，加侍中，佐宗望军。宗望奏，方图攻取，凡州县之事委彦宗裁决之。"天会二年（1124）五月，金兵攻下平州后，又将枢密院从广宁迁往平州。汉族人民的反抗，迫使金国统治者不能不改变政策。一方面宣布"迁、润、来、隰四州人徙于沈州者，俟农毕各复其业"，并下诏"南京官民，大小罪皆释之"，"别敕有司轻徭赋、劝稼穑"；一方面，取消了用猛安谋克制管理汉人的办法，仍恢复原来的州县制度，留用辽国原来的地方官，"官职如旧"，利用他们来统治当地人民。即《金史》卷四四《兵志》所云："平州既平，宗望恐风俗糅杂民情弗便，乃罢是制，诸部降人但置长史，以下从汉官之号。"

天会三年（1125），金举兵攻宋，再度攻下燕京，又将枢密院移置燕京。自设枢密院后，"凡汉地选授，调发租税，皆承制行之。故自时立爱、刘彦宗及企先辈，官为宰相，其职大抵如此。”即管理汉地官吏的选授和征收赋税，同时也兼管汉军。如天会三年伐宋后，“诏彦宗兼领汉军都统。”又据《大金国志》称：天会三年十二月，“斡离不（即宗望）、粘罕（即宗望）分道入侵南宋，东路之军斡离不主之，建枢密院于燕山，以刘彦宗主院事；西路之军粘罕主之，建枢密院于云中，以时立爱主院事。国人呼为‘东朝廷’、‘西朝廷’。”《金史》卷七八《韩企先传》后附赞曰：“太祖入燕，始用辽南、北面官僚制度。是故刘彦宗、时立爱规为施设，不见于朝廷之上。军旅之暇，治官政，庀民事，务农积谷，内供京师，外给转饷，此其功也。”金要通过这些汉官为他们剥削汉民，内代京师之消费，外供军队之粮饷，才是问题的关键所在。天会六年（1128），刘彦宗病死，乃用韩企先代为同中书门下平章事、知枢密院事。《大金国志》称，此时并燕京知枢密院于云中，除韩企先为相，同时立爱主之。天会七年（1129）迁企先尚书左仆射兼侍中，封楚国公。他们虽号称宰相，其实只是治理汉地的官员。中书省枢密院相当于辽之汉人枢密院。当时掌握汉地军政大权的是都统司，他们可以除授官吏，不必经过朝廷批准。汉人枢密院不过是他们的下级机构，执行他们的命令而已。这个时期官制的特点是：在中央政府，仍是以勃极烈为中枢机构，同时也设立了尚书省、中书门下等汉官组织。《金史》卷七八《韩企先传》云：“斜也、宗幹当国，劝太宗改女直旧制，用汉官制度。天会四年，始定官制，立尚书省以下诸司府寺。十二年，以企先为尚书右丞相，召至上京。……

于是，方议礼制度，损益旧章。”这是适应灭辽与灭北宋以后疆域扩大的需要而行的。地方上则是猛安谋克与州县制两套行政机构并存的局面。

三、金熙宗时期的官制改革

（一）政治形势的变化

1．金熙宗统治期间（1135—1149），金已巩固了对宋之两河（今河北、山西地区）的统治。天会十五年（1137），因伪齐不起作用，乃废伪齐傀儡政权。对于伪齐所统治的河南、山东、陕西之地，究如何处置，在金朝统治者中，有两种意见。一派主张以废齐旧地与宋，以求得与宋和好。此派以太宗长子宗磐（太师，尚书令）、挞懒（左副元帅，握兵柄）、宗隽（东京留守，太祖子）为首。另一派坚决反对，主张直接统治黄河以南之地。此派以宗幹（太傅，领三省事，太祖长子，但官居宗磐之下）、完颜希尹（以元帅左监军为尚书左丞相兼侍中）和宗弼（太祖四子，右副元帅，亦有兵权，与挞懒聚在河南）为首。开始宗磐等占优势，于是实行割地之议。但不过一年，反对派发动突然袭击，以宗磐等人谋反为名，前后杀宗磐、宗隽与挞懒，撕毁与宋的和约，发兵攻宋。岳飞、韩世忠等进行反攻，虽然胜利，但为宋高宗、秦桧所破坏。在绍兴议和后，宋金双方划定了边界：淮水与大散关以北均属金。黄河以南、淮水以北的广大中原地区都纳入了金朝直接统治的范围。其中，河南是北宋的统治中心，经济文化素称发达，居于全国的前列。要统治这样广大的汉族地区，势必在统治方针、政策以及政治机构方面加以调整与变化，方能适应新形势的需要。

2. 女真贵族内部矛盾的增长

随着金朝领土的扩大，掠夺财富的增加，女真统治者内部争权夺利的斗争也逐渐加剧了。首先表现在推定谁充当太宗的继承人的问题上。按照女真的传统，在继承问题上，实行兄终弟及、立嫡立长的原则。如世祖死后，传给四弟肃宗（颇刺淑）；肃宗传给五弟穆宗（盈歌）；穆宗传给世祖长子康宗（乌雅束），康宗传给二弟太祖，太祖传同母四弟太宗。太宗继位后，即以同母弟斜也（杲）为谙班勃极烈，即预定为皇位的继承人，仍遵守兄弟相传的老传统。但天会八年（1130），斜也病死后，究以何人充继承人，因发生争执，长期悬而未决。斜也死后，世祖嫡子已无存，照理应复归兄子，则太祖诸子均可继承。太祖长子宗幹（庶出）认为己当立。宗磐认为自己为太宗长子，嫡出，当立。宗翰为国相撒改之子，年长，功高，当立。几方面相持不下。从太宗本意，似欲立己子宗磐。但当时皇帝尚不能独断专行。宗翰等最后与宗幹、完颜希尹合议，推太祖嫡长孙，宗峻之子合剌为继承人，以抵制太宗诸子。宗幹为合剌伯父，宗峻死后，妻其妇，故视合剌如己子。希尹则利其幼弱（时合剌仅十五岁），便于操纵，故赞成其事。宗翰为左副元帅，希尹为元帅左监军，均握有兵权。请之再三。“太宗以宗翰等皆大臣，义不可夺，乃从之。”遂立熙宗为谙班勃极烈。可见熙宗之立，乃双方相持不下的一个折中方案，而有利于太祖一系的解决办法。但同时以皇子宗磐为国论忽鲁勃极烈，以宗幹为国论左勃极烈，宗翰为国论右勃极烈、兼都元帅，太祖子宗辅为左副元帅，将太宗系的宗磐置于宗幹、宗翰等之上，是为了取得平衡，保持太宗一系的势力。熙宗即位后，两派的斗争仍继续进行。最先被排斥的是宗翰，先杀高庆裔，翦其羽翼，宗翰愤懑而死；接着是太宗系与太祖系的争权，宗磐、挞懒等被杀，是对太宗系的一次沉重打击。但太宗其他儿子仍在，斗争并未结束。

此外，皇权与贵族权力的斗争，在熙宗也已开端。《金虏节要》称："今虏主完颜亶也。自童稚时，金人已寇中原，得燕人韩昉及中国儒士教之。其亶之学也，虽不能明经博古，而稍解赋诗翰墨，雅歌儒服，烹茶焚香，弈棋战象，徒失女真之本态耳。由是与旧功大臣，君臣之道，殊不相合。渠视旧功大臣，则曰'无知夷狄'也；旧功大臣视渠，则曰'宛然一汉家少年子'也。既如是也，欲上下同心，不亦难乎？又自僭位以来，左右诸儒，日进谄谀，教以宫室之状，服御之美，妃嫔之盛，燕乐之侈，乘舆之贵，禁卫之严，礼义之尊，府库之限，以尽中国为君之道。今亶出则清道警跸，入则端居九重。旧功大臣非惟道不相合，仍非时莫得见，瞻望墀阶，迥分霄壤矣。"

熙宗时期的官制改革，就是在上述背景下进行的。

（二）天眷官制

金朝的官制，从太宗末年已进行改革。《太宗纪》十二年正月甲子，"初改定制度，诏中外。"天会十三年三月，熙宗即位后的任命，即不再用勃极烈等称号，如"以国论右勃极烈、都元帅宗翰为太保，领三省事，封晋国王。"此项改革，至熙宗天眷元年（1138）八月颁行官制，而宣告完成，因此，通常将这次所制定的官制称为天眷官制。

这次改革的一个重要特点，就是在中央废除了勃极烈制度，而改用汉官之制。（旁注：5.5.第一节。）

改革以后的官制是：

1. 中央官制

（1）设三师：太师、太傅、太保各一员，皆正一品，师范一人，仪刑四海。仪，礼也；刑，法也。仪刑，犹法式。

三公：太尉、司徒、司空各一员，皆正一品。论道经邦，燮理阴阳。以上均为名誉职。以授元老重臣，并无实际职掌。（补：如天会十三年，宗磐先以尚书令为太师，希尹为尚书左丞相兼侍中。天会十四年，以太保宗翰、太师宗磐、太傅宗幹并领三省事。）

（2）尚书省：

尚书令一员，正一品。总领纪纲，仪刑端揆。（补：端，首也，谓百官之首，指宰相。）

左丞相、右丞相各一员，平章政事二员，皆从一品。以上为宰相。掌丞天子，平章万机。

左丞、右丞各一员，正二品；参知政事二员，从二品。为执政官，为宰相之贰，佐治省事。

尚书令不常设，十之七八以皇子兼，皇子小则以亲王兼，权极大，可独断专行。左右丞相多为女真人，偶有得宠汉人任此，但极少。汉人能做到平章政事已不易。实际上，以此八名官员处理尚书省的政务。同时设有中书省与门下省，名义与尚书并行，实际不重要，只保留形式而已，故正隆时期被取消。

尚书省下有左司、右司，每司设郎中与员外郎各一员，掌本司奏事，及六部受事、付事、文书，并兼修起居注官。尚书省下有吏、户、礼、兵、刑、工六部，每部设尚书、侍郎等官，掌部务。

尚书省是金朝的行政中枢机构，犹宰相府。

（补：《系年要录》云："尚书省置令，次左右丞相，皆平章事。左右丞，皆参知政事。侍中、中书令，皆居丞相下，仍为兼职。……六部初止吏、户、礼三侍郎，后置三尚书，仍兼兵、刑、工。既而，六曹皆置尚书。"洪皓《鄱阳集》卷四云："左右丞相以见有人，故以侍中、中［书］令居其下，仍为兼职。"我怀疑中书门下共一省，而非两省，辽代即已如此。正隆元年正月，罢中书门下省。）

（3）元帅府。掌征讨之事，兵罢则省。

为金之军事中枢机构，天会三年（1125），伐宋始置，置都元帅一员，从一品；及左右副元帅各一员，正二品；元帅左右监军各一员，正三品；左右都监各一员，从三品。共七人。金制，都元帅必以谙班勃极烈为之，恒居守而不出。后废除勃极烈制，宗弼曾于天眷元年，任都元帅，后兼领行台尚书省。后又进尚书左丞相、太师领三省事，始终为都元帅，及领行台尚书省事，直至去世。（补：元帅、副元帅，初年皆皇族担任；左右都监，其他女真人可做。熙宗时，别的女真人亦可任都元帅。）（旁注：88.4.27，第一节。）

元帅府下诸路各设兵马都总管府，长官为兵马都总管。州镇置节度使。沿边州则置防御使。

在边疆，则设有特设机关西南路招讨司（丰州，在今呼和浩特以东）、西北路招讨司（桓州，治清塞，今内蒙古正蓝旗西北）和东北招讨司（以黄龙府为东北路，治泰州，今吉林洮安东）。各司有招讨使、副使。主要为防备北方各部族，而西北、西南两招讨司主要靠契丹人为之防守。

（补：据《金史》卷二四《地理志》注42。据《大金国志》："招讨司三处：西南路，丰州置司；西北路，桓州置司；东北路，泰州置司。）（又补：泰州，辽置，治所在乐康，今吉林洮安东，辖境相当于今洮河上游地区。）

（4）御史台。监察机关，仿宋。

设有御史大夫、御史中丞、侍御史、治书侍御史、殿中侍御史和监察御史等。辽的南面官中是有御史台，但无事可做。金汉化程度较辽深，御史台有事可做。

此外，尚有统帅皇帝亲军的殿前都点检司，还有掌管皇族事务的大宗正府，掌应奉文字、制撰词命的翰林学士院，掌兼修国史的国史院等。

总之，天眷改制基本仿宋官制。同时也保留了小部分辽的官名，如详稳、移里堇、秃里等。

2. 地方官制 兼采辽制与宋制

（1）行台尚书省。

天会十五年（1137），金废伪齐政权后，置行台尚书省于汴京。次年（天眷元年），金把河南地归还宋，于是将燕京的枢密院改为行台尚书省。这样，燕京的行台尚书省成为中央尚书省的派出机关（初以挞懒为行台尚书左丞相，不久挞懒被杀，宗弼遂以都元帅领行台尚书省），其职责仍是管理汉地的民政和赋税。“诏诸州郡军旅之事，决于帅府。民讼钱谷，行台尚书省治之。”天眷三年（1140），金重新占领河南、陕西，于是又将行台尚书省迁到汴京，行台遂成为统治黄河流域汉地的最高的行政机构。后来，完颜亮迁都燕京，解决了统治中心在东北、距离汉地过远的矛盾，于是将行台撤销。（补：《金史》卷五《海陵纪》：天德二年十二月己未，“罢行台尚书省”。三年四月丙午，诏迁都燕京。贞元元年三月，正式迁都。）以后虽有行台或行省的设置，但都是临时性的，事毕即撤销。金末，由于蒙古的入侵，金中央政权南迁到开封，在黄河以北设置了许多行省。但由于处于混乱状态，辖区和名称都很不稳定，废置无常。

（2）诸京留守司。袭辽制，建五京。

天眷元年时，金的五京为上京会宁府（国初称内地，天眷元年号上京）、北京临潢府（天眷元年改北京，天德二年去之，为临潢府路，大定后罢路）、东京辽阳府、中京大定府（贞元元年更为北京）、西京大同府和燕京析津府（贞元元年改为中都大兴府。辽太宗时为南京，圣宗时改燕京）。各京设留守司，有留守一员，正三品，带本府尹兼本路兵马都总管，权极大，皆以女真族担任，汉人很少任此职者。各京又设有警巡院，加强军事警戒，并平理狱讼。

诸总管府。

为路一级之机构。天眷元年，不到十路，至世宗时，五京十四总管府，共十九路。都总管由府尹兼领，管一路军民之政。同时设转运司，掌管财政。以上，均为路一级的机构。

（3）府州与县。

路以下有府州，府州下有县。府州有的隶属留守司，有的隶属总管府。府有府尹（正三品）、同知（正四品）、少尹（正五品）、府判（从六品）、推官（正七品）各一员。

州设刺史（正五品）、同知（正七品）、判官（从八品）等，称为刺史州。有军事意义的府、大州，则设节度使、防御使（设在边疆要地），称节镇、防御州。节度使、防御使兼管辖区内的军政与民政，他们的上级为兵马都总管。（旁注：5.5.第二节。）

县设有令（赤县从六品，次赤正七品，诸县从七品）、丞、主簿、尉各一人。与县平级者，有镇、城、堡、寨，设知镇、知城、知堡、知寨，皆从七品。

金朝的地方政治机构兼采辽、宋制度。和宋代有很大不同的一点，就是地方长官可兼领兵民之政，权力较大。宋代路一级的主要长官为转运，而金则为兵马都总管，掌兵权。府州级的节度使、防御使也都有兵权，不像宋代节度使只有空名，同时又兼管民政。另一点就是加强了巡警机构，这和女真以少数族居于统治地位，要加强对汉及其他族人民的军事统治、防范有关。

天眷官制改革，把原来的女真与汉族两套官制并行的二元化体制，改变为从中央到地方均采用汉族官制的一元化体制。但对女真、契丹等族仍保留猛安谋克制。总之，随着形势的变化，金朝统治者对待汉文化的态度也不断发生变化，正在越来越多地接受汉文化的影响，采用汉族的政治制度。但是，一些高级的官职（如宰相、元帅等），均为女真皇族所把持，他们可以左右政局，有很大的权力，妨碍着君权的进一步提高。同时仍保持着东北本位的政策，把首都放在僻处一隅的会宁府，这种状况尚不能适应新形势的需要。因此，到了海陵王完颜亮时，就进一步调整统治政策，并对官制进行更进一步的改革。（旁注：88.4.27.第二节。）

四、完颜亮时期的官制改革

（一）完颜亮的政治措施

在海陵王亮统治时期，金朝的政策、方针有很大的变化，表现为放弃了文化上的女真本位政策，进一步接受汉文化，更加迅速地向着君主专制的中央集权国家前进。

1. 大力打击女真贵族势力

完颜亮是宗幹之庶子，本无继承帝位的资格（其母大氏，为宗幹之侧室）。他是依靠发动宫廷政变，杀掉熙宗而夺取了帝位的。（补：熙宗晚年酗酒滥杀，两个亲弟、皇后、妃嫔均被杀，人人自危。）他的即位破坏了女真传统的立嫡立长的继承原则，因此为多数女真宗室所不满。他为了巩固本身的地位，对女真贵族势力加以狠狠打击。他在位期间屡兴大狱，杀太宗子孙七十余人，太宗后遂绝；杀宗翰子孙三十余人，斜也子孙百余人，诸宗室又五十余人。每次株连甚广，都是族诛，所以有些家族如太宗的子孙都被杀光了。使女真贵族，特别是皇室的势力受到严重削弱，为提高君权扫除了障碍。为了对付女真贵族，因而更多任用出身较低的女真人和契丹、渤海、奚与汉人担任重要官职，使过去女真贵族独揽大权的局面发生变化。

2. 破坏以东北为中心的政策

（1）迁都燕京

海陵也是个倾慕汉族文化的人，喜江南衣冠、文物、朝仪，能吟诗作赋，通经史（补：曾赋诗云：“屯兵百万西湖上，立马吴山第一峰。”）。他不满足于僻处东北一隅，而企图统一南北，做一个包括女真、契丹、渤海、汉人等各族人民在内的大帝国的皇帝。他决心把国都从上京会宁府向南迁到燕京，一方面是为了把政治中心放在距离中原更近的地方，有利于加强对汉族地区的统治，也有利于进一步向南发展；另一方面，也为了摆脱女真传统势力的影响。会宁是女真族起家的地方，创业之君的陵墓、宗庙、宫室所在，女真的风俗习惯、语言保留更多，成为保守势力的社会基础。在这里进行改革，会遇到更大的阻力。因此，海陵王采取双管齐下的方针，一方面于贞元元年（1153）迁都，改燕京为中都，府名大兴；以汴京为南京，中京为北京，东京、西京仍旧。天德二年（1150）改北京为临潢府路，去北京之号。另方面，将始祖以下的十代祖宗陵墓均迁葬于北京附近的大房山，摧毁会宁府的“旧宫殿、诸大族第宅及储庆寺，仍夷其址而耕种之”，夷平者包括宗庙。正隆二年（1157）八月，罢上京留守司，以后始称会宁府，罢上京之号。上京之尊严扫地无余，以清除女真人留恋乡土，追慕祖先之旧观念。至此共有五京。

（2）迁徙猛安谋克户于河北、山东

将女真、契丹、渤海人民迁往汉地的行动，事实上在熙宗末年已经开始。如《大金国志》称皇统五年曾迁女真、契丹人户计六万余人往中州，自燕山之南，淮、陇之北，皆有之，称屯田军。皇统九年，又徙辽阳、渤海之民于燕南。到完颜亮迁都后，又徙上京路太祖、宗幹、秦王宗翰等亲管猛安谋克于中都，其他女真贵族的八猛安处之山东，阿鲁之族处之北京，按达族属处之河间。这些都是女真起兵以来的元功宿将的部下，或可称女真的嫡系部队，现在都脱离了东北老家，而迁徙到河北、山东一带，与金初的大量迁徙汉族、渤海人民去充实东北本土的情况对比，十分鲜明地说明，金朝已把统治重心转移到华北，而放弃了东北中心的政策。

3. 取消强制推行胡服的命令。

《大金国志》卷十三《海陵炀王纪年》天德二年，“诏河南民众衣冠，许从其便”，解除了天会年间不许服汉族衣冠之禁令。

（二）完颜亮时期的官制改革

1. 罢万户之官，及取消猛安谋克分三等之名

金初之万户都是世袭，例得专制一方，地位等于分封制之下之王侯。其下之猛安、谋克也多世袭，亦各君长其地。

金初世袭万户，主要是在太祖、太宗朝，随着对新占领地区的驻守而陆续设置的。如《金史》卷七二《娄室传》：“太祖取黄龙府，娄室请曰：‘黄龙一都会，且僻远，苟有变，则邻郡相扇而起。请以所部屯守。’太祖然之，仍合诸路

谋克，命娄室为万户，守黄龙府。”另，婆卢火守泰州，也被封万户，泰州为边界要地。据《金史·地理志》，金初设万户者尚有蒲与路、恤品路、胡里改路。连上述二路，共有五路设万户。实际数目恐不止此。此五路已占今吉、黑二省之大部。这些万户都是率其宗族前往驻地，他们下面的猛安谋克也均如此，有较浓厚的氏族部落的色彩。他们掌管一路的军政大权，有数万户人民，加上子孙世袭，等于独立王国，权势很大；而且都分布在东北的女真贵族的大本营，对处在会宁府的皇室是很大的威胁。因此，海陵即位后次年，天德二年（1150），就着手削减猛安谋克及诸万户之权。

熙宗皇统五年（1145），“又罢辽东汉人、渤海猛安谋克承袭之制，浸移兵柄于其国人。”其目的在削弱汉人与渤海人之兵权，对女真人的猛安谋克则仍保留其世袭的权力。（补：三上次男据《金史》卷八〇《大昊传》所记，认为此事应系于天眷三年。）与此同时，又“乃分猛安谋克为上中下三等，宗室为上，余次之”（俱见《金史》卷四四《兵志》），是为保证女真宗室的优越地位。海陵天德二年，“省并中京、东京、临潢、咸平、泰州等路节镇及猛安谋克，削上中下之名，但称为‘诸猛安谋克’。”这是为了取消宗室的特权。（旁注：5.12.第一节；88.5.4.）

天德三年（1151），以元帅府为枢密院，罢万户之官，诏曰：“太祖开创，因时制宜，材堪统众授之万户，其次千户及谋克。当时官赏未定，城郭未下，设此职许以世袭，乃权宜之制，非经久之利。今子孙相继专揽威权，其户不下数万，与留守总管无异，而世权过之。可罢是官。若旧无千户之职者，续思增置。国初时赐以国姓，若为子孙者皆令复旧。”这些万户世代相袭，对皇权是个威胁。完颜亮宣布取消此项官职，将蒲与、恤品、胡里改等路改置节度使，是对这些军事贵族的沉重打击。但对女真、契丹等猛安、谋克的世袭权利，仍予以保留。

2. 罢都元帅府为枢密院

《金史》卷四四《兵志》称以元帅府为枢密院，在天德三年，与罢万户之官同时。但本纪则系于天德二年十二月，与罢行台尚书省同时。《异民族统治中国史》称枢密院隶属于尚书省，以收兵权于中央。（但不知所根据的史料是什么。）（补：已查到，可参考《金史》卷一一四《白华传》）《兵志》又称：“枢密院每行兵则更为元帅府，罢则复为院。”完颜亮之改元帅府之名，恐也含有削弱都元帅权力之用意在内。

3. 罢中书门下省，止置尚书省

正隆元年正月罢中书门下省，取消领三省事，而置尚书令于左、右丞相之上。考三省分立之制，早在唐初已不能认真实行，但自五代迄北宋，始终保其躯壳。元丰改制，以尚书左右仆射兼中书、门下省两省长官，实际上已是尚书省一省专政，而中书、门下名存实亡，但尚不肯毅然抛弃这种旧的形式。金初也沿袭宋制，以领三省事待元老，而以尚书省左、右丞相兼侍中、中书令佐之。完颜亮毅然取消有名无实的三省并立的形式，而实行一省制，是符合实用简便的原则的。不到十年，南宋也废中书、门下两省，改仆射为丞相，说明这种改革是发展的必然趋势。

4. 取消汴京的行台尚书省

天德二年（1150）十二月罢行台尚书省，在十月杀行台左丞相、左副元帅撒离喝于汴京以后。当时完颜亮已有迁都之意。金朝中央可以直接统治中原地区，故无必要再设立代表中央之行台尚书省于汴，因而加以撤销。

总之，完颜亮在政治上的许多措施是顺应当时历史条件下金国向前发展的需要的。在迁都、大力推行汉化等方面，与北魏孝文帝有异曲同工之妙（补：金末刘祁即把他比为孝文帝）。不过，一个因成功而被誉为令主，一个因南侵失败被杀而被诋为暴君。继他之后为帝的金世宗是女真贵族保守势力的代表者，因此世宗在位期间，采取各种措施来保存女真的旧俗，抵制汉文化，恢复了文化上的女真本位政策。尽管如此，他并未把国都迁回会宁，在官制方面，也未将完颜亮所改革的一切加以取消，而如《金史·百官志》所说的，“自省而下官司之别，曰院、曰台、曰府、曰司、曰寺、曰监、曰局、曰署、曰所，各统其属以修其职。职有定位，员有常数，纪纲明，庶务举，是以终金之世守而不敢变焉。”（旁注：88.5.4.第二节。以下六节由鲁西奇主讲。）

金的官制到这时而趋于完备。章宗时期，为适应当时情况，而稍有增革，如在路一级设立了提刑司来加强对地方军政民政的监察，用以削弱兵马都总管的权力。后又改提刑司为按察司，最后又被撤销。泰和八年在中央又设立三司，掌管劝农、盐铁、度支三种政务。这是为适应膨胀的财政需要而设立的财政中枢机关。

五、金朝官吏的选用

（一）科举

为了统治汉人、契丹、渤海各族人民，金朝必须任用各族统治阶级知识分子为官吏。在金建国之初，曾留用了一批辽、宋降附官吏，充实金朝新建立的各级机构，但还不够用。于是从太宗天会元年（1123）十一月起就开始通过科举考试来选拔官吏了，但当时录取名额不定，考试日期也不定。天会五年（1127），因“以河北、河东初降，职员多阙，以辽、宋之制不同，诏南北各因其素所习之业取士，号为南北选”。燕云用辽制考试辽地出身的士人，试辞赋，称之为北选；用宋制考试宋地出身的士人，试经义，称为南选。每三年举行一次，北选二百人，南选一百五十人，共三百五十人，以后定为二百五十人。考中者分配为县令。

天会十年，下诏如契丹开辟制，有乡试（先在各县考，以本县令为试官）、府试（分三路：河以北至女真皆就燕，自关西至河东就云中，自河以南就汴）、省试（集诸路举子燕京，名曰会试）。

完颜亮时，将南、北选合在一起举行，统一了科举。为提高天子威权，增加了殿试一道。取消对篡位者不利的经义，专以辞赋取士。（补：每次录取不过六七十人，入仕者少，县令阙员。世宗末年，不限员数。章宗承安元年，取五百多人。二年，取九百二十人。贞祐初，赴会试者几九千人，取八百多。）（旁注：5.12，第二节。）

金世宗时，为了提倡女真文化，培养本族的政治人才，特设立女真进士科。考试内容为以女真文作策论，以五百字以上成。并命把儒家的经书译成女真文，从猛安谋克中选出青年学生学习这些经书。又在各路设女真府学，中央设女真国子学，教育士民子弟之愿学者。

金朝科举中，也包括律科、经童、武举等，但最重要的是进士科。金设科举时间早，而且对选拔人才发挥了作用。完颜守贞对金章宗说："国家选举之法，惟女真、汉人进士得人居多。"金朝科举比辽的科举得人多。在辽官中，进士出身仅占十分之二三。

此外，入仕的途径还有门荫。凡七品或八品以上官，可以荫子孙兄弟为官。此外，由充当诸宫护卫，尚书省、御史台和其他机关的胥吏，如令史、译史等，也都可以提拔为官，甚至到宰执。

对汉人的作用。

汉人官吏主要用于担任下级地方官、财政官。在中央，虽也有汉人担任机要官的，但一般用于需要业务能力的方面，如六部尚书中的户部、礼部人数最多，兵部则几乎没有。不任用汉人为军事官员和监察官员，如兵马都总管、御史大夫之流；而管理财政的转运使，都由汉人独占。

现存的讲义即到此为止。在第四讲（实当为第三讲）第40页上，李老师用小字写下一个旁注："88.5.4.第二节。以下六节由鲁西奇主讲。"这应当是我第一次讲课，可现在竟然一点印象都没有了，真不是一个好学生。在这些讲义中，夹了两张纸，未编页，其内容是：

对比熙宗朝与海陵朝之宰执的民族成分，可见海陵用人政策的变化。

熙宗朝宰执共二十九人，女真占二十人。其中非完颜氏者止一人，其他十九人俱为完颜氏宗室。非女真者九人，平章以上者止三人。其他六人为较低的左右丞、参政。

海陵朝宰执共三十三人。其中七人为前朝旧人，其中四人同谋杀熙宗，故擢至宰执，但到天德二年或诛或罢，为时甚短，有的仅在任半年。另外七人，俱为海陵的亲信，或为其弟，或为亲戚，有的则以女真字学生起家，出身于一般女真人家庭，破除了太祖以来女真宗室与武人专政的惯例。

契丹、奚人为相者共五人，其中，萧仲恭为熙宗朝左丞相，在海陵朝仅数日，可不计；其余四人，一为契丹人耶律安礼，一人萧赜，为契丹或奚人，其他二人为奚人萧裕、萧玉。萧裕尤为海陵信任，为相凡八年，他人罕与之比。

渤海：二人，大臭、张浩。张浩很有才干，善营建，燕京即他一手计划营建的。

汉族：共十一人。其中汉人：五人。刘萼、刘筈，俱为刘彦宗之子。张通古。敬嗣辉，最受海陵尊礼，娴熟典礼，能文辞。刘麟。

南人：三人。

不知籍贯者：三人，亦汉族。

这种检索、统计的工作，大概是我做的，李老师在听我发言时记下来的，或者是从我的作业里摘录的。但我对自己当年的发言，一点印象都没有了。

我们那一届，李老师只招了高申东师兄和我两个学生，之后再也没有招生。这门课，也就只有我们两个学生听。也就在这一年，李老师正式办理了离休手续。老师在知道自己即将离休的情况下，讲一门只有两个学生的课，却如此大费周章：研读日文论著，以把握学术研究的前沿成果；细致揣摩史料，形成自己的认识，结合学界已有研究，写出详细的讲义；认真地讲课，督促学生阅读史料，并让学生自己练习讲课，使之受到系统的学术训练。如今，我也教了三十多年的书，自揣也很认真地对待这份职业，但与老师的严谨、认真、负责比起来，显然还有相当距离。

听这门课的时候，我已经在李老师的指导下，开始撰写硕士学位论文《金代地方行政制度初探》。记得最先完成的部分就是关于金初（熙宗以前）的路制和辽宋金之际燕云地区汉人的动向。我在李老师官制课上讲的内容，大概就是这两个部分。那时候李老师刚完成了《金初汉地枢密院》的文章，嘱咐我沿着她的路子做，围绕行台尚书省下些功夫，但我估计1988年的春季学期，我还没有做出来。那段时间我正迷女真字，很想有机会学女真文、契丹文，当然是没有条件。老师在讲义里关于一些词汇的解释，大概也是专门讲给我听的。那时候，对李老师致力于辽金元官制的研究及其理路，其实并无深入的理解；选择金代地方制度作为论文题目，也只是听老师的话，并未去追问为什么。一直到这两年，整理老师的论著、讲义，自己的阅读面也开阔了些，对于老师当年的研究理路与方向，才算是有些把握。

有三个关键词一直贯穿在老师的相关论文及“宋辽金元官制史”课程里，即政治、制度与人。具体地说，制度（官制）的形成、变化或改革是在政治进程中进行的，任何一项制度的建立或变革，都是为了适应政治形势的需要，或是为了实现某种政治目标。所以，制度（官制）乃是“政治中的制度”，要把官制置入特定的政治进程和政治运作（特别是权力斗争）过程中加以考察。同时，制度又是由具体的人建立、实行或改革的，制定、运行或改革制度的人又均有其特定的身份、利益诉求和政治经济乃至文化目标，是具体的、活生生的人，他们对于制度的认识不尽相同，所以，当制度落实下来，就会呈现出不同的形态。因此，制度（官制）乃是“人的制度（官制）”，要把制度放在具体的人际网络（政治与社会关系网络）中加以考察。这样，制度（官制）史就有两个考察路径，即政治进程与政治社会关系网络。老师从没有用“活的官制史”来概括自己的研究路径，但在我的心中，三十年前和现在，老师讲的、做的官制史，从来都是活生生的——有具体的政治过程，有各种各样持有利益追求、怀着心机的鲜活的人，有阴谋诡计和刀光剑影，这些，都不仅“活”在历史里，也“活”在老师的文章和课堂上。

在上“宋辽金元官制史”之前，李老师用一年的时间，给我们上“宋辽金元史料阅读”。我被要求认真研读的文献，是《三朝北盟会编》（用的是上海古籍的影印本）和《建炎以来系年要录》（用的是国学基本丛书的排印本，字很小）。在老师的指导下，我写了一篇课程作业，题目最初是《辽宋金之际燕云地区的汉人》，因为云中的汉人资料没有收罗全，后来改作《辽宋金之际的燕地汉人》。老师让我先从人着手，探究辽宋金易代之际，燕云地区的汉人豪强大族的政治向背；接着学习她那时刚刚完成的《金初汉地枢密院》，后来再学着做行台尚书省。在这个过程中，老师让我注意汉人大族和士人是如何与辽、金统治者“相处”的：对抗、逃避或合作，而汉人与辽、金统治者不同形式的“相处”又是如何影响辽、金的制度设计、形成、运作及其特点的。这个问题，其实也是老师一直关注的问题。从二十世纪六十年代初写作《蒙古前期的断事官、必阇赤、中书省和燕京行省》，一直到八十年代写作《也论郝经》，以及未能完成的《耶律楚材传》，李老师一直在讨论北方少数民族进入汉地后，如何对待、“利用”汉人、汉制与汉文化，以及汉族士人、大族如何看待、“接受”或“降附”北方民族统治者的问题。可以说，北方民族统治者与汉人大族、士人的关系，乃是李老师关于辽金元史研究的核心线索之一。在二者之间的诸种关系形态（对抗、合作、逃避）中，老师最为关注的，是“合作”。她强调汉人大族、士人对于北方民族统治者的“接受”（无论是主动或被动），也重视统治者对于汉人大族、士人的“利用”（无论其出于怎样的利益目标）。她从未明说，但字里行间，“默认”或“肯定”这种“接受”（降附）与“利用”所产生的结果，乃是一种相对现实、平和的结果，认为它在一定程度上减少了对抗所造成的破坏，接续了历史进程。她从不使用“汉化”或“胡化”（契丹化、女真化或蒙古化）的表达，而力图描绘出一种北方民族统治者与汉人大族、士人彼此接受、相互“利用”并进而“合作”的图景；并在此基础上，讨论基于此种“合作”的制度性安排与政治运作。年轻的时候，我并不完全理解、认同这一理路和倾向；三十多年后，我想自己早已无声息地“接受”它了。

鲁西奇

2020年12月31日星期四，于武昌珞珈山东山头

编集说明

本编论文集乃先师李涵教授生前手定，原题为《宋辽金元史论集暨师友杂忆》，其时先师年八十整，故撰《八十回顾》以志其事。论文集承黄人二先生雅意，由其主持的台湾高文出版社于2002年出版，并作为先师八十寿诞的贺礼。文集出版后，先师高兴非常，持赠师友弟子及有关大学图书馆若干册，在海外亦有一定影响。唯高文出版社乃人二先生手创之出版社，赖人二先生惨淡经营，方得维持，其出版物在大陆流传甚稀。2022年1月29日将是先师百年冥诞，杨果、张星久、吴怀连、高申东诸师兄姐并先师哲嗣石莹教授，筹思在大陆出版先师论著，以表怀念之情，且以绍介先师之学术观点与研究方法于学界。余忝列门墙数十年，备受先师教诲恩德，更承先师视若子嗣，悉心培养，万般包容，故不敢谦辞，谨遵师兄姐之命，操持其事。谭徐锋先生闻知此事，慨然应诺，代为筹划，全力负担出版事宜。今遵从谭先生建议，将先师手定文集别为学术论文集与怀旧杂忆二种。本编论文集即为前一种，内容皆为考析宋辽金元史问题，故题为《宋辽金元史论》。

本编论文集所收各文及其次序，皆遵先师生前所确定者，并无增减、改动。本次编集，唯作如下四方面调整：

（1）尽可能核校全部引文。囿于时代，先师所引之文献不可能皆精良版本，然为保留先师治学之原貌，引文均尽可能依先师所用之本加以核校，必要者亦参考后出之良本，并加“编者按”予以说明。

（2）将先师《八十回顾》置于卷首，作为本编论文集之代序。

（3）增收《金代的“驱”不是奴婢嘛？——与张博泉先生商榷》一文。

（4）将先师八十诞辰时，杨果教授代表同门师兄弟所撰《李涵老师的治学和育人》以及我整理的《李老师讲授的“宋辽金元官制史”课程》二文作为附录，以略见先师治学、为师之总概。

余受命操持先师文集的整理出版，文辞舛误、未合先师之意者，自当任其责。梁振涛、乔同欢、苏占旗、潘登、张代蕙、吴丹华诸位同学，帮助我录入先师文章，梁振涛、吴丹华帮助我查核了大部分引文，卜庆华帮助清绘地图，陈勤奋帮助我校核文字，谨致谢忱。

鲁西奇 谨识

2020年6月7日 于珞珈山

图书在版编目（CIP）数据

宋辽金元史论 / 李涵著. -- 成都：四川人民出版社, 2022.11（2023.10重印）

ISBN 978-7-220-12669-7

Ⅰ.①宋… Ⅱ.①李… Ⅲ.①中国历史—辽宋金元时代—文集 Ⅳ.①K240.7-53

中国版本图书馆CIP数据核字(2022)第094957号

SHONGLIAO JINYUAN SHILUN

宋辽金元史论

李　涵　著

出品人	黄立新
策划统筹	封　龙
责任编辑	封　龙　冯　珺
责任校对	舒晓利
封面设计	周伟伟
版式设计	戴雨虹
责任印制	周　奇
出版发行	四川人民出版社（成都三色路238号）
网　　址	http://www.scpph.com
E-mail	scrmcbs@sina.com
新浪微博	@四川人民出版社
微信公众号	四川人民出版社
发行部业务电话	（028）86361653　86361656
防盗版举报电话	（028）86361653
照　　排	四川胜翔数码印务设计有限公司
印　　刷	成都东江印务有限公司
成品尺寸	145mm×210mm
印　　张	15.75
字　　数	360千
版　　次	2022年11月第1版
印　　次	2023年10月第2次印刷
书　　号	ISBN 978-7-220-12669-7
定　　价	98.00元